GIN TAMA

Hideaki Sorachi

Band 45
Einhalten des Versprechens

AF629035

TOKYOPOP

TOKYOPOP GmbH
Hamburg

TOKYOPOP
1. Auflage, 2024
Deutsche Ausgabe/German Edition

Aus dem Japanischen von Lasse Christian Christiansen

GINTAMA

First published in Japan in 2003 by SHUEISHA Inc., Tokyo.
German translation rights in Germany, Austria and German-speaking Switzerland arranged by SHUEISHA Inc.
through VME PLB SAS, France.

Redaktion: Aranka Schindler
Lettering: Vibrant Publishing Studio
Herstellung: Alina Kronenberg, Ute Kleim
Druck und buchbinderische Verarbeitung:
CPI – Clausen & Bosse GmbH, Leck
Printed in Germany

MIX Papier FSC® C083411

Wir achten auf die Umwelt.
Dieses Produkt besteht aus FSC®-zertifizierten und anderen kontrollierten Materialien.

ISBN 978-3-8420-8993-8

www.tokyopop.de

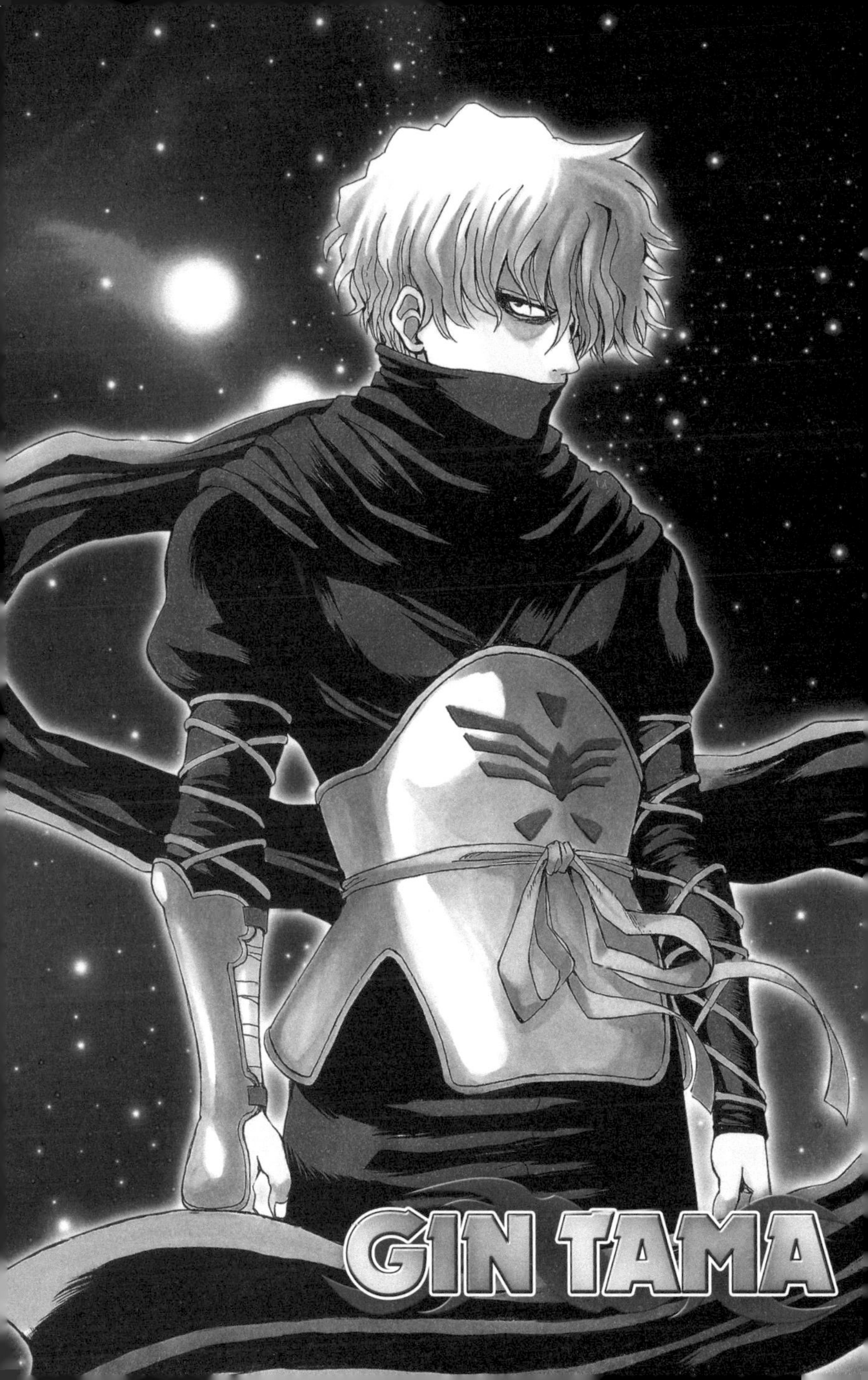
GIN TAMA

INHALT
Einhalten des Versprechens

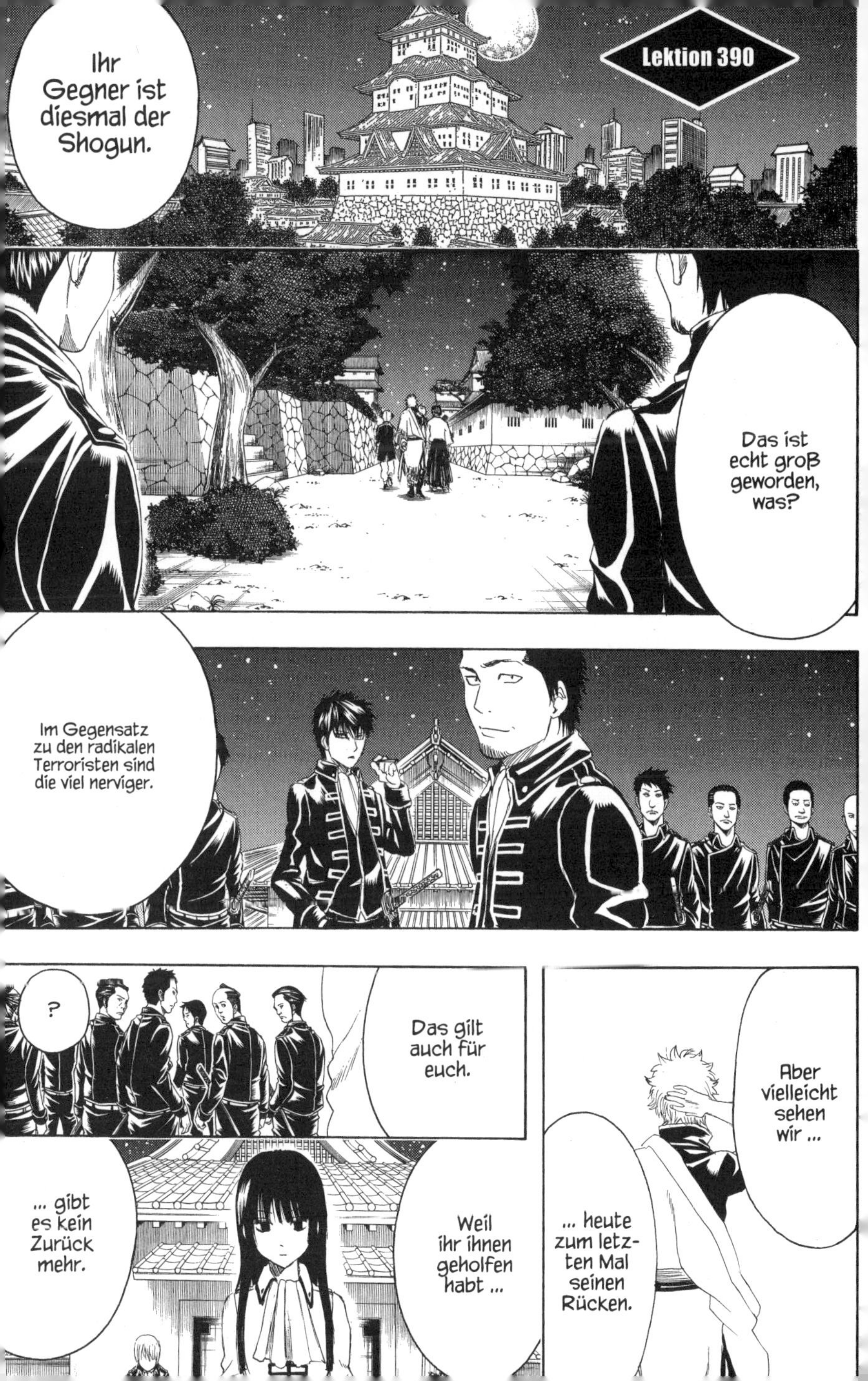

Lektion 390
Ihr Gegner ist diesmal der Shogun.
Das ist echt groß geworden, was?
Im Gegensatz zu den radikalen Terroristen sind die viel nerviger.
Aber vielleicht sehen wir ...
... heute zum letzten Mal seinen Rücken.
Das gilt auch für euch.
?
Weil ihr ihnen geholfen habt ...
... gibt es kein Zurück mehr.

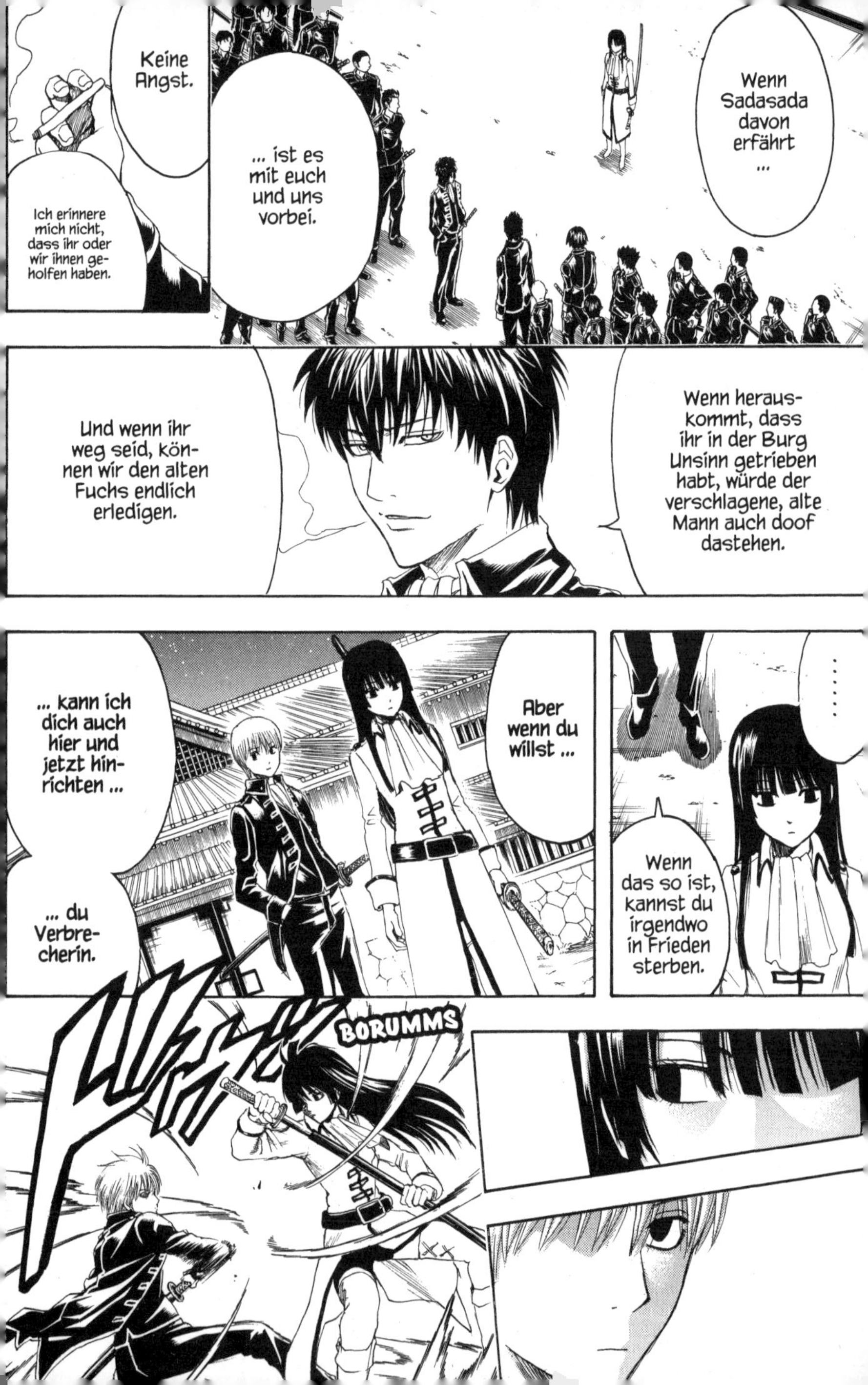

Wenn Sadasada davon erfährt ...
... ist es mit euch und uns vorbei.
Keine Angst.
Ich erinnere mich nicht, dass ihr oder wir ihnen geholfen haben.
Wenn herauskommt, dass ihr in der Burg Unsinn getrieben habt, würde der verschlagene, alte Mann auch doof dastehen.
Und wenn ihr weg seid, können wir den alten Fuchs endlich erledigen.
......
Wenn das so ist, kannst du irgendwo in Frieden sterben.
Aber wenn du willst ...
... kann ich dich auch hier und jetzt hinrichten ...
... du Verbrecherin.
BORUMMS

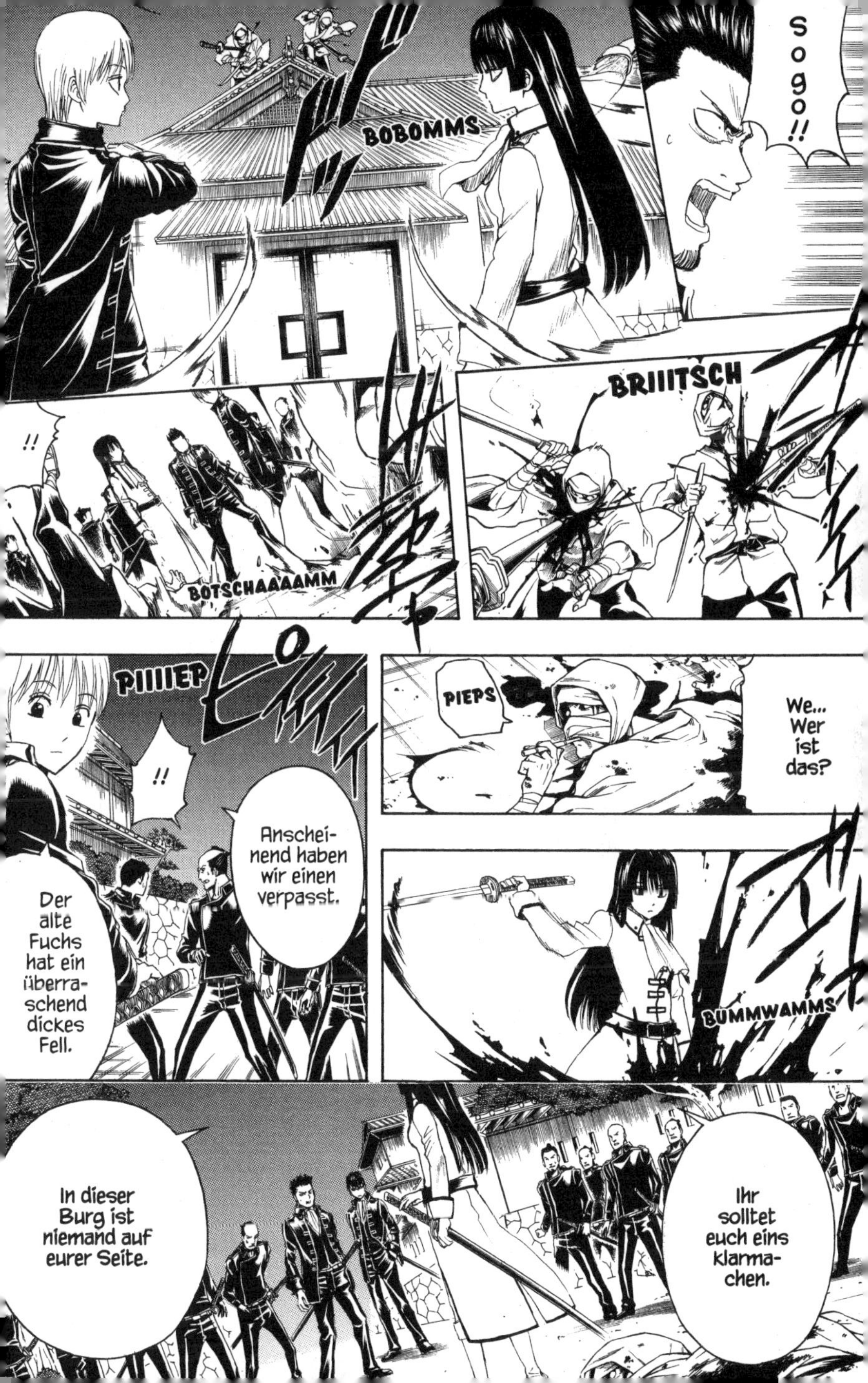
Sogo!!
BOBOMMS
BRIIITSCH
!!
BOTSCHAAAAMM
We... Wer ist das?
PIEPS
PIIIIEP
!!
Anschei-nend haben wir einen verpasst.
Der alte Fuchs hat ein überra-schend dickes Fell.
BUMMWAMMS
Ihr solltet euch eins klarma-chen.
In dieser Burg ist niemand auf eurer Seite.

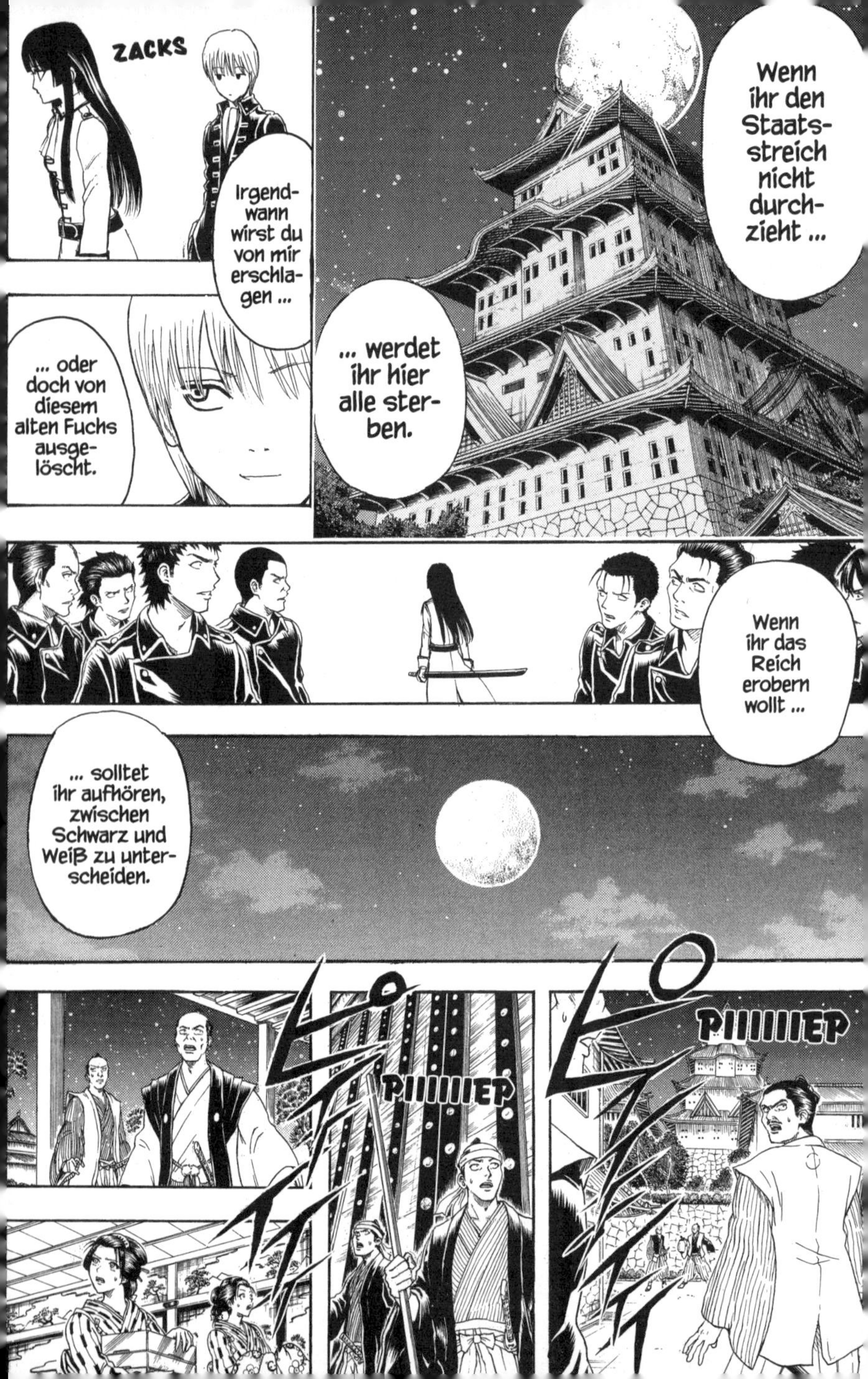
Wenn ihr den Staats-streich nicht durch-zieht ...
... werdet ihr hier alle ster-ben.
ZACKS
Irgend-wann wirst du von mir erschla-gen ...
... oder doch von diesem alten Fuchs ausge-löscht.
Wenn ihr das Reich erobern wollt ...
... solltet ihr aufhören, zwischen Schwarz und Weiß zu unter-scheiden.
PIIIIIEP
PIIIIIEP

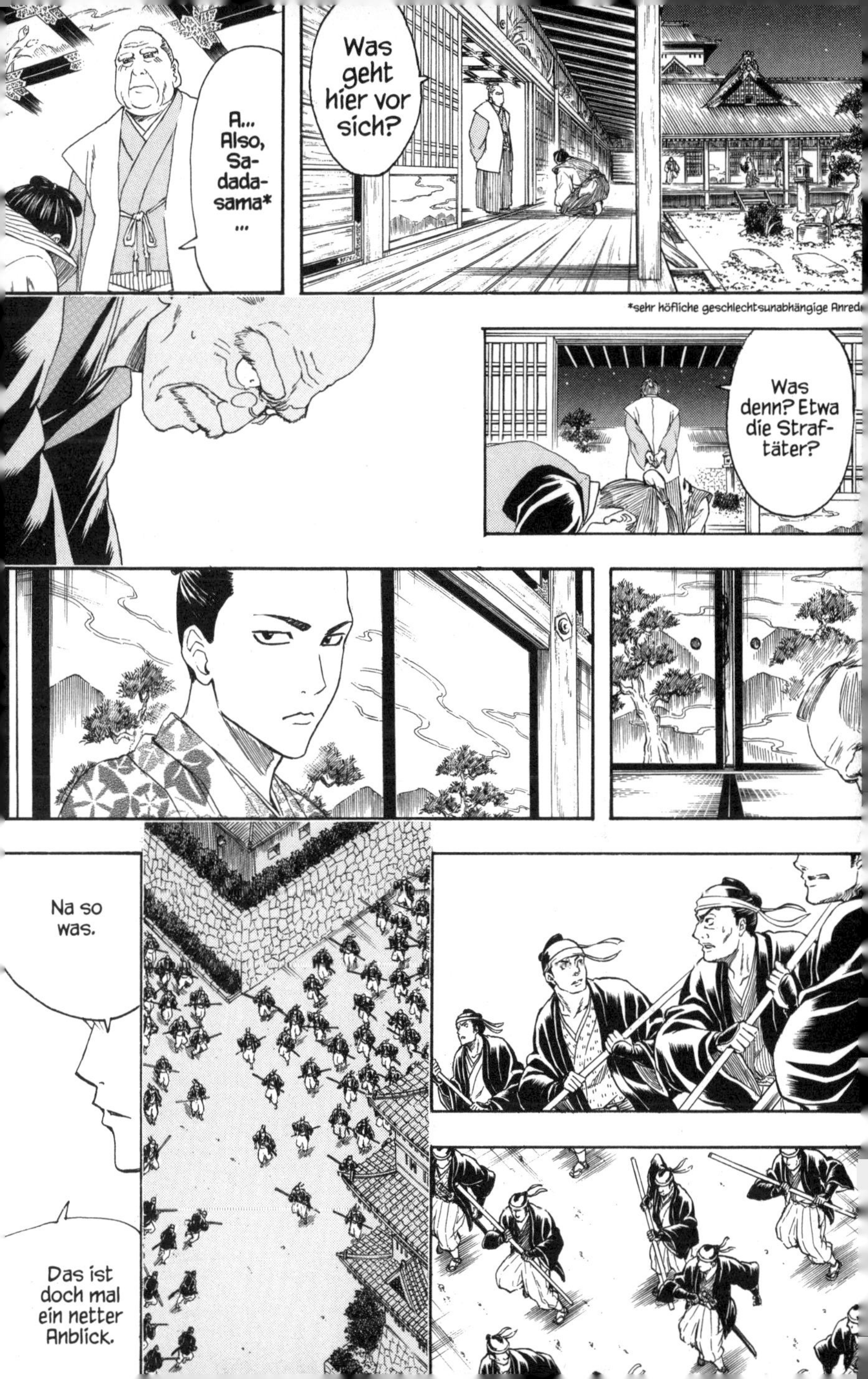

*sehr höfliche geschlechtsunabhängige Anred

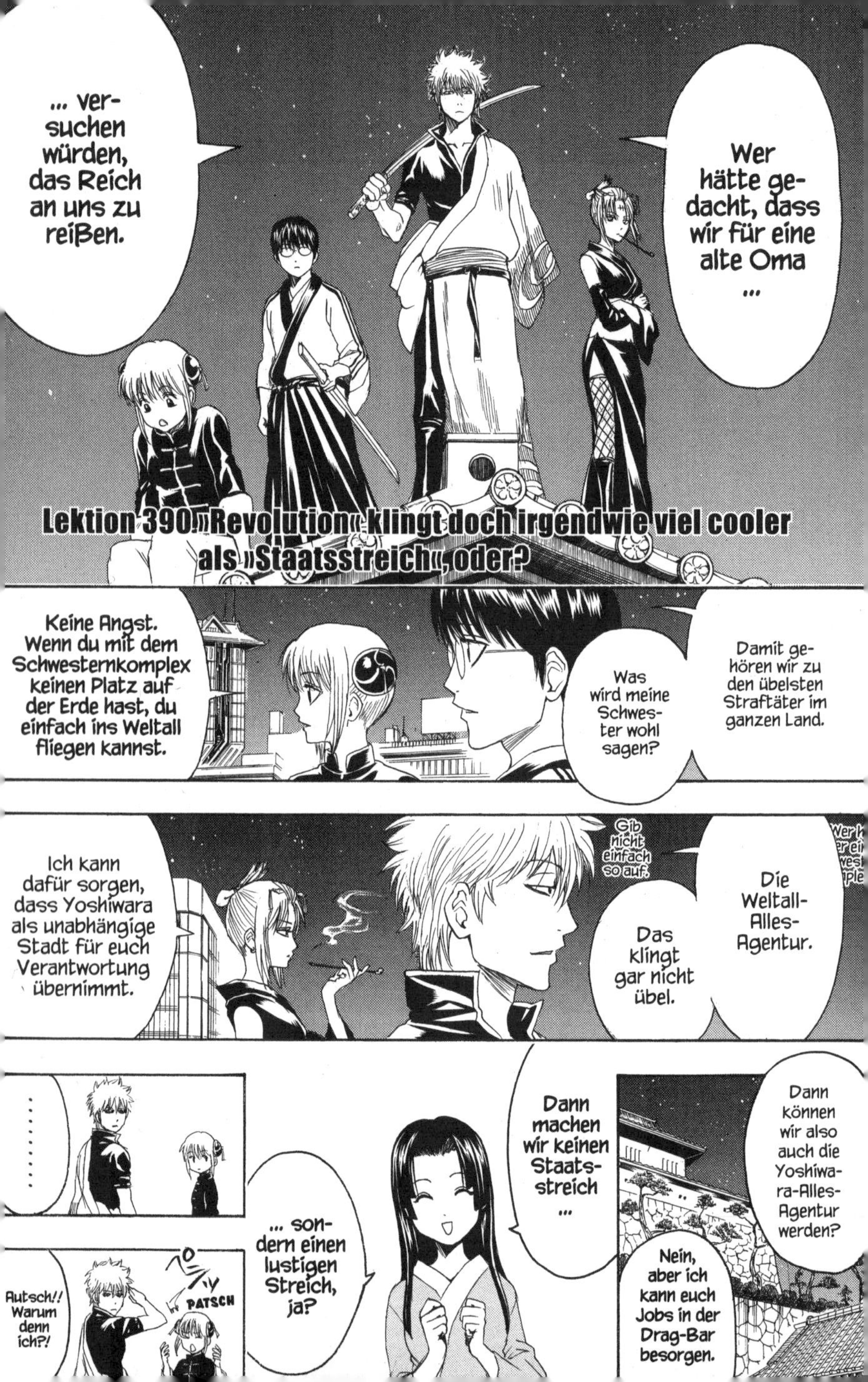
Wer hätte gedacht, dass wir für eine alte Oma ...
... versuchen würden, das Reich an uns zu reißen.
Lektion 390 »Revolution« klingt doch irgendwie viel cooler als »Staatsstreich«, oder?
Damit gehören wir zu den übelsten Straftäter im ganzen Land.
Was wird meine Schwester wohl sagen?
Keine Angst. Wenn du mit dem Schwesternkomplex keinen Platz auf der Erde hast, du einfach ins Weltall fliegen kannst.
Die Weltall-Alles-Agentur.
Gib nicht einfach so auf.
Das klingt gar nicht übel.
Ich kann dafür sorgen, dass Yoshiwara als unabhängige Stadt für euch Verantwortung übernimmt.
Dann können wir also auch die Yoshiwara-Alles-Agentur werden?
Nein, aber ich kann euch Jobs in der Drag-Bar besorgen.
Dann machen wir keinen Staatsstreich ...
... sondern einen lustigen Streich, ja?
......
PATSCH
Autsch!! Warum denn ich?!

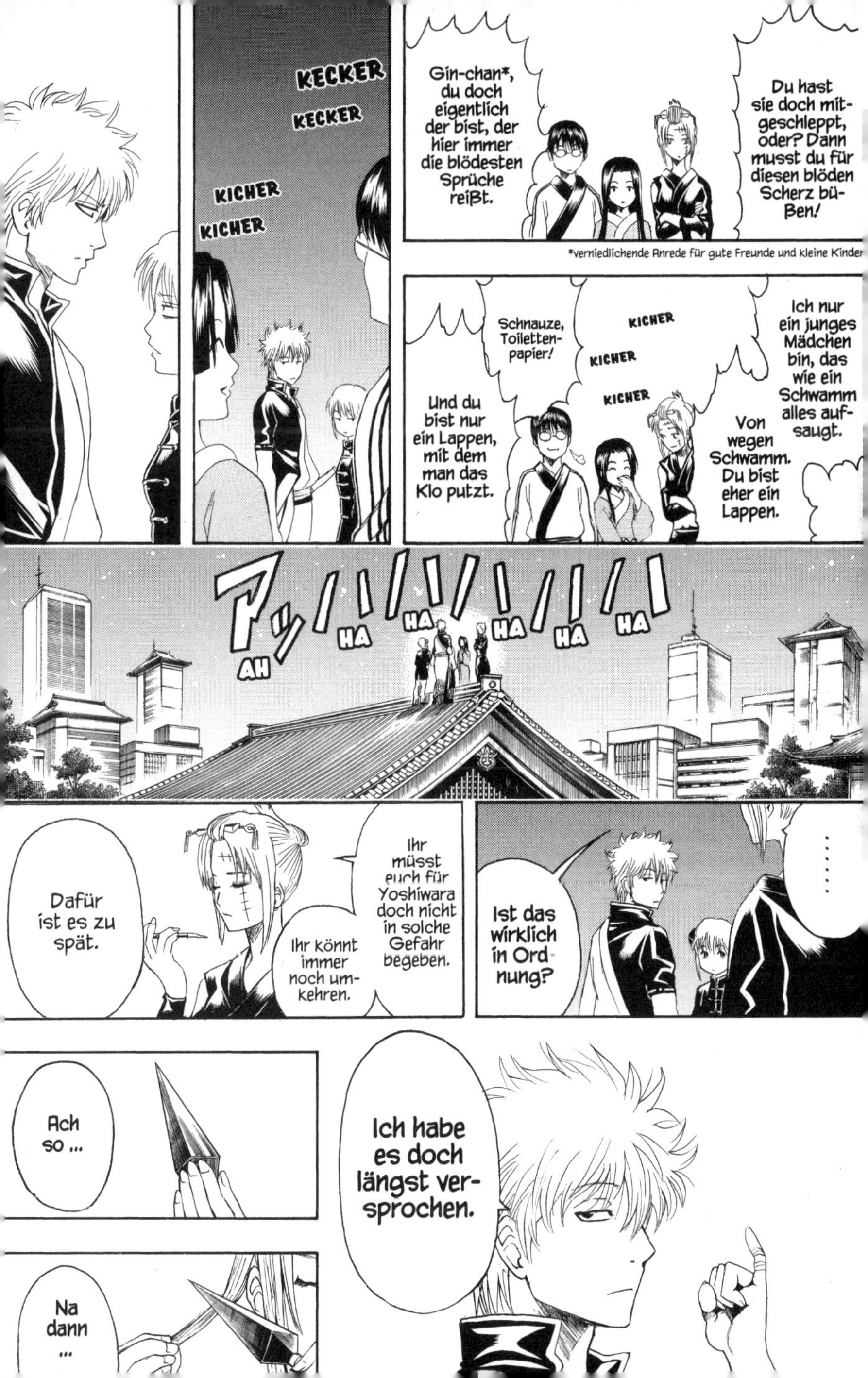
Du hast sie doch mitgeschleppt, oder? Dann musst du für diesen blöden Scherz büßen!
Gin-chan*, du doch eigentlich der bist, der hier immer die blödesten Sprüche reißt.
*verniedlichende Anrede für gute Freunde und kleine Kinder
KECKER
KECKER
KICHER
KICHER
Ich nur ein junges Mädchen bin, das wie ein Schwamm alles aufsaugt.
Von wegen Schwamm. Du bist eher ein Lappen.
KICHER
KICHER
KICHER
Schnauze, Toilettenpapier!
Und du bist nur ein Lappen, mit dem man das Klo putzt.
AH
HA
HA
HA
HA
HA
......
Ist das wirklich in Ordnung?
Ihr müsst euch für Yoshiwara doch nicht in solche Gefahr begeben.
Ihr könnt immer noch umkehren.
Dafür ist es zu spät.
Ich habe es doch längst versprochen.
Ach so ...
Na dann ...

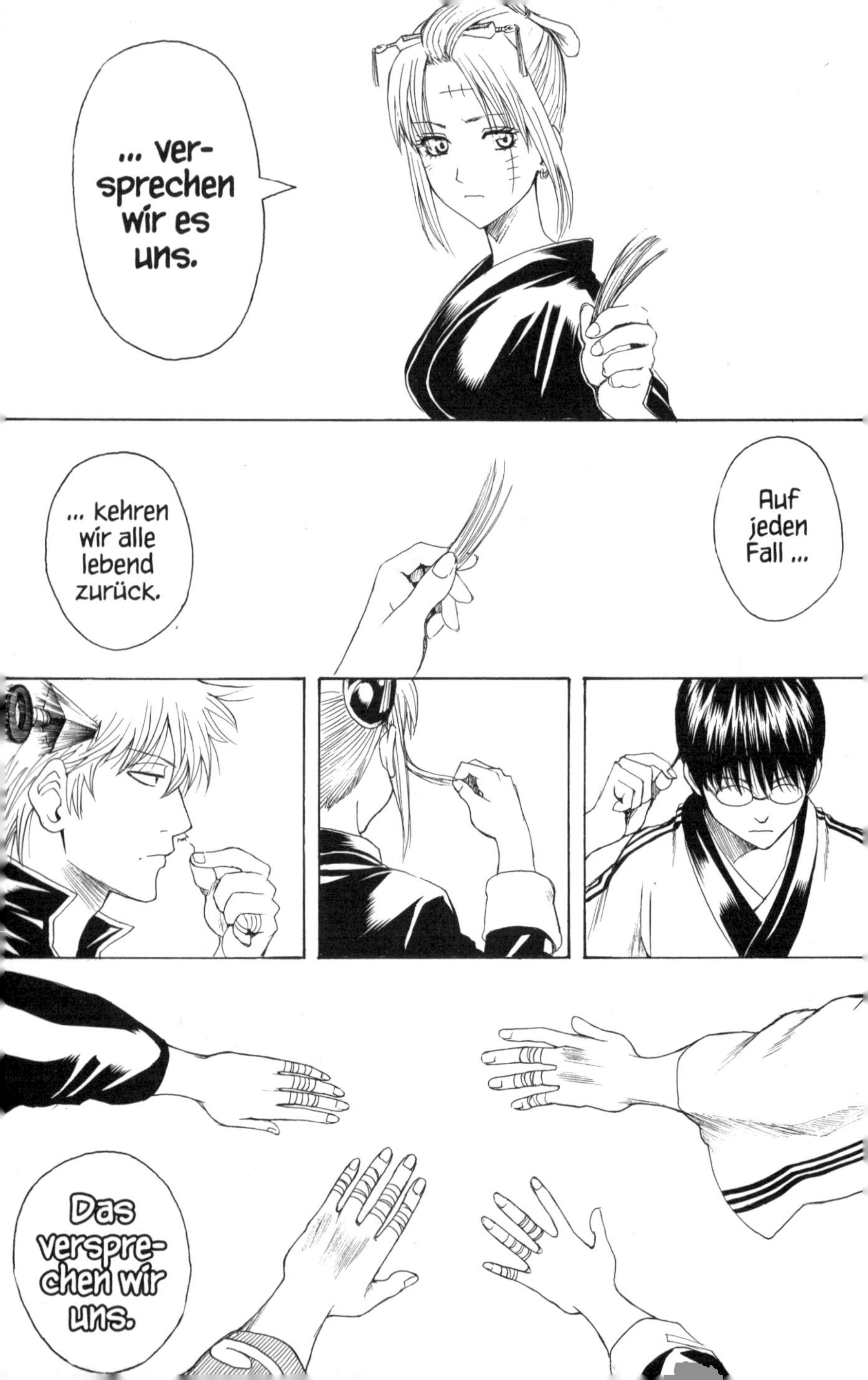
... ver-
sprechen
wir es
uns.
Auf
jeden
Fall ...
... kehren
wir alle
lebend
zurück.
Das
verspre-
chen wir
uns.

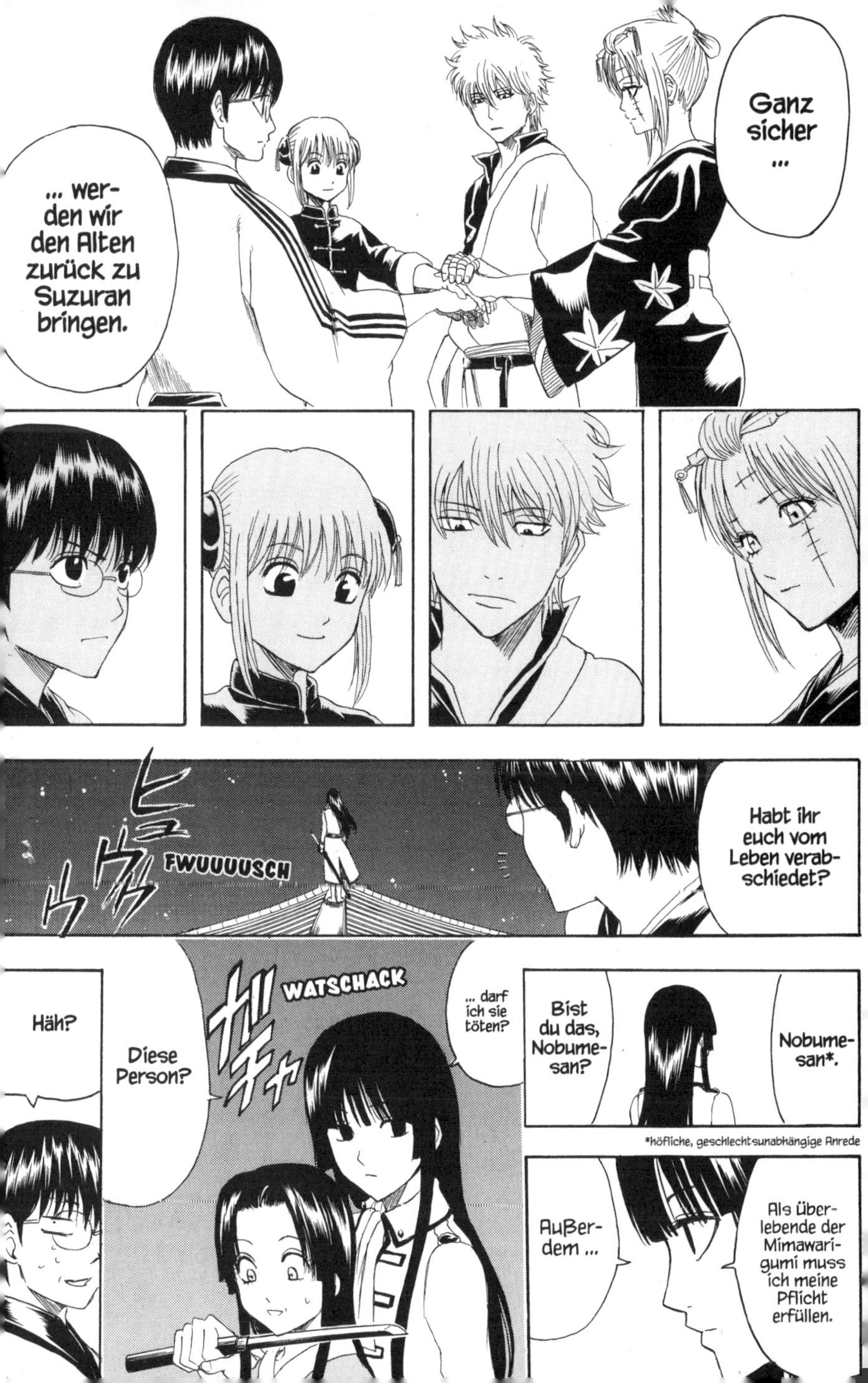

*höfliche, geschlechtsunabhängige Anrede

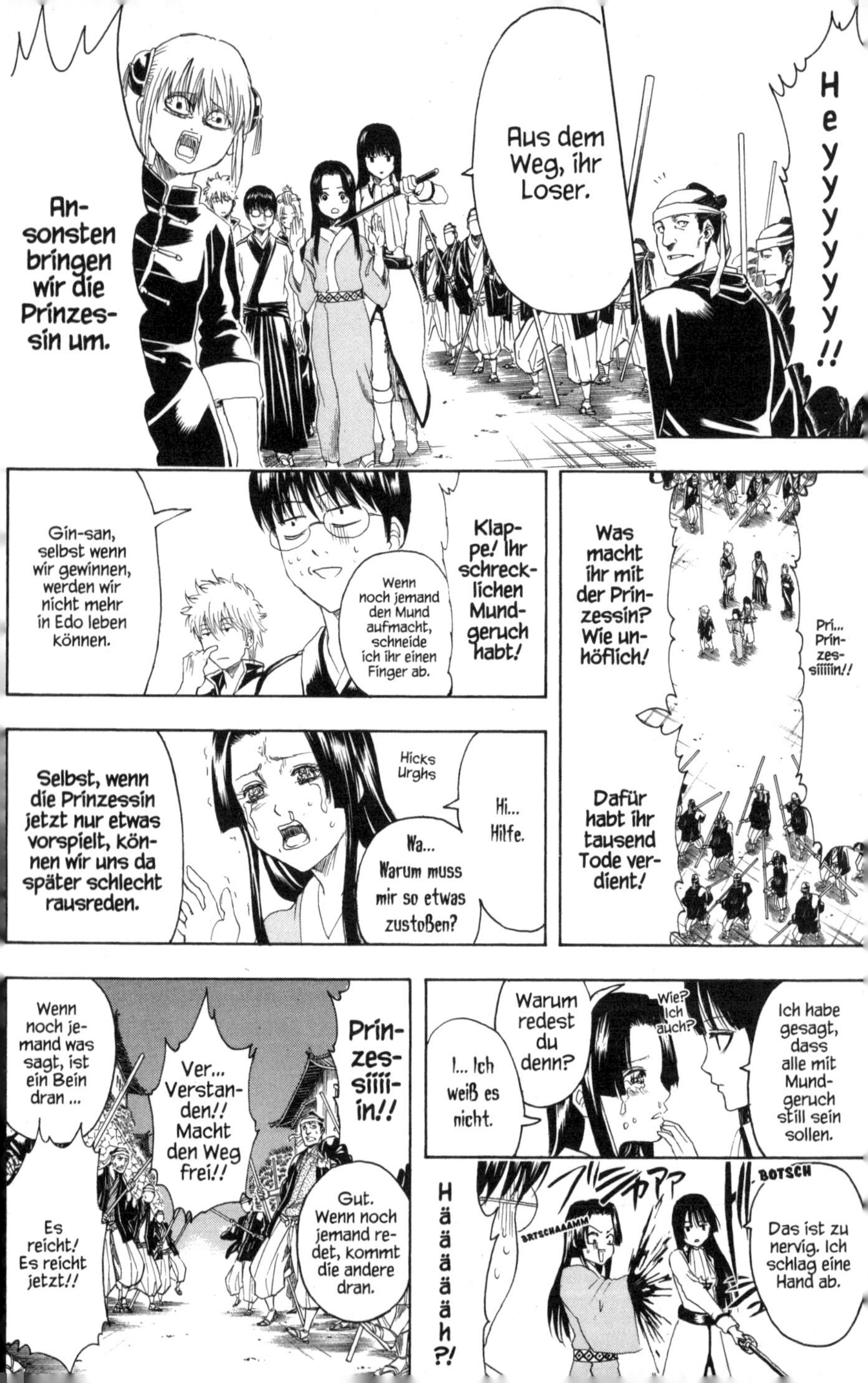
Heyyyyyy!!
Aus dem Weg, ihr Loser.
Ansonsten bringen wir die Prinzessin um.
Was macht ihr mit der Prinzessin? Wie unhöflich!
Pri... Prinzessiiiin!!
Dafür habt ihr tausend Tode verdient!
Klappe! Ihr schrecklichen Mundgeruch habt!
Wenn noch jemand den Mund aufmacht, schneide ich ihr einen Finger ab.
Gin-san, selbst wenn wir gewinnen, werden wir nicht mehr in Edo leben können.
Hicks Urghs
Hi... Hilfe.
Wa... Warum muss mir so etwas zustoßen?
Selbst, wenn die Prinzessin jetzt nur etwas vorspielt, können wir uns da später schlecht rausreden.
Ich habe gesagt, dass alle mit Mundgeruch still sein sollen.
Wie? Ich auch?
Warum redest du denn?
I... Ich weiß es nicht.
BOTSCH
Das ist zu nervig. Ich schlag eine Hand ab.
BRTSCHAAAMM
Häääääh?!
Prinzessiiiiin!!
Ver... Verstanden!! Macht den Weg frei!!
Wenn noch jemand was sagt, ist ein Bein dran ...
Gut. Wenn noch jemand redet, kommt die andere dran.
Es reicht! Es reicht jetzt!!

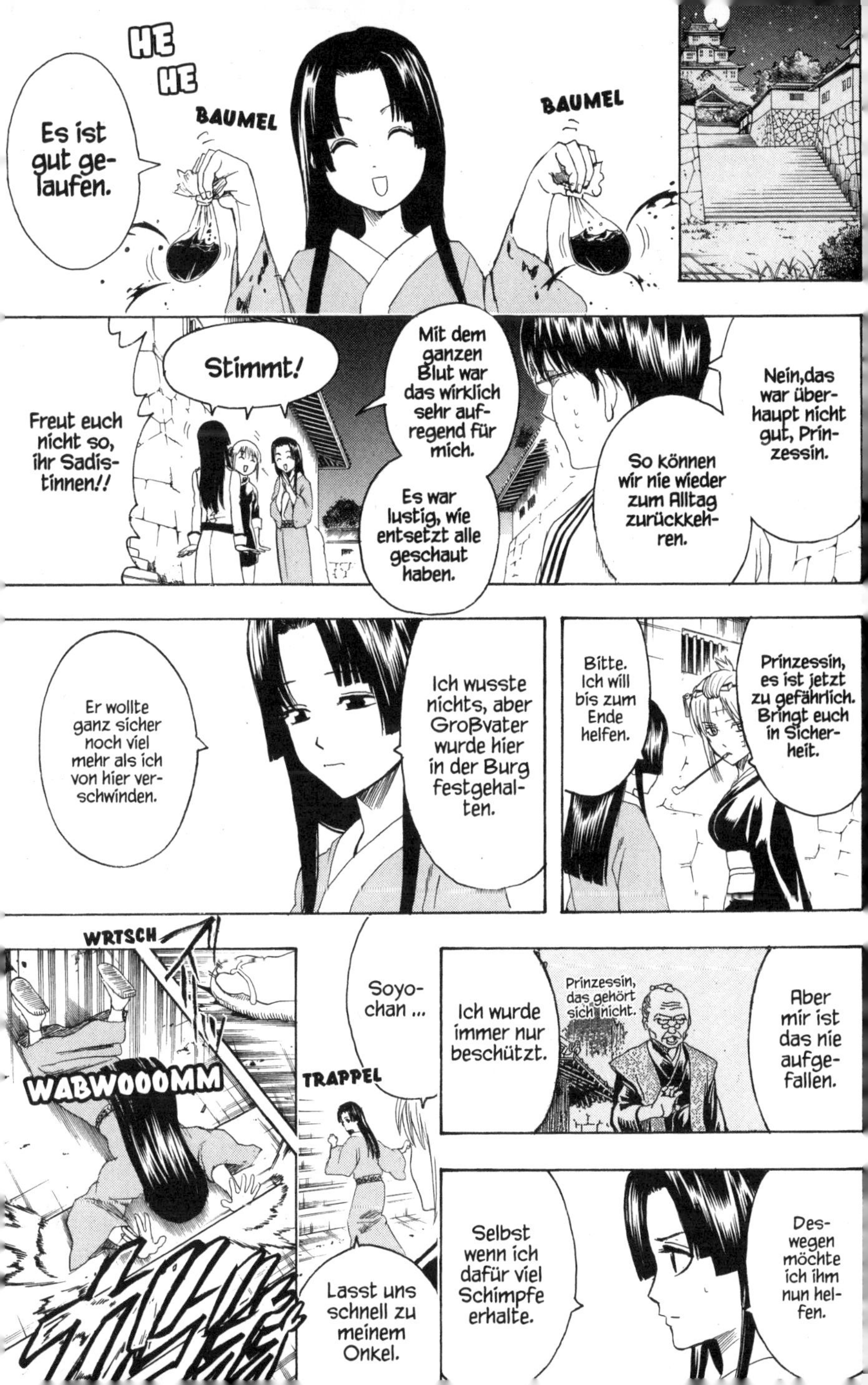

BAUMEL
HE HE
BAUMEL
Es ist gut gelaufen.
Nein, das war überhaupt nicht gut, Prinzessin.
So können wir nie wieder zum Alltag zurückkehren.
Mit dem ganzen Blut war das wirklich sehr aufregend für mich.
Es war lustig, wie entsetzt alle geschaut haben.
Stimmt!
Freut euch nicht so, ihr Sadistinnen!!
Prinzessin, es ist jetzt zu gefährlich. Bringt euch in Sicherheit.
Bitte. Ich will bis zum Ende helfen.
Ich wusste nichts, aber Großvater wurde hier in der Burg festgehalten.
Er wollte ganz sicher noch viel mehr als ich von hier verschwinden.
Aber mir ist das nie aufgefallen.
Prinzessin, das gehört sich nicht.
Ich wurde immer nur beschützt.
Deswegen möchte ich ihm nun helfen.
Selbst wenn ich dafür viel Schimpfe erhalte.
Soyo-chan ...
TRAPPEL
Lasst uns schnell zu meinem Onkel.
WRTSCH
WABWOOOMM

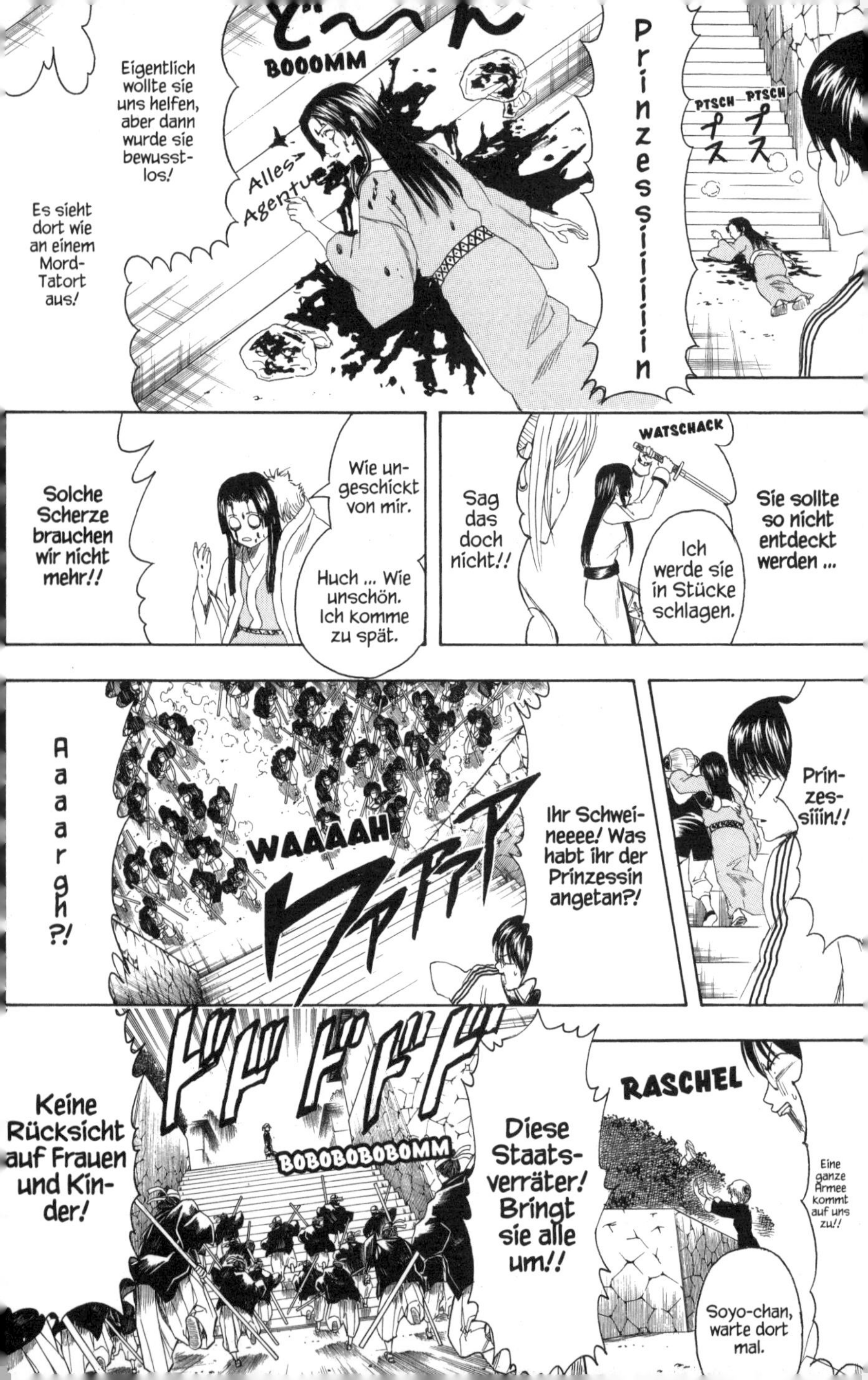
Prinzessiiiiiin
PTSCH PTSCH
プス プス
BOOOMM
Alles> Agentu
Eigentlich wollte sie uns helfen, aber dann wurde sie bewusstlos!
Es sieht dort wie an einem Mord-Tatort aus!
Sie sollte so nicht entdeckt werden ...
WATSCHACK
Ich werde sie in Stücke schlagen.
Sag das doch nicht!!
Wie ungeschickt von mir.
Huch ... Wie unschön. Ich komme zu spät.
Solche Scherze brauchen wir nicht mehr!!
Prinzessiiin!!
Ihr Schweineeee! Was habt ihr der Prinzessin angetan?!
WAAAAH
Aaaargh?!
Eine ganze Armee kommt auf uns zu!!
RASCHEL
Soyo-chan, warte dort mal.
Diese Staatsverräter! Bringt sie alle um!!
BOBOBOBOBOMM
Keine Rücksicht auf Frauen und Kinder!

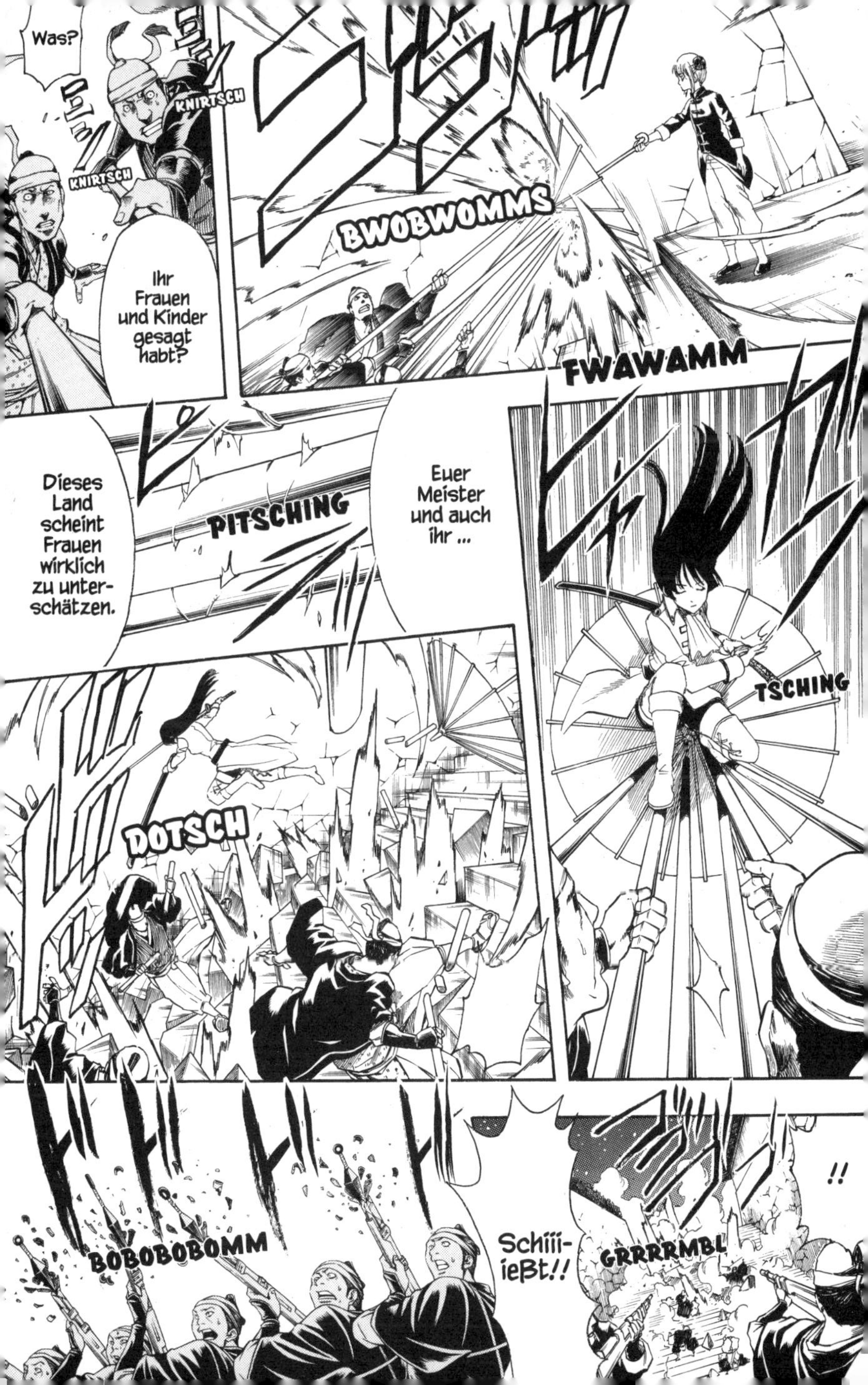
BWOBWOMMS
KNIRTSCH
KNIRTSCH
Was?
Ihr Frauen und Kinder gesagt habt?
FWAWAMM
Euer Meister und auch ihr ...
PITSCHING
Dieses Land scheint Frauen wirklich zu unterschätzen.
TSCHING
DOTSCH
!!
GRRRRMBL
Schiiießt!!
BOBOBOBOMM

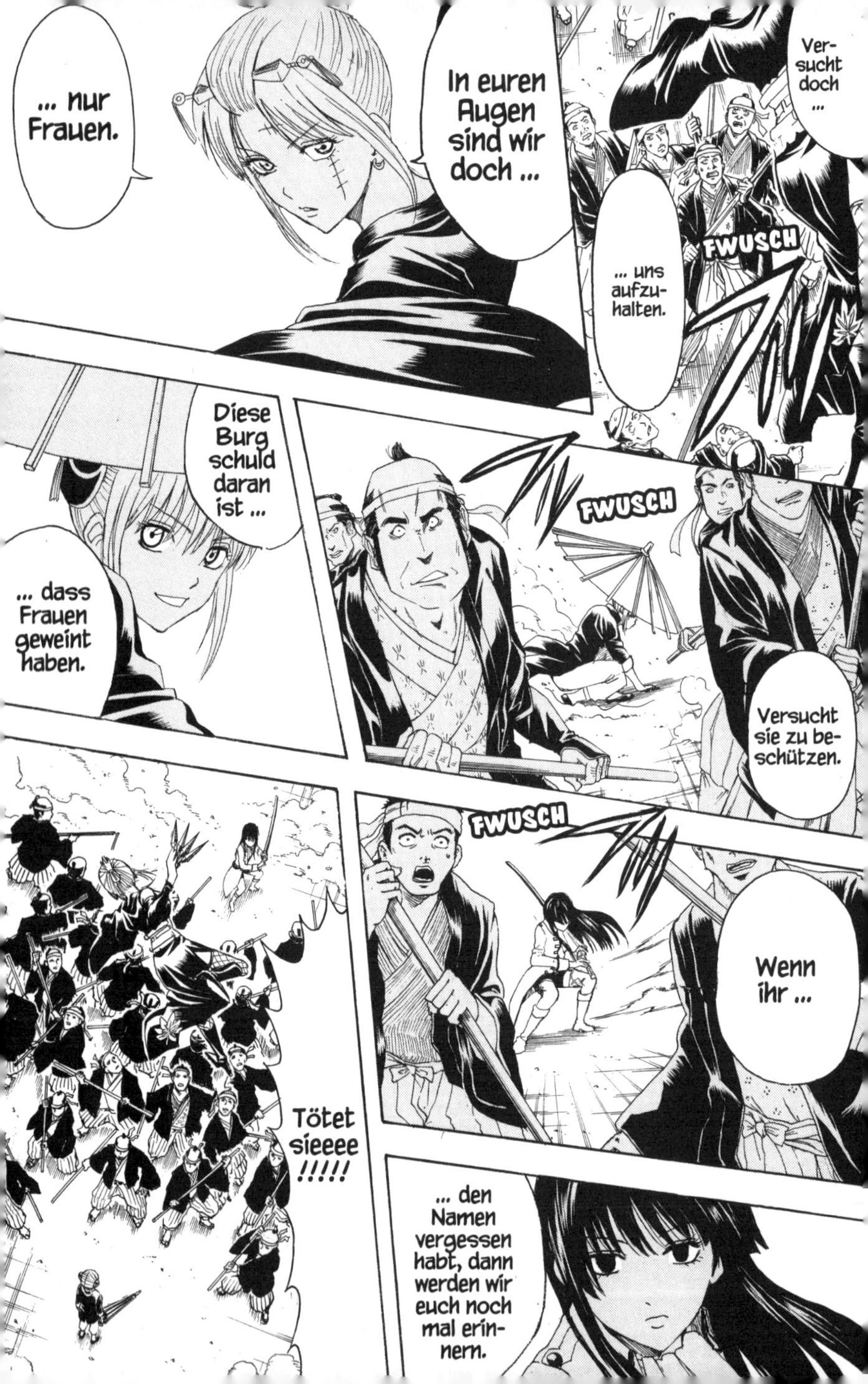
Versucht doch ...
FWUSCH
... uns aufzuhalten.
In euren Augen sind wir doch ...
... nur Frauen.
FWUSCH
Versucht sie zu beschützen.
Diese Burg schuld daran ist ...
... dass Frauen geweint haben.
FWUSCH
Wenn ihr ...
... den Namen vergessen habt, dann werden wir euch noch mal erinnern.
Tötet sieeee !!!!!

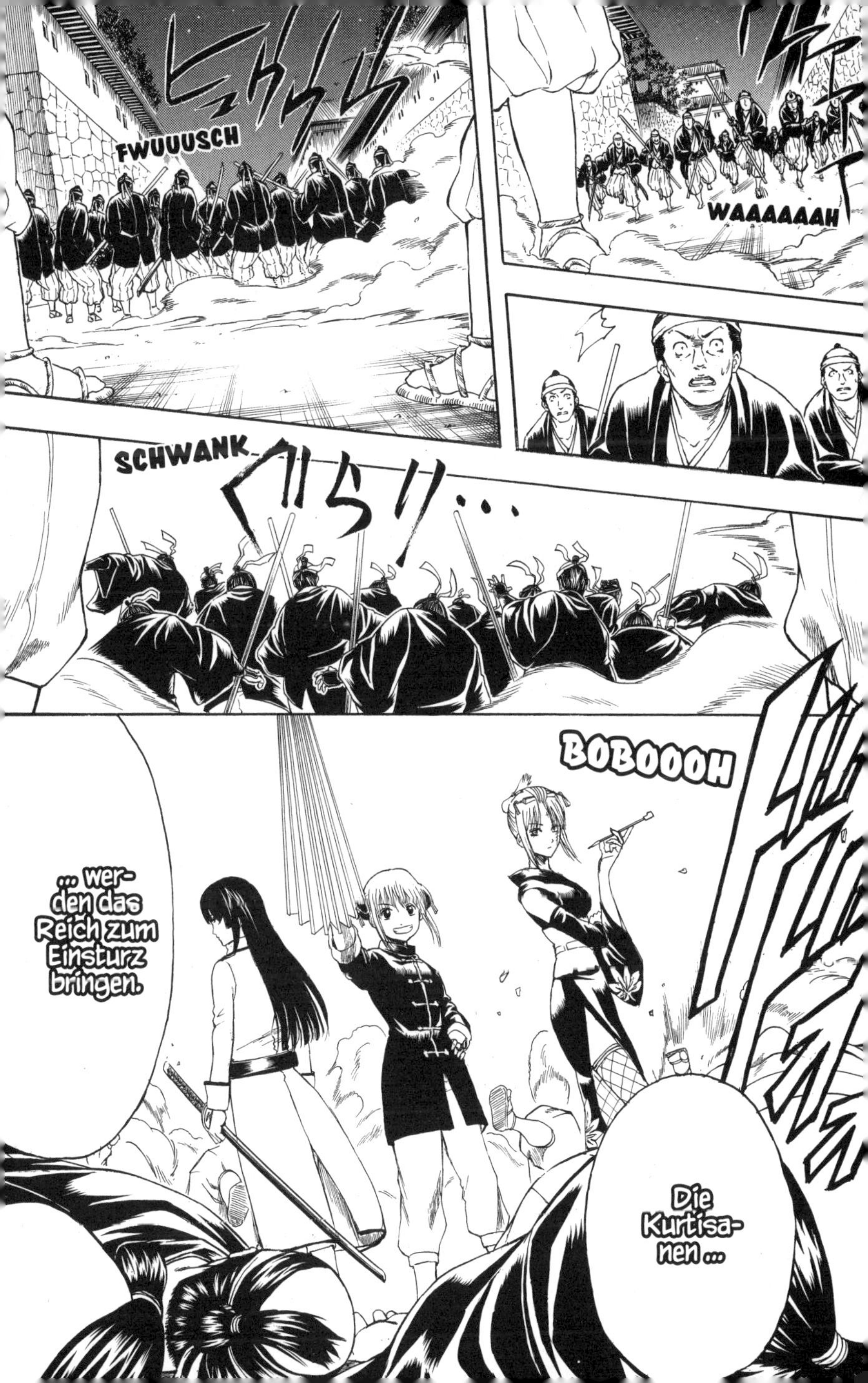
FWUUUSCH
WAAAAAAH
SCHWANK
BOBOOOH
Die Kurtisanen ...
... werden das Reich zum Einsturz bringen.

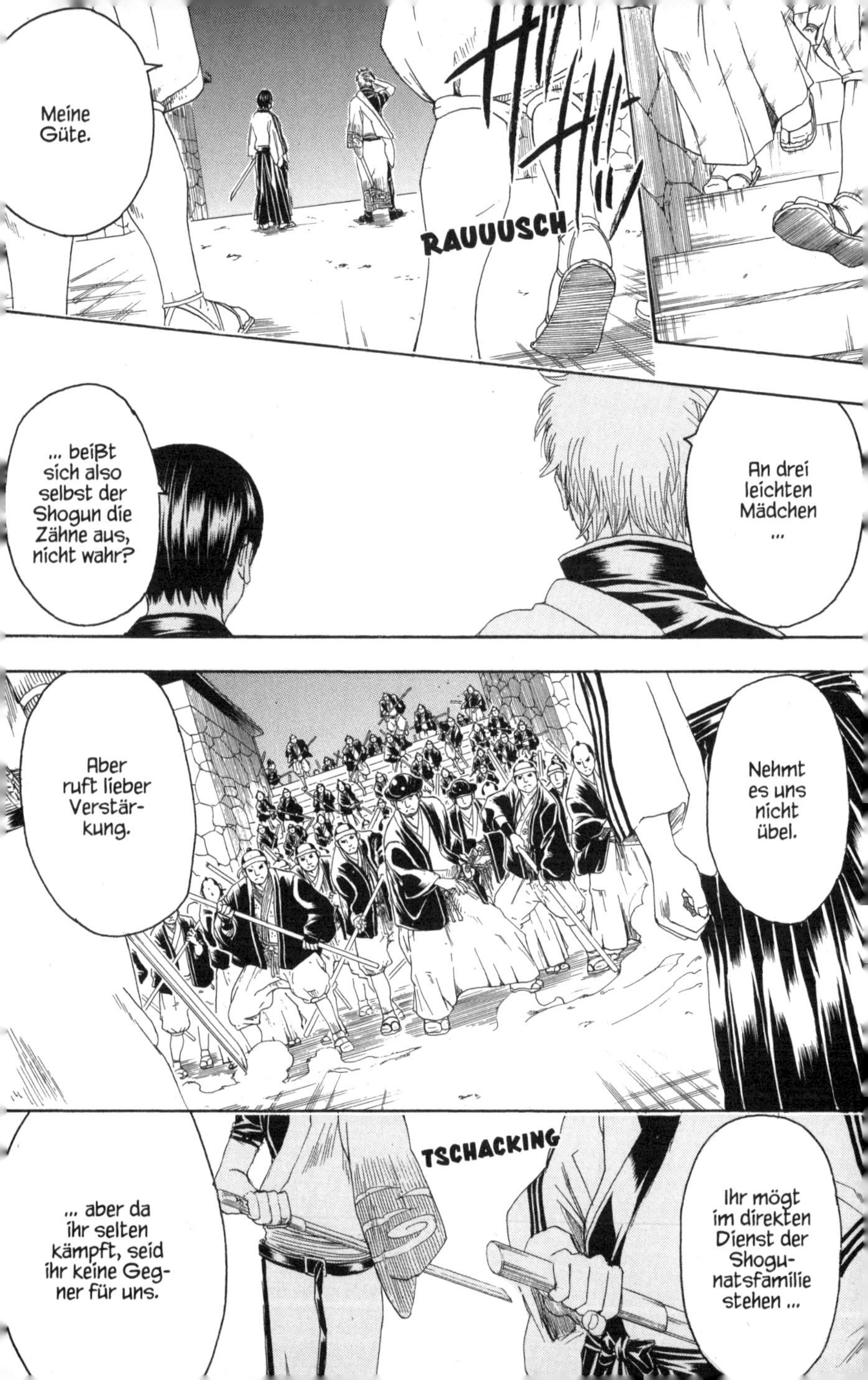
RAUUUSCH
Meine Güte.
An drei leichten Mädchen ...
... beißt sich also selbst der Shogun die Zähne aus, nicht wahr?
Nehmt es uns nicht übel.
Aber ruft lieber Verstär-kung.
TSCHACKING
Ihr mögt im direkten Dienst der Shogu-natsfamilie stehen ...
... aber da ihr selten kämpft, seid ihr keine Geg-ner für uns.

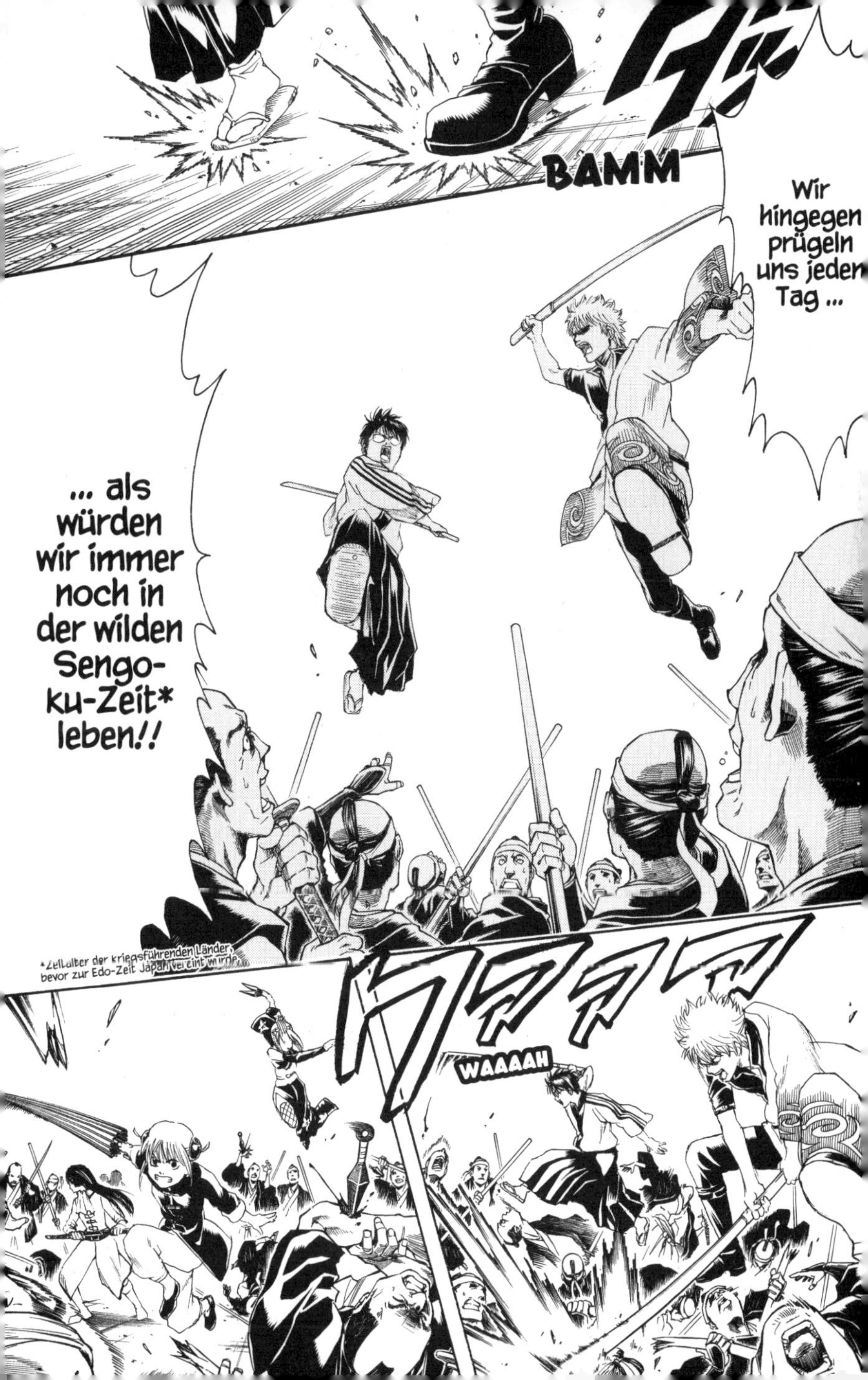
BAMM
Wir hingegen prügeln uns jeden Tag ...
... als würden wir immer noch in der wilden Sengoku-Zeit* leben!!
*Zeitalter der kriegsführenden Länder, bevor zur Edo-Zeit Japan vereint wurde.
WAAAAH

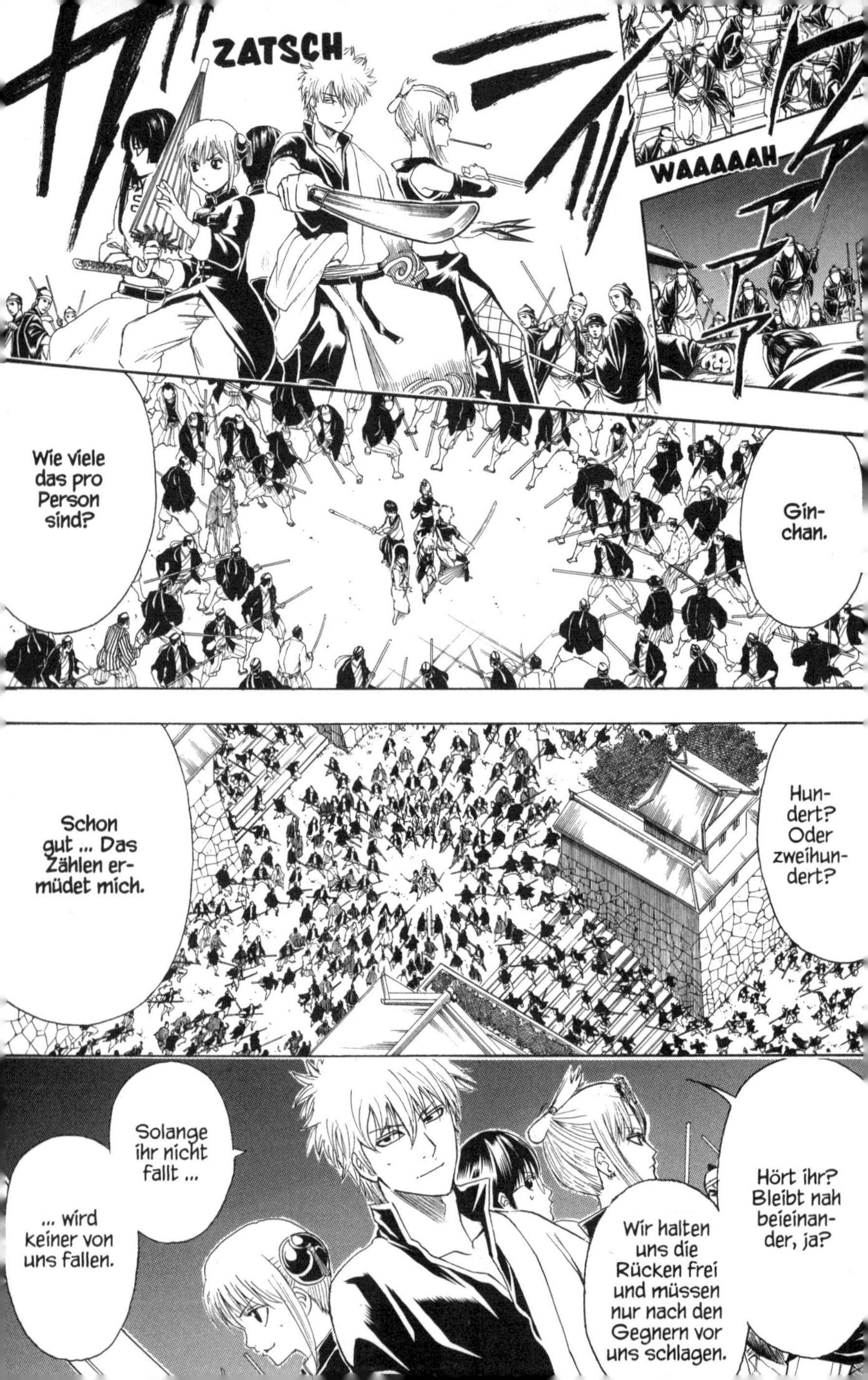
ZATSCH
WAAAAAH
Gin-chan.
Wie viele das pro Person sind?
Hundert? Oder zweihundert?
Schon gut ... Das Zählen ermüdet mich.
Hört ihr? Bleibt nah beieinander, ja?
Wir halten uns die Rücken frei und müssen nur nach den Gegnern vor uns schlagen.
Solange ihr nicht fallt ...
... wird keiner von uns fallen.

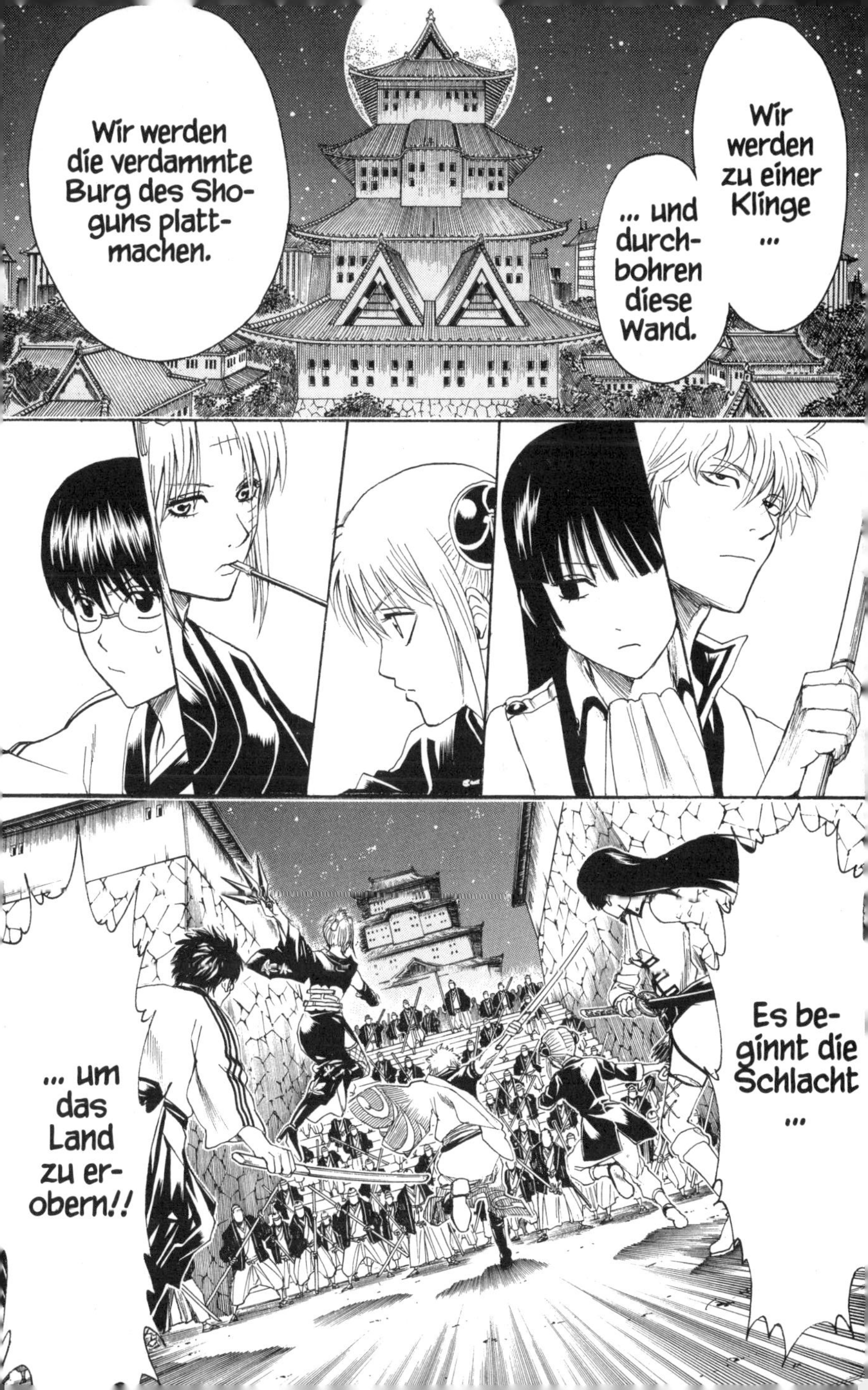

Wir werden zu einer Klinge ...
... und durchbohren diese Wand.
Wir werden die verdammte Burg des Shoguns plattmachen.
Es beginnt die Schlacht ...
... um das Land zu erobern!!

Vielen Dank, dass ihr den 45. Band von *Gin Tama* gekauft habt. In meiner Nachbarschaft hat ein neuer Ramenladen aufgemacht und ich bin also vorbeispaziert. Draußen hing eine Karte, auf der Ramen-Bratreis-Komboset stand. Ich hätte auf der Straße fast einen krassen Sliding-Tackle hingelegt. Auf dieser Welt gibt es unzählige Kombos, aber für mich sind die größten davon Ramen und Bratreis oder Chage and Aska*. Der Laden hatte geöffnet und war ziemlich voll. Daher wurde mir gesagt: »Wir haben gerade viel zu tun und können leider keinen kleinen Bratreis machen.« So läuft es wohl in der Ramen-Welt. Genau wie bei Chage und Aska waren die Tickets sofort ausverkauft. Ich hatte aber überhaupt kein Interesse an Askas Soloauftritten. Einzig die Harmonie eines gemeinsamen Auftritts von Chage und Aska konnte mich begeistern. Ich wollte also schon aus dem Laden stürmen, aber der Ladenmitarbeiter erklärte mir dann, dass sie zwar keine kleine Portion für das Komboset machen könnten, aber sehr wohl eine große Portion als getrenntes Gericht. Auch wenn Chage & Aska unmöglich war, wurde mir also stattdessen Aska & Aska angeboten. Mit diesem Schlag ins Gesicht war es um mich geschehen. Wer würde sich denn mit Aska und Aska den Bauch vollschlagen, wenn man doch eigentlich das »Huh« und das »Hah« von Chage braucht, damit man ordentlich den suppigen Gesang von Aska schlürfen kann? Man konnte Chage doch nicht einfach durch einen Rettich austauschen. Und sowieso war die Behauptung, dass sie zwar keine kleine Portion, aber dafür eine große normale machen könnten, doch kompletter Wahnsinn, oder? Wenn sie eh Bratreis in die Pfanne hauen, können sie ihn doch auch in kleinere Portionen aufteilen. Chage langweilt sich doch ganz sicher. Es ist doch schrecklich, wenn man ihn einfach so außer Acht lässt, oder? Ich konnte nicht darüber hinwegsehen, dass es keine kleine Portion gab. Aber vielleicht wollte der Mitarbeiter mir so auch nur eine große Portion anbieten. Ich streckte meine Hand in die Tasche. Tatsächlich war ich etwas rundlich geworden, aber dennoch war ich nur halb rundlich und somit würde in meinen Bauch nur eine kleine halbe Portion vom Bratreis passen. Ich bat also darum, ob mir nicht vielleicht dennoch nur eine halbe Portion vom leckeren Bratreis aufgefüllt werden könnte, aber zurück kam nur folgende Aussage: »Tut mir leid, werter Kunde, aber wir können Sie leider nicht anders als alle anderen behandeln ...«

(Fortsetzung auf Seite 44)

*eine berühmte japanische Band

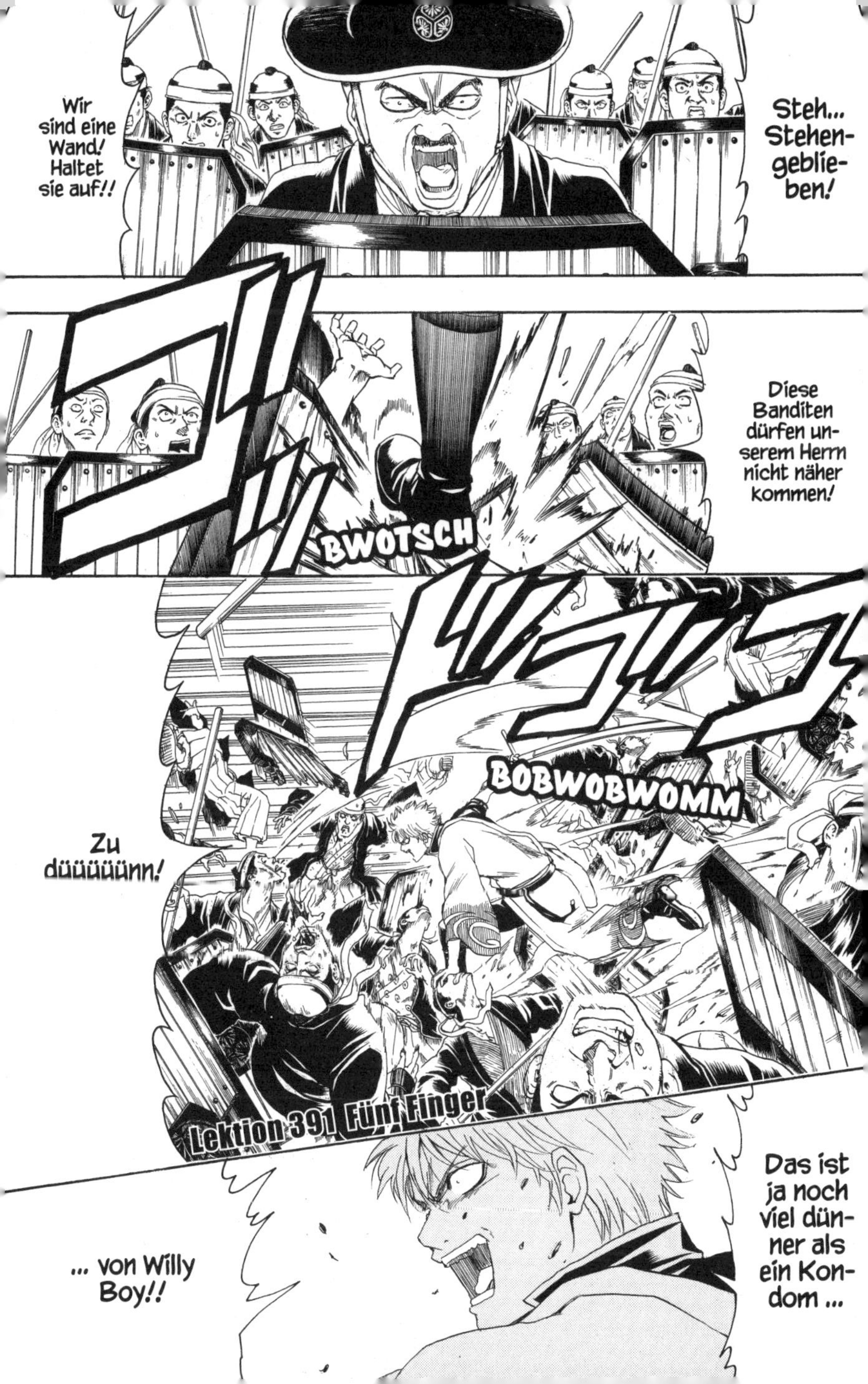
Steh... Stehengeblieben!
Wir sind eine Wand! Haltet sie auf!!
Diese Banditen dürfen unserem Herrn nicht näher kommen!
BWOTSCH
BOBWOBWOMM
Zu düüüüüünn!
Lektion 391 Fünf Finger
Das ist ja noch viel dünner als ein Kondom ...
... von Willy Boy!!

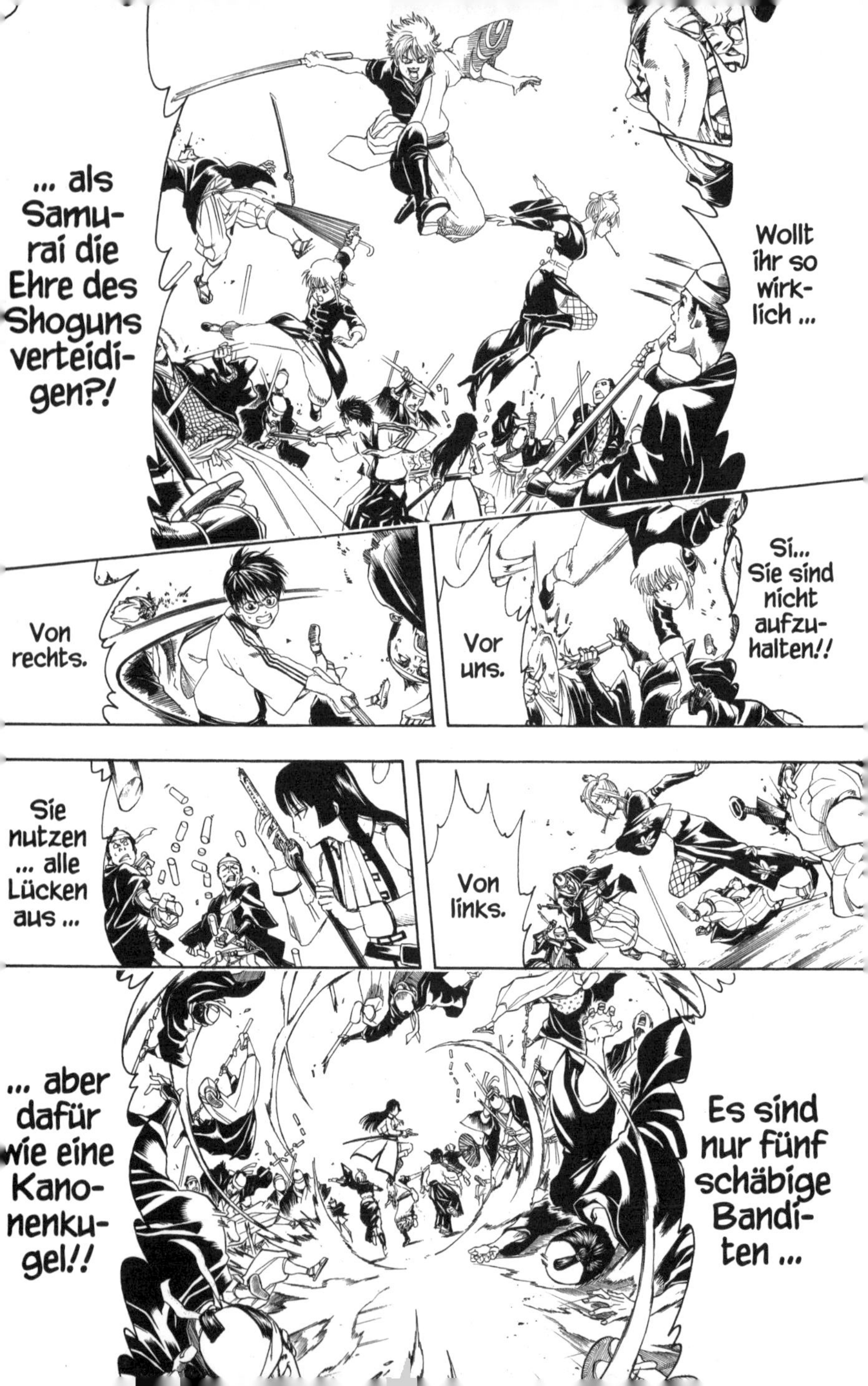

Wollt ihr so wirklich ...
... als Samurai die Ehre des Shoguns verteidigen?!
Si... Sie sind nicht aufzuhalten!!
Vor uns.
Von rechts.
Von links.
Sie nutzen ... alle Lücken aus ...
Es sind nur fünf schäbige Banditen ...
... aber dafür wie eine Kanonenkugel!!

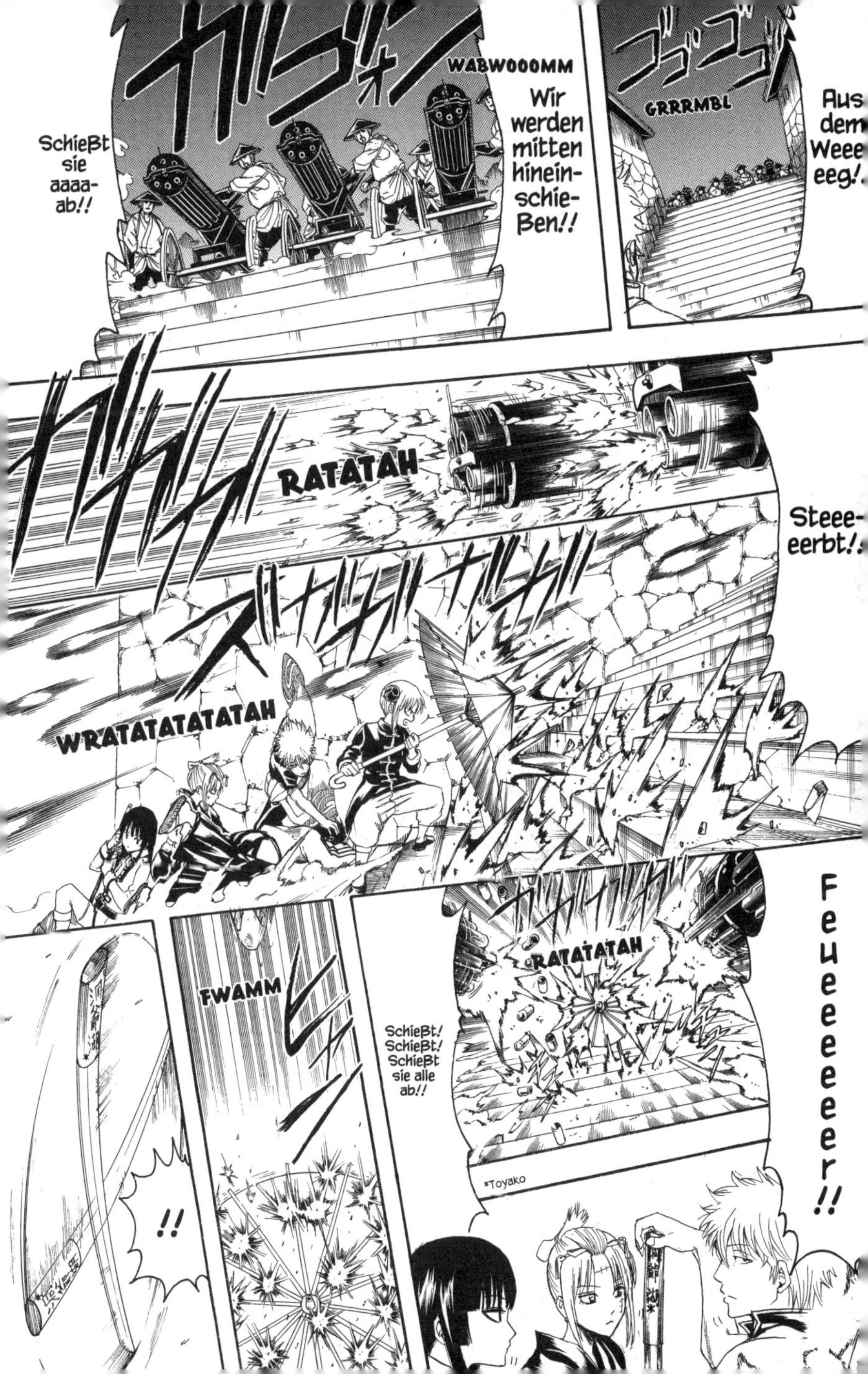

Aus dem Weeeeeg!.
GRRRMBL
WABWOOOMM
Wir werden mitten hinein-schie-ßen!!
Schießt sie aaaa-ab!!
Steee-eerbt!.
RATATAH
WRATATATATATAH
Feueeeeeeer!!
RATATATAH
Schießt! Schießt! Schießt sie alle ab!!
*Toyako
FWAMM
!!

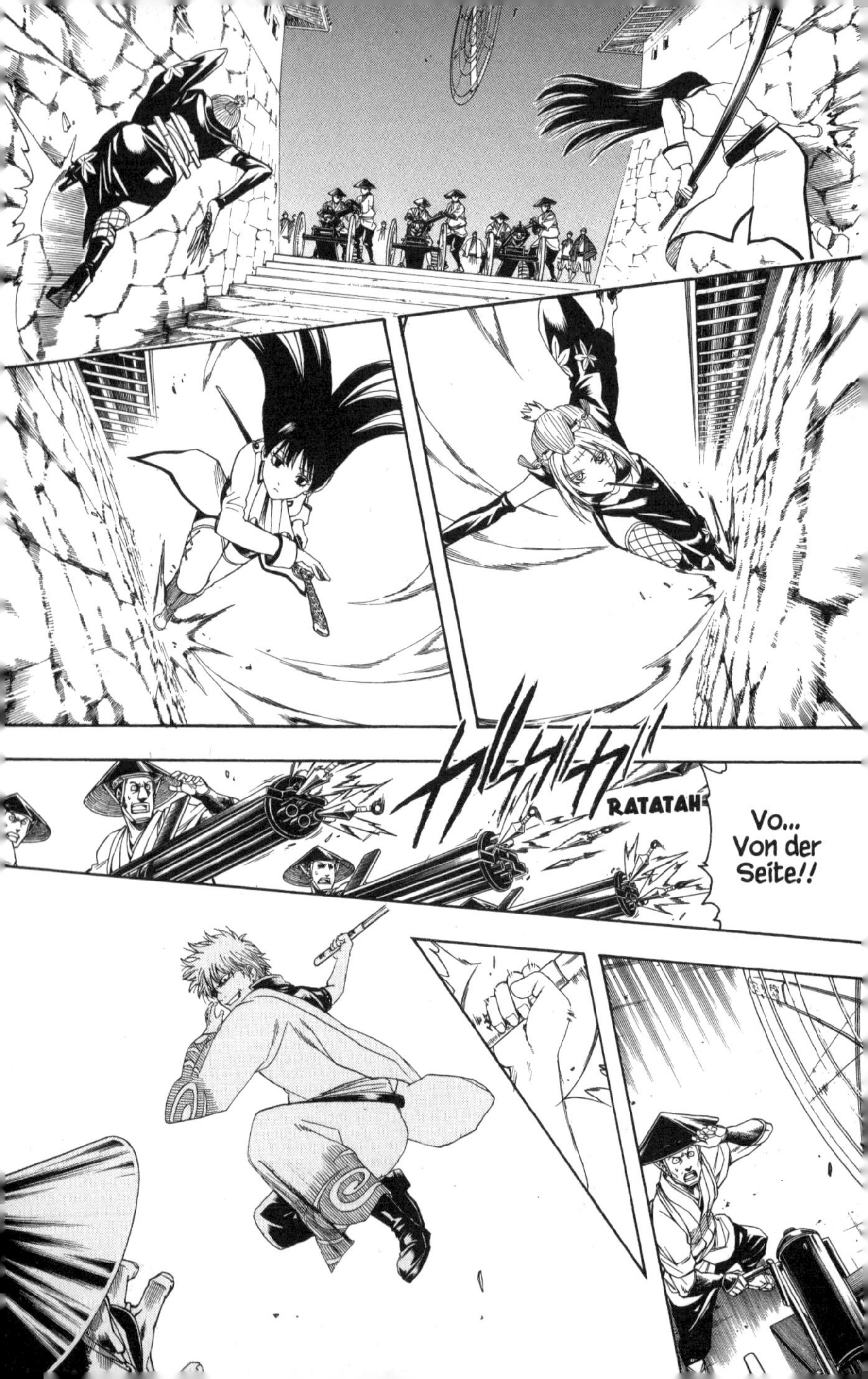
Vo... Von der Seite!!
RATATAH

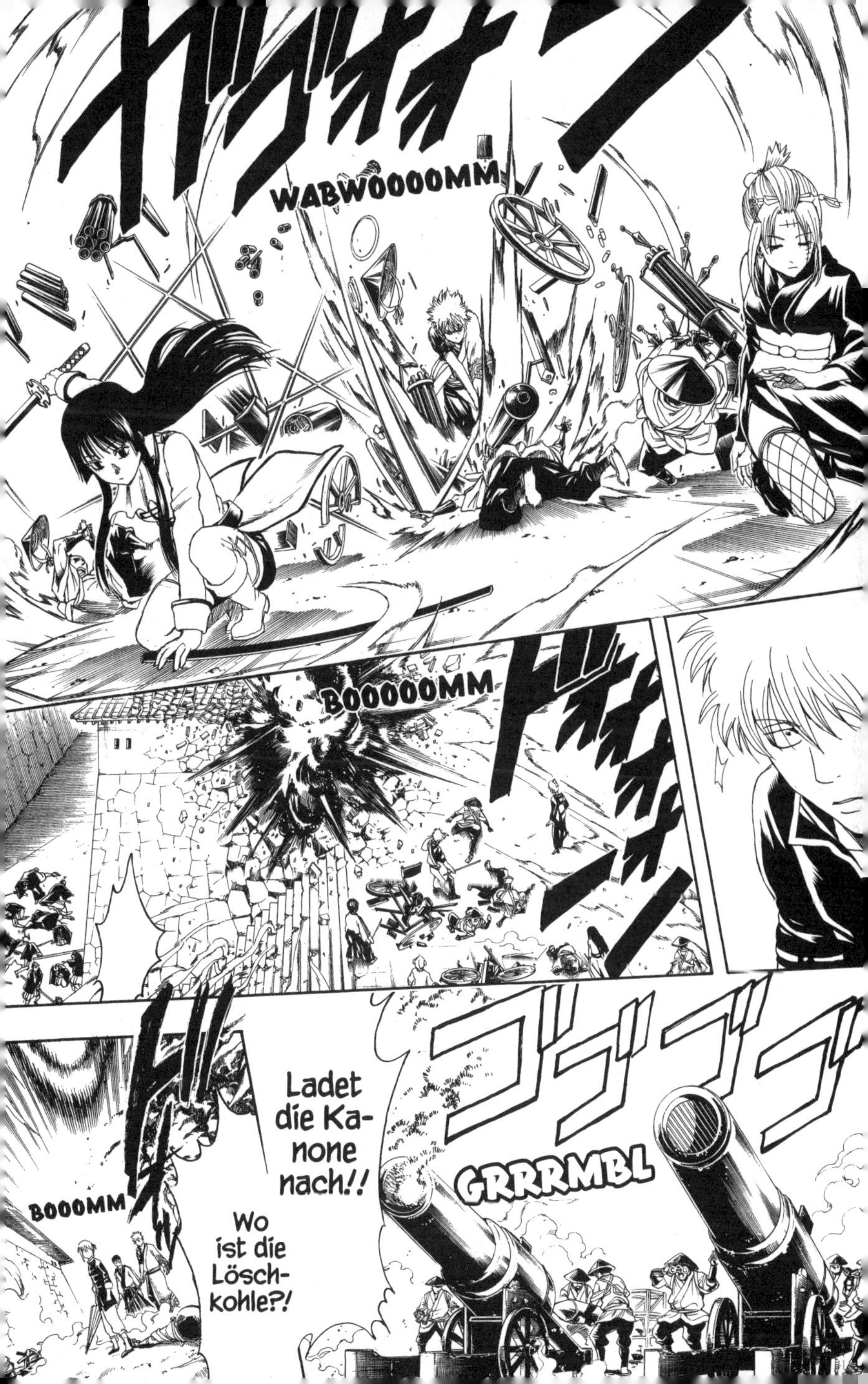
WABWOOOOMM
BOOOOOMM
GRRRMBL
Ladet die Kanone nach!!
Wo ist die Löschkohle?!
BOOOMM

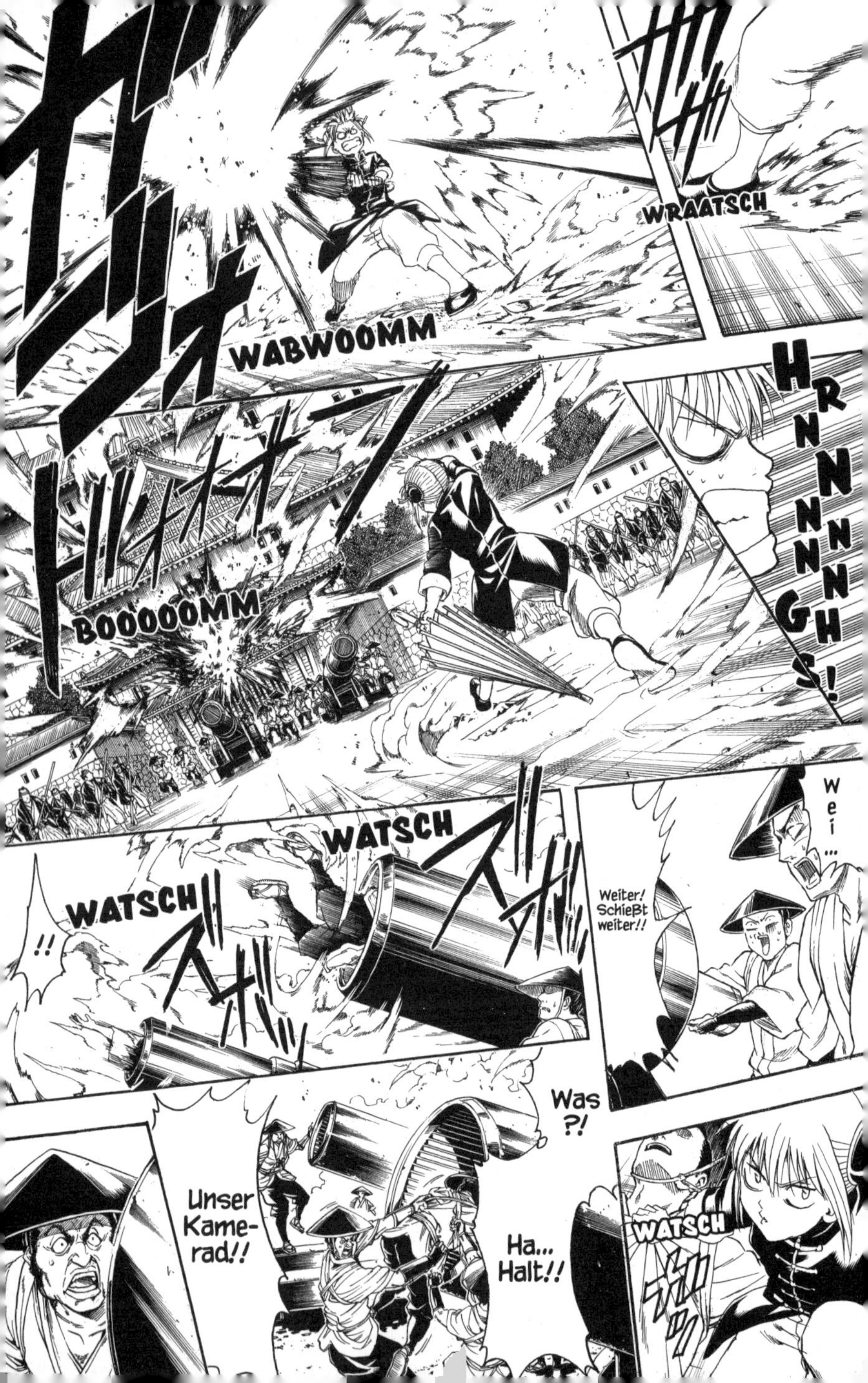

WRAATSCH
WABWOOMM
HRNNNNNNGHS!
BOOOOOOMM
Wei...
Weiter! Schießt weiter!!
WATSCH
WATSCH
!!
Was ?!
WATSCH
Ha... Halt!!
Unser Kamerad!!

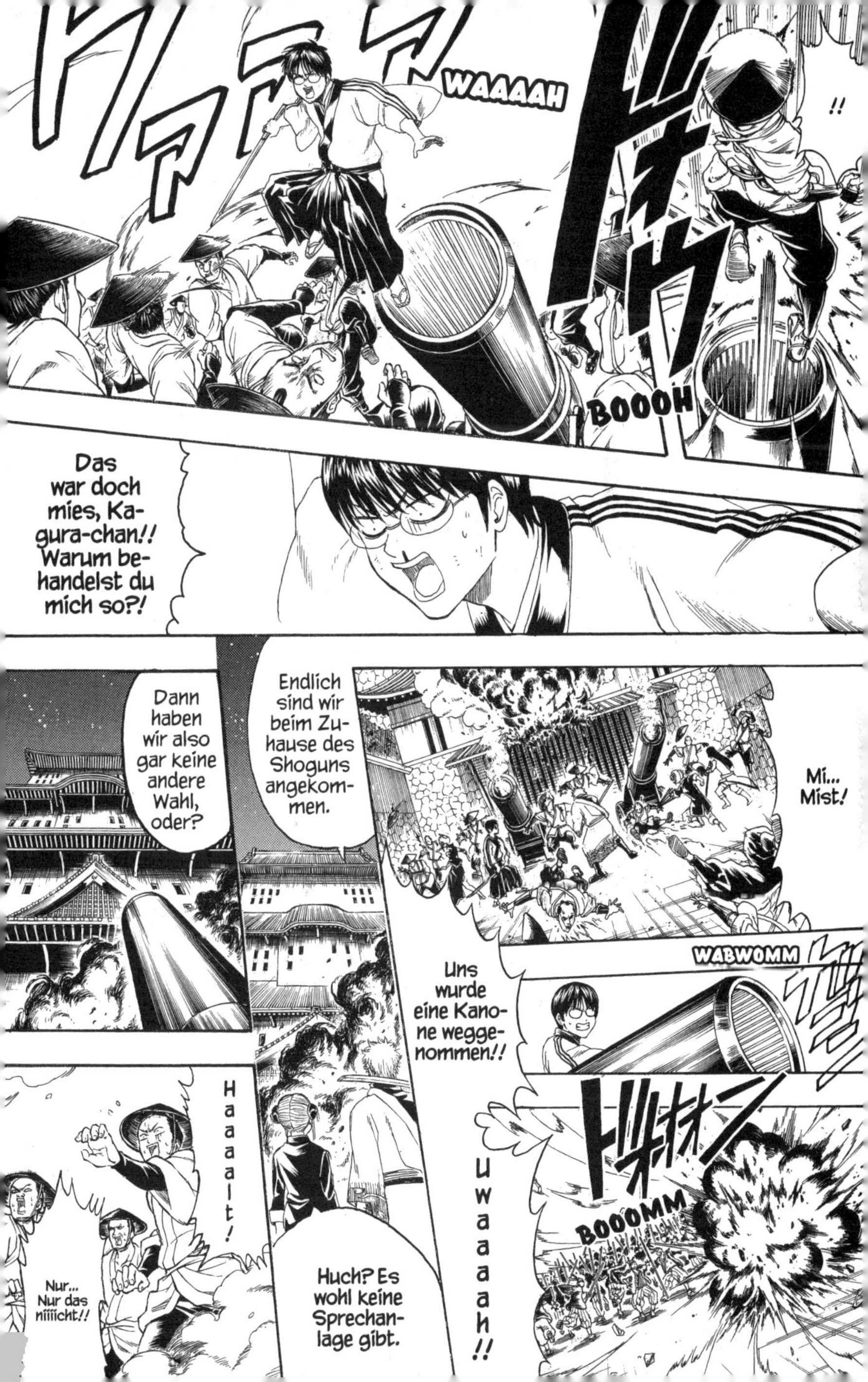
WAAAAH
BOOOH
Das war doch mies, Kagura-chan!! Warum behandelst du mich so?!
Mi... Mist!
Endlich sind wir beim Zuhause des Shoguns angekommen.
Dann haben wir also gar keine andere Wahl, oder?
WABWOMM
Uns wurde eine Kanone weggenommen!!
BOOOMM
Uwaaaaaah!!
Huch? Es wohl keine Sprechanlage gibt.
Haaaalt!
Nur... Nur das niiiicht!!

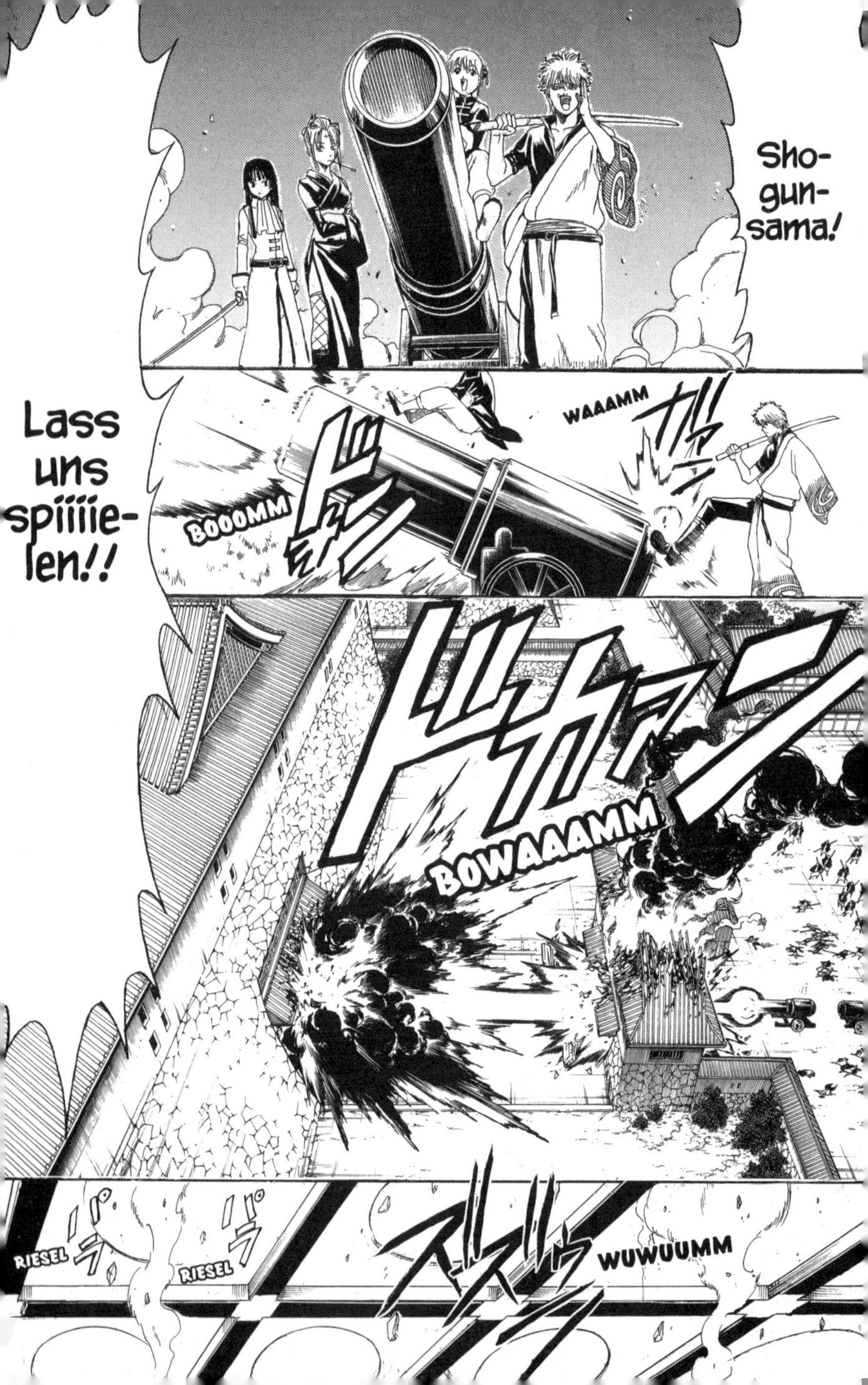

Sho-
gun-
sama!
Lass
uns
spiiiie-
len!!
WAAAMM
BOOOMM
BOWAAAMM
WUWUUMM
RIESEL
RIESEL

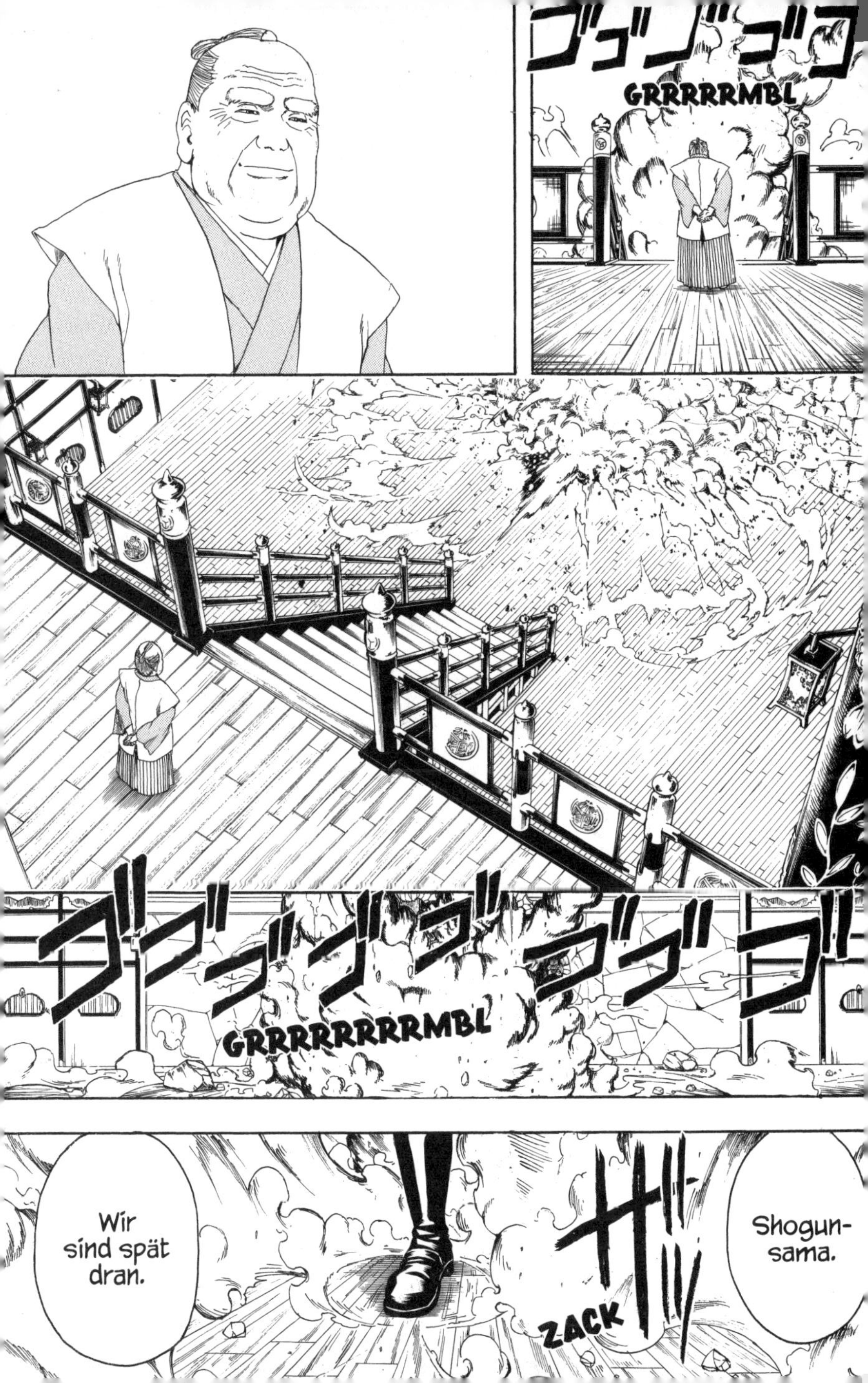

GRRRRRMBL
GRRRRRRRRMBL
Shogun-sama.
ZACK
Wir sind spät dran.

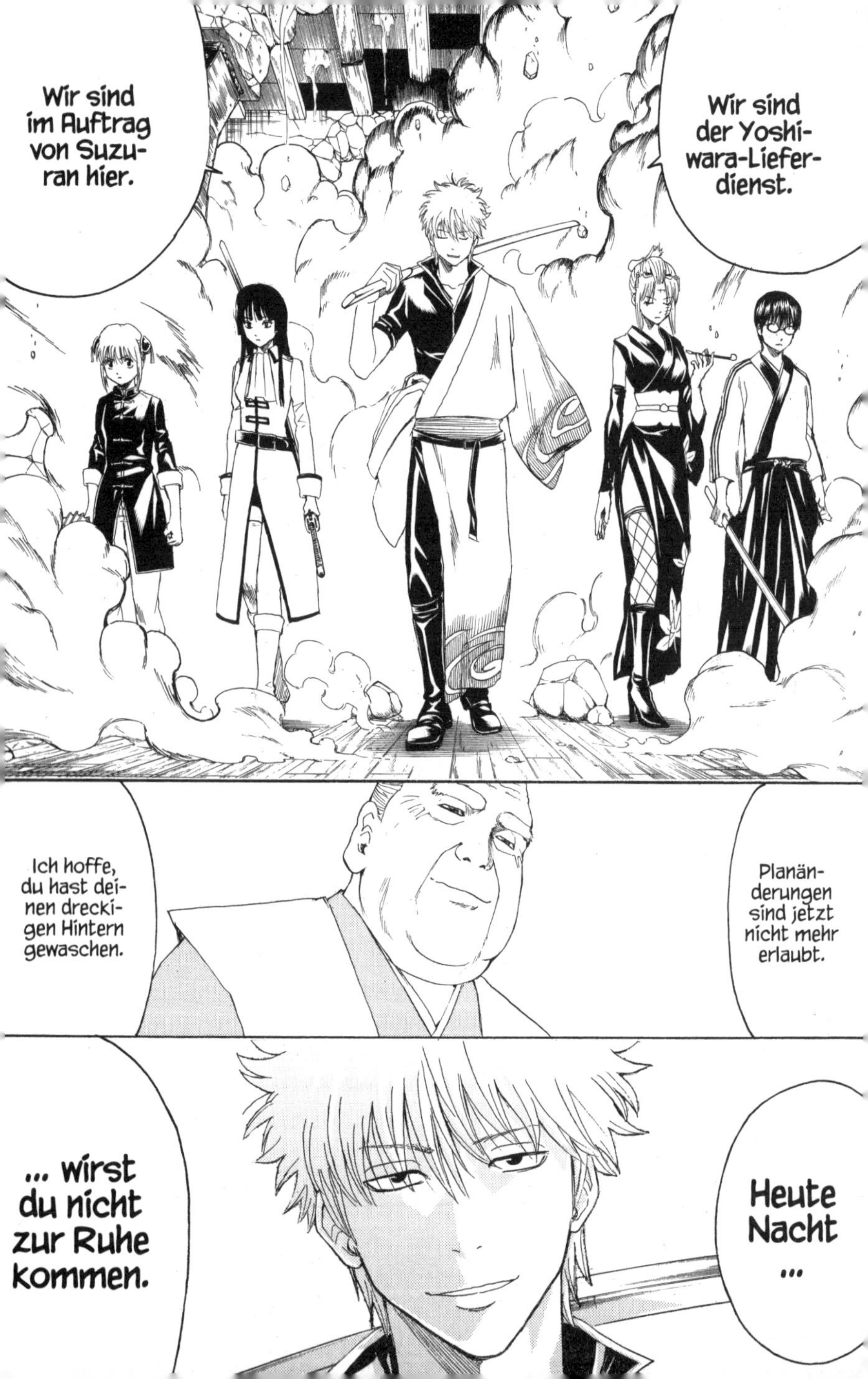
Wir sind der Yoshiwara-Lieferdienst.
Wir sind im Auftrag von Suzuran hier.
Planänderungen sind jetzt nicht mehr erlaubt.
Ich hoffe, du hast deinen dreckigen Hintern gewaschen.
Heute Nacht ...
... wirst du nicht zur Ruhe kommen.

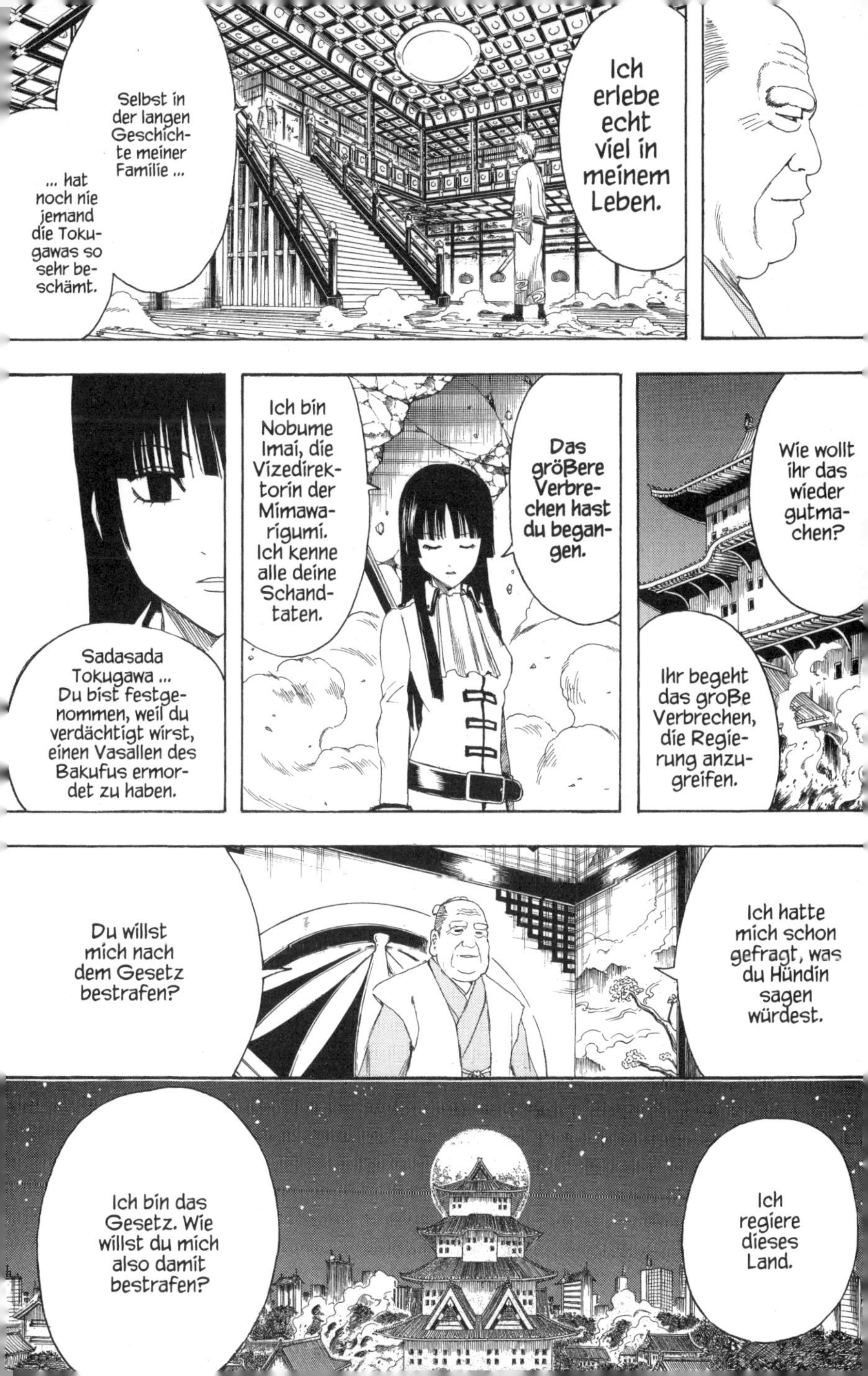

Ich erlebe echt viel in meinem Leben.
Selbst in der langen Geschichte meiner Familie ...
... hat noch nie jemand die Tokugawas so sehr beschämt.
Wie wollt ihr das wieder gutmachen?
Ihr begeht das große Verbrechen, die Regierung anzugreifen.
Das größere Verbrechen hast du begangen.
Ich bin Nobume Imai, die Vizedirektorin der Mimawarigumi. Ich kenne alle deine Schandtaten.
Sadasada Tokugawa ... Du bist festgenommen, weil du verdächtigt wirst, einen Vasallen des Bakufus ermordet zu haben.
Ich hatte mich schon gefragt, was du Hündin sagen würdest.
Du willst mich nach dem Gesetz bestrafen?
Ich regiere dieses Land.
Ich bin das Gesetz. Wie willst du mich also damit bestrafen?

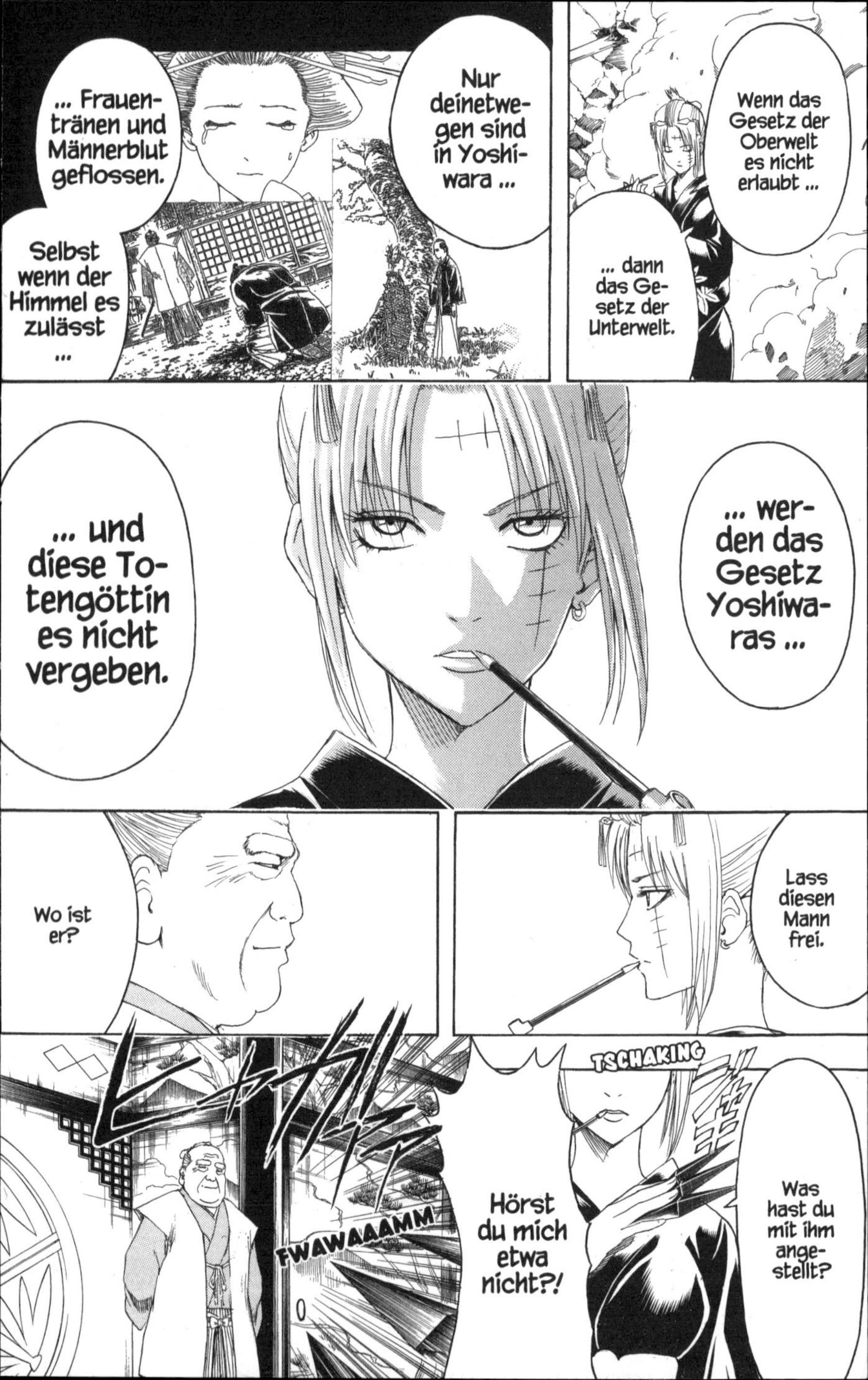
Wenn das Gesetz der Oberwelt es nicht erlaubt ...
... dann das Gesetz der Unterwelt.
Nur deinetwegen sind in Yoshiwara ...
... Frauentränen und Männerblut geflossen.
Selbst wenn der Himmel es zulässt ...
... werden das Gesetz Yoshiwaras ...
... und diese Totengöttin es nicht vergeben.
Lass diesen Mann frei.
Wo ist er?
TSCHAKING
Was hast du mit ihm angestellt?
Hörst du mich etwa nicht?!
FWAWAAAMM

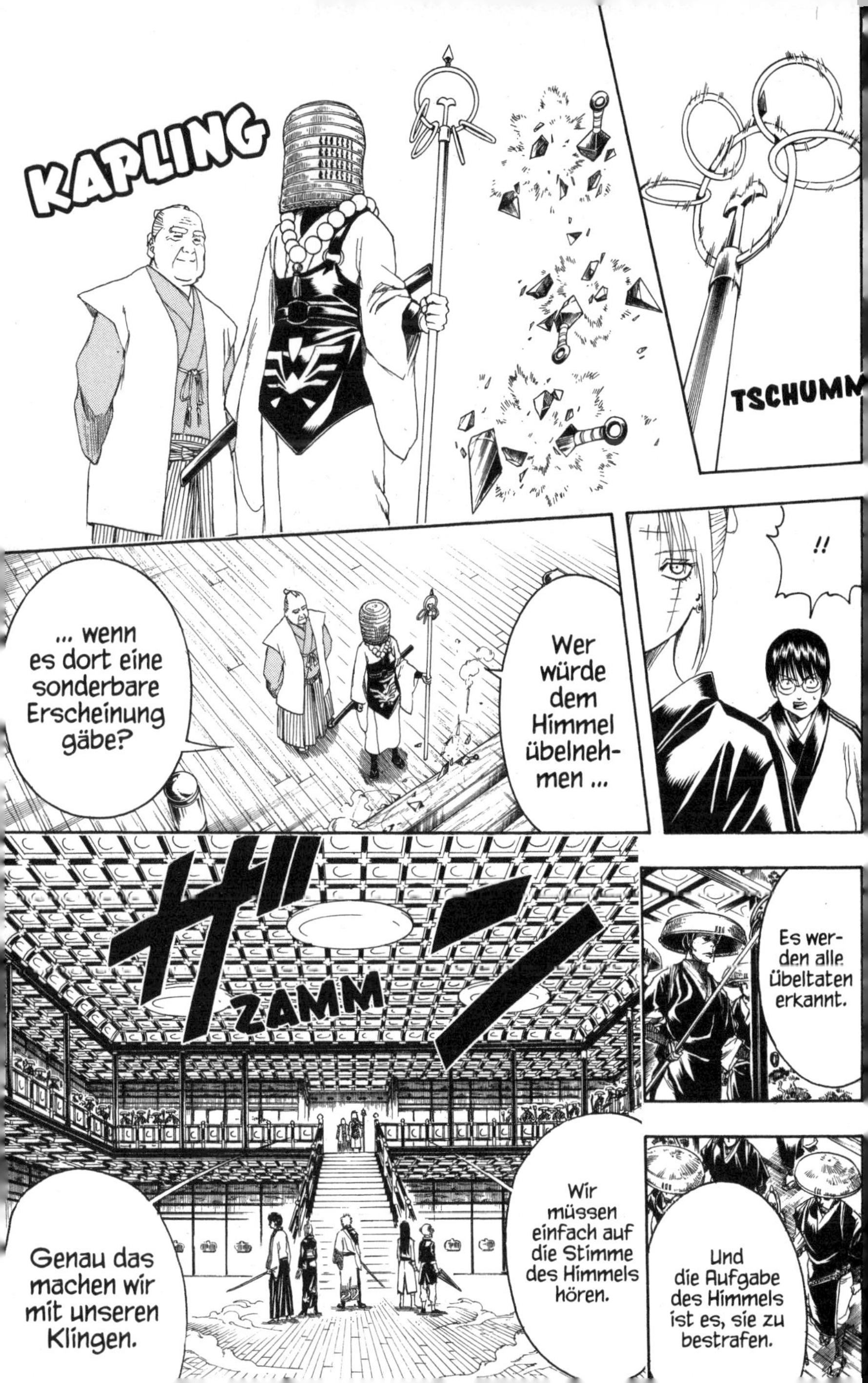
TSCHUMM
KAPLING
!!
Wer würde dem Himmel übelnehmen ...
... wenn es dort eine sonderbare Erscheinung gäbe?
Es werden alle Übeltaten erkannt.
ZAMM
Und die Aufgabe des Himmels ist es, sie zu bestrafen.
Wir müssen einfach auf die Stimme des Himmels hören.
Genau das machen wir mit unseren Klingen.

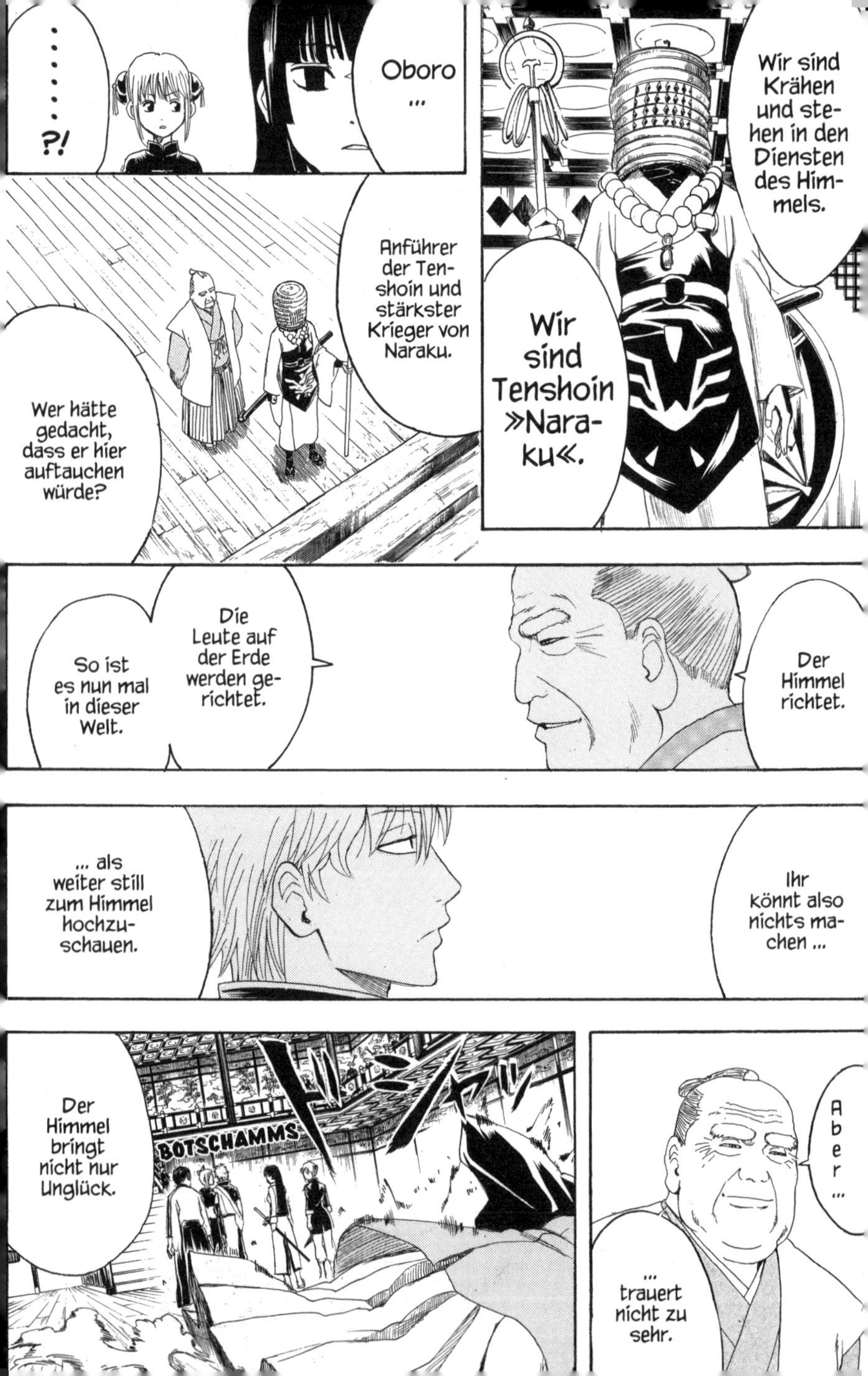

Wir sind Krähen und stehen in den Diensten des Himmels.
Wir sind Tenshoin »Naraku«.
Oboro ...
......?!
Anführer der Tenshoin und stärkster Krieger von Naraku.
Wer hätte gedacht, dass er hier auftauchen würde?
Der Himmel richtet.
Die Leute auf der Erde werden gerichtet.
So ist es nun mal in dieser Welt.
Ihr könnt also nichts machen ...
... als weiter still zum Himmel hochzuschauen.
Aber ...
... trauert nicht zu sehr.
Der Himmel bringt nicht nur Unglück.
BOTSCHAMMS

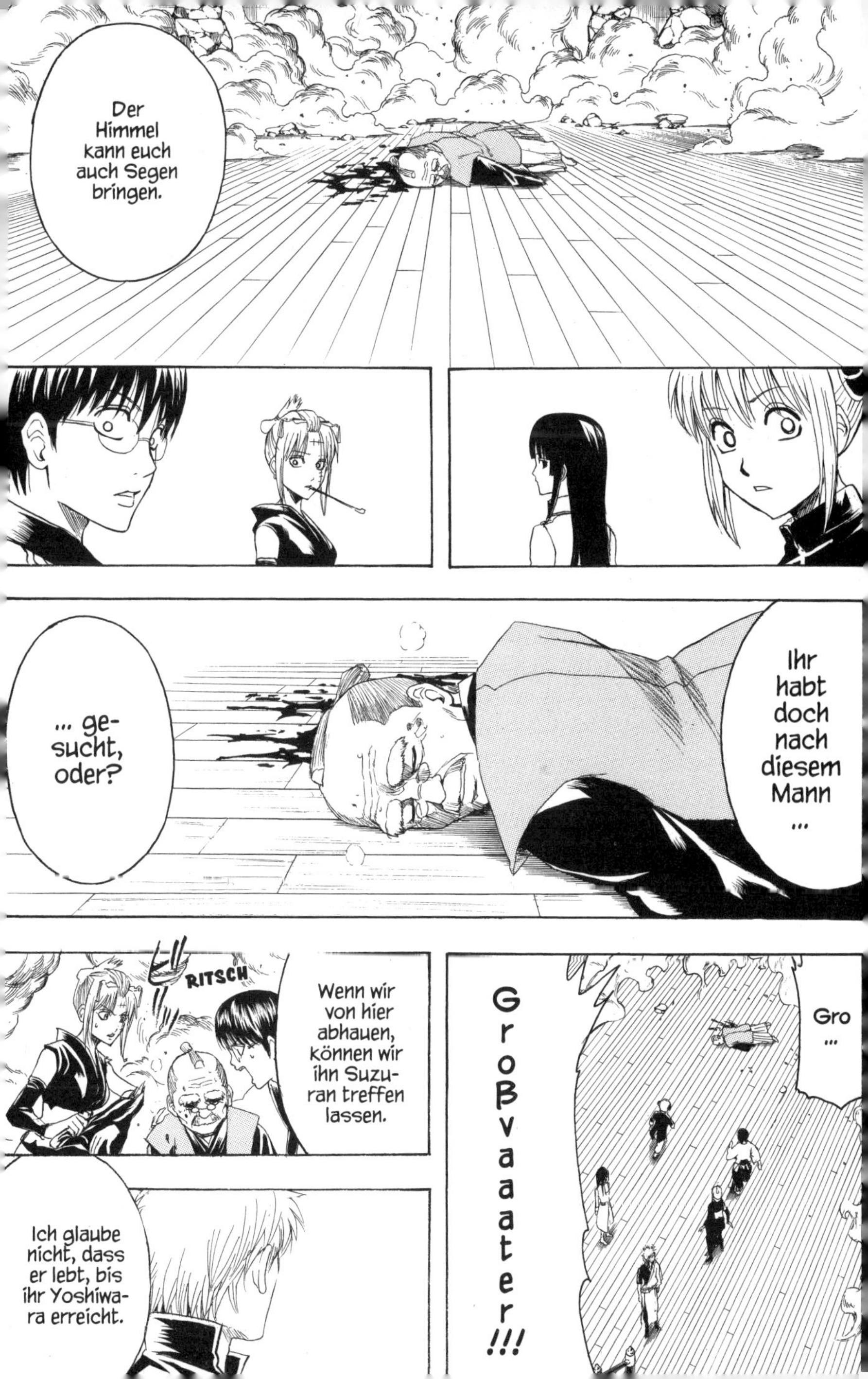
Der Himmel kann euch auch Segen bringen.
Ihr habt doch nach diesem Mann ...
... gesucht, oder?
Gro ...
Großvaaater!!!
Wenn wir von hier abhauen, können wir ihn Suzuran treffen lassen.
RITSCH
Ich glaube nicht, dass er lebt, bis ihr Yoshiwara erreicht.

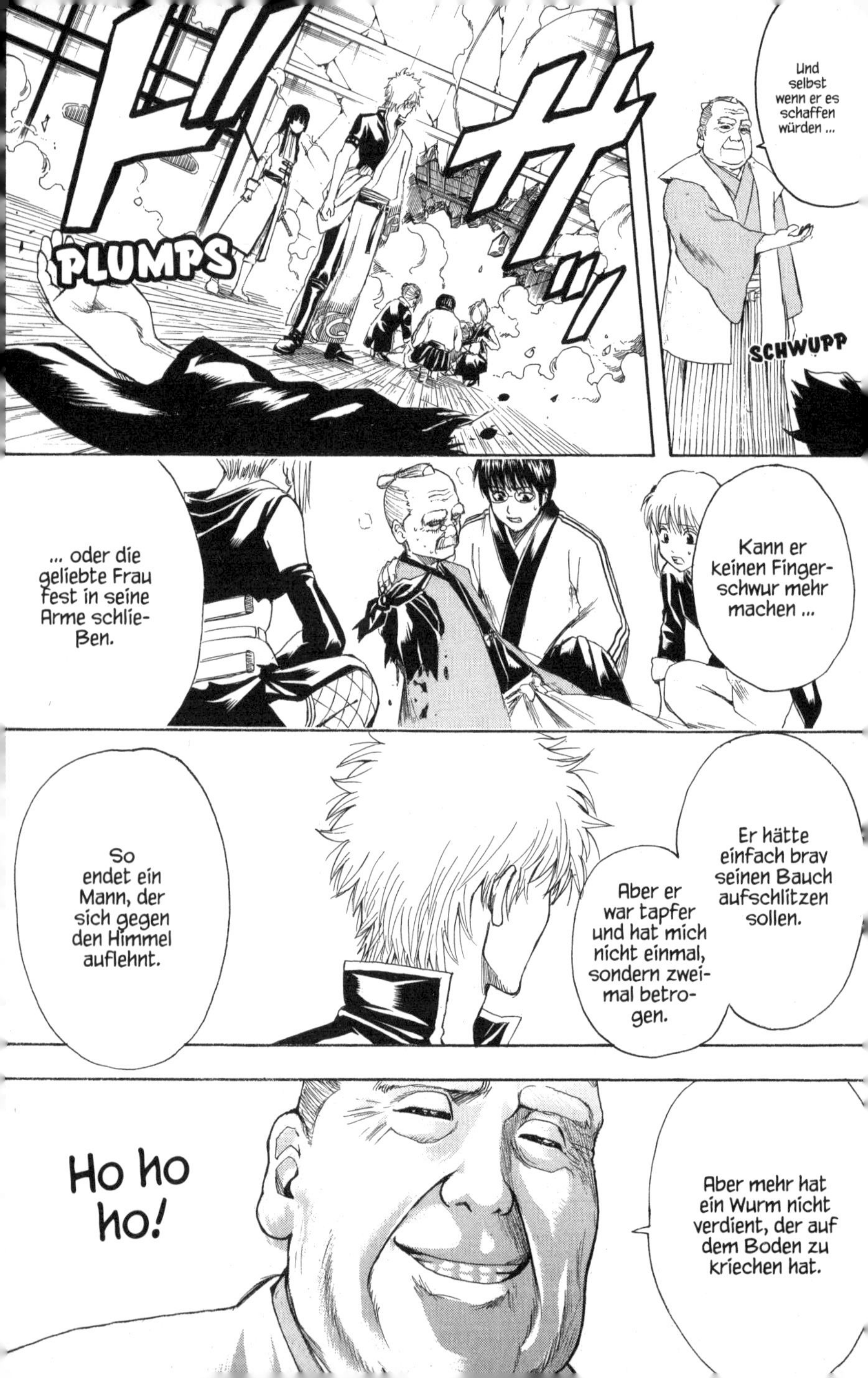
Und selbst wenn er es schaffen würden ...
SCHWUPP
PLUMPS
Kann er keinen Fingerschwur mehr machen ...
... oder die geliebte Frau fest in seine Arme schließen.
Er hätte einfach brav seinen Bauch aufschlitzen sollen.
Aber er war tapfer und hat mich nicht einmal, sondern zweimal betrogen.
So endet ein Mann, der sich gegen den Himmel auflehnt.
Aber mehr hat ein Wurm nicht verdient, der auf dem Boden zu kriechen hat.
Ho ho ho!

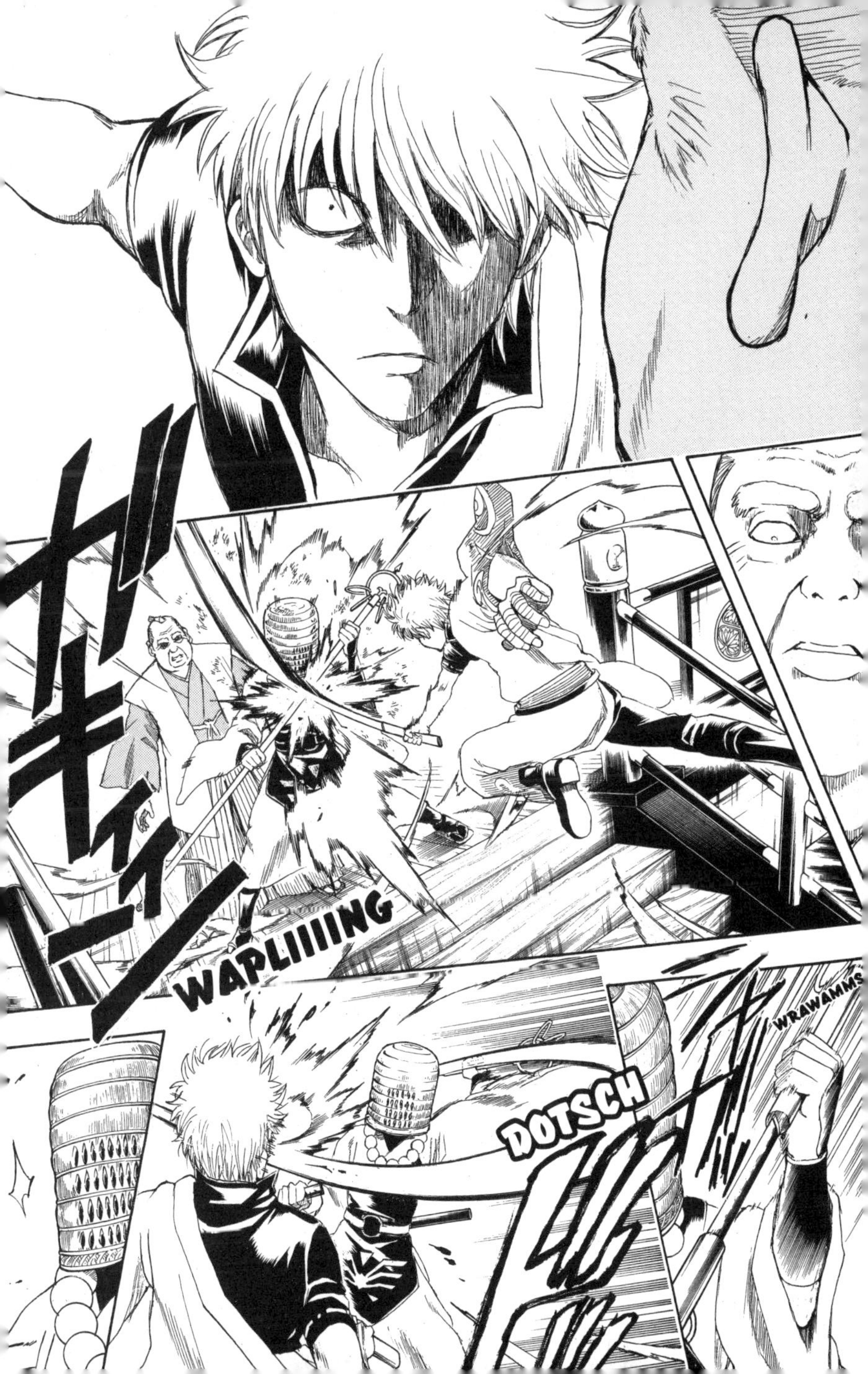
WAPLIIIIING
WRAWAMMS
DOTSCH

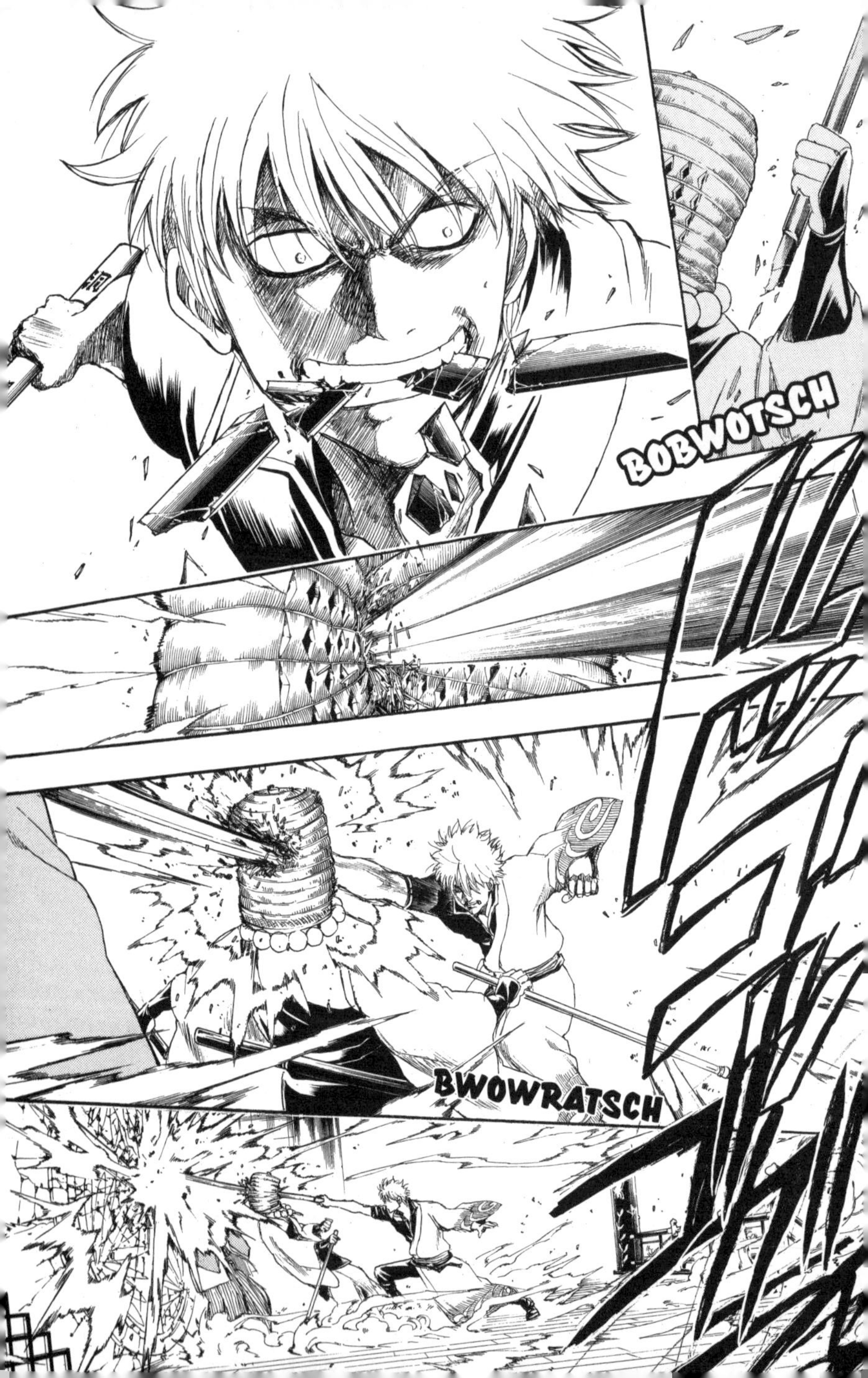
BOBWOTSCH
BWOWRATSCH

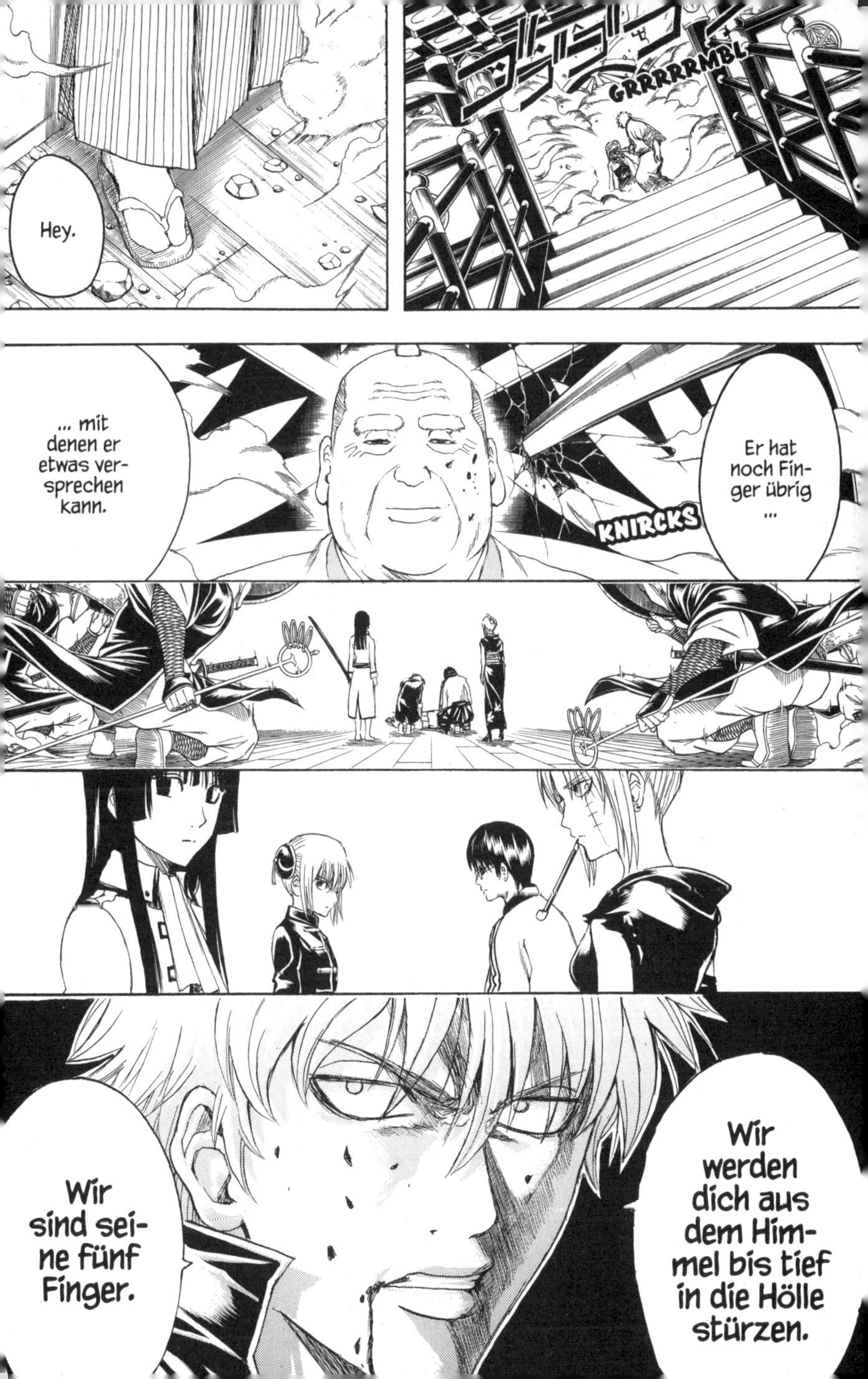
GRRRRRMBL
Hey.
Er hat noch Finger übrig ...
KNIRCKS
... mit denen er etwas versprechen kann.
Wir werden dich aus dem Himmel bis tief in die Hölle stürzen.
Wir sind seine fünf Finger.

Nun ja. Ich verstand durchaus, dass es das Komboset mit Ramen und einem kleinen Bratreis nicht gab und ich somit keine halbe Portion Bratreis bekommen konnte. Vielleicht war der kleine Bratreis auch eine legendäre Erfindung Chinas und selbst in hundert Jahren hat niemand den Bungeejump gewagt, sich wie Ramennudeln in die Suppe zu stürzen. Aber eine kleine Portion ist doch eben nur ein Teil von der normalen Bratreisportion. Und da sie bei mir halbdicken Kunden mit der Speisekarte gezögert hatten, war das ja schon ein kleiner Betrug. Es kam mir vor, als würden sie ein klein wenig über meine Beschwerde lächeln. Aber könnten sie dieses kleine Etwas an Verachtung nicht lieber als kleinen Bratreis verarbeiten? Außerdem meinten sie doch eigentlich, dass sie mich nicht besonders behandeln können, weil sie es sonst ja auch für die anderen Kunden machen müssten, oder?

Aber was wäre denn schlecht daran, wenn die anderen Kunden auch ein Komboset mit kleinem Bratreis bekommen würden? Habt ihr schon mal was vom Rechnen gehört? Es ist ja nicht so als, würde ich von euch verlangen, dass ihr Aska zweiteilt und im Wok bratet. Ich würde ihn nur gerne halb so stark wie sonst spüren. Versteht ihr nicht, was da fehlt? Habt ihr es bemerkt? Vielleicht setzt ihr dem alten Kerl einfach eine Sonnenbrille auf, damit er endlich Ruhe gibt. Aber was ist denn das? Das ist ja Chage. Und Chage liegt direkt neben der Ramenschüssel ... Genau. Chage & Aska. Wenn man einen Bratreis auf zwei kleine Schalen aufteilt, dann hat man zwei kleine Portionen für die Kombosets. So können zwei halbdicke Kunden glücklich gemacht werden. Habt ihr es jetzt etwas dazugelernt? Dann teilt euch jetzt am besten auch gleich entzwei. »Zwei halbe Volltrottel!«, schrie ich in meinen Gedanken. Aber während der Essstäbchen in meinen Fingern knackten, standen dort einfach Aska & Aska bei meinem Platz. Irgendwie habe ich dann doch alles aufgegessen. Ich frage mich, wie ich als halbdicker Kerl dazu in der Lage war.

(Fortsetzung auf Seite 184)

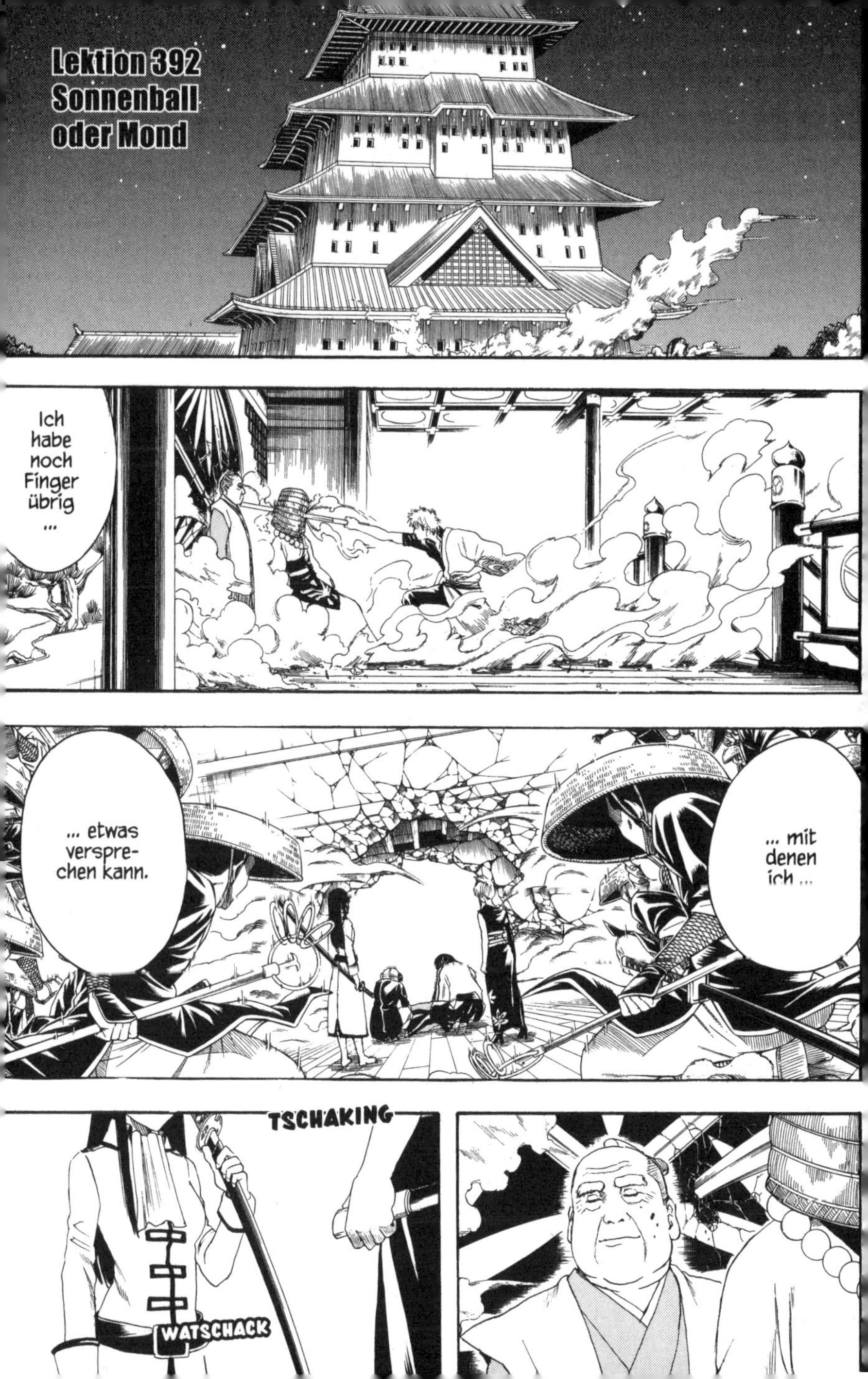

Lektion 392
Sonnenball oder Mond
Ich habe noch Finger übrig ...
... mit denen ich ...
... etwas verspre-chen kann.
TSCHAKING
WATSCHACK

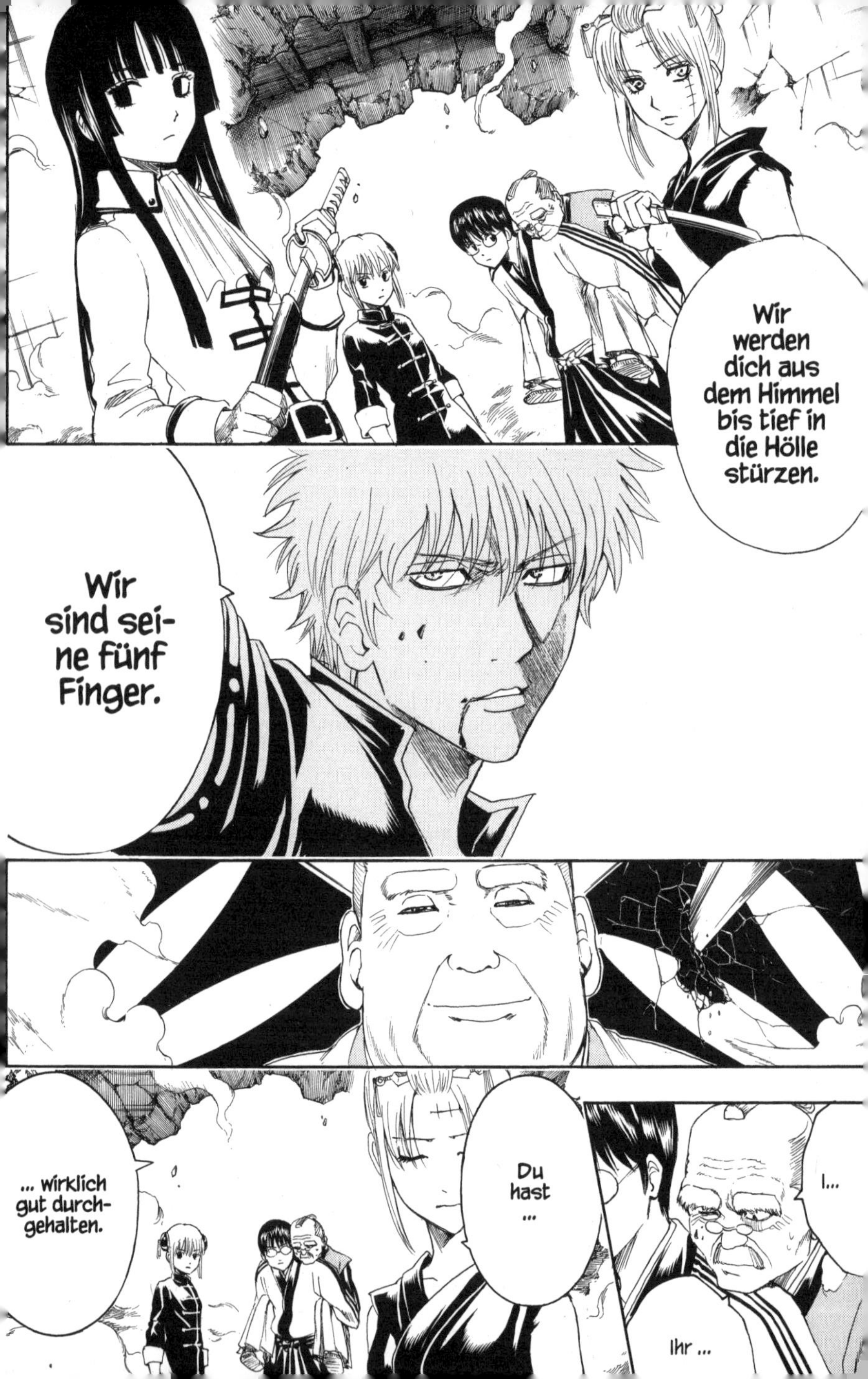

Wir werden dich aus dem Himmel bis tief in die Hölle stürzen.
Wir sind seine fünf Finger.
I…
Ihr …
Du hast …
… wirklich gut durchgehalten.

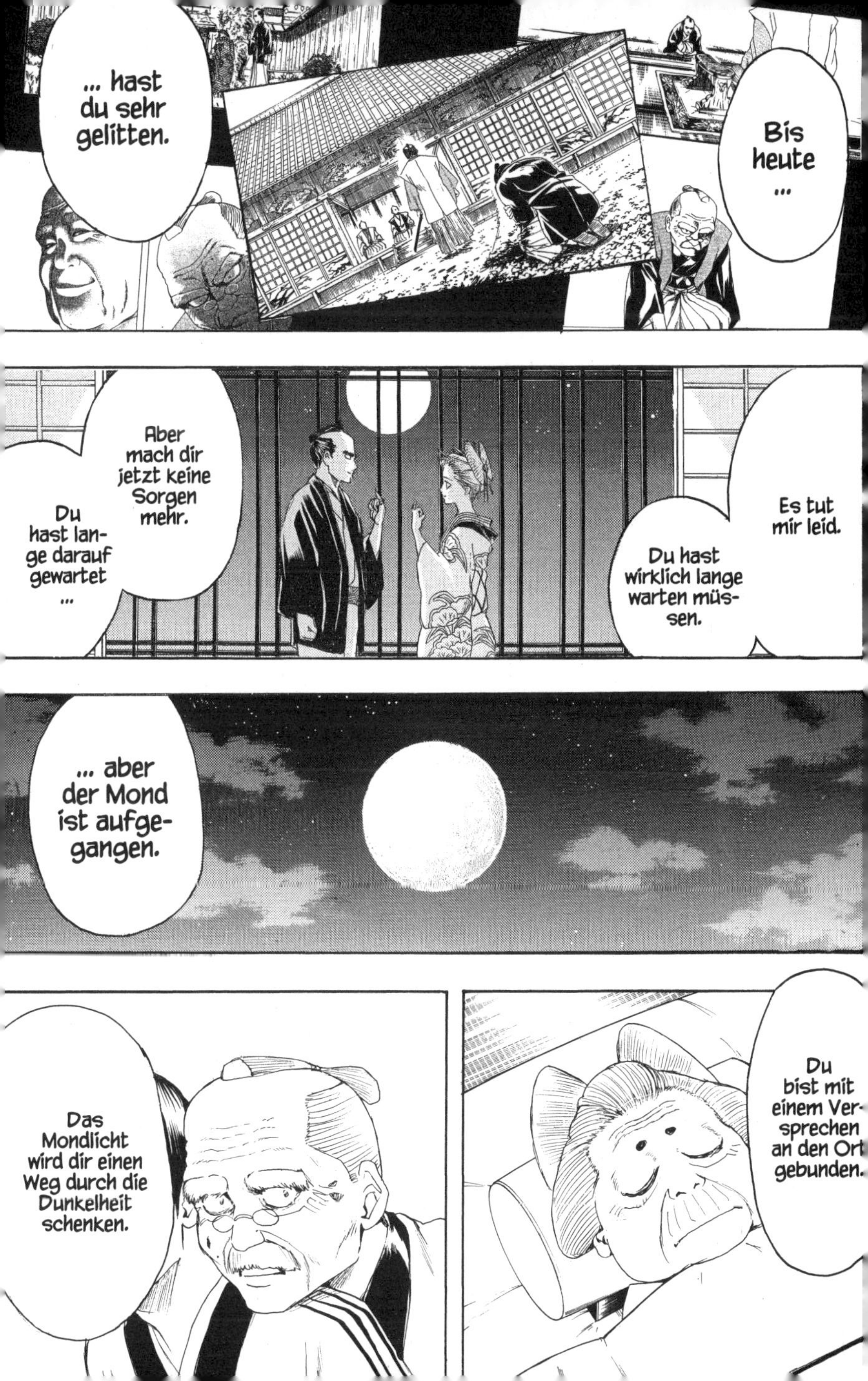
Bis heute ...
... hast du sehr gelitten.
Es tut mir leid.
Du hast wirklich lange warten müssen.
Aber mach dir jetzt keine Sorgen mehr.
Du hast lange darauf gewartet ...
... aber der Mond ist aufgegangen.
Du bist mit einem Versprechen an den Ort gebunden.
Das Mondlicht wird dir einen Weg durch die Dunkelheit schenken.

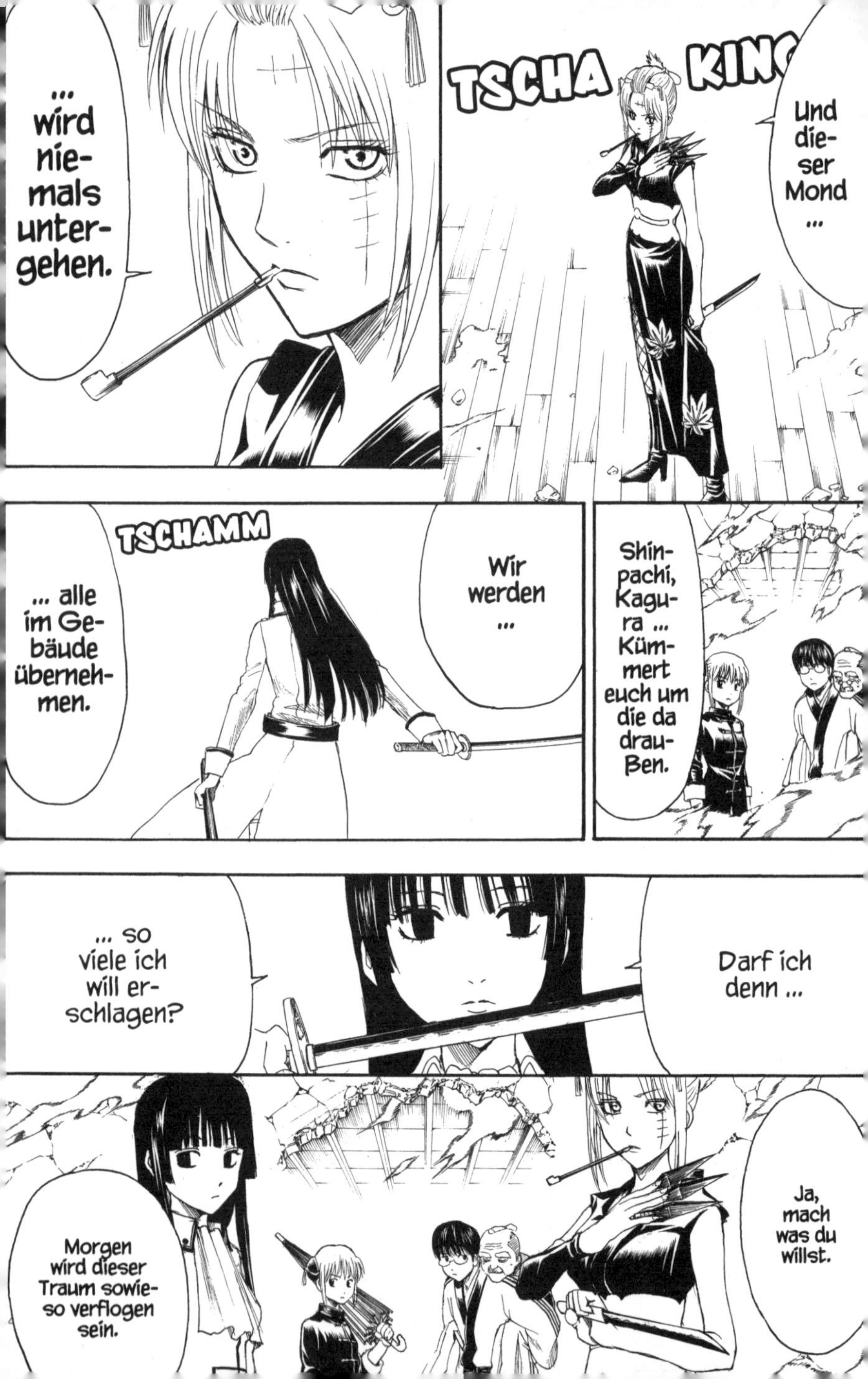

TSCHA KING
Und dieser Mond ...
... wird niemals untergehen.
Shinpachi, Kagura ... Kümmert euch um die da draußen.
Wir werden ...
TSCHAMM
... alle im Gebäude übernehmen.
Darf ich denn ...
... so viele ich will erschlagen?
Ja, mach was du willst.
Morgen wird dieser Traum sowieso verflogen sein.

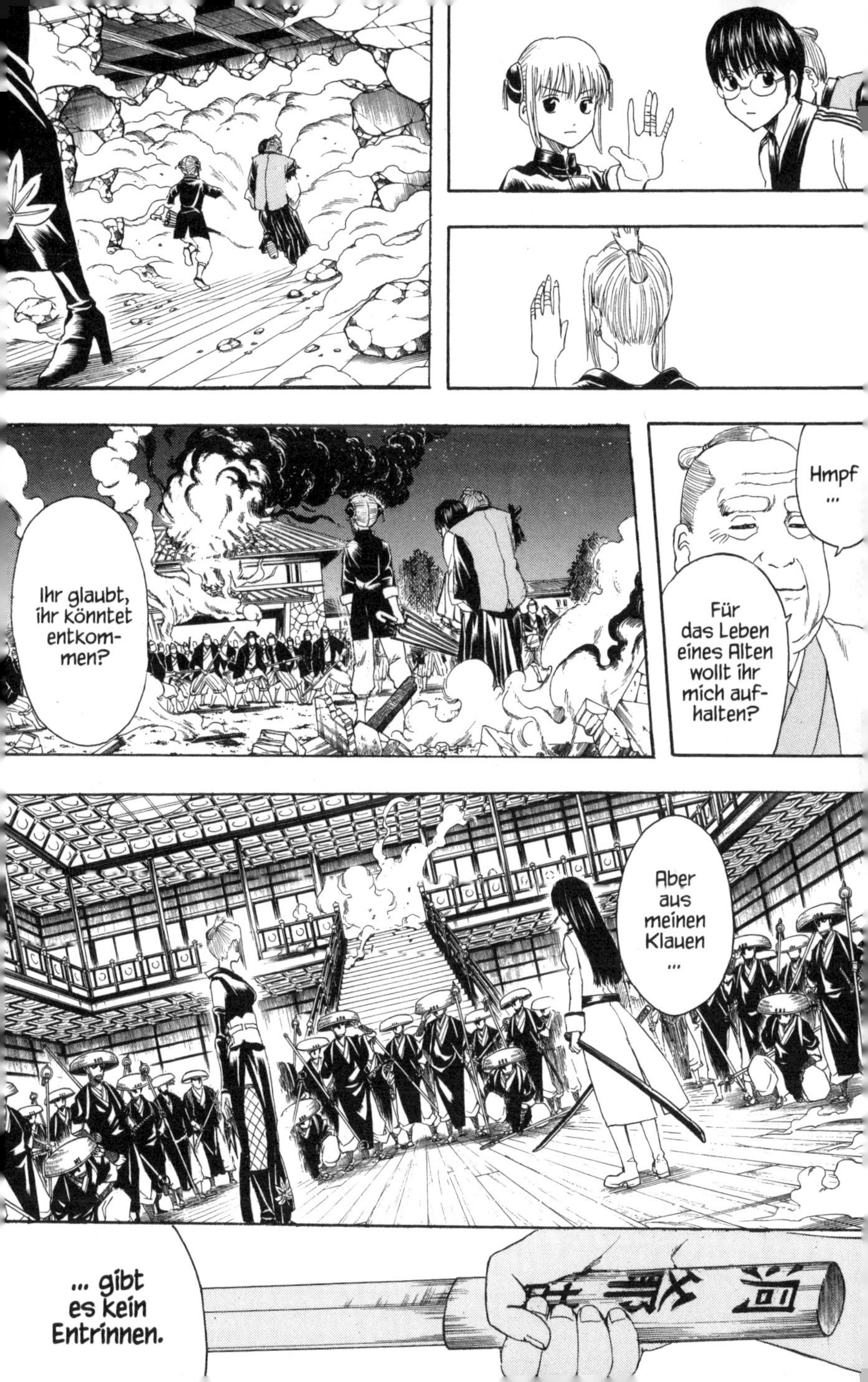
Hmpf ...
Für das Leben eines Alten wollt ihr mich aufhalten?
Ihr glaubt, ihr könntet entkommen?
Aber aus meinen Klauen ...
... gibt es kein Entrinnen.

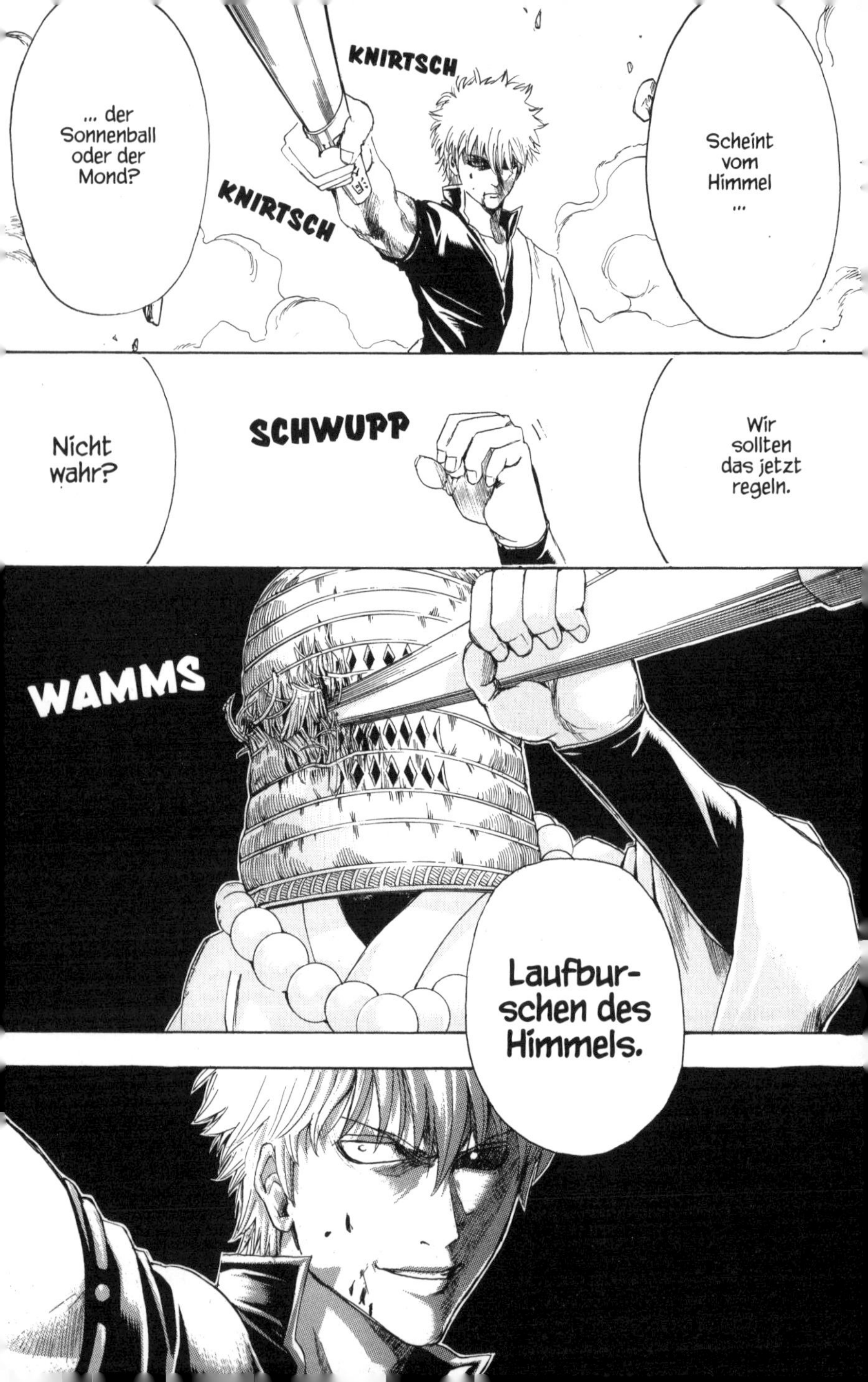
Scheint vom Himmel …
KNIRTSCH
KNIRTSCH
… der Sonnenball oder der Mond?
Wir sollten das jetzt regeln.
SCHWUPP
Nicht wahr?
WAMMS
Laufburschen des Himmels.

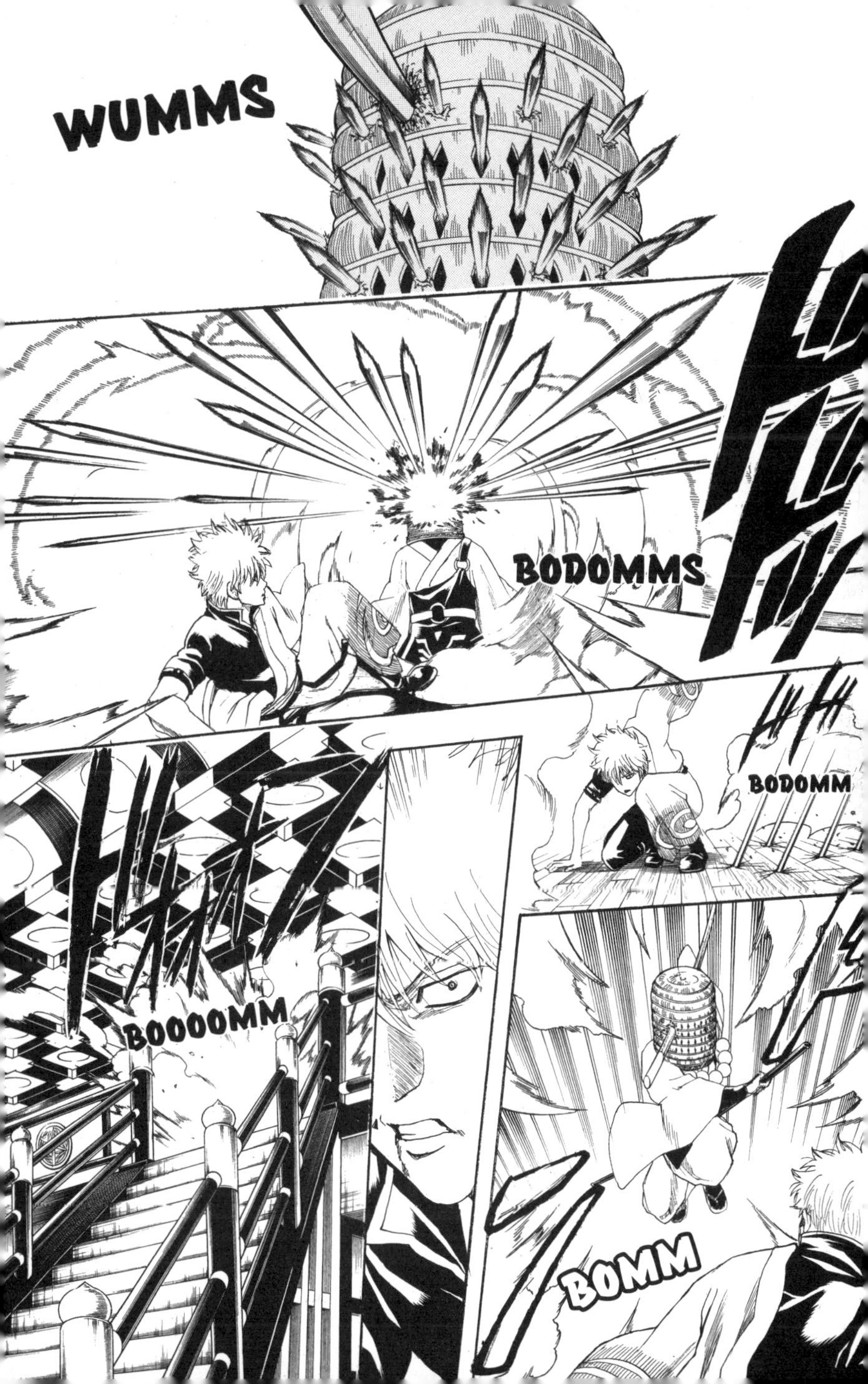
WUMMS
BODOMMS
BODOMM
BOOOOMM
BOMM

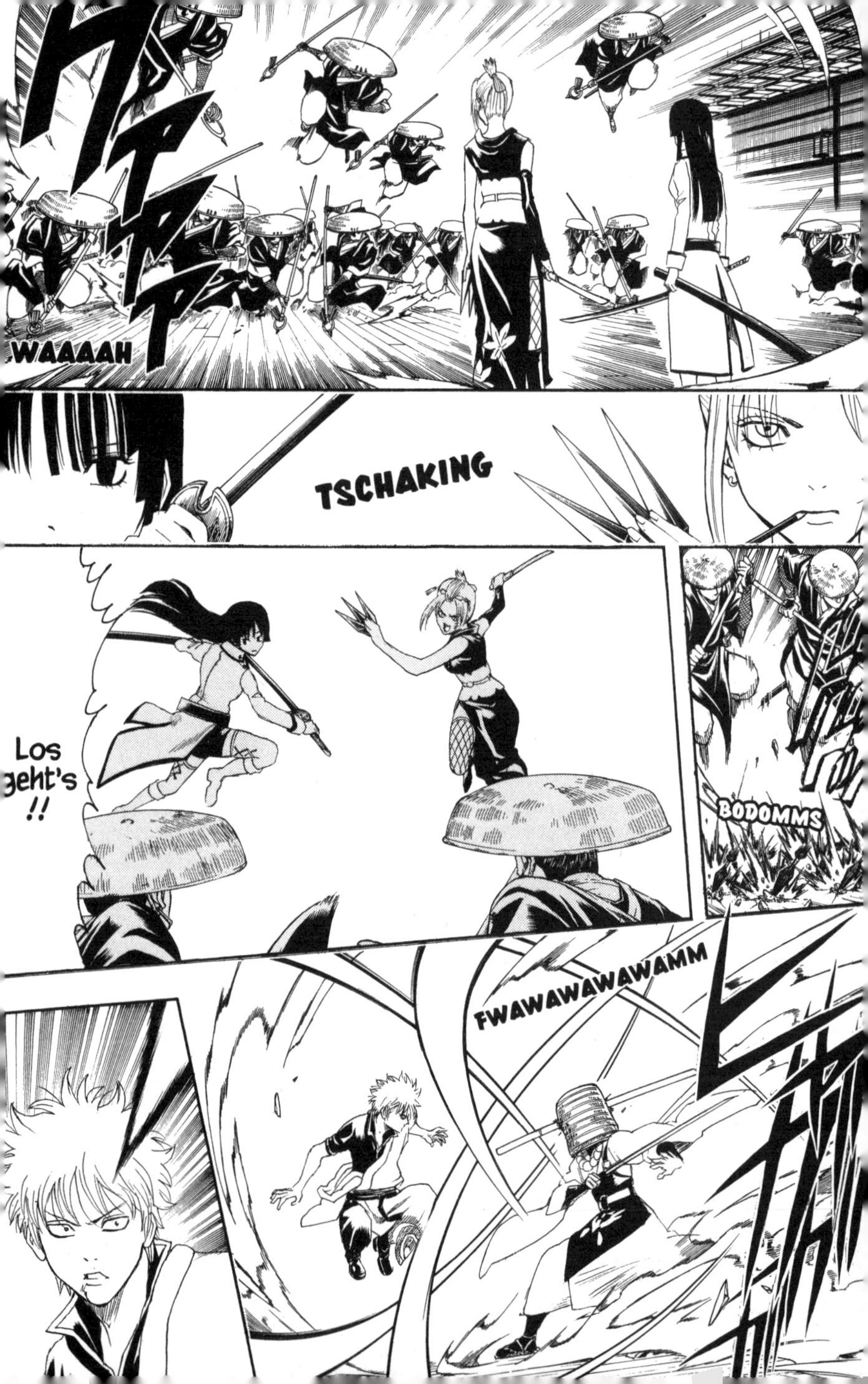
WAAAAH
TSCHAKING
BODOMMS
Los geht's!!
FWAWAWAWAWAMM

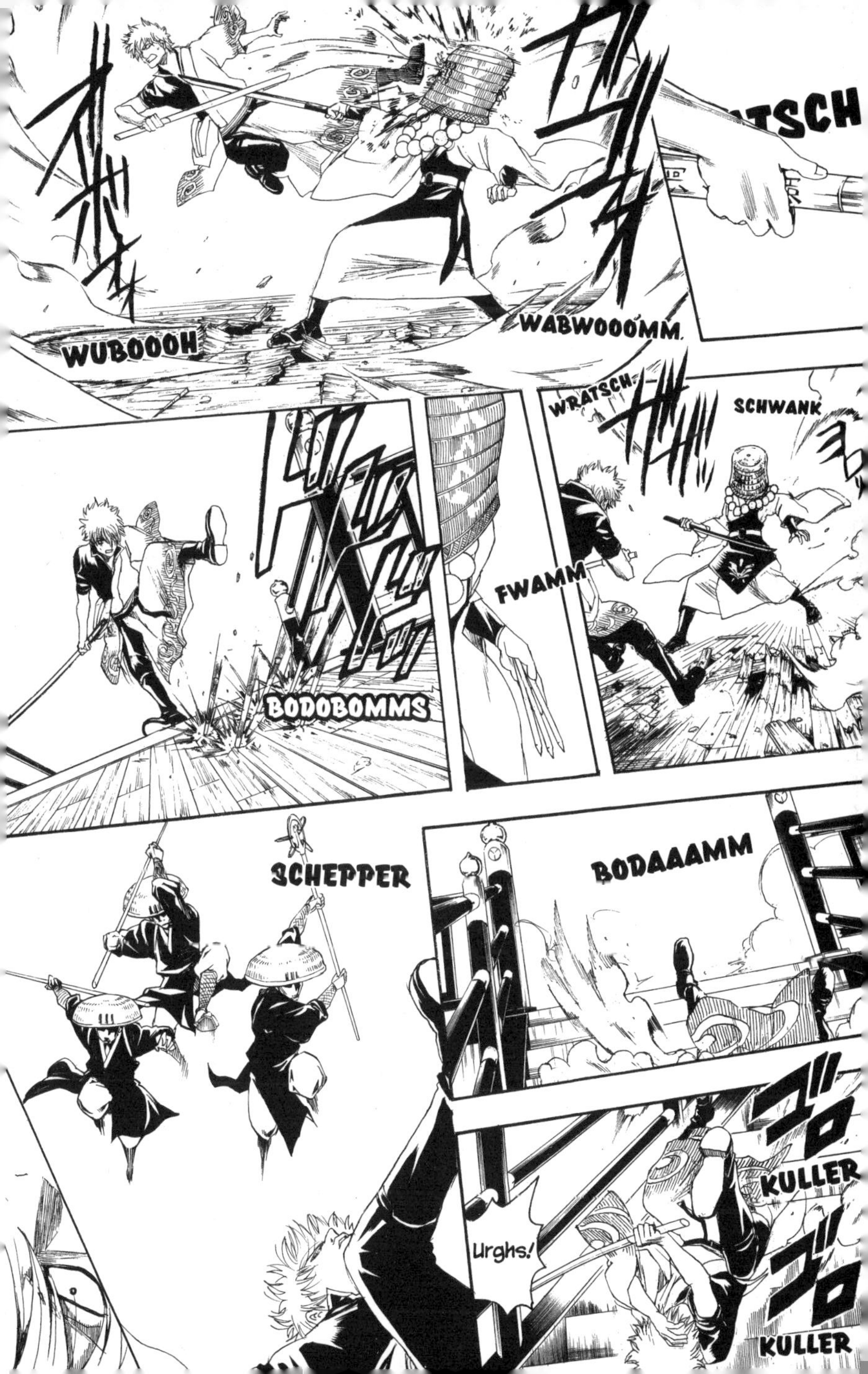
WABWOOOMM
WUBOOOH
SCHWANK
WRATSCH
FWAMM
BODOBOMMS
BODAAAMM
KULLER
KULLER
Urghs!
SCHEPPER

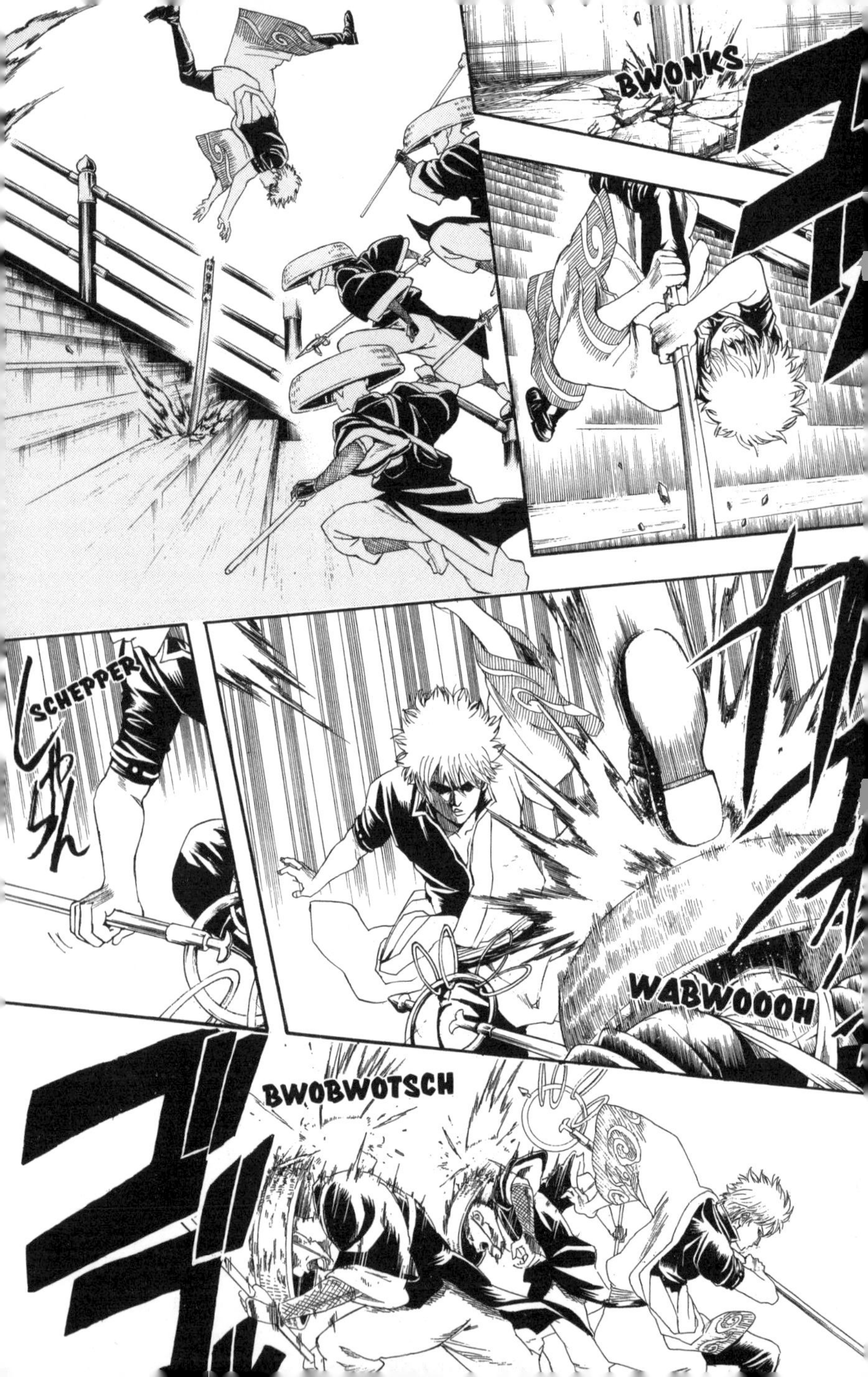

BWONKS
WABWOOOH
SCHEPPER
BWOBWOTSCH

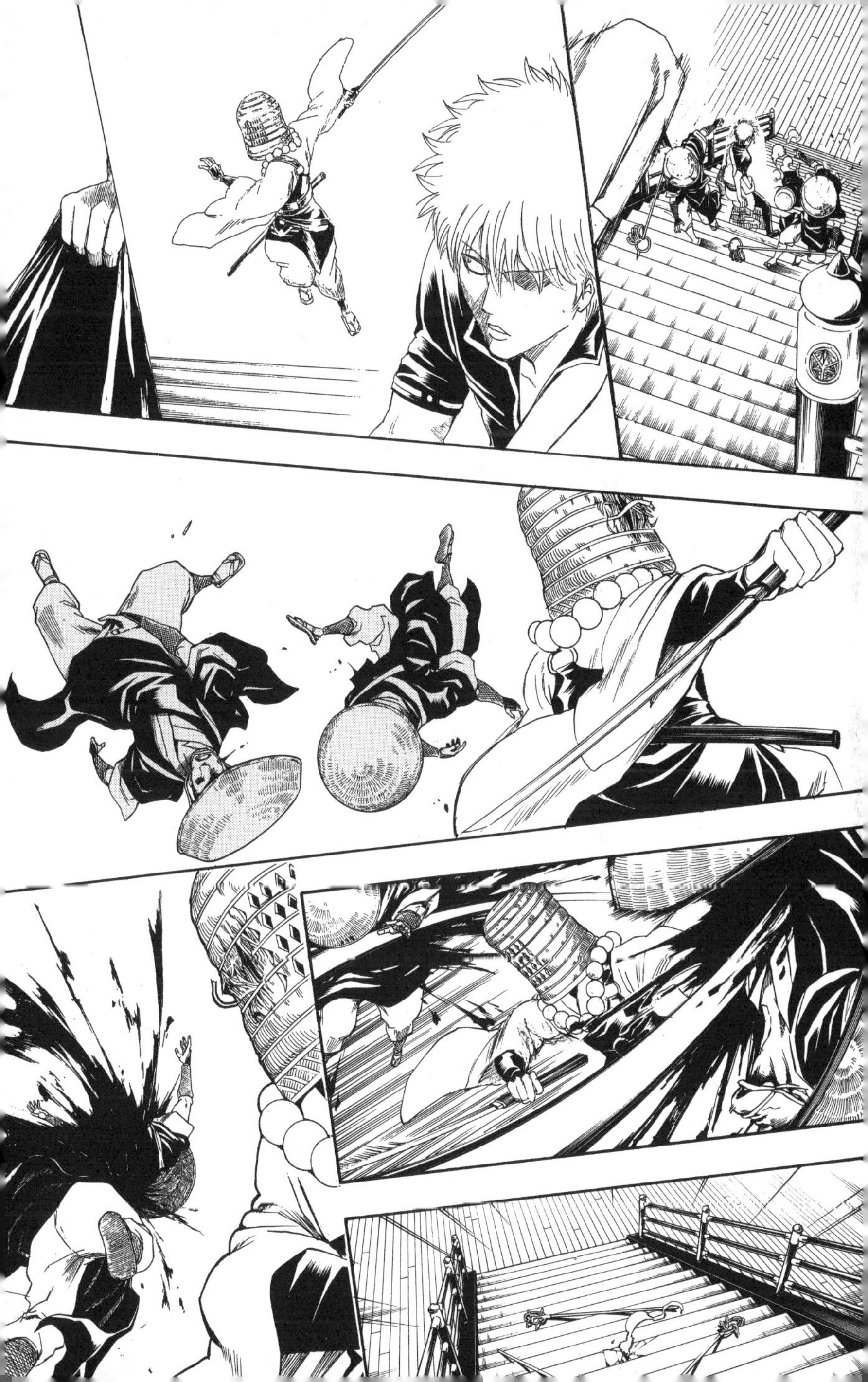

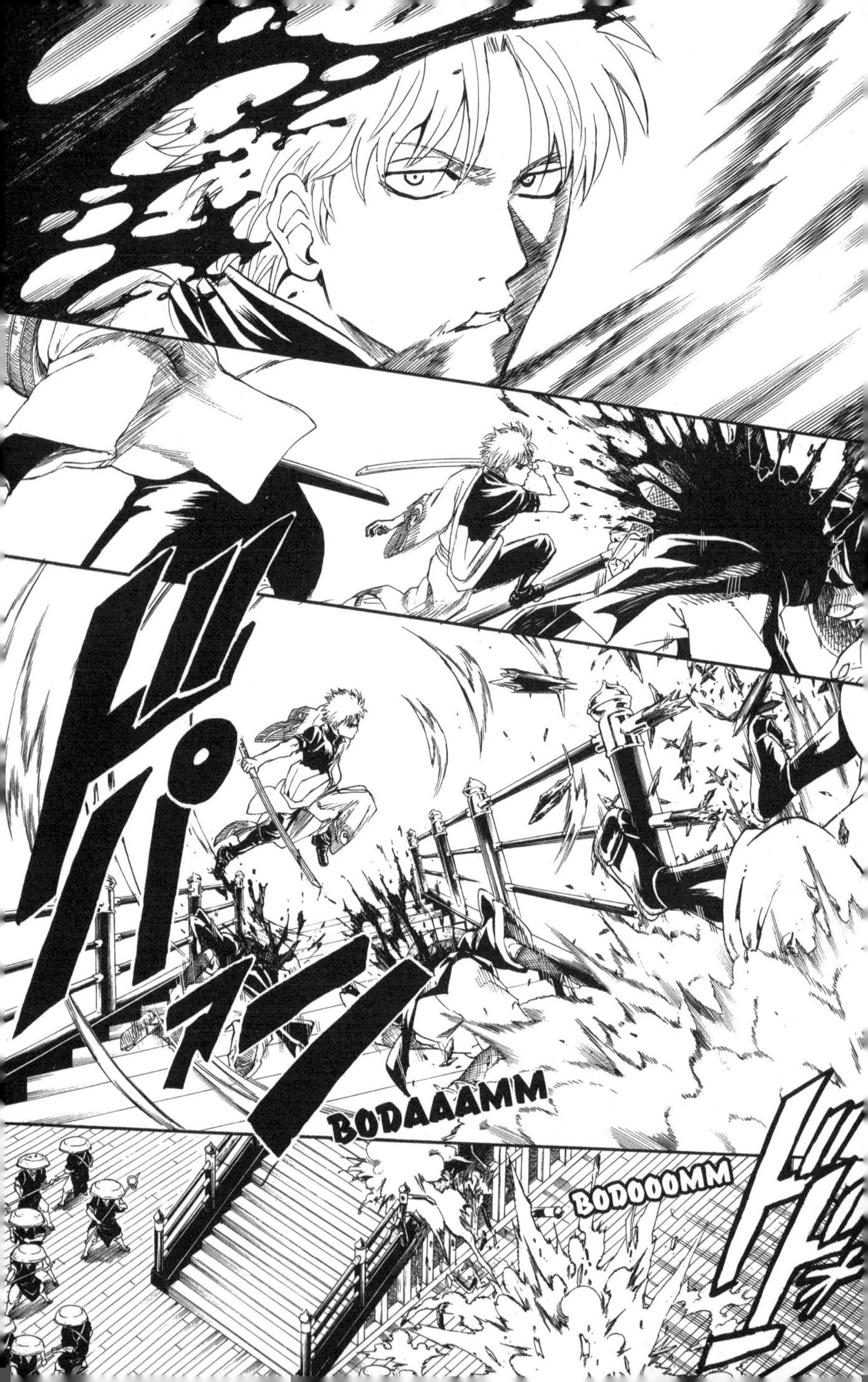
BODAAAMM
BODOOOMM

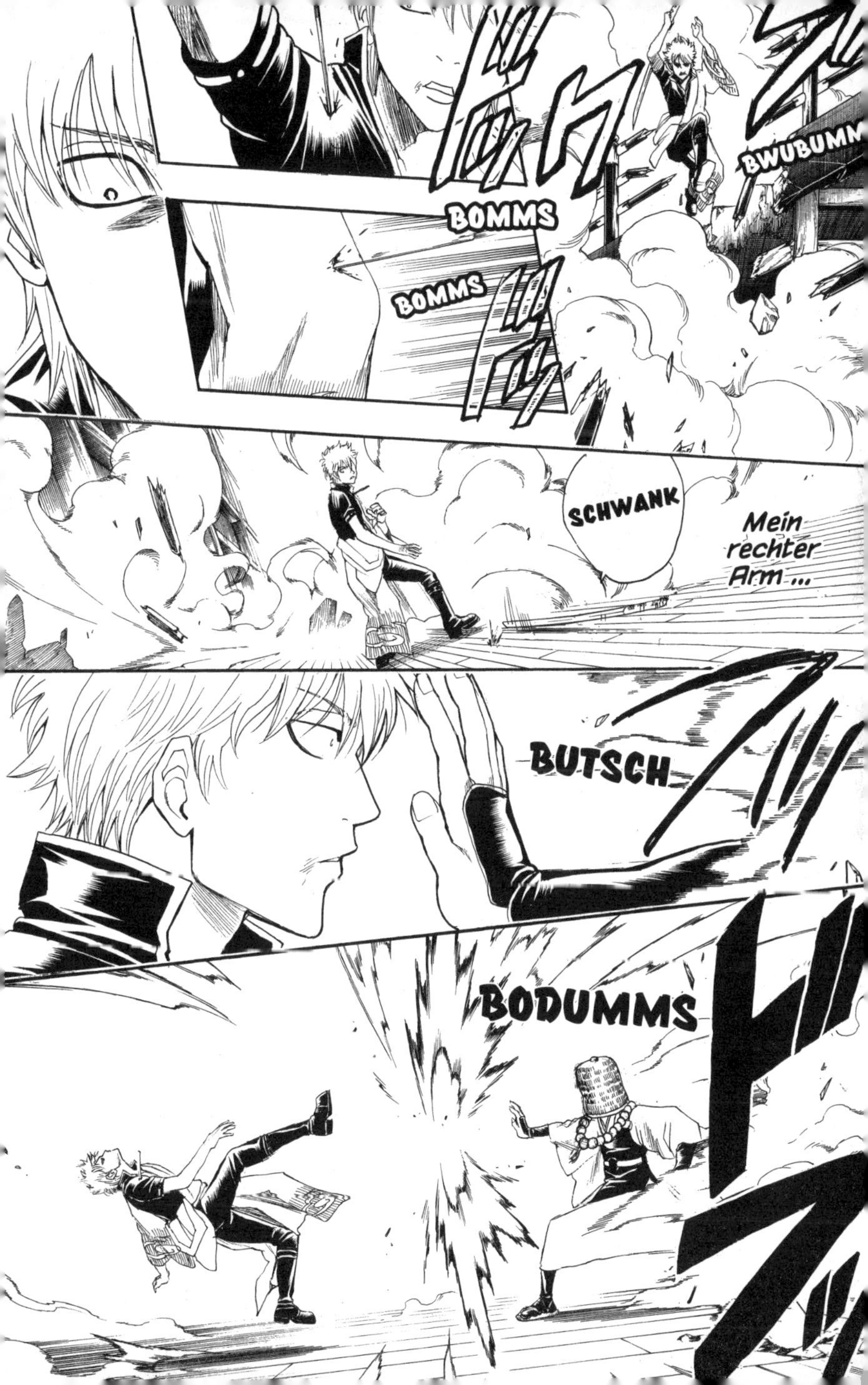
BWUBUMM
BOMMS
BOMMS
Mein rechter Arm ...
SCHWANK
BUTSCH
BODUMMS

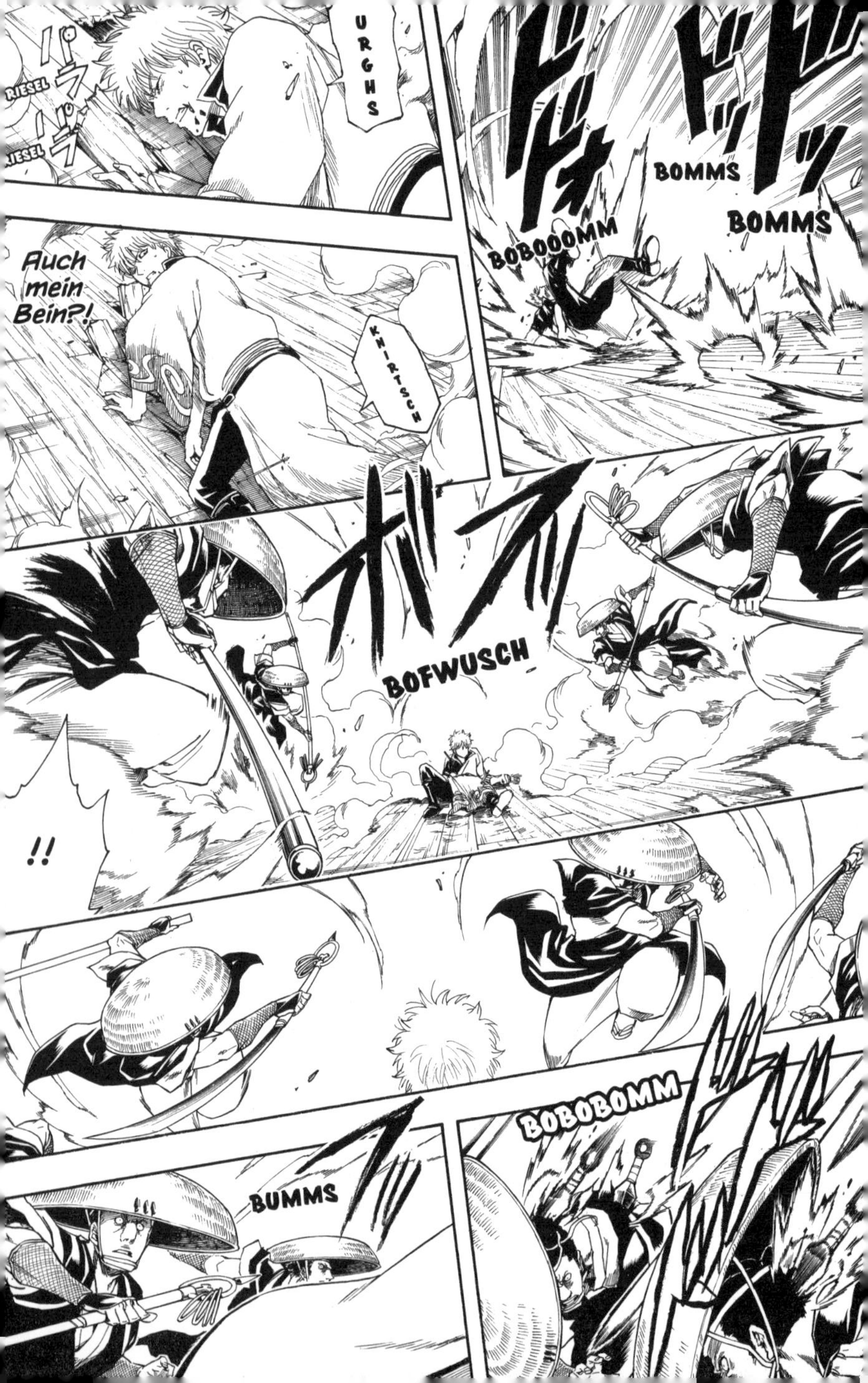
BOMMS
BOMMS
BOBOOOMM
URGHS
RIESEL
RIESEL
KNIRTSCH
Auch mein Bein?!
BOFWUSCH
!!
BOBOBOMM
BUMMS

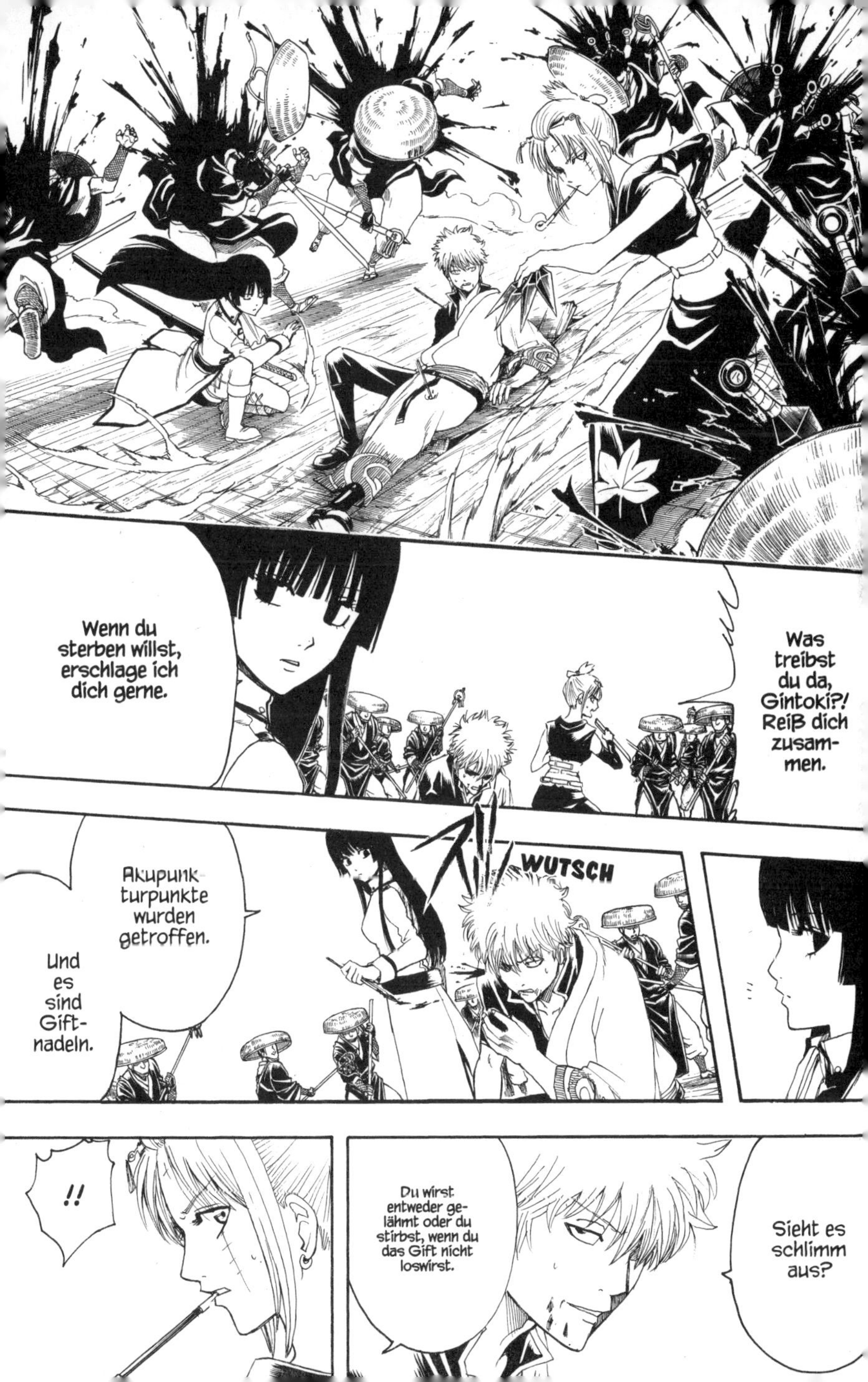

Was treibst du da, Gintoki?! Reiß dich zusammen.
Wenn du sterben willst, erschlage ich dich gerne.
WUTSCH
Akupunkturpunkte wurden getroffen.
Und es sind Giftnadeln.
Sieht es schlimm aus?
Du wirst entweder gelähmt oder du stirbst, wenn du das Gift nicht loswirst.
!!

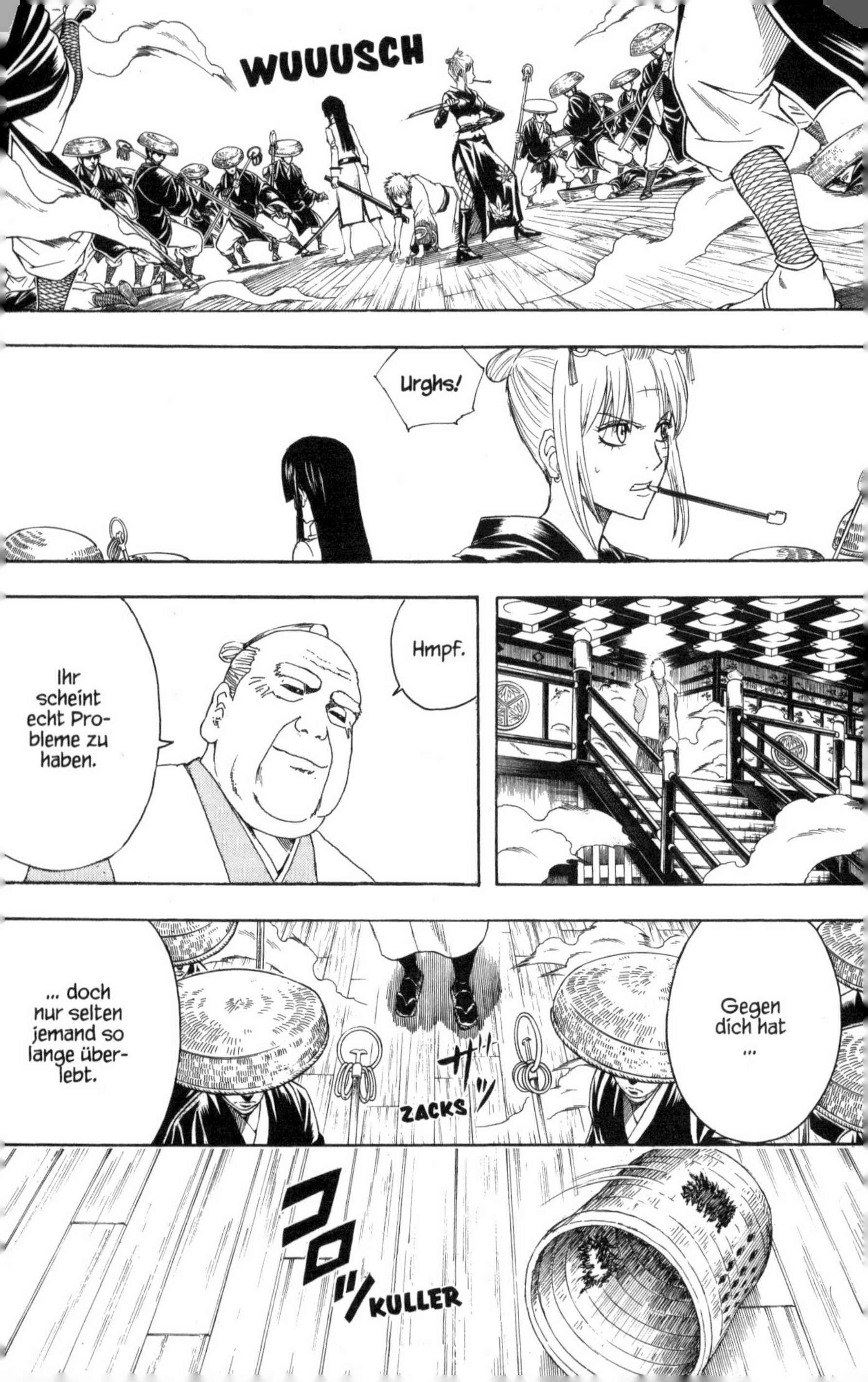
WUUUSCH
Urghs!
Hmpf.
Ihr scheint echt Probleme zu haben.
Gegen dich hat ...
... doch nur selten jemand so lange überlebt.
ZACKS
KULLER

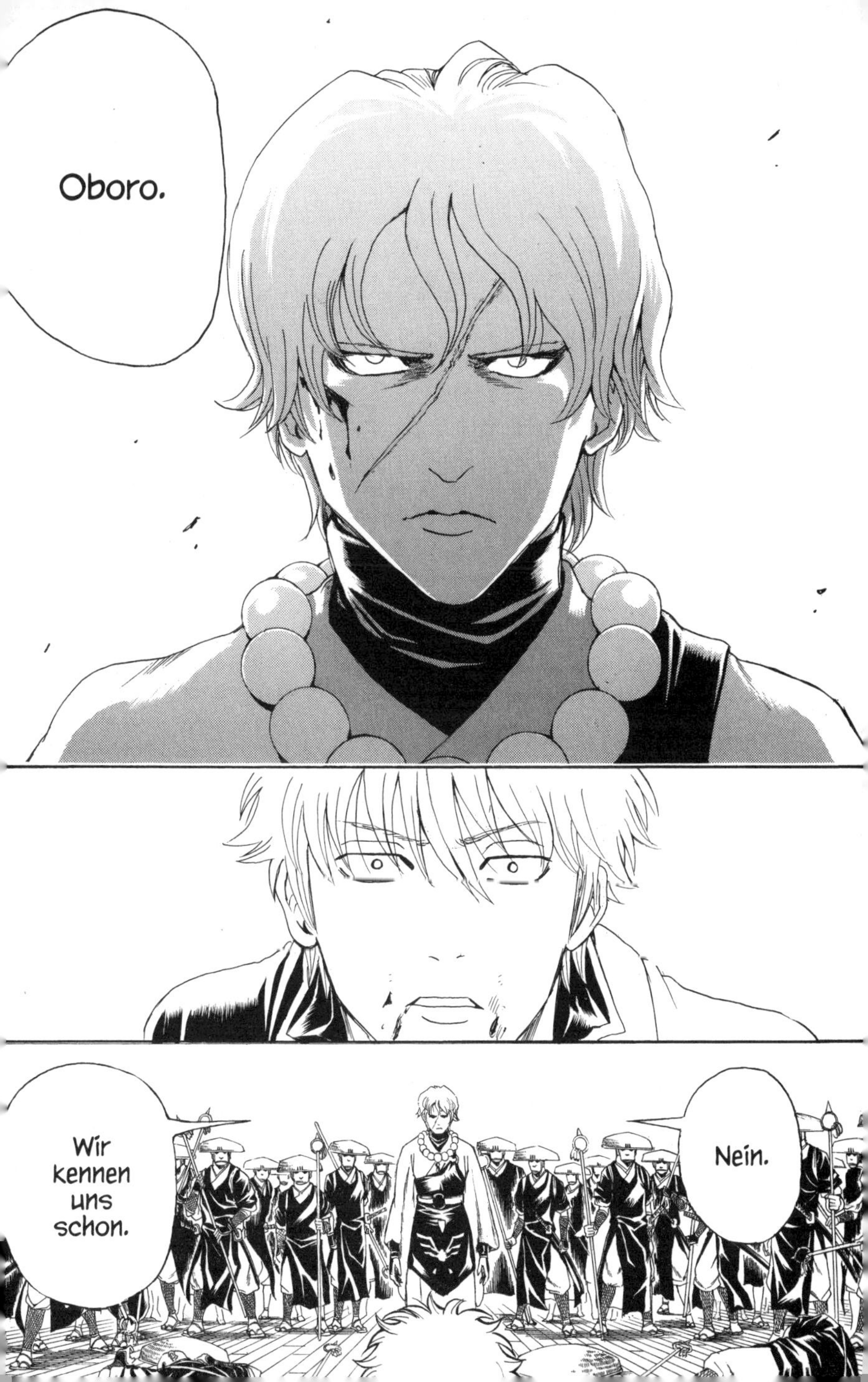
Oboro.
Nein.
Wir kennen uns schon.

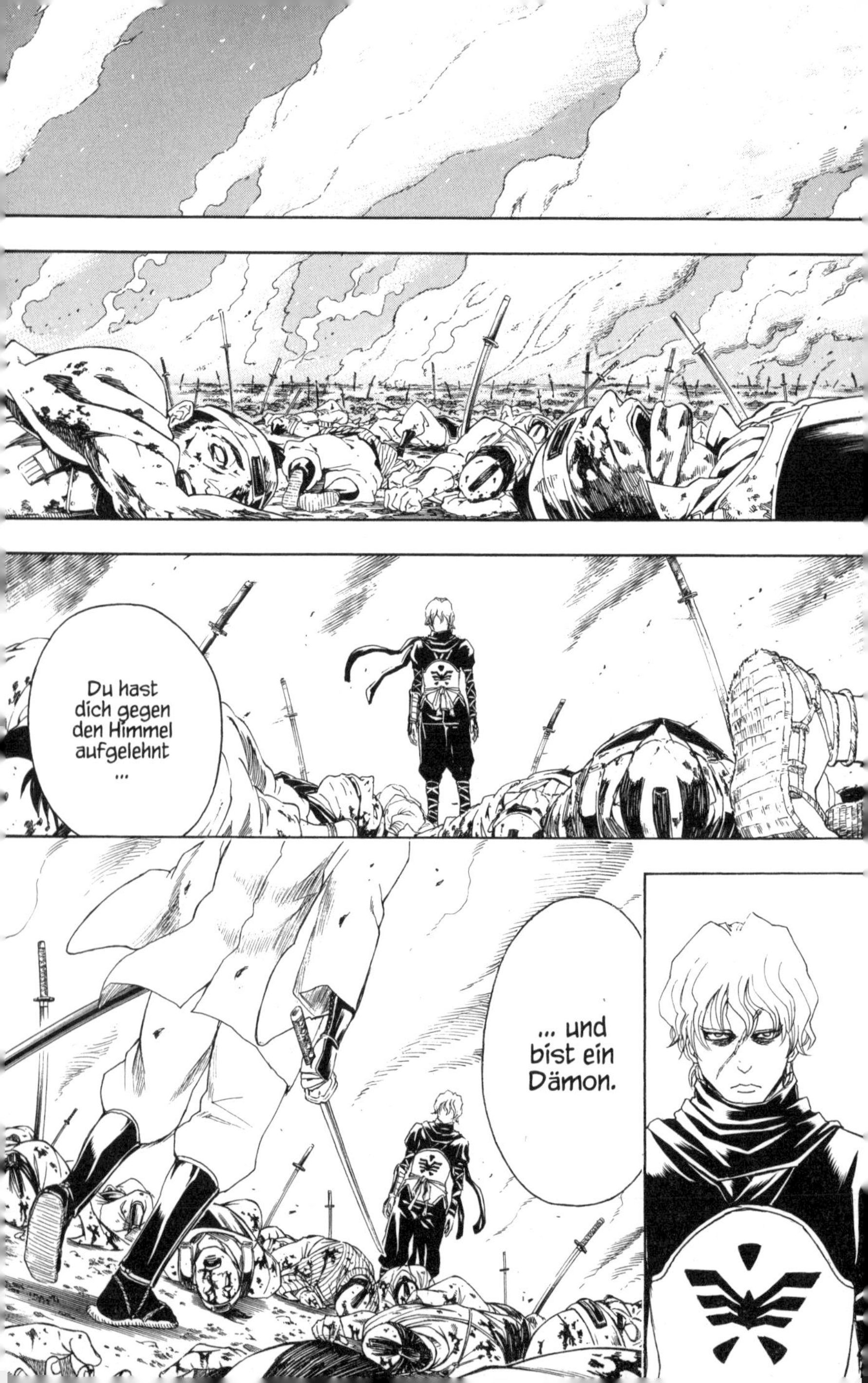
Du hast dich gegen den Himmel aufgelehnt ...
... und bist ein Dämon.

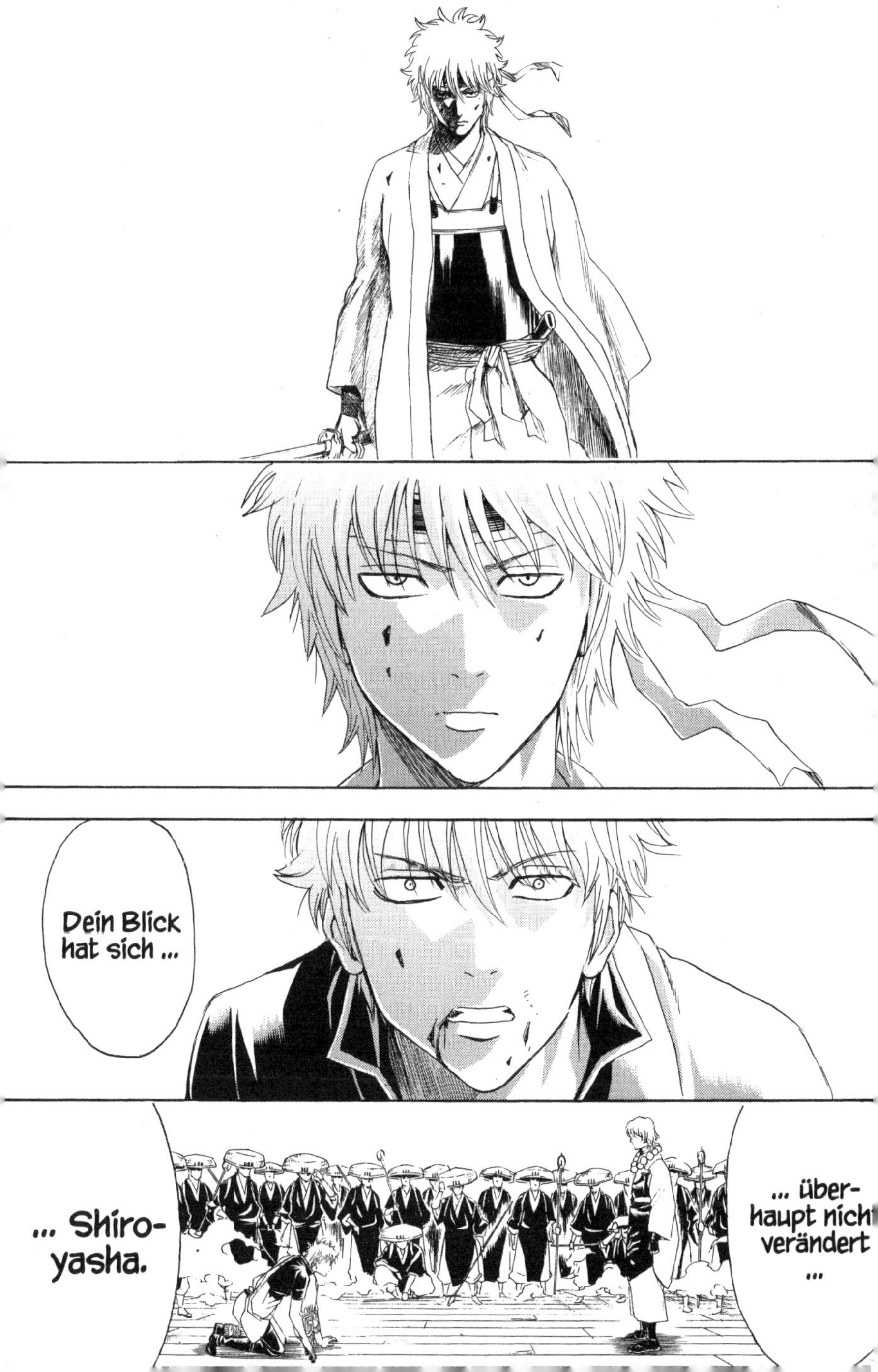
Dein Blick hat sich ...
... überhaupt nicht verändert ...
... Shiro-yasha.

Sorachi auf Leser-Tuchfühlung
Fragen-Corner 125

(Frage von Macchihako aus Saitama)

Guten Tag Herr Sorachi! Ich hätte eine Frage an Sie. Warum trägt Sakamoto-san kein Katana mit sich herum? Ich finde ihn toll und würde das gerne wissen.

Antwort

Weil er neue Dinge liebt. Er ist zwar ganz gut im Umgang mit dem Schwert, aber er ist eher friedlich und verhält sich weniger wie ein Samurai, sondern eher wie ein Händler. Somit spürt eine keine große Verbindung zu Schwertern. Und zum Kämpfen ist eine kompakte Pistole viel praktischer, weil man sie leichter am Körper tragen kann.

(126 auf Seite 84)

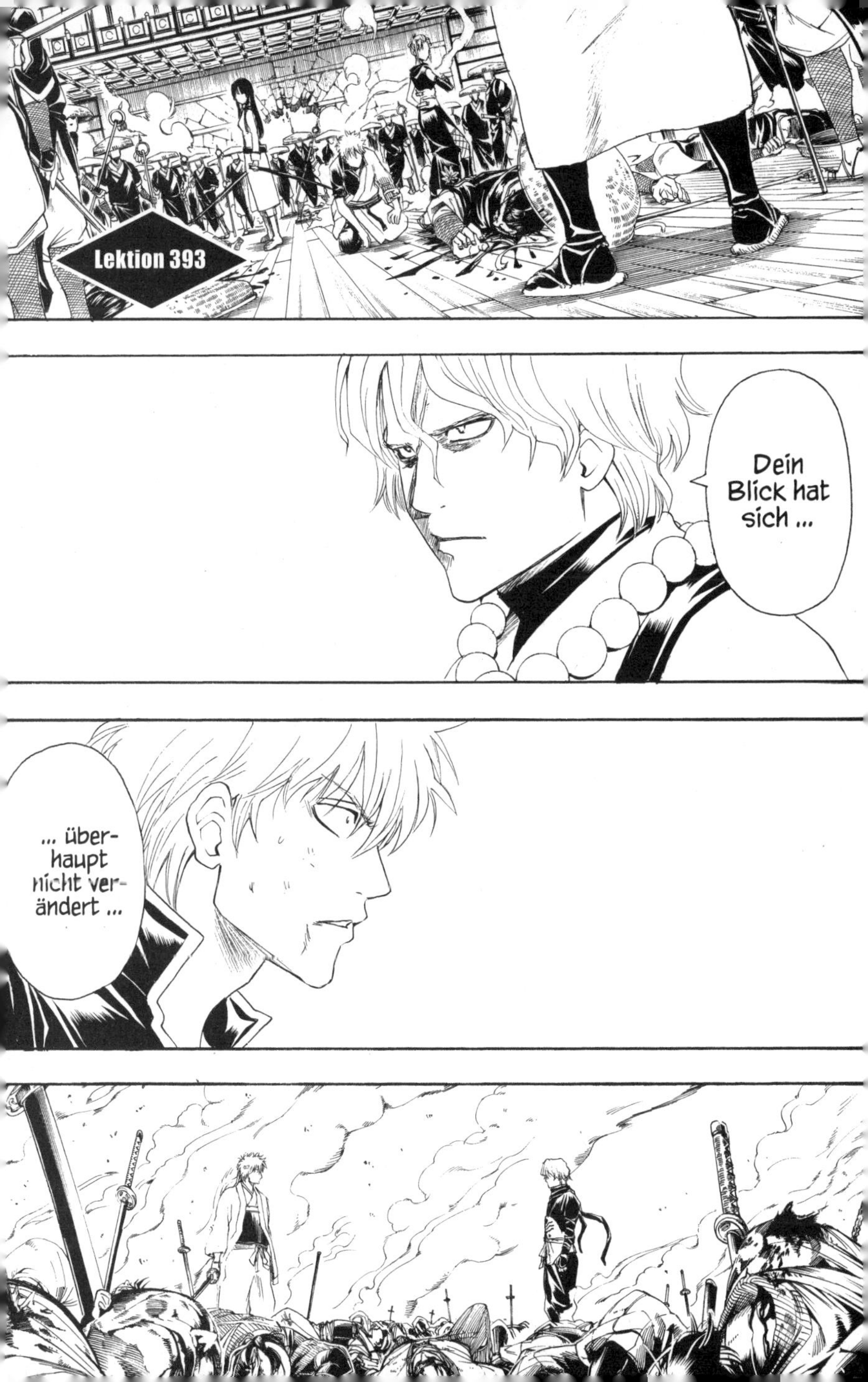
Lektion 393
Dein Blick hat sich ...
... überhaupt nicht verändert ...

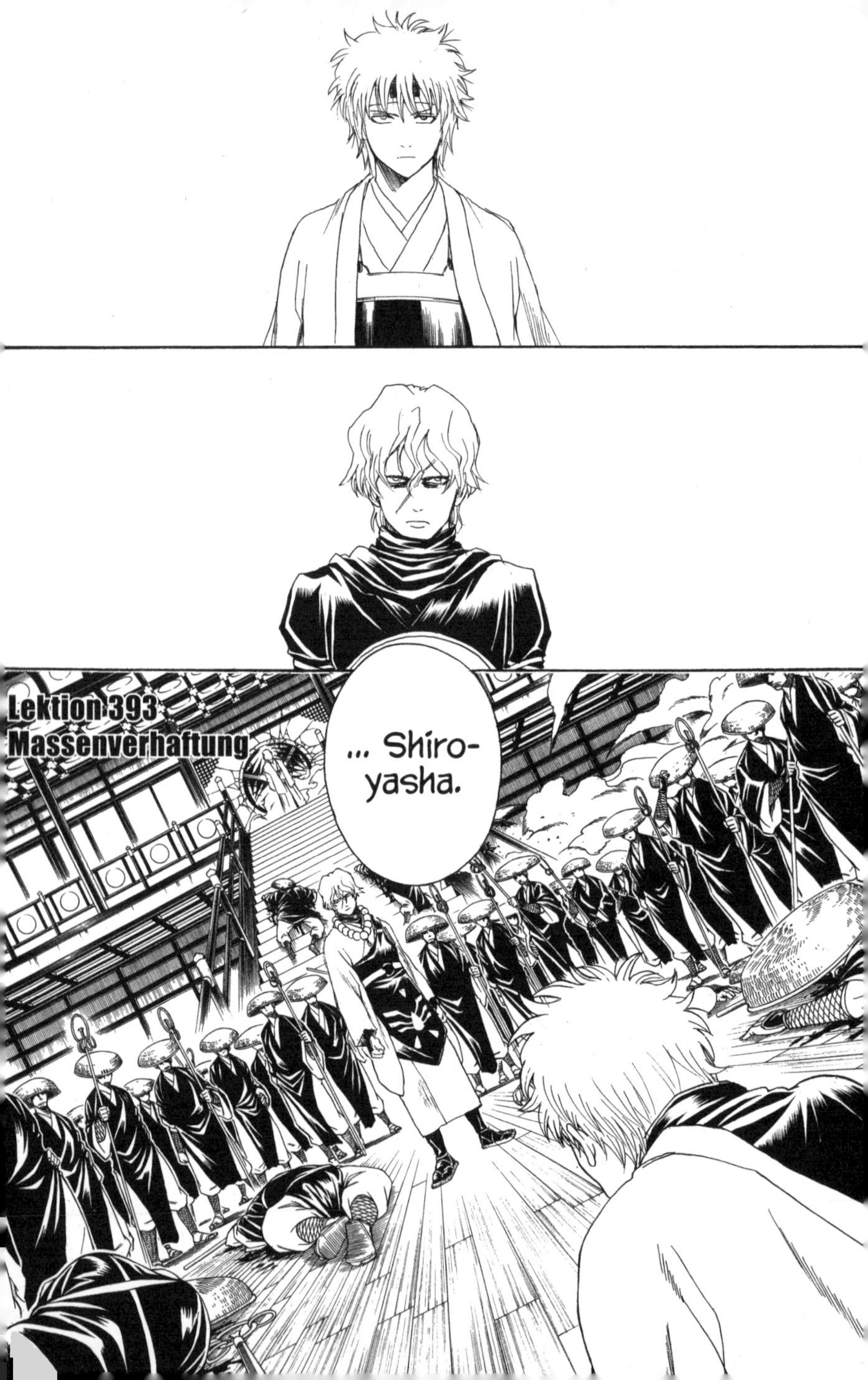
Lektion 393
Massenverhaftung
... Shiro-
yasha.

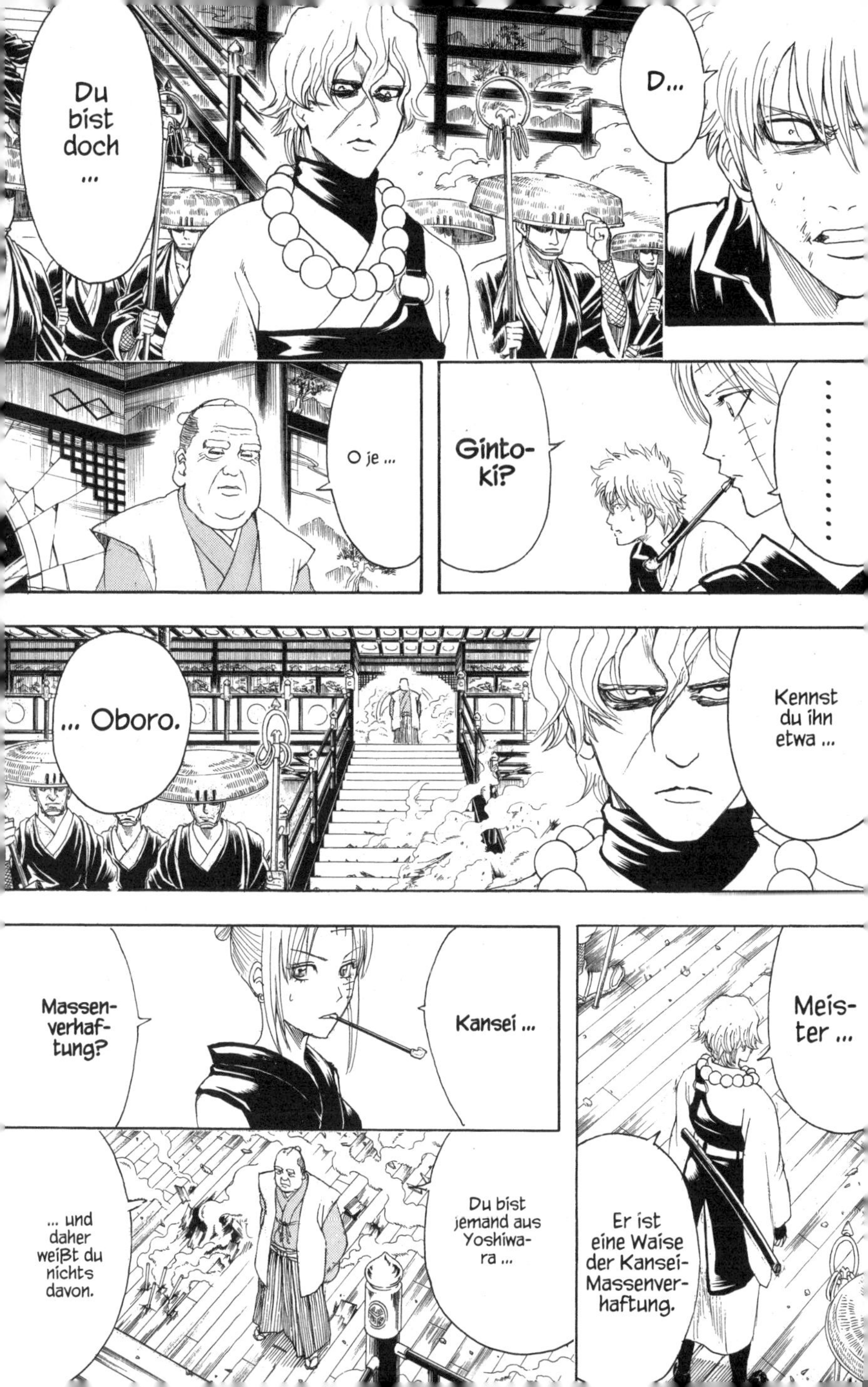
D...
Du bist doch ...
......
Gintoki?
O je ...
Kennst du ihn etwa ...
... Oboro.
Meister ...
Er ist eine Waise der Kansei-Massenverhaftung.
Kansei ...
Massenverhaftung?
Du bist jemand aus Yoshiwara ...
... und daher weißt du nichts davon.

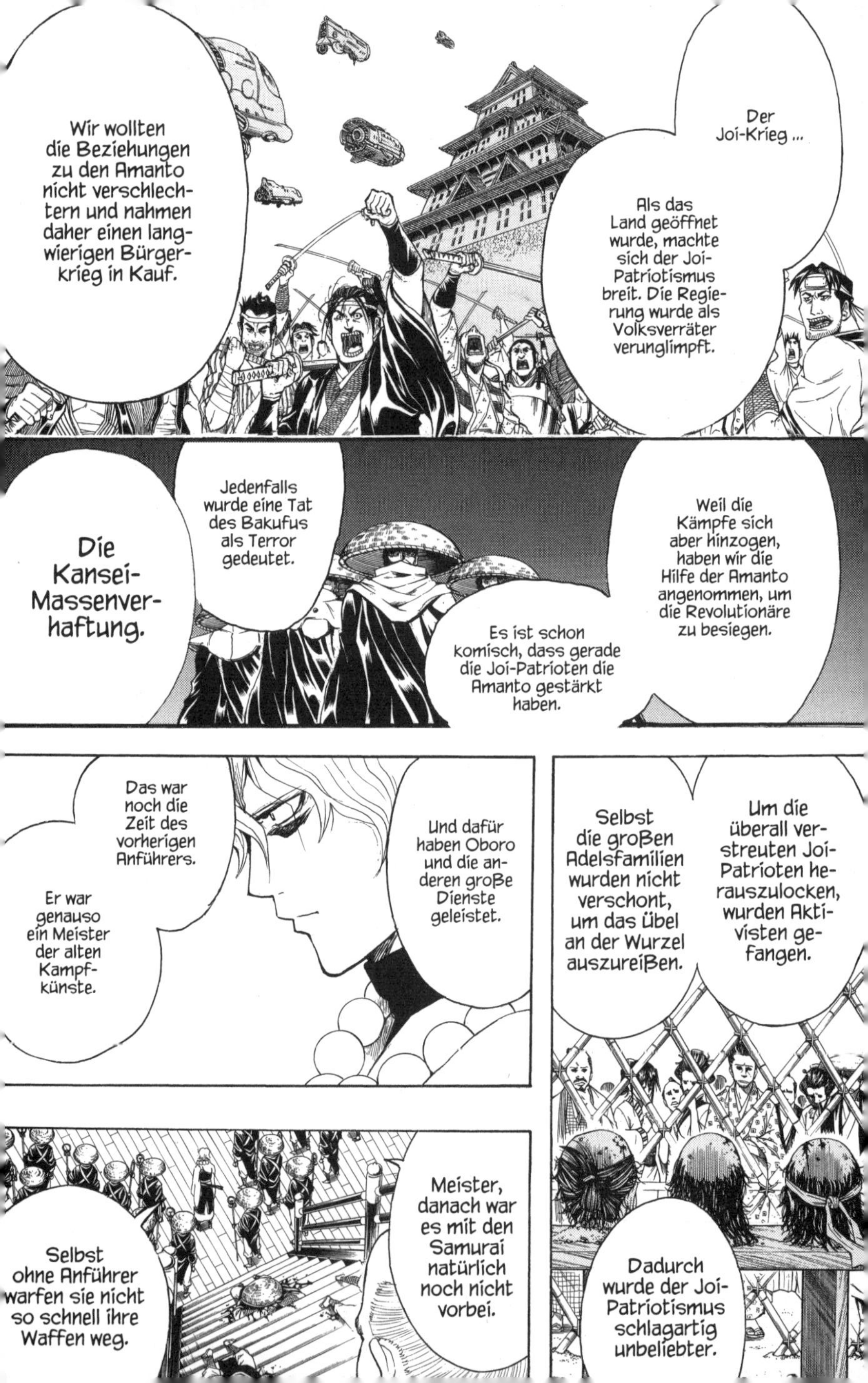

Der Joi-Krieg ...
Als das Land geöffnet wurde, machte sich der Joi-Patriotismus breit. Die Regierung wurde als Volksverräter verunglimpft.
Wir wollten die Beziehungen zu den Amanto nicht verschlechtern und nahmen daher einen langwierigen Bürgerkrieg in Kauf.
Weil die Kämpfe sich aber hinzogen, haben wir die Hilfe der Amanto angenommen, um die Revolutionäre zu besiegen.
Es ist schon komisch, dass gerade die Joi-Patrioten die Amanto gestärkt haben.
Jedenfalls wurde eine Tat des Bakufus als Terror gedeutet.
Die Kansei-Massenverhaftung.
Um die überall verstreuten Joi-Patrioten herauszulocken, wurden Aktivisten gefangen.
Selbst die großen Adelsfamilien wurden nicht verschont, um das übel an der Wurzel auszureißen.
Und dafür haben Oboro und die anderen große Dienste geleistet.
Das war noch die Zeit des vorherigen Anführers.
Er war genauso ein Meister der alten Kampfkünste.
Dadurch wurde der Joi-Patriotismus schlagartig unbeliebter.
Meister, danach war es mit den Samurai natürlich noch nicht vorbei.
Selbst ohne Anführer warfen sie nicht so schnell ihre Waffen weg.

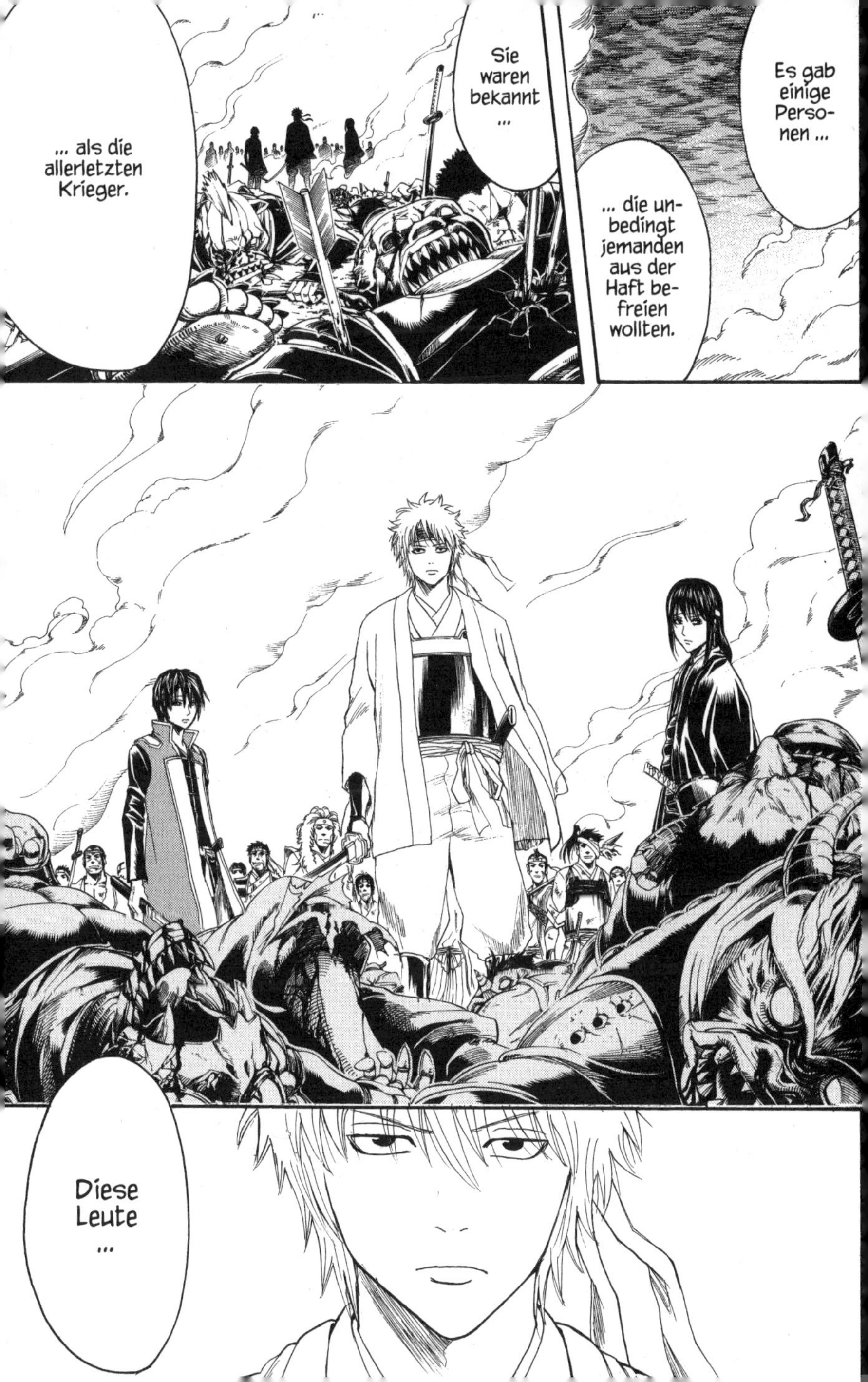
Es gab einige Perso- nen ...
... die un- bedingt jemanden aus der Haft be- freien wollten.
Sie waren bekannt ...
... als die allerletzten Krieger.
Diese Leute ...

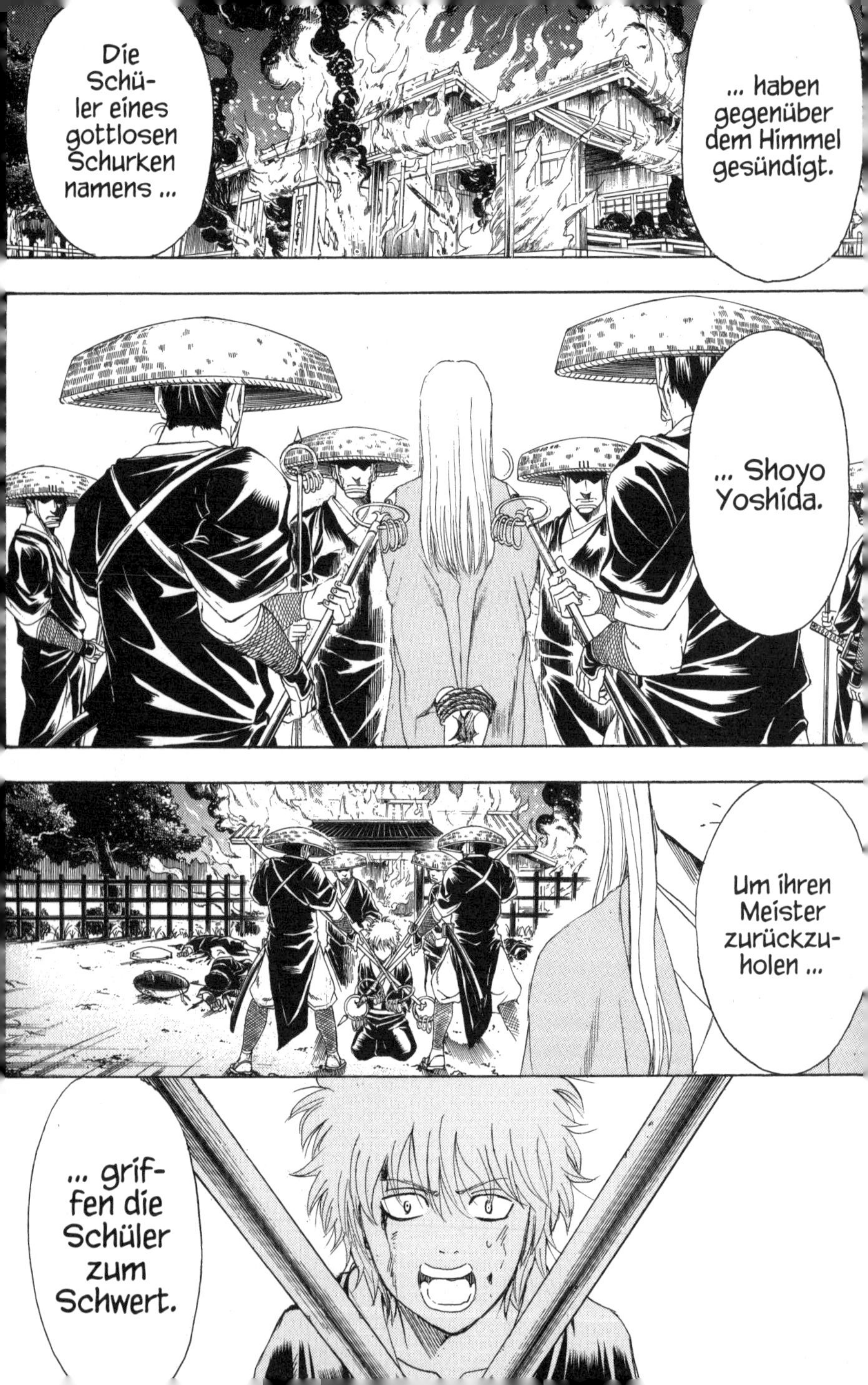

Die Schü-ler eines gottlosen Schurken namens ...
... haben gegenüber dem Himmel gesündigt.
... Shoyo Yoshida.
Um ihren Meister zurückzu-holen ...
... grif-fen die Schüler zum Schwert.

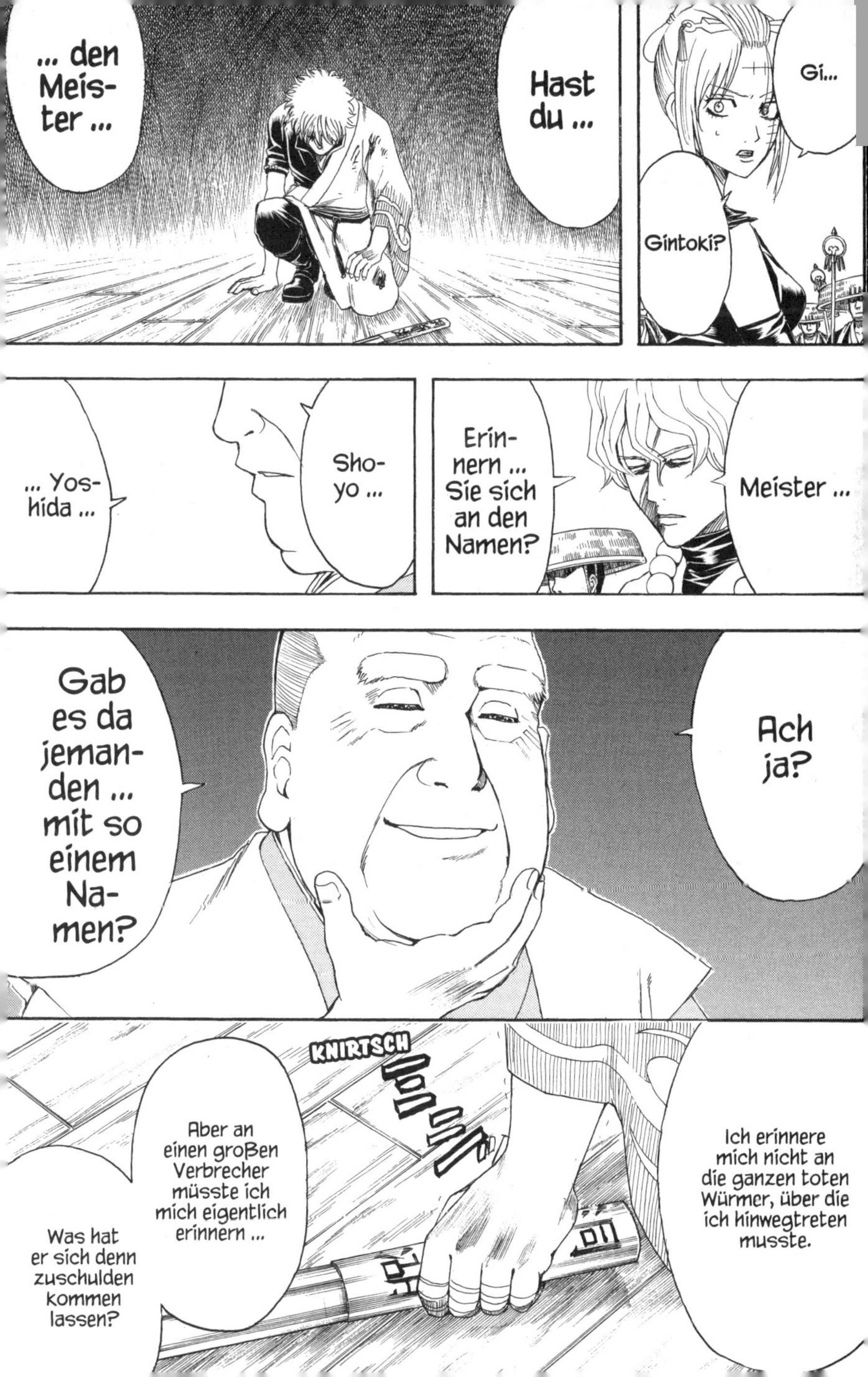

Gi...
Gintoki?
Hast du ...
... den Meister ...
Meister ...
Erinnern ... Sie sich an den Namen?
Shoyo ...
... Yoshida ...
Ach ja?
Gab es da jemanden ... mit so einem Namen?
KNIRTSCH
Ich erinnere mich nicht an die ganzen toten Würmer, über die ich hinwegtreten musste.
Aber an einen großen Verbrecher müsste ich mich eigentlich erinnern ...
Was hat er sich denn zuschulden kommen lassen?

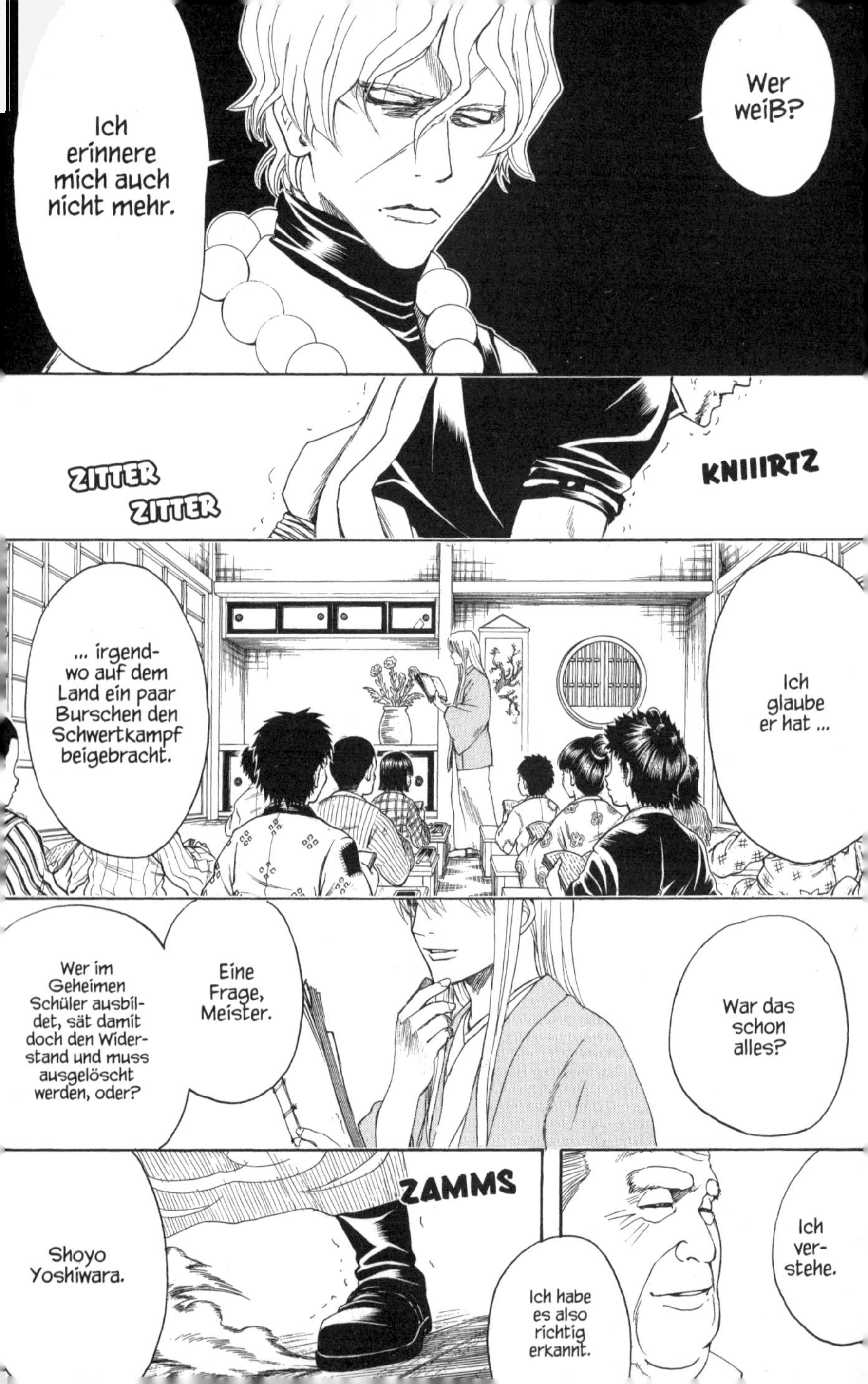
Wer weiß?
Ich erinnere mich auch nicht mehr.
KNIIIRTZ
ZITTER ZITTER
Ich glaube er hat ...
... irgend-wo auf dem Land ein paar Burschen den Schwertkampf beigebracht.
War das schon alles?
Eine Frage, Meister.
Wer im Geheimen Schüler ausbil-det, sät damit doch den Wider-stand und muss ausgelöscht werden, oder?
Ich ver-stehe.
Ich habe es also richtig erkannt.
ZAMMS
Shoyo Yoshiwara.

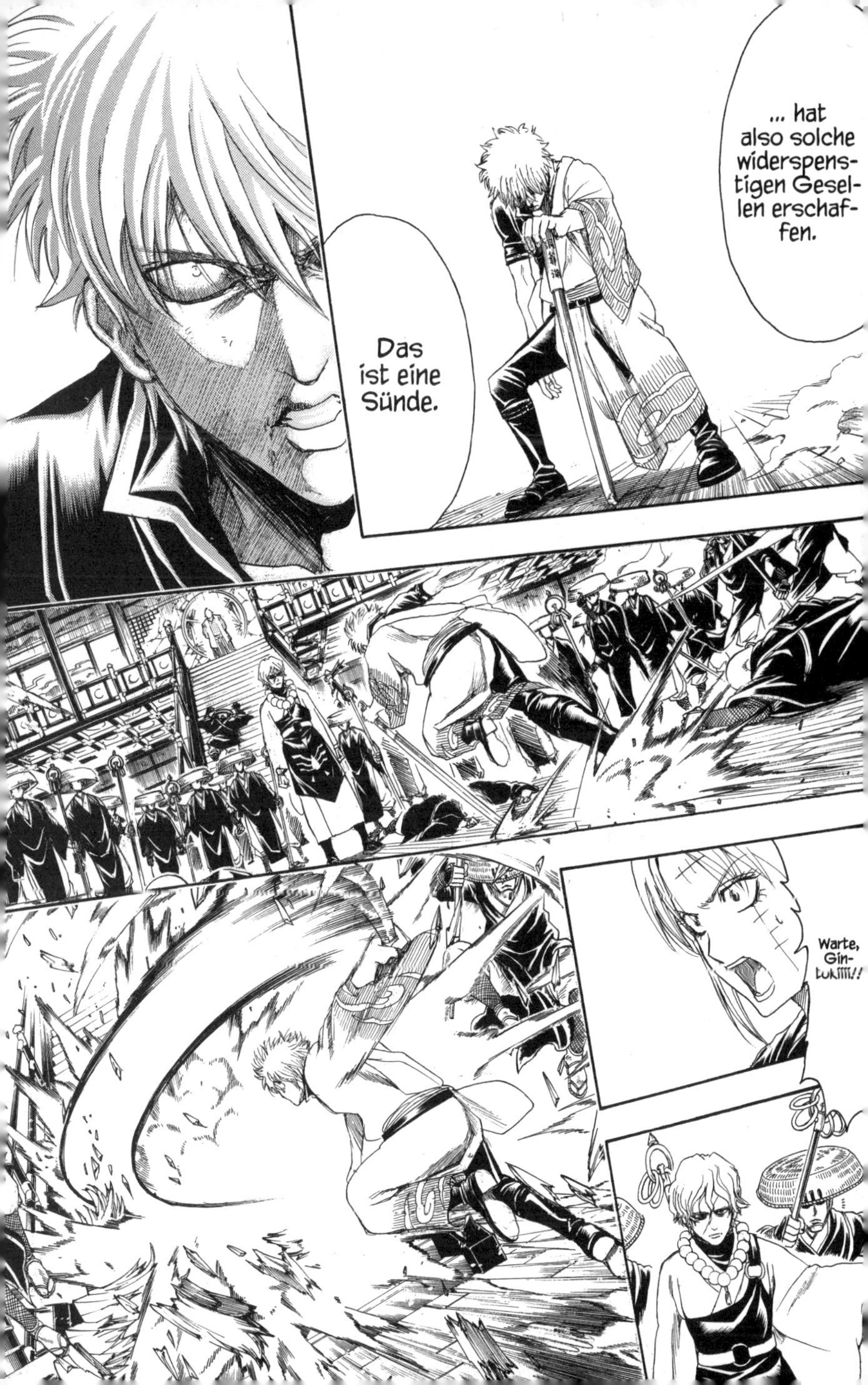
... hat also solche widerspens-tigen Gesel-len erschaf-fen.
Das ist eine Sünde.
Warte, Gin-tokiiii!!

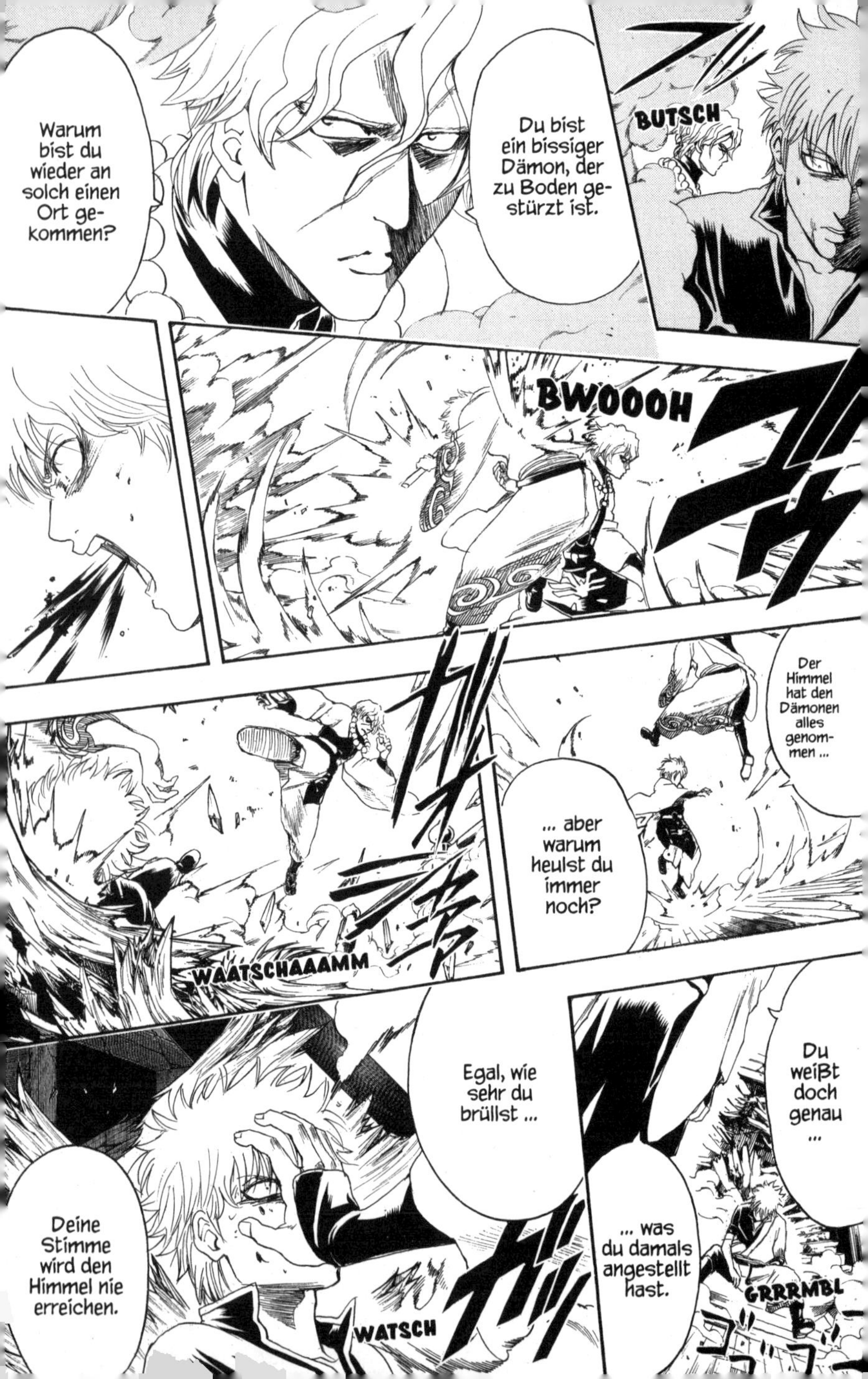
BUTSCH
Du bist ein bissiger Dämon, der zu Boden gestürzt ist.
Warum bist du wieder an solch einen Ort gekommen?
BWOOOH
Der Himmel hat den Dämonen alles genommen ...
... aber warum heulst du immer noch?
WAATSCHAAAMM
Du weißt doch genau ...
... was du damals angestellt hast.
GRRRMBL
Egal, wie sehr du brüllst ...
Deine Stimme wird den Himmel nie erreichen.
WATSCH

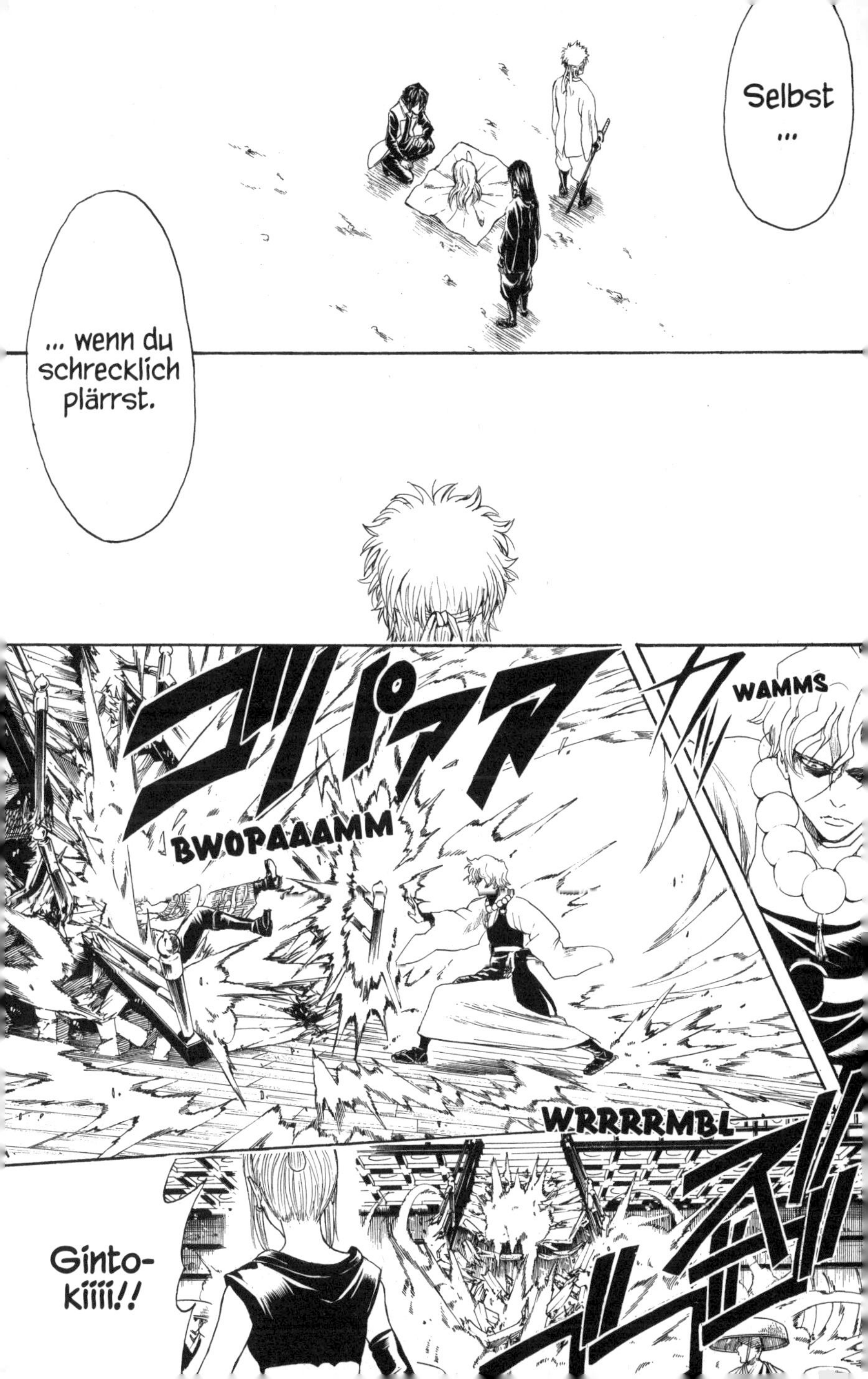
Selbst ...
... wenn du schrecklich plärrst.
WAMMS
BWOPAAAMM
WRRRRRMBL
Ginto-kiiii!!

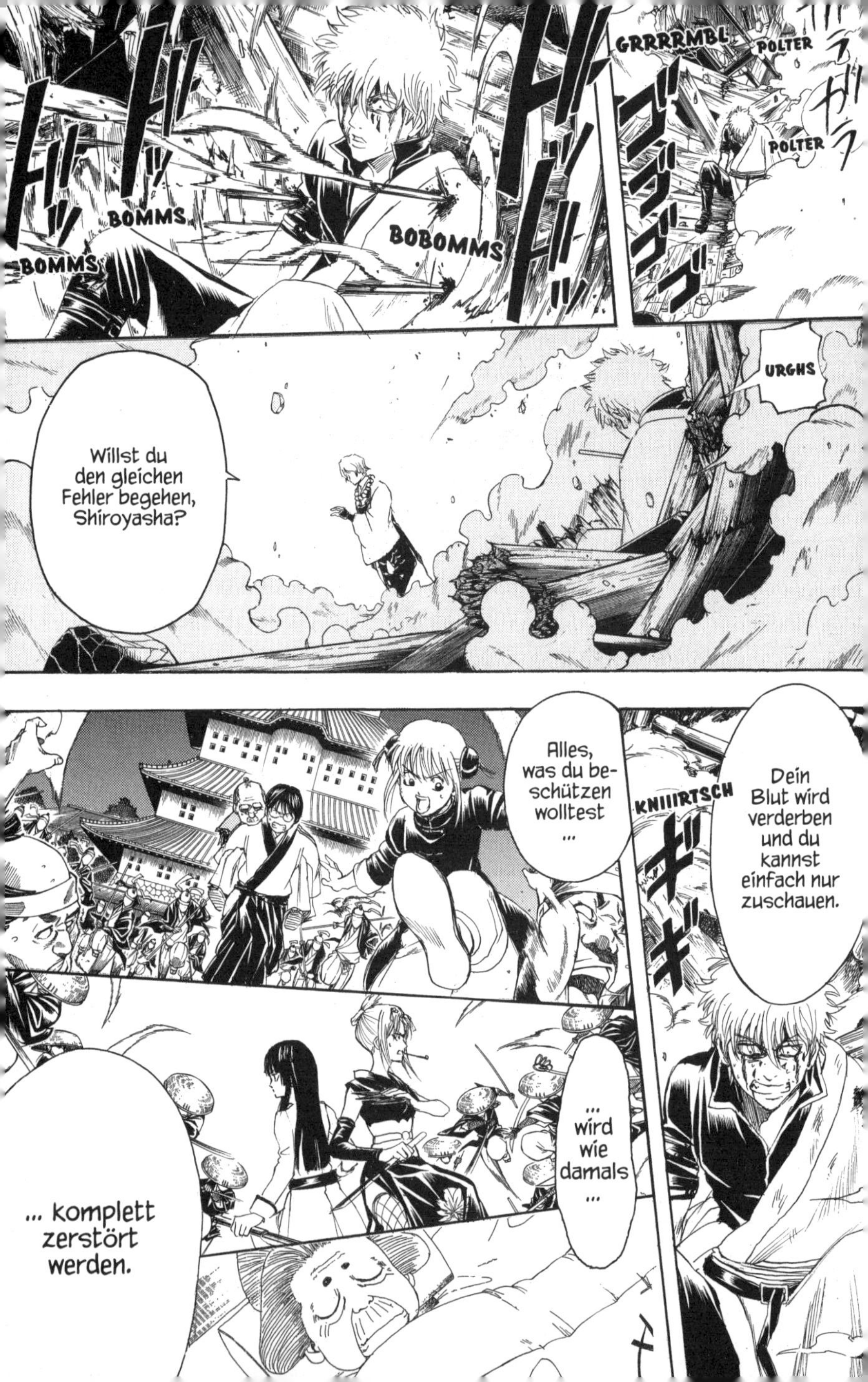
GRRRRMBL
POLTER
POLTER
BOBOMMS
BOMMS
BOMMS
URGHS
Willst du den gleichen Fehler begehen, Shiroyasha?
Dein Blut wird verderben und du kannst einfach nur zuschauen.
KNIIIRTSCH
Alles, was du beschützen wolltest ...
... wird wie damals ...
... komplett zerstört werden.

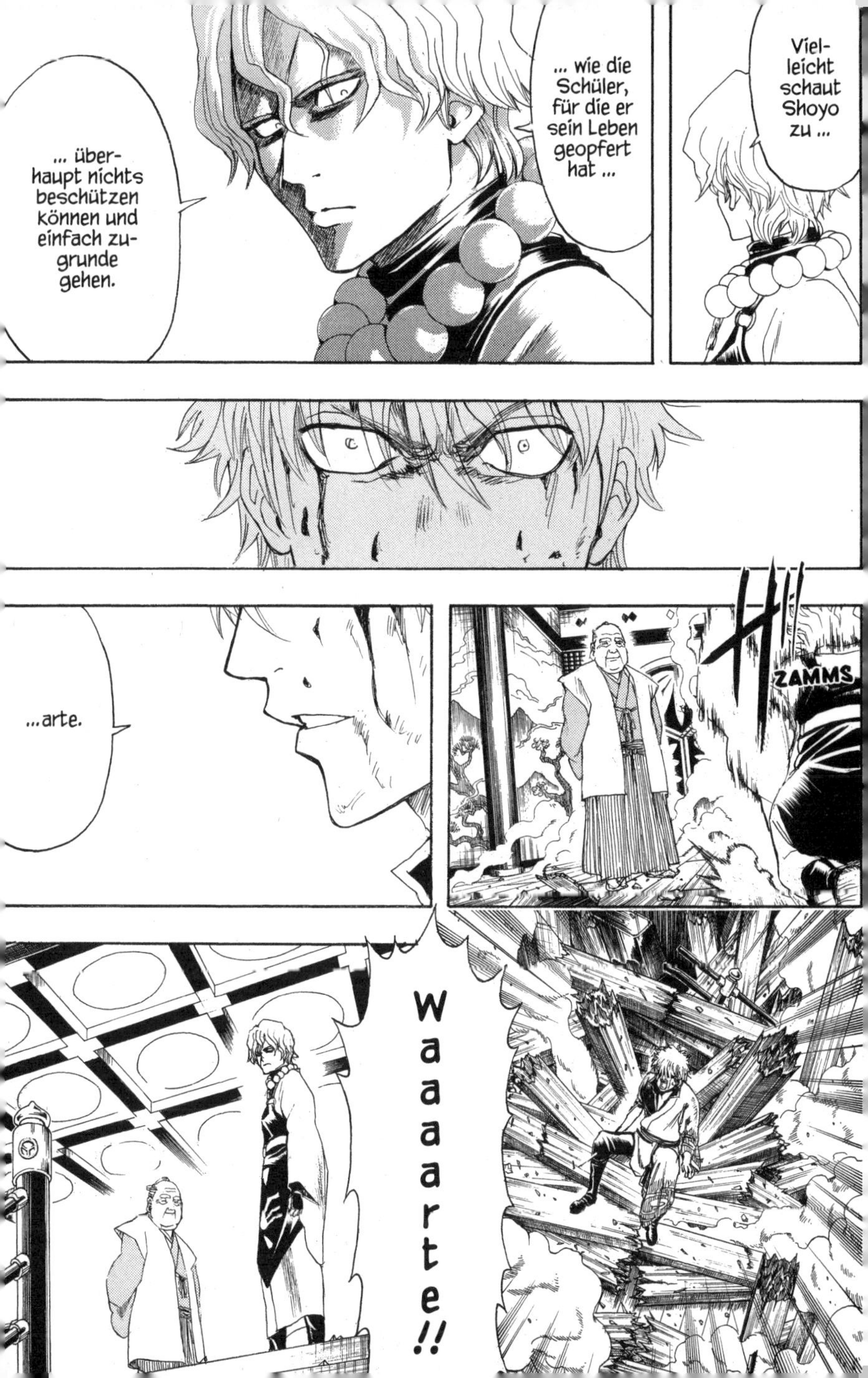

Viel-
leicht
schaut
Shoyo
zu ...
... wie die
Schüler,
für die er
sein Leben
geopfert
hat ...
... über-
haupt nichts
beschützen
können und
einfach zu-
grunde
gehen.
ZAMMS
...arte.
Waaaarte!!

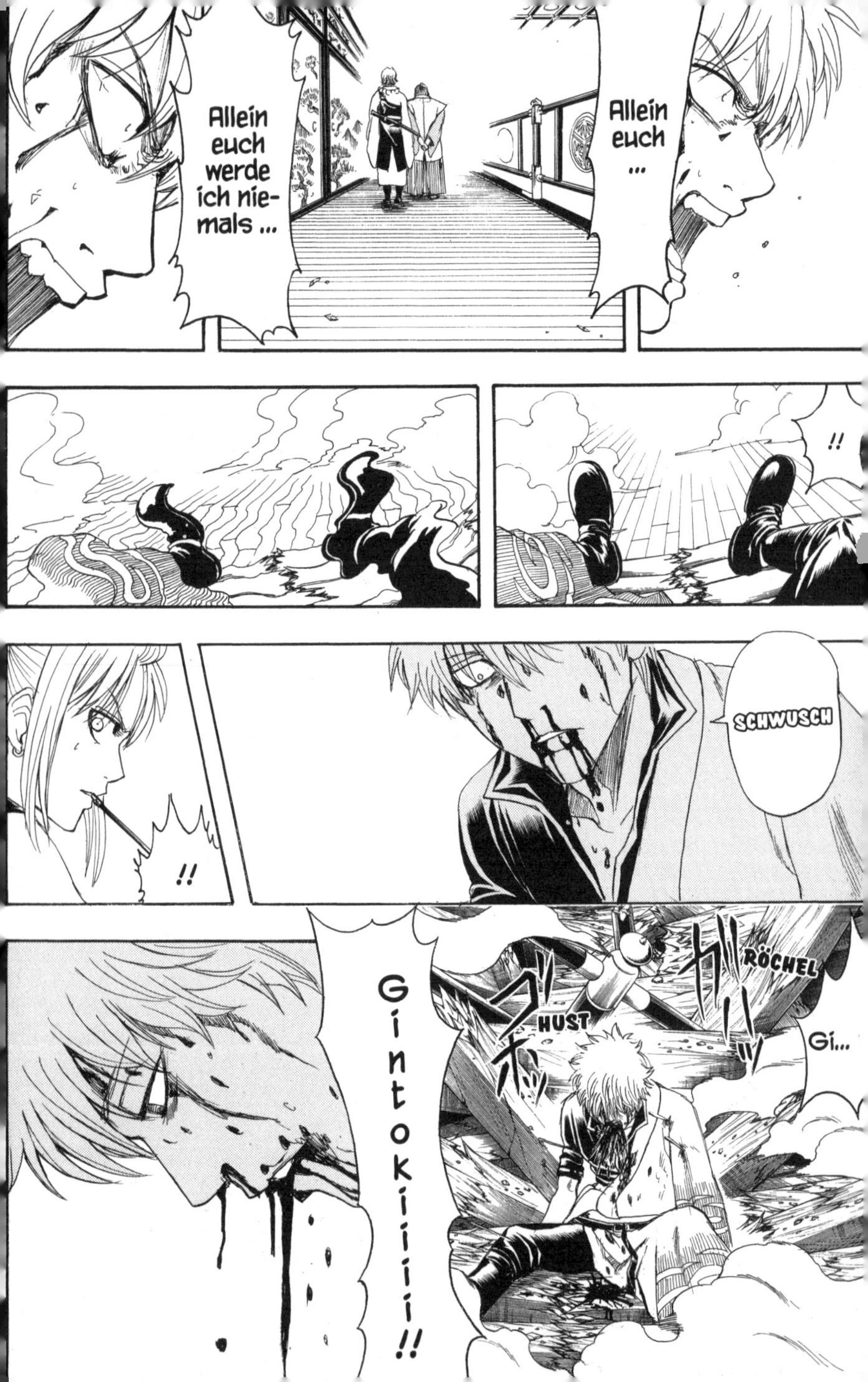

Allein euch ...
Allein euch werde ich nie-mals ...
!!
SCHWUSCH
!!
Gi...
RÖCHEL
HUST
Gintokiiiii!!

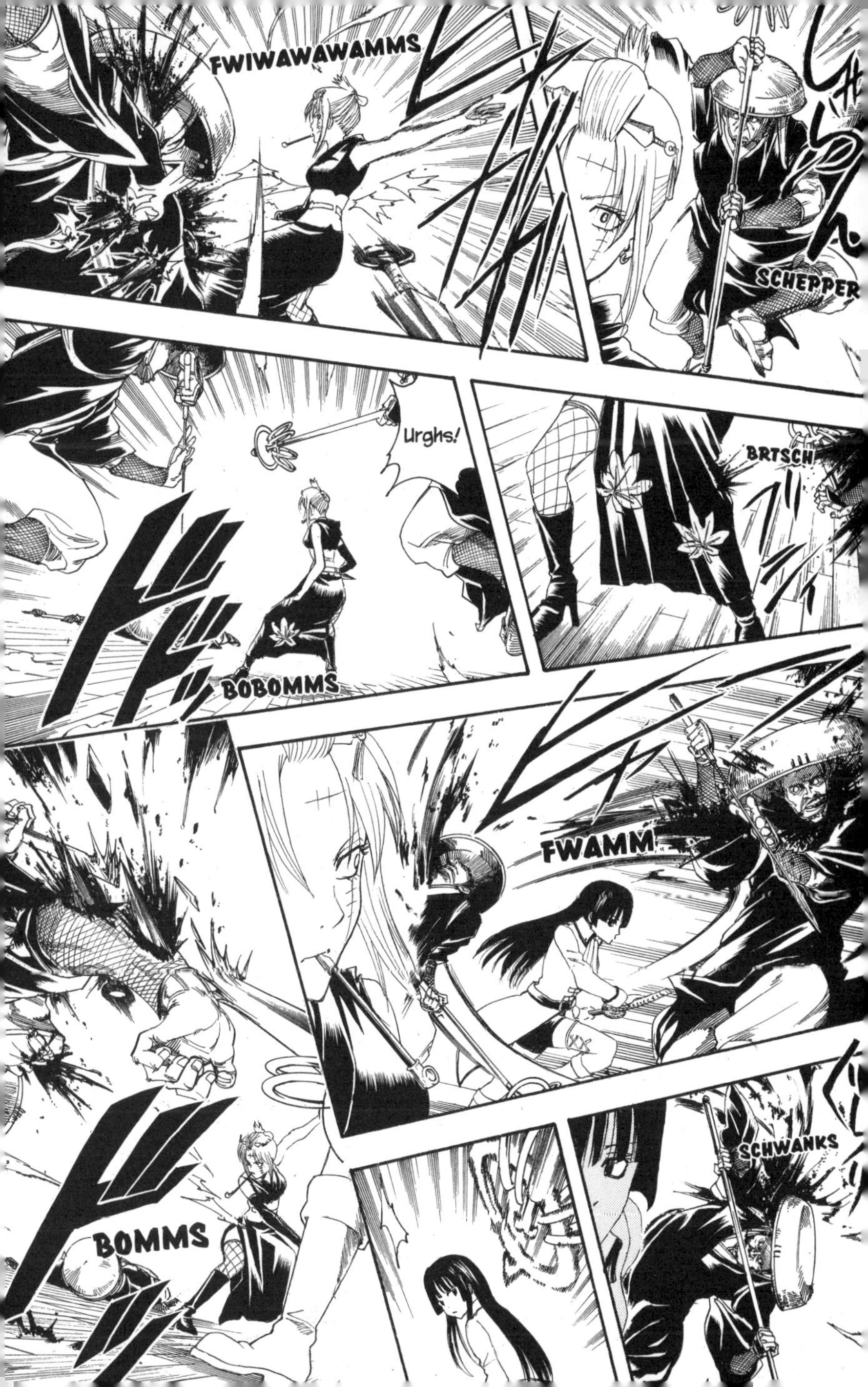

SCHEPPER
FWIWAWAWAMMS
BRTSCH
Urghs!
BOBOMMS
FWAMM
SCHWANKS
BOMMS

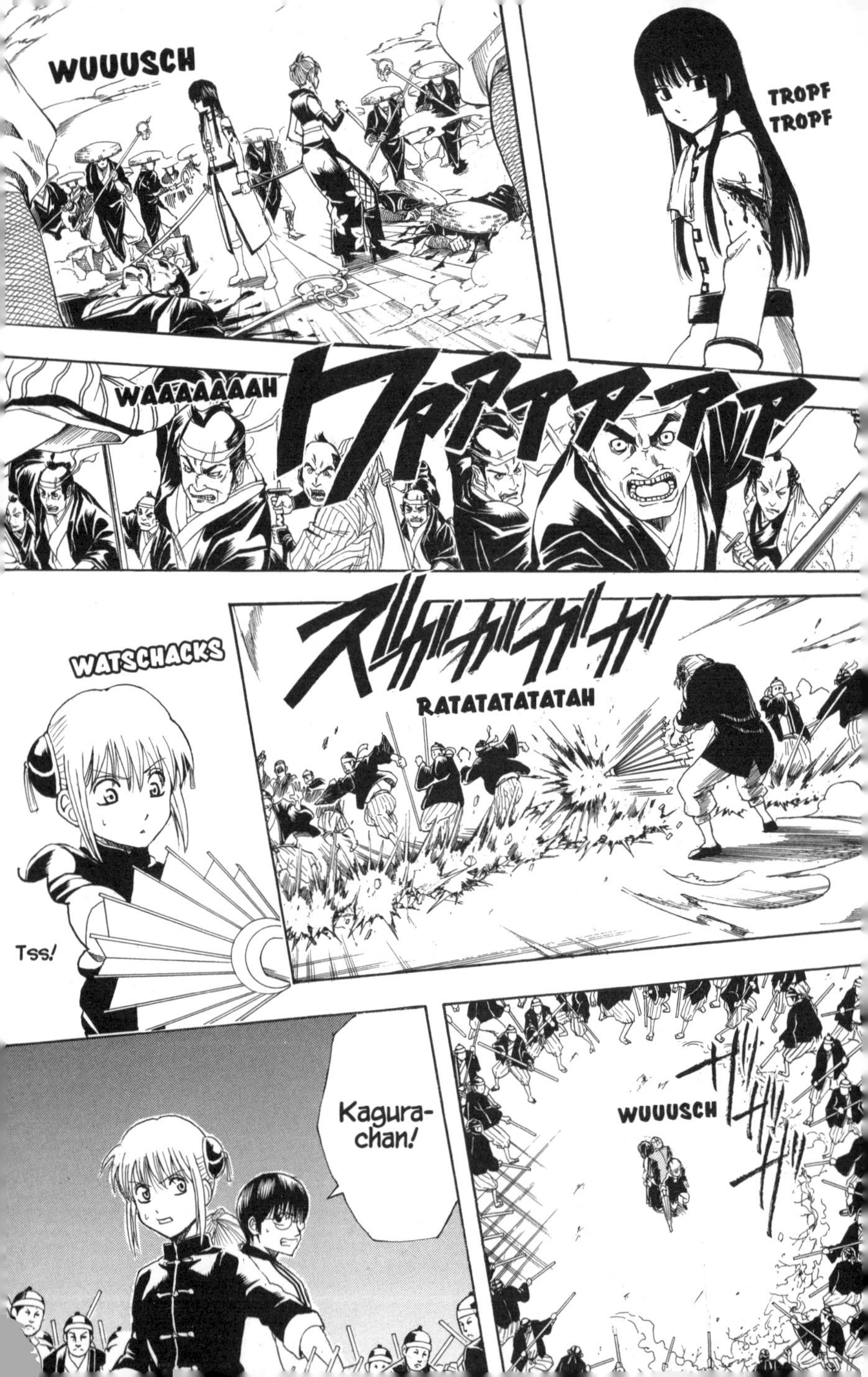
TROPF
TROPF
WUUUSCH
WAAAAAAAH
RATATATATATAH
WATSCHACKS
Tss!
WUUUSCH
Kagura-chan!

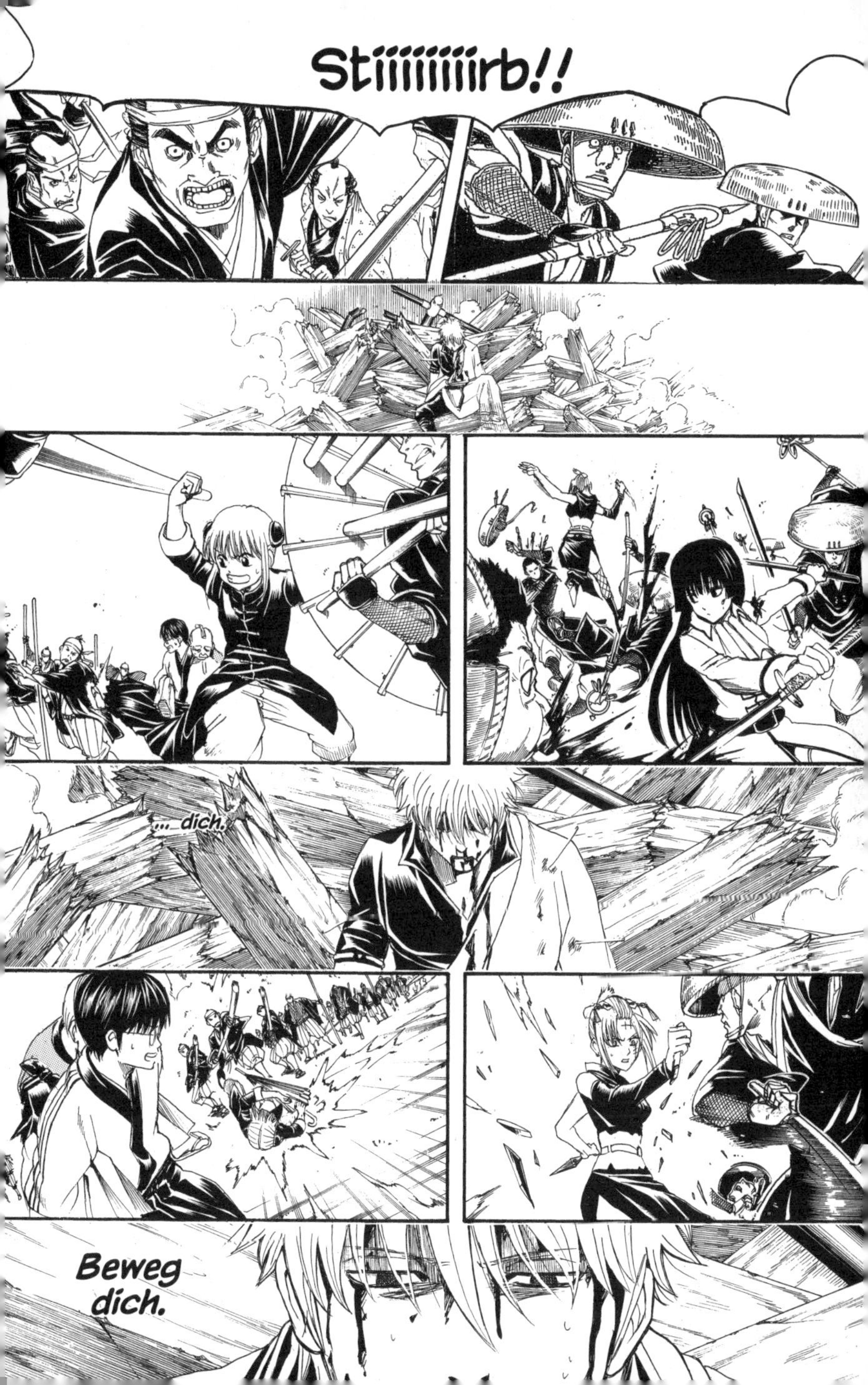

Stiiiiiiiirb!!
... dich.
Beweg dich.

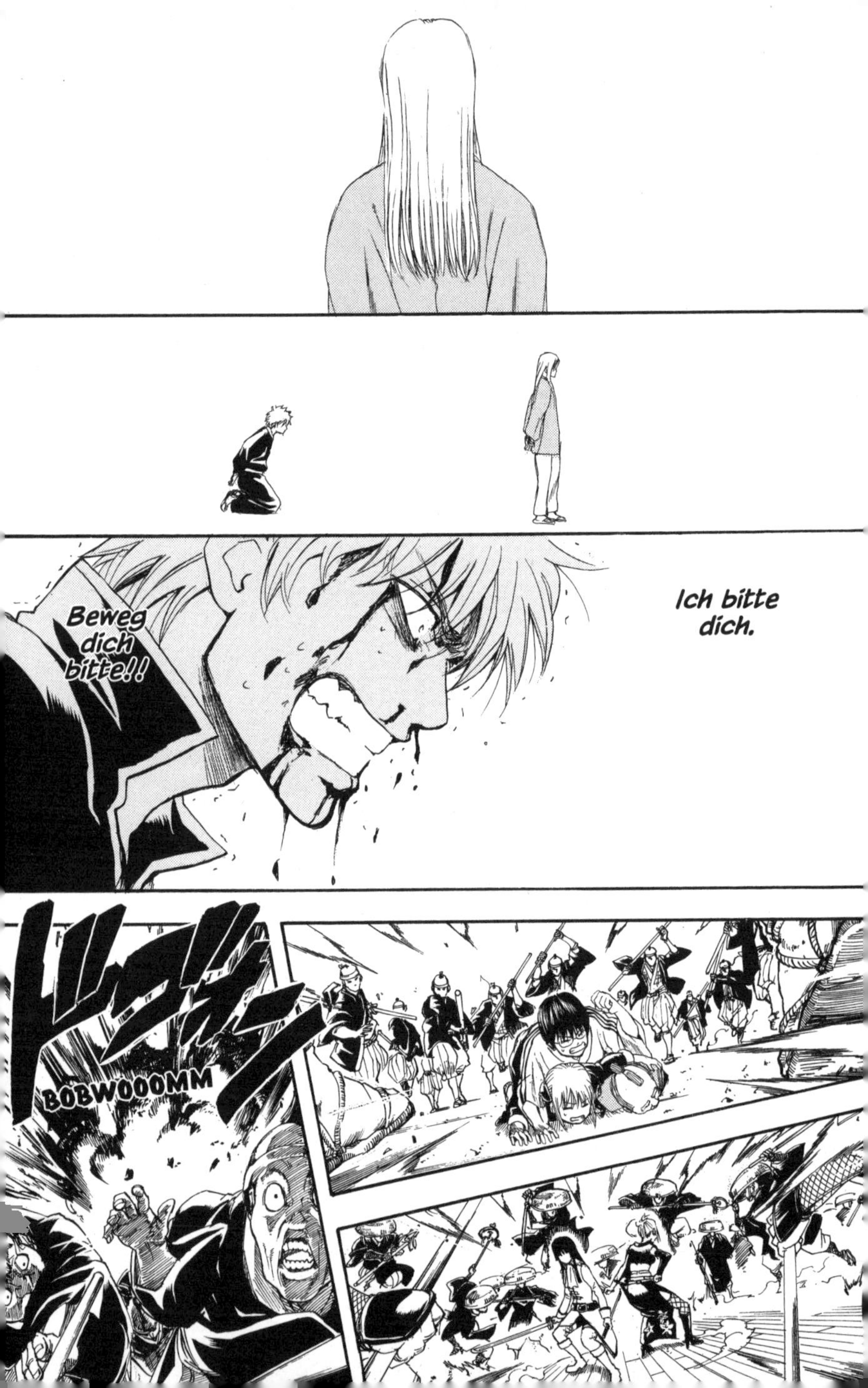
Ich bitte dich.
Beweg dich bitte!!
BOBWOOOMM

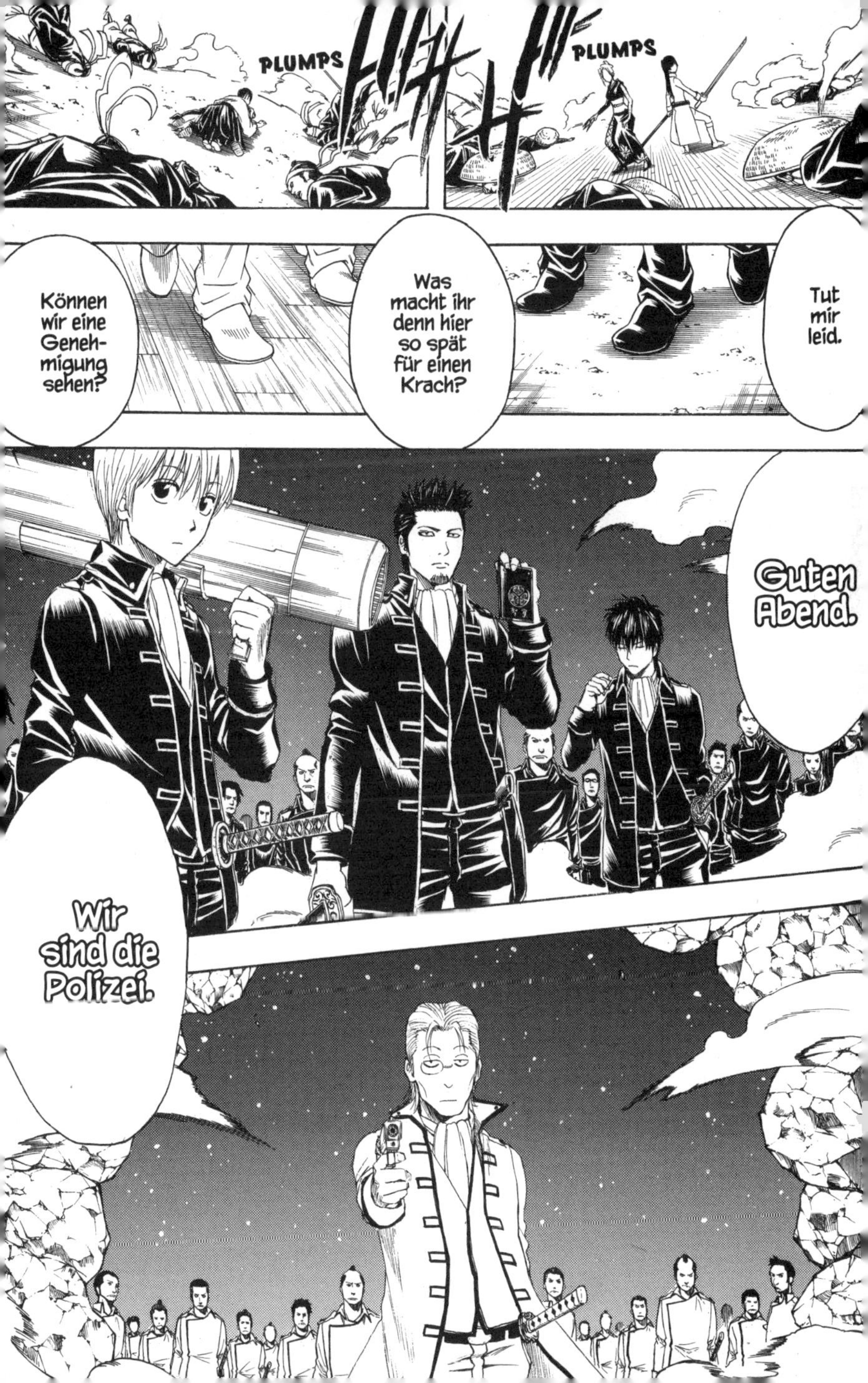
PLUMPS
PLUMPS
Tut mir leid.
Was macht ihr denn hier so spät für einen Krach?
Können wir eine Genehmigung sehen?
Guten Abend.
Wir sind die Polizei.

Sorachi auf Leser-Tuchfühlung
Fragen-Corner 126

(Frage von »Viele Bekannte von Herrn Sorachi heiraten, aber irgendwie findet er wohl niemanden. LOL« aus Osaka)

Ich habe eine Frage. Gin-san heißt »Gintoki Sakata« und sein Name kommt aus der Märchengeschichte von Kintaro, der dort »Kintoki Sakata« heißt. In der Kurzgeschichte »Shirokuro« aus dem zweiten Band heißt die Heldin dort auch »Tomiko Sakata«. Beide haben also den Nachnamen »Sakata«. Kommt der Name »Gintoki Sakata« also wirklich von »Kintoki Sakata« oder haben Sie stattdessen eher den Namen ihrer ersten großen Liebe eingebaut?

Antwort

Auf jeden Fall kommt das von Kintaro. Auch wenn sich dafür sicherlich niemand interessiert, dann war die Idee bei »Shirokuro«, dass Tomiko eine Nachfahrin von Kintoki Sakata ist. Weil Kintaro berühmt ist, da er die Oni besiegt hat, würde das sicherlich auch über Generationen vererbt werden. Diese Idee hatte ich schon lange im Kopf. Aber als ich Gintama dann gezeichnet habe, war die Verbindung zu Kintaro fast belanglos geworden und da mir das alles zu lästig wurde, habe ich nur ein Zeichen verändert und so ist Gintoki Sakata daraus geworden.

(127 auf Seite 104)

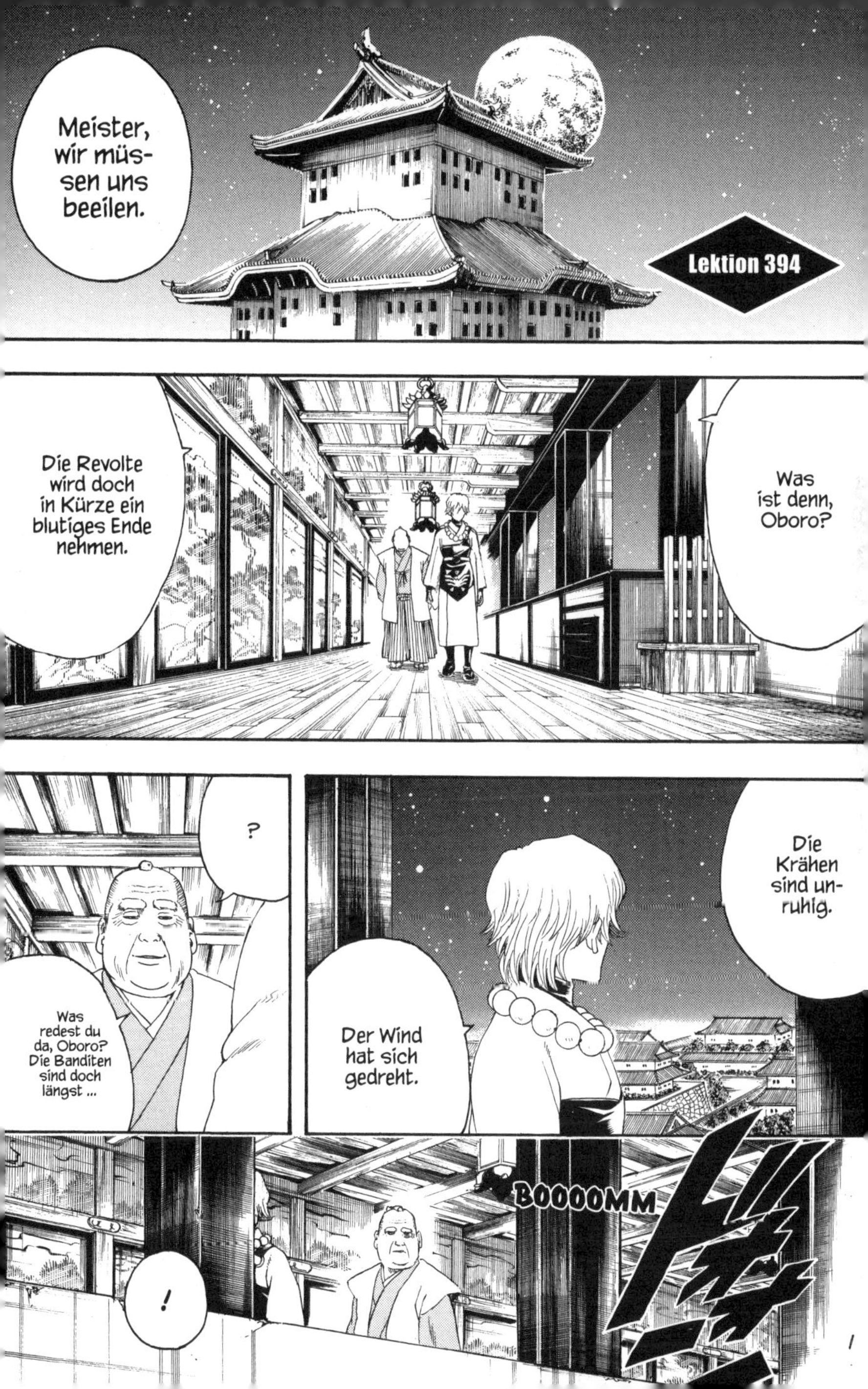

Lektion 394
Meister, wir müssen uns beeilen.
Was ist denn, Oboro?
Die Revolte wird doch in Kürze ein blutiges Ende nehmen.
Die Krähen sind unruhig.
Der Wind hat sich gedreht.
?
Was redest du da, Oboro? Die Banditen sind doch längst ...
BOOOOMM
!

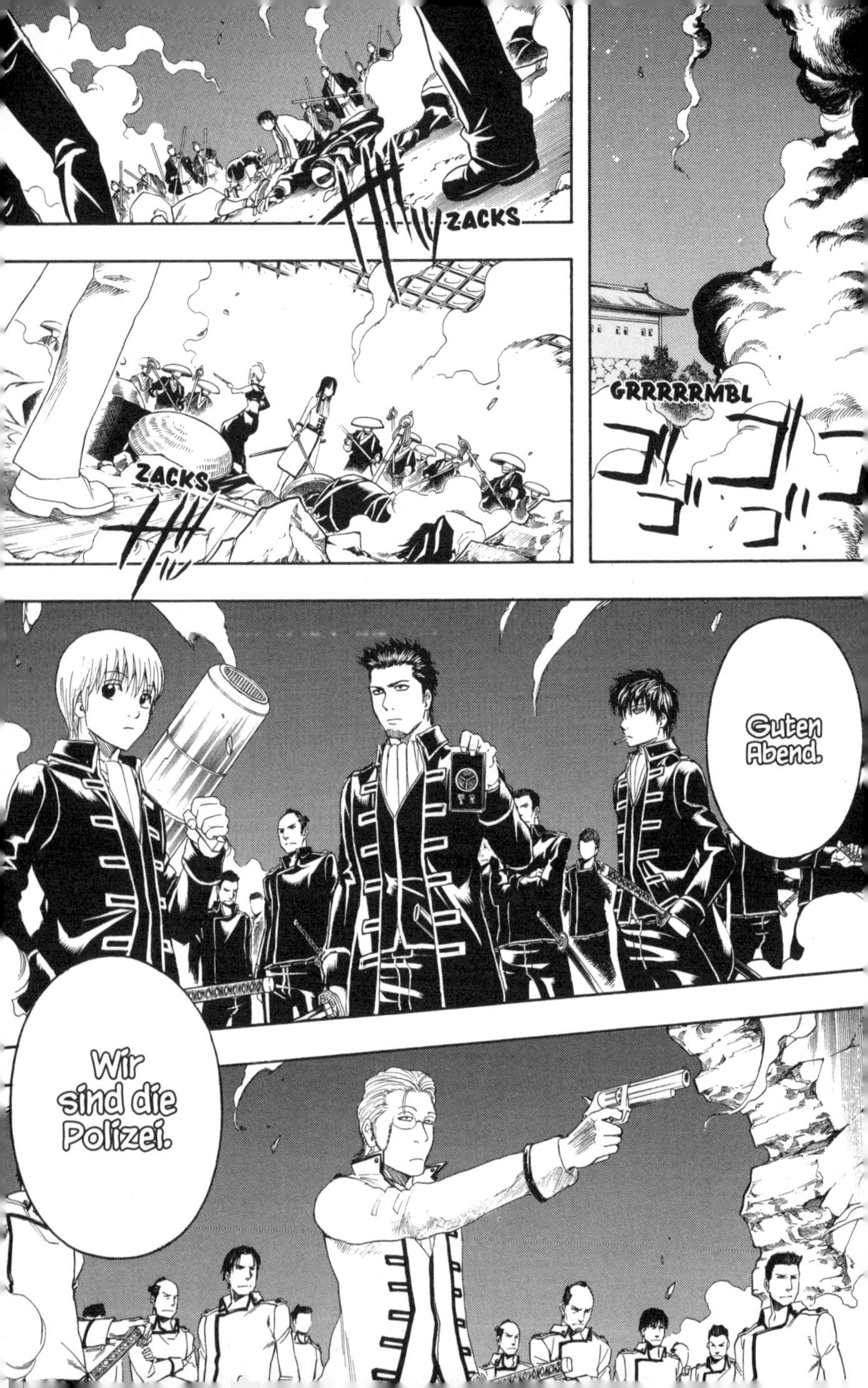
ZACKS
GRRRRRMBL
ゴゴゴゴ
ZACKS
Guten Abend.
Wir sind die Polizei.

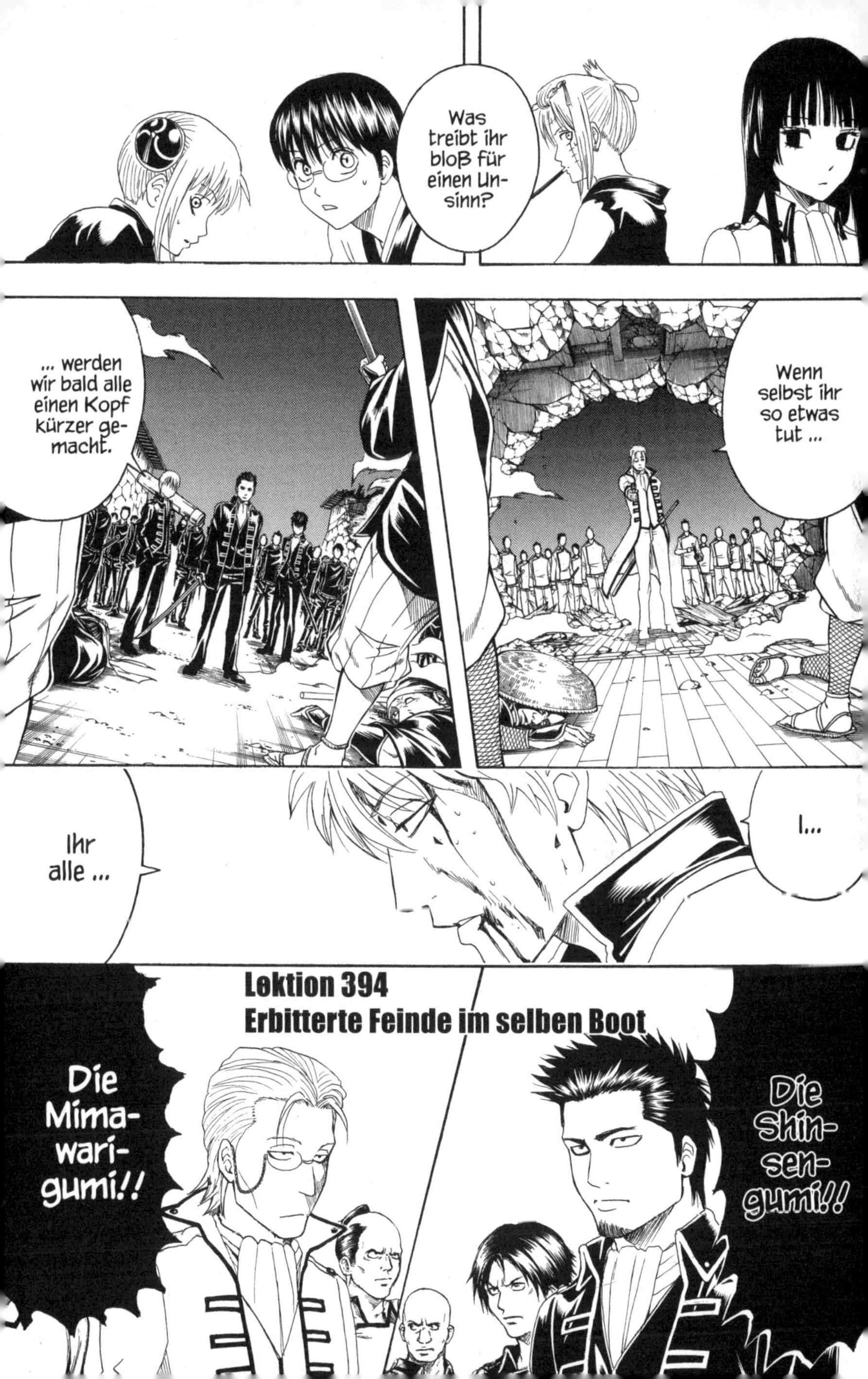
Was treibt ihr bloß für einen Unsinn?
Wenn selbst ihr so etwas tut ...
... werden wir bald alle einen Kopf kürzer gemacht.
I...
Ihr alle ...
Lektion 394
Erbitterte Feinde im selben Boot
Die Shin-sen-gumi!!
Die Mima-wari-gumi!!

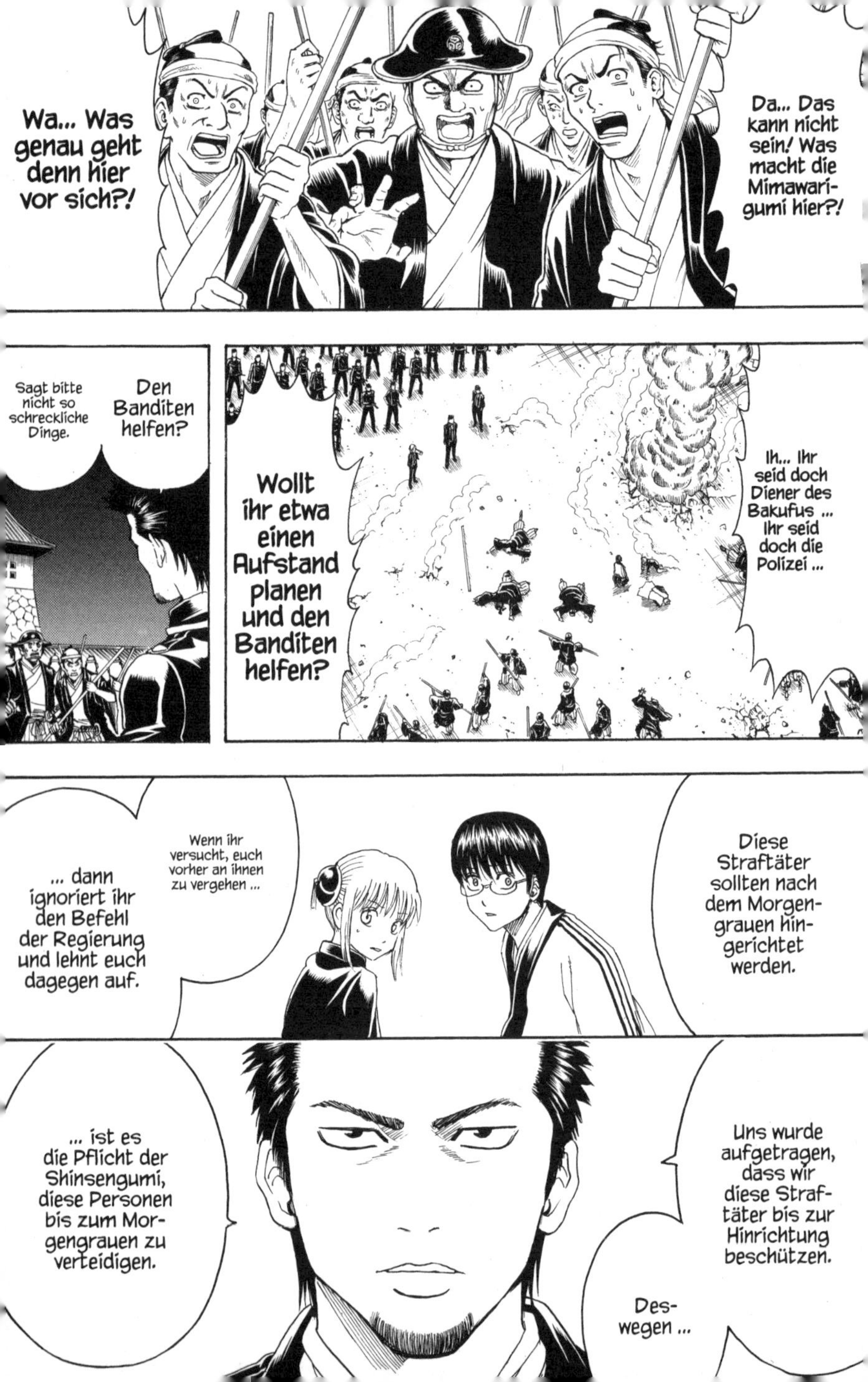

Da... Das kann nicht sein! Was macht die Mimawari-gumi hier?!
Wa... Was genau geht denn hier vor sich?!
Ih... Ihr seid doch Diener des Bakufus ... Ihr seid doch die Polizei ...
Wollt ihr etwa einen Aufstand planen und den Banditen helfen?
Den Banditen helfen?
Sagt bitte nicht so schreckliche Dinge.
Diese Straftäter sollten nach dem Morgengrauen hingerichtet werden.
Wenn ihr versucht, euch vorher an ihnen zu vergehen ...
... dann ignoriert ihr den Befehl der Regierung und lehnt euch dagegen auf.
Uns wurde aufgetragen, dass wir diese Straftäter bis zur Hinrichtung beschützen.
Deswegen ...
... ist es die Pflicht der Shinsengumi, diese Personen bis zum Morgengrauen zu verteidigen.

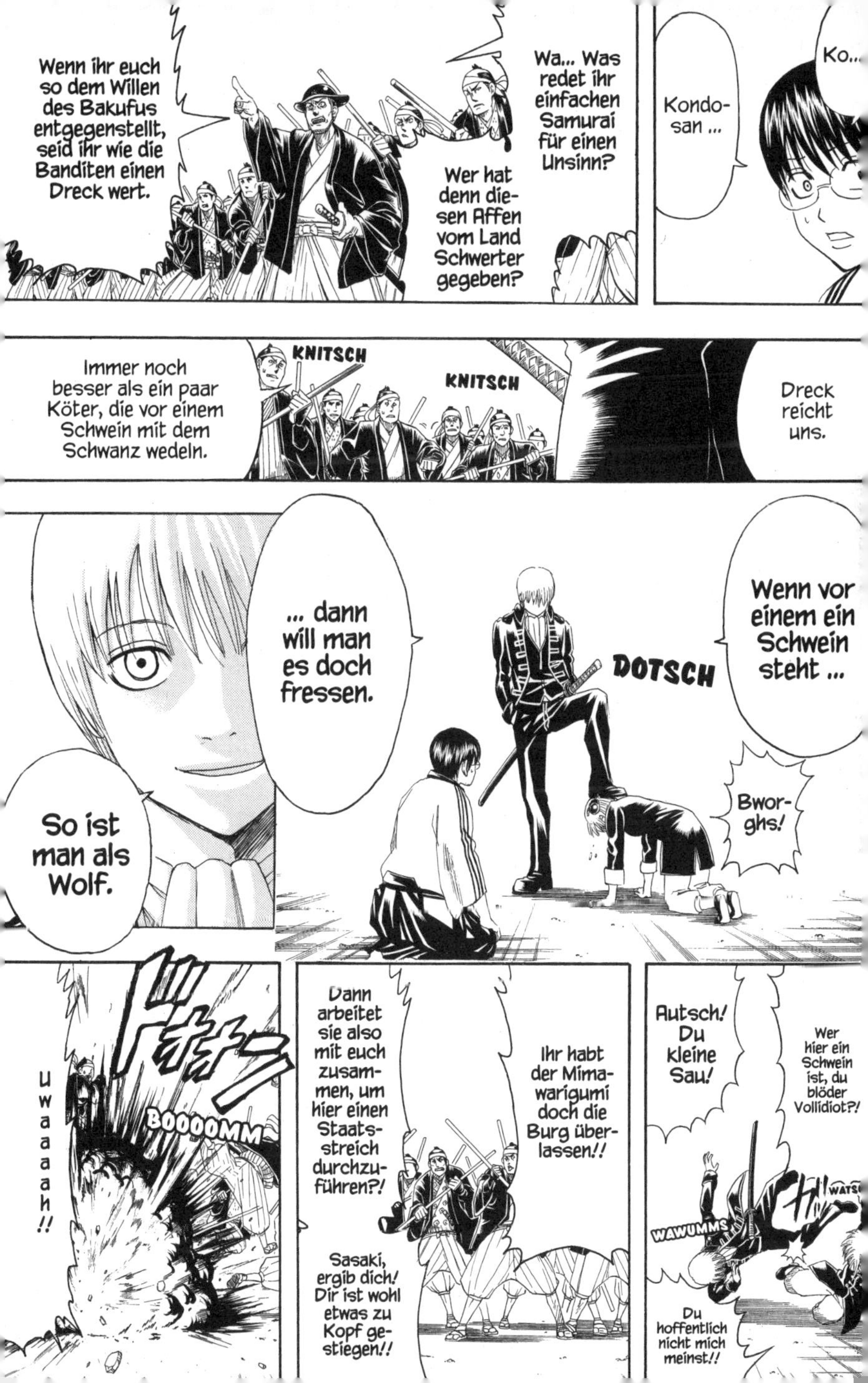
Ko...
Kondo-san ...
Wa... Was redet ihr einfachen Samurai für einen Unsinn?
Wer hat denn diesen Affen vom Land Schwerter gegeben?
Wenn ihr euch so dem Willen des Bakufus entgegenstellt, seid ihr wie die Banditen einen Dreck wert.
Dreck reicht uns.
KNITSCH
KNITSCH
Immer noch besser als ein paar Köter, die vor einem Schwein mit dem Schwanz wedeln.
Wenn vor einem ein Schwein steht ...
DOTSCH
Bworghs!
... dann will man es doch fressen.
So ist man als Wolf.
Wer hier ein Schwein ist, du blöder Vollidiot?!
Autsch! Du kleine Sau!
WAWUMMS
Du hoffentlich nicht mich meinst!!
Ihr habt der Mimawarigumi doch die Burg überlassen!!
Dann arbeitet sie also mit euch zusammen, um hier einen Staatsstreich durchzuführen?!
Sasaki, ergib dich! Dir ist wohl etwas zu Kopf gestiegen!!
BOOOOMM
Uwaaaaah!!

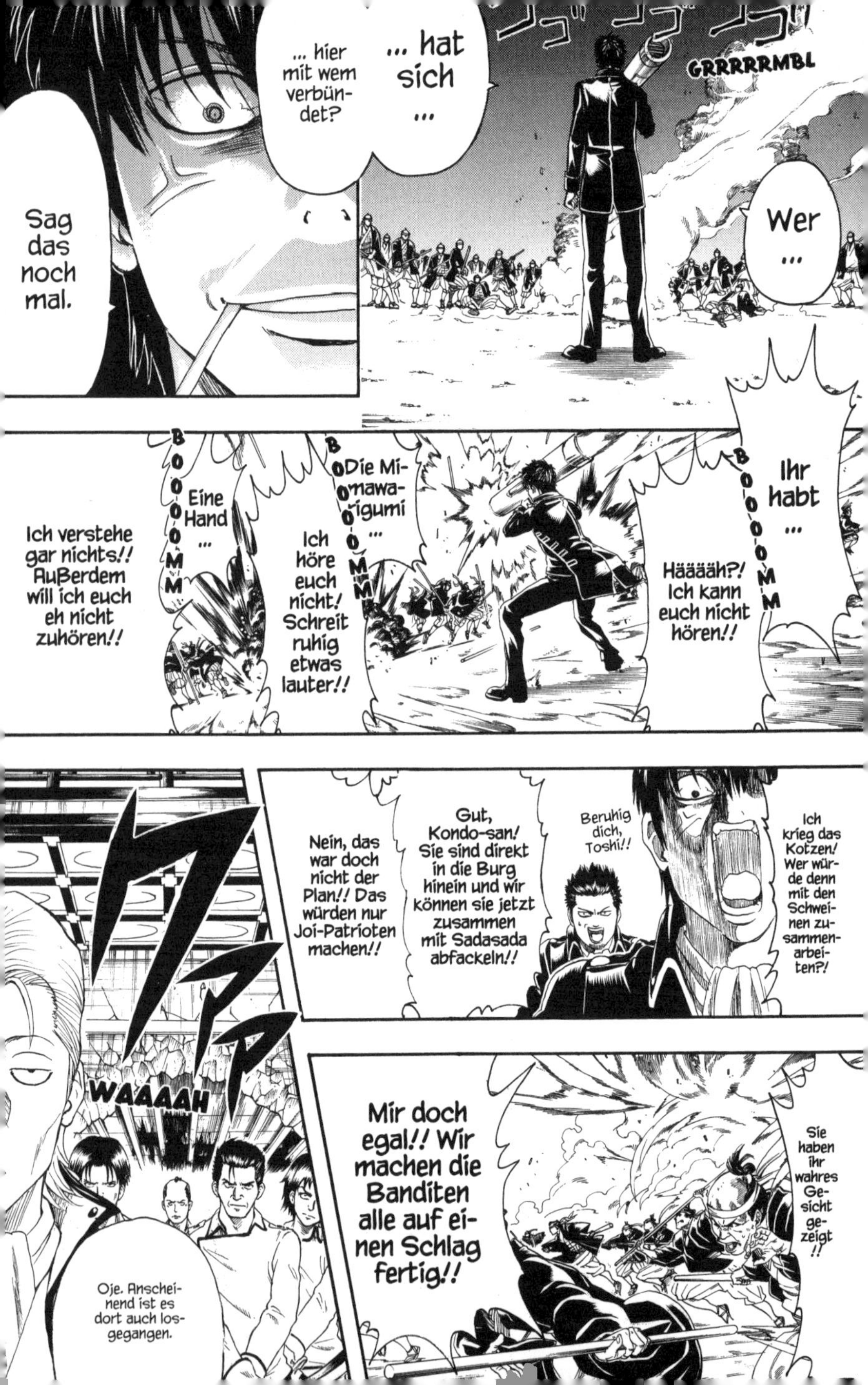
GRRRRRMBL
Wer ...
... hat sich ...
... hier mit wem verbündet?
Sag das noch mal.
Ihr habt ...
BOOOOMM
Hääääh?! Ich kann euch nicht hören!!
Die Mimawarigumi ...
BOOOOMM
Ich höre euch nicht! Schreit ruhig etwas lauter!!
Eine Hand ...
BOOOOMM
Ich verstehe gar nichts!! Außerdem will ich euch eh nicht zuhören!!
Ich krieg das Kotzen! Wer würde denn mit den Schweinen zusammenarbeiten?!
Beruhig dich, Toshi!!
Gut, Kondo-san! Sie sind direkt in die Burg hinein und wir können sie jetzt zusammen mit Sadasada abfackeln!!
Nein, das war doch nicht der Plan!! Das würden nur Joi-Patrioten machen!!
Sie haben ihr wahres Gesicht gezeigt!!
Mir doch egal!! Wir machen die Banditen alle auf einen Schlag fertig!!
WAAAAH
Oje. Anscheinend ist es dort auch losgegangen.

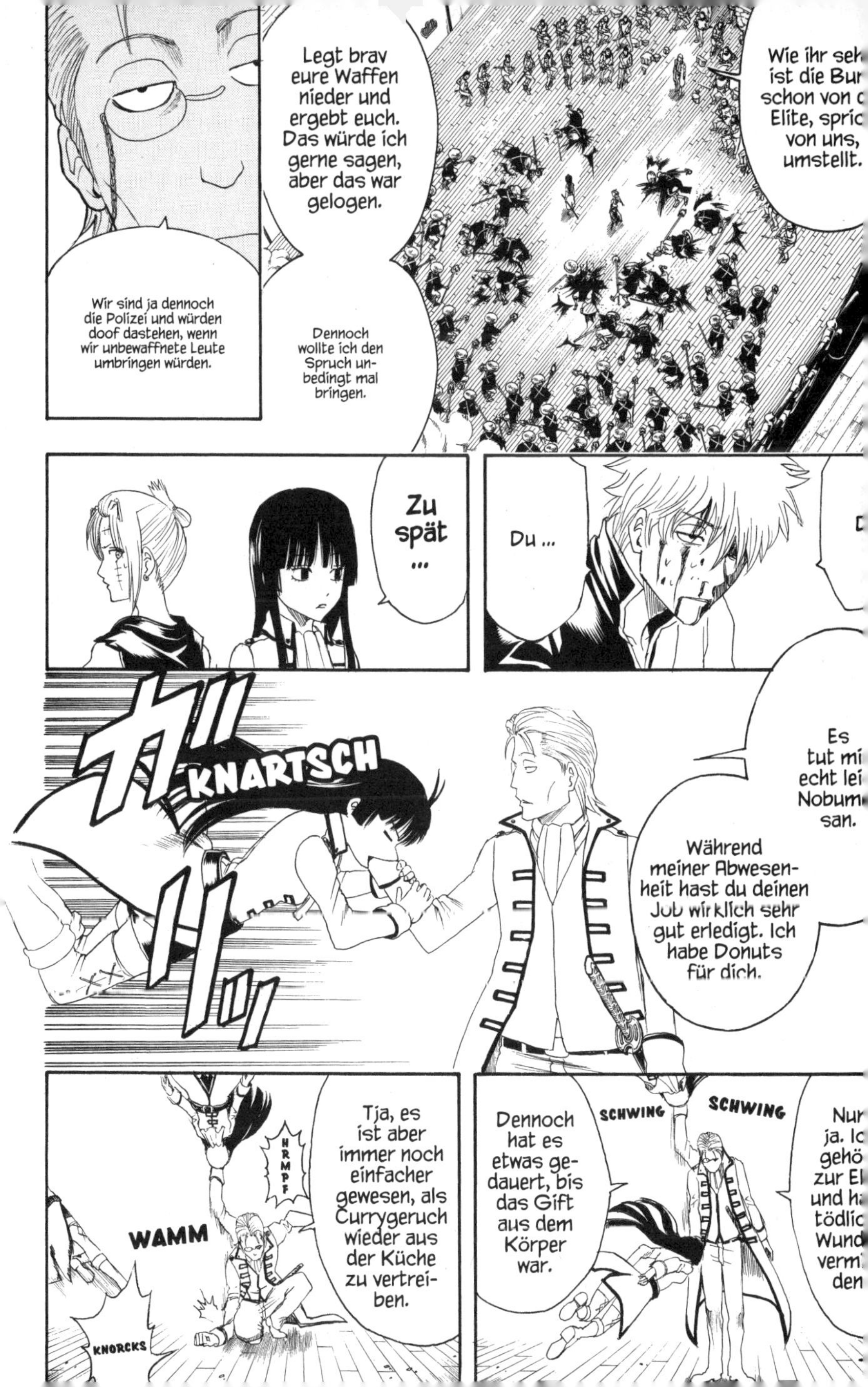
Legt brav eure Waffen nieder und ergebt euch. Das würde ich gerne sagen, aber das war gelogen.
Dennoch wollte ich den Spruch unbedingt mal bringen.
Wir sind ja dennoch die Polizei und würden doof dastehen, wenn wir unbewaffnete Leute umbringen würden.
Du ...
Zu spät ...
Während meiner Abwesenheit hast du deinen Job wirklich sehr gut erledigt. Ich habe Donuts für dich.
KNARTSCH
Dennoch hat es etwas gedauert, bis das Gift aus dem Körper war.
SCHWING
SCHWING
Tja, es ist aber immer noch einfacher gewesen, als Currygeruch wieder aus der Küche zu vertreiben.
HRMPF
WAMM
KNORCKS

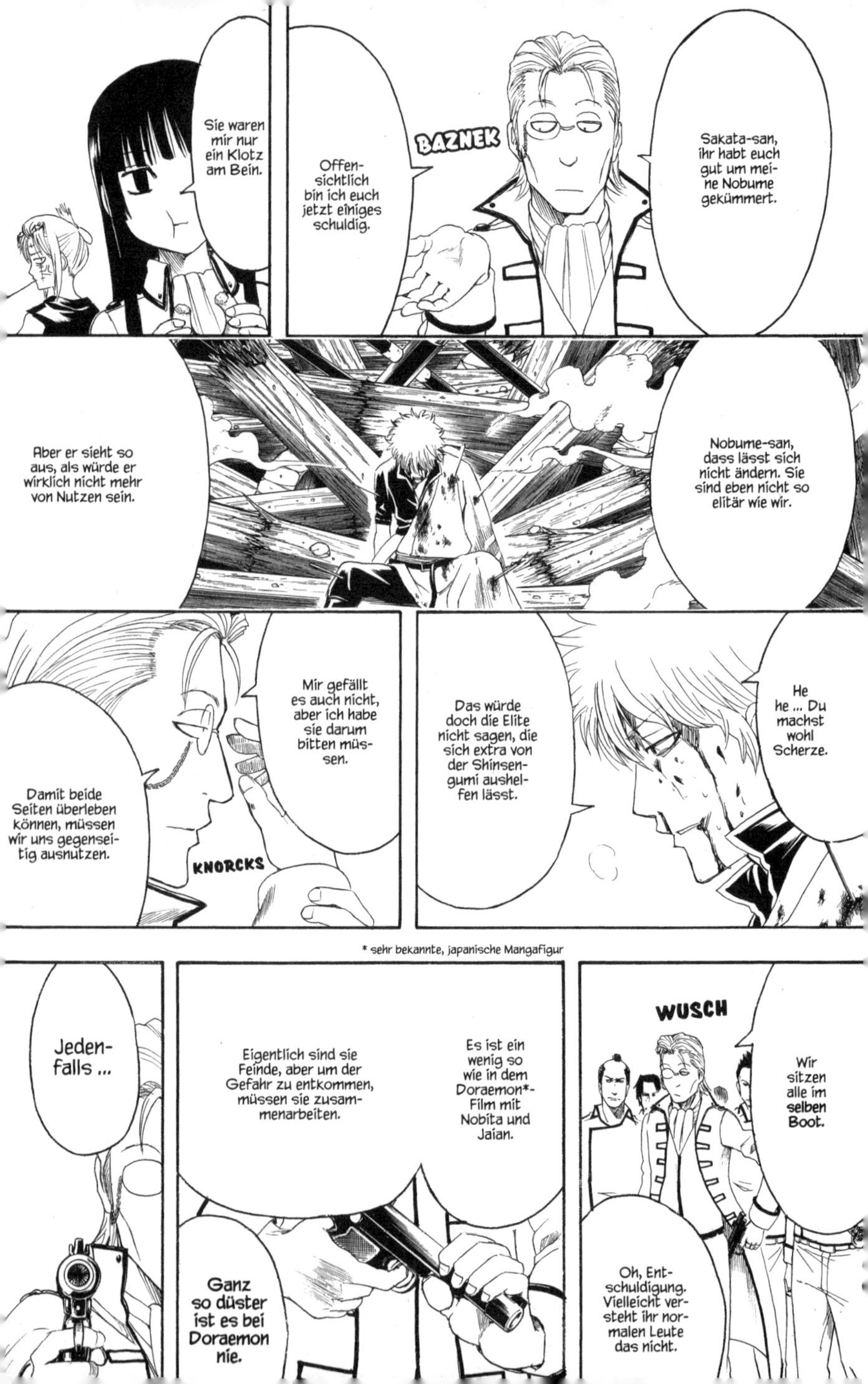

* sehr bekannte, japanische Mangafigur

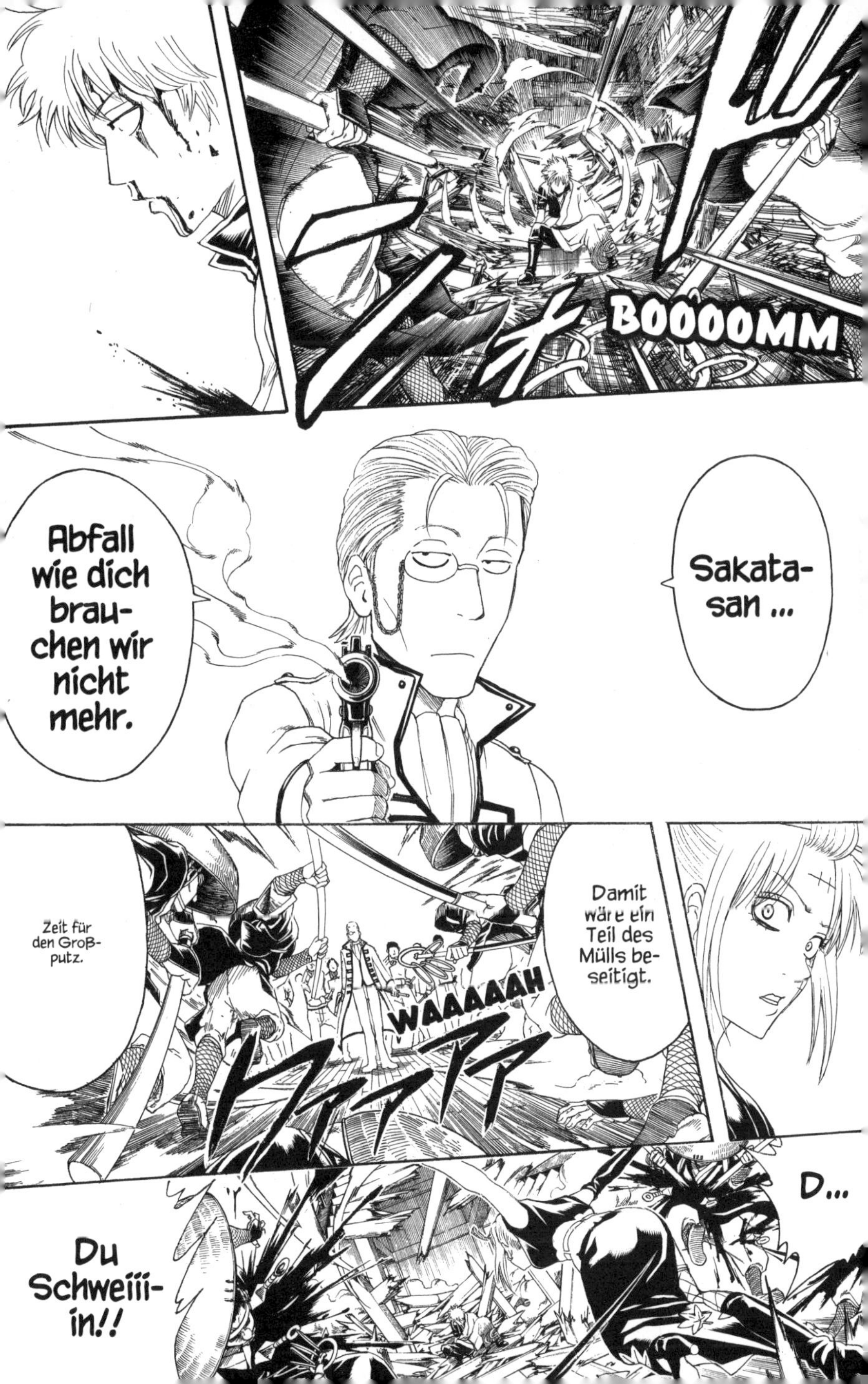
BOOOOMM
Sakata-san ...
Abfall wie dich brau-chen wir nicht mehr.
Damit wäre ein Teil des Mülls be-seitigt.
WAAAAAH
Zeit für den Groß-putz.
D...
Du Schweiii-in!!

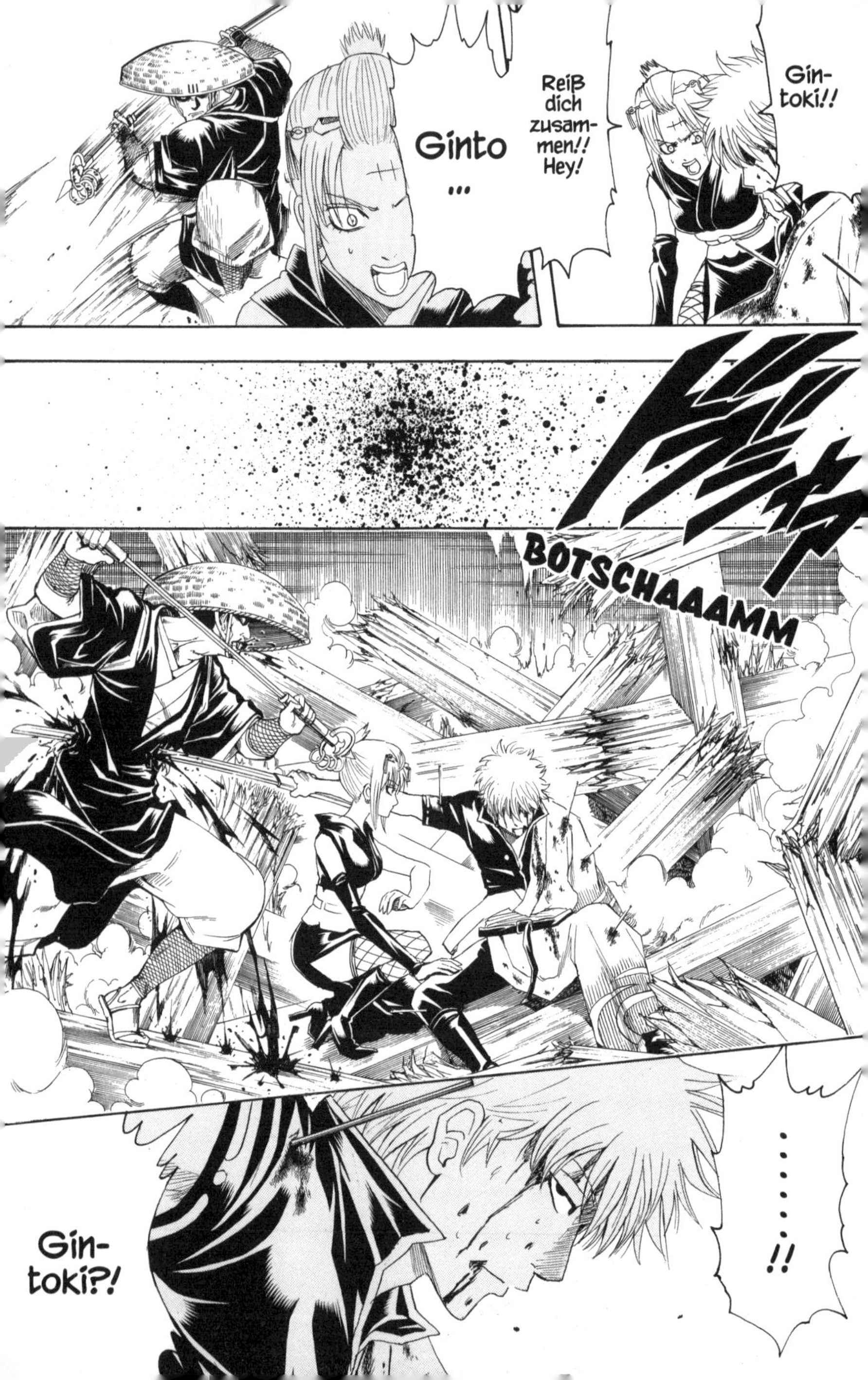

Gin-toki!!
Reiß dich zusammen!! Hey!
Ginto …
BOTSCHAAAAMM
……!!
Gin-toki?!

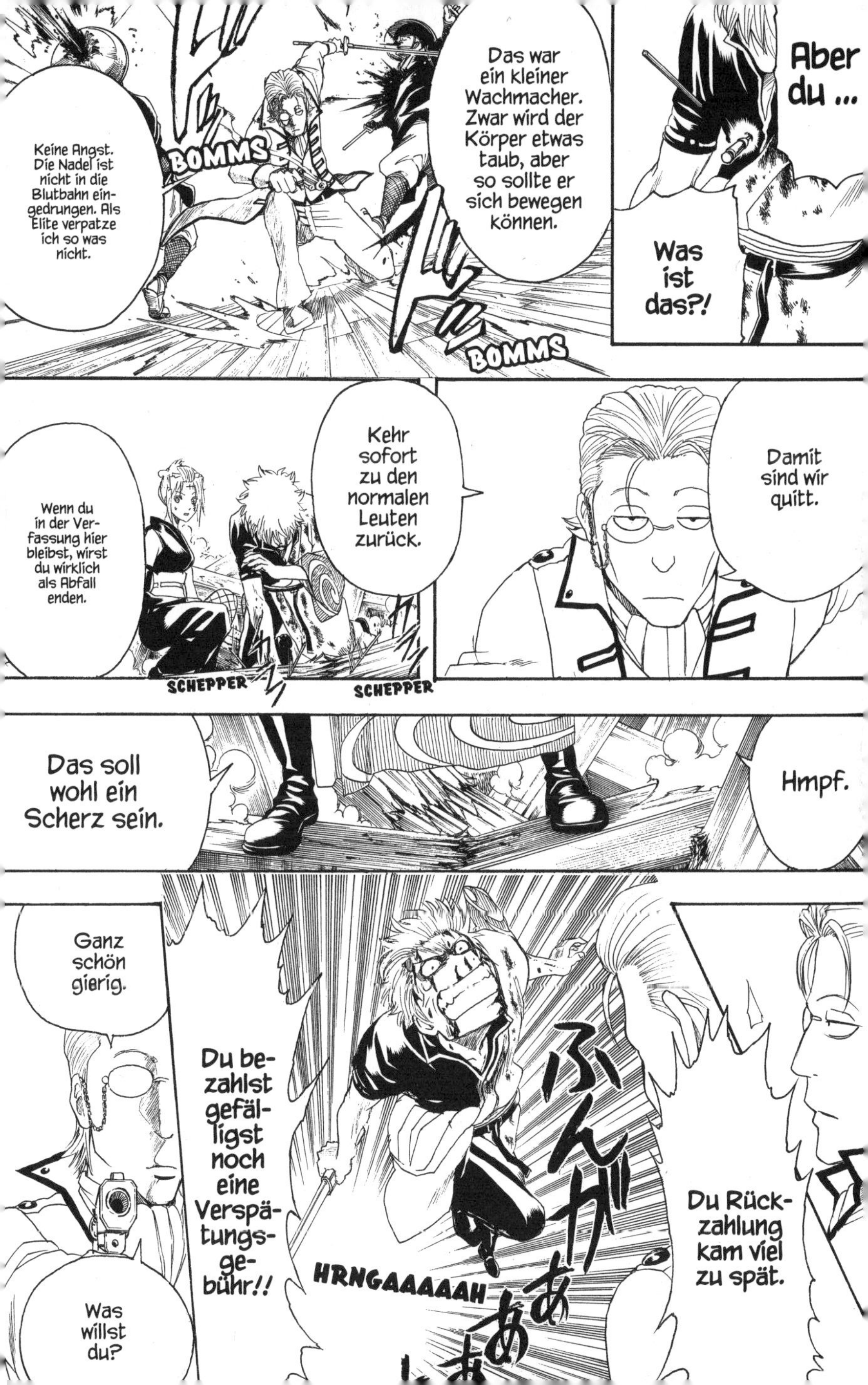
Aber du ...
Was ist das?!
Das war ein kleiner Wachmacher. Zwar wird der Körper etwas taub, aber so sollte er sich bewegen können.
BOMMS
Keine Angst. Die Nadel ist nicht in die Blutbahn eingedrungen. Als Elite verpatze ich so was nicht.
BOMMS
Damit sind wir quitt.
Kehr sofort zu den normalen Leuten zurück.
Wenn du in der Verfassung hier bleibst, wirst du wirklich als Abfall enden.
SCHEPPER
SCHEPPER
Hmpf.
Das soll wohl ein Scherz sein.
Du Rückzahlung kam viel zu spät.
Du bezahlst gefälligst noch eine Verspätungsgebühr!!
ふんがああ
HRNGAAAAAH
Ganz schön gierig.
Was willst du?

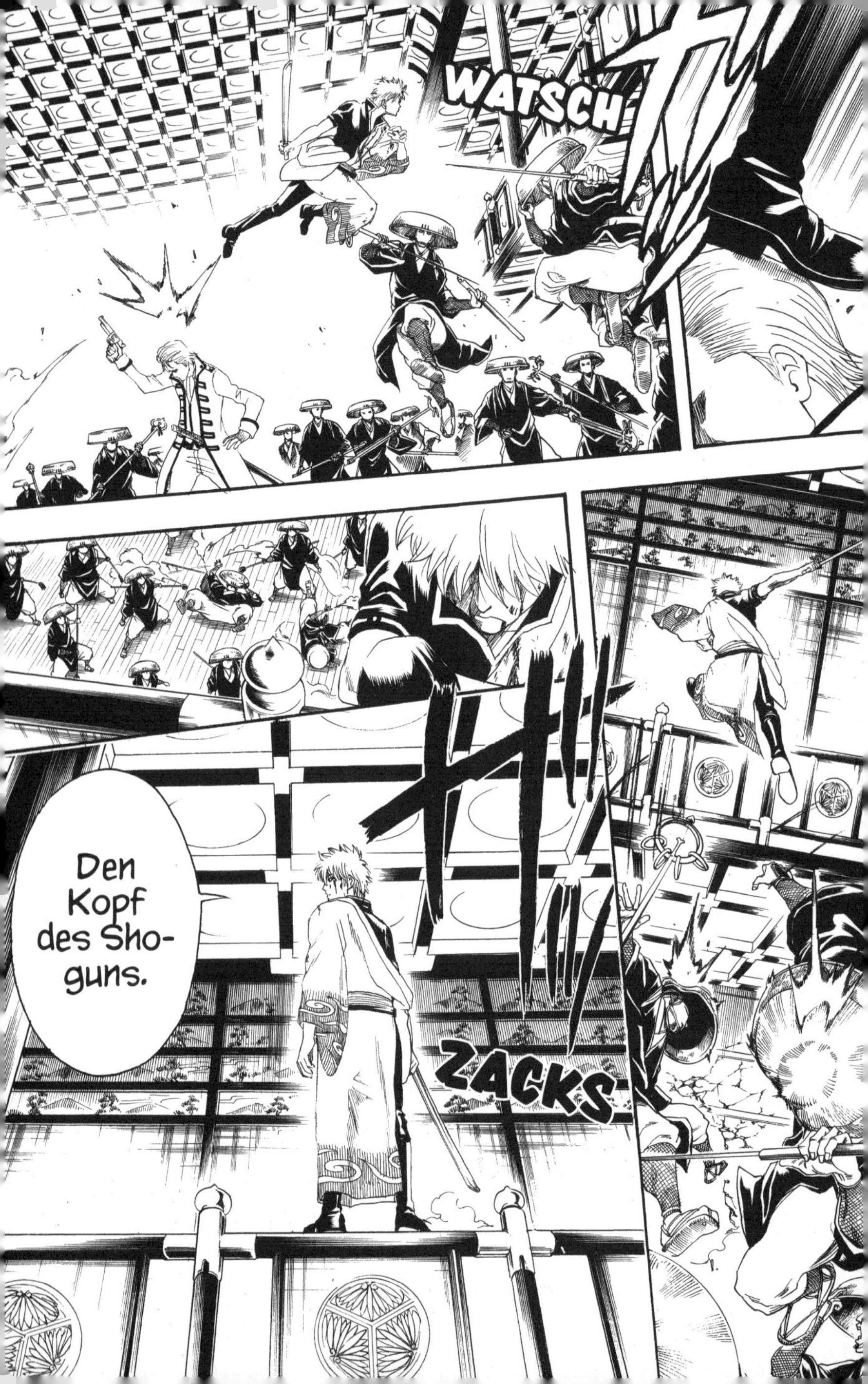
WATSCH
Den Kopf des Sho- guns.
ZACKS

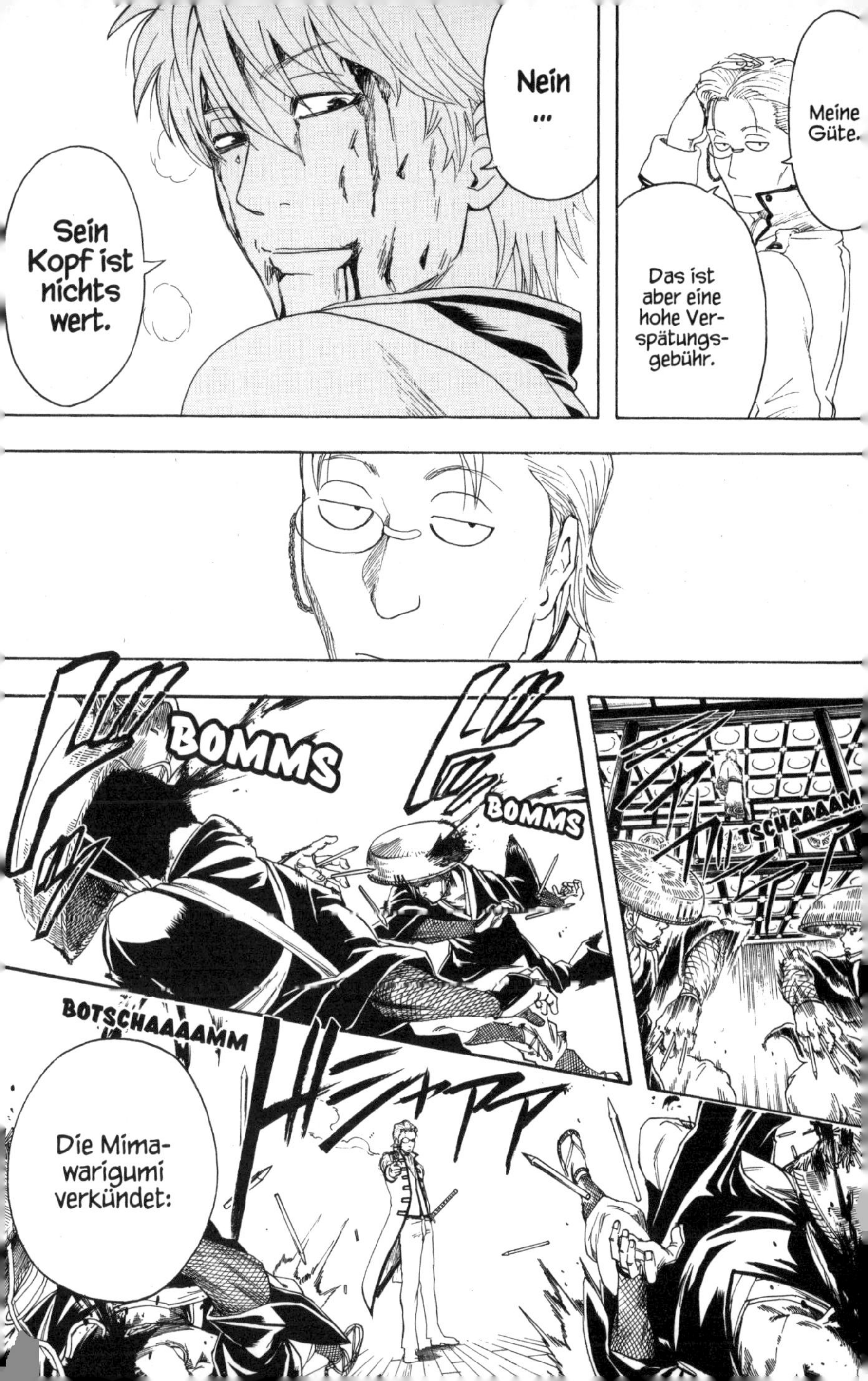
Meine Güte.
Das ist aber eine hohe Verspätungsgebühr.
Nein ...
Sein Kopf ist nichts wert.
TSCHAAAAM
BOMMS
BOMMS
BOTSCHAAAAAMM
Die Mimawarigumi verkündet:

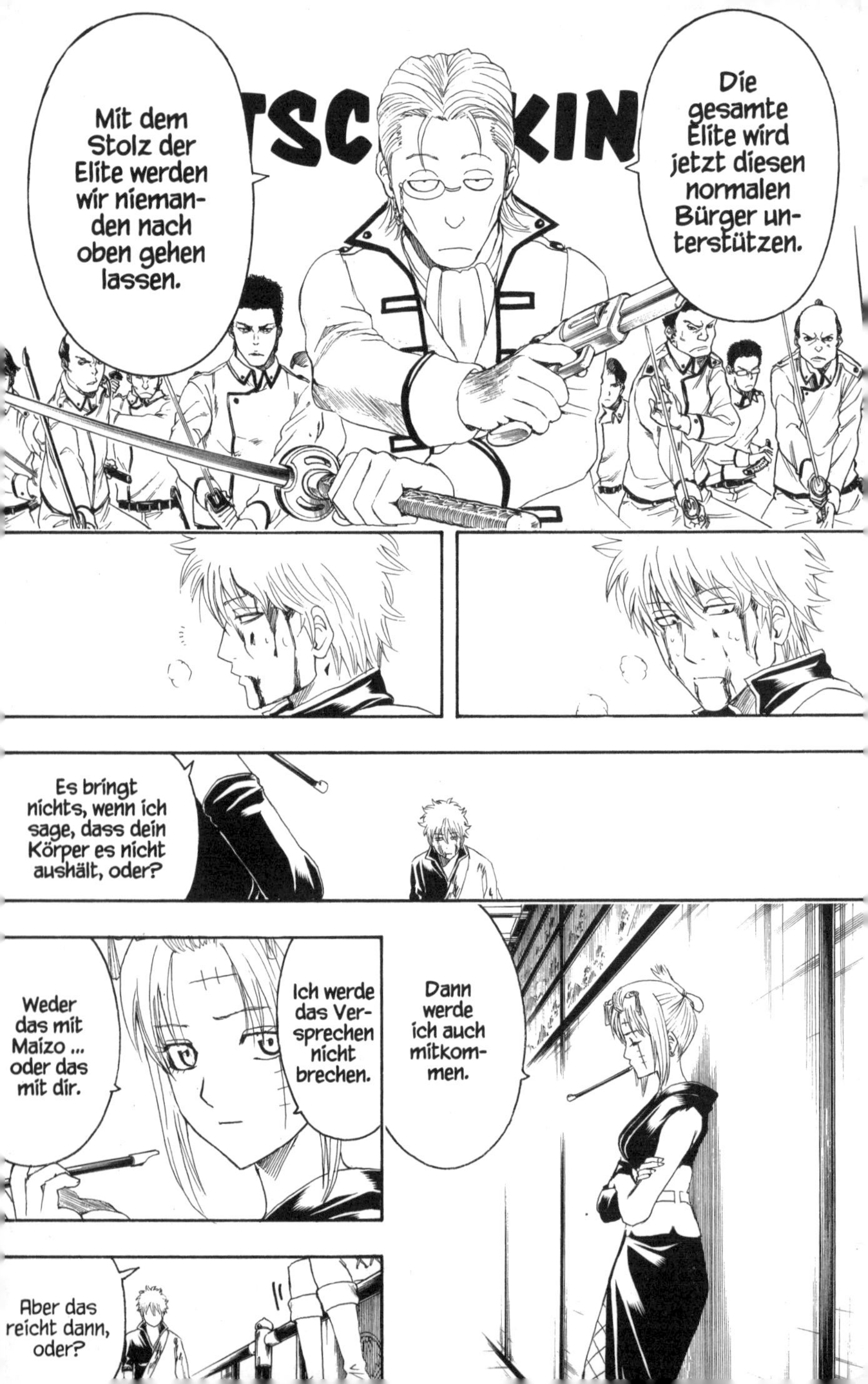
TSC
KIN
Die gesamte Elite wird jetzt diesen normalen Bürger unterstützen.
Mit dem Stolz der Elite werden wir niemanden nach oben gehen lassen.
Es bringt nichts, wenn ich sage, dass dein Körper es nicht aushält, oder?
Dann werde ich auch mitkommen.
Ich werde das Versprechen nicht brechen.
Weder das mit Maizo ... oder das mit dir.
Aber das reicht dann, oder?

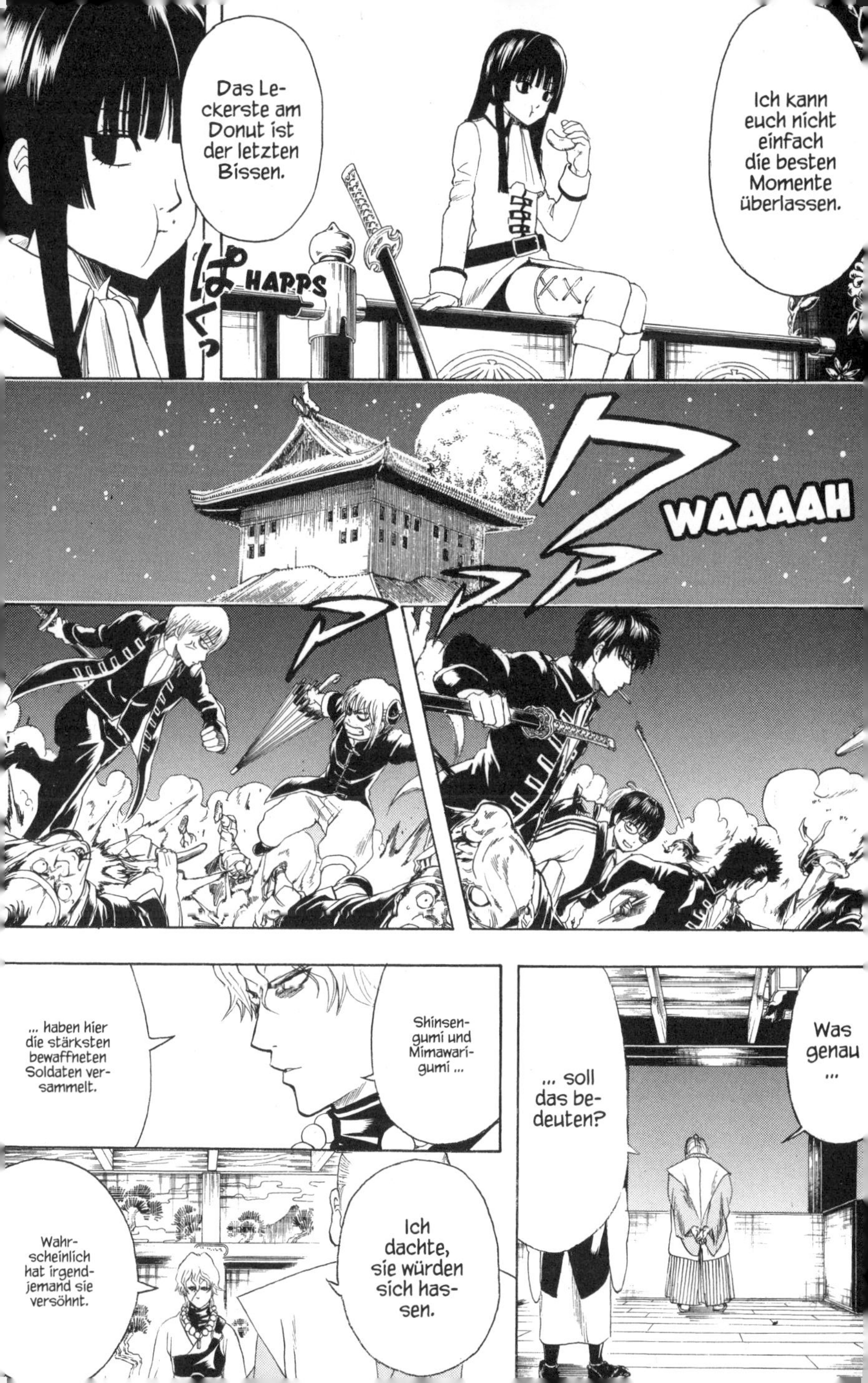

Ich kann euch nicht einfach die besten Momente überlassen.
Das Leckerste am Donut ist der letzten Bissen.
ぱくっ
HAPPS
WAAAAH
Was genau ...
... soll das bedeuten?
Shinsengumi und Mimawarigumi ...
... haben hier die stärksten bewaffneten Soldaten versammelt.
Ich dachte, sie würden sich hassen.
Wahrscheinlich hat irgendjemand sie versöhnt.

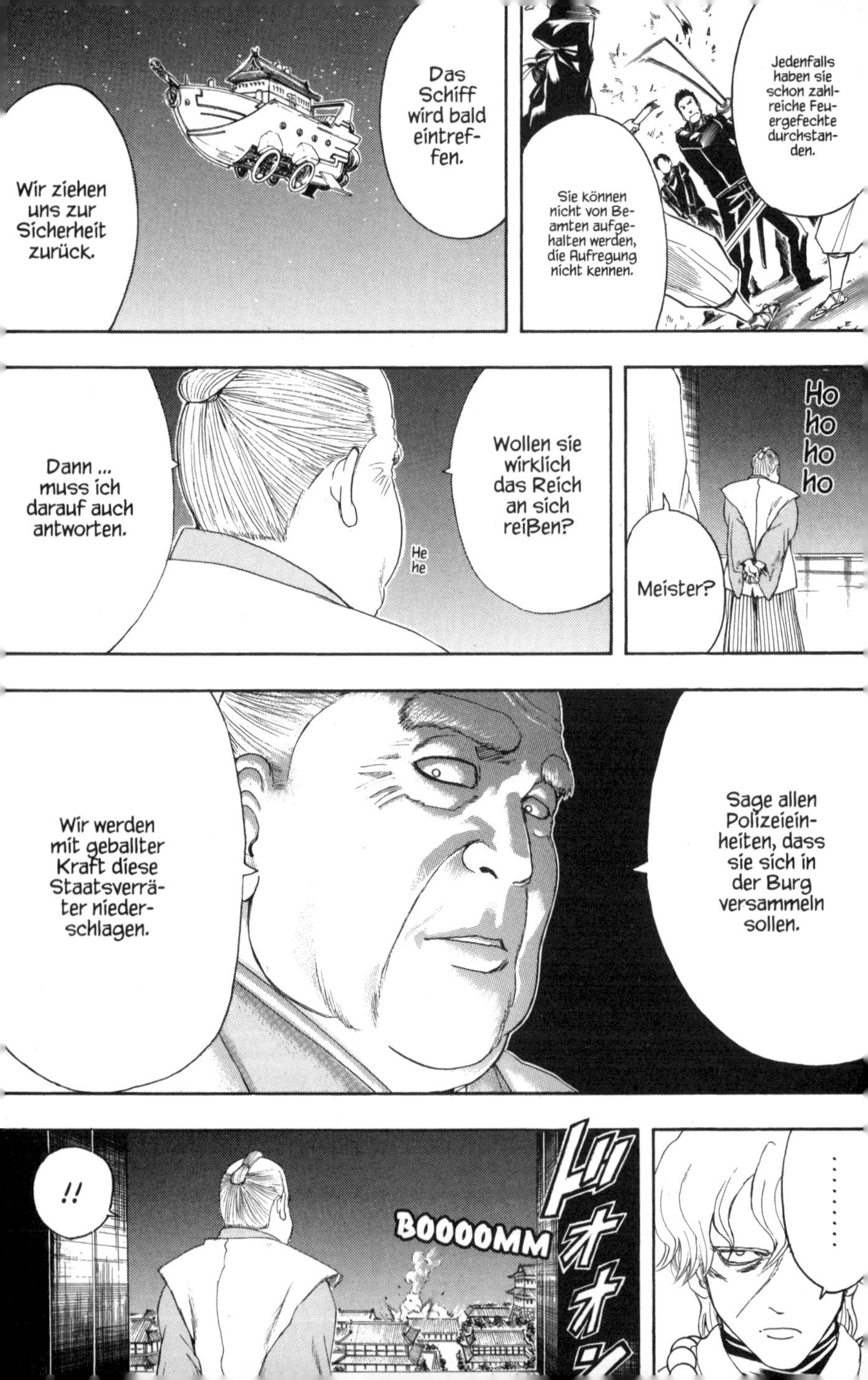
Jedenfalls haben sie schon zahlreiche Feuergefechte durchstanden.
Sie können nicht von Beamten aufgehalten werden, die Aufregung nicht kennen.
Das Schiff wird bald eintreffen.
Wir ziehen uns zur Sicherheit zurück.
Ho ho ho ho
Meister?
Wollen sie wirklich das Reich an sich reißen?
He he
Dann ... muss ich darauf auch antworten.
Sage allen Polizeieinheiten, dass sie sich in der Burg versammeln sollen.
Wir werden mit geballter Kraft diese Staatsverräter niederschlagen.
……
BOOOOMM
!!

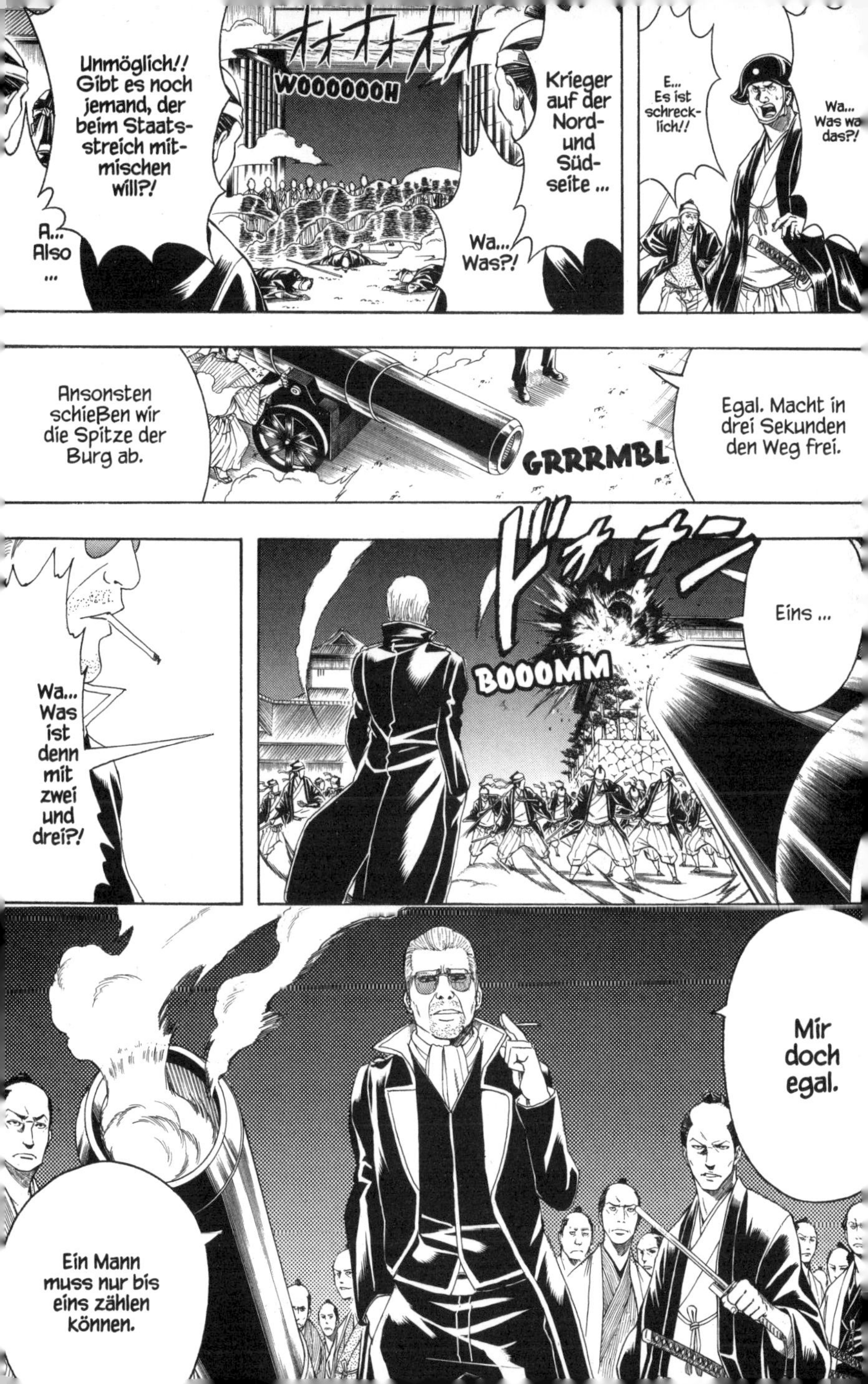
Wa... Was wa das?!
E... Es ist schrecklich!!
Krieger auf der Nord- und Südseite ...
Wa... Was?!
WOOOOOOH
Unmöglich!! Gibt es noch jemand, der beim Staatsstreich mitmischen will?!
A... Also ...
Egal. Macht in drei Sekunden den Weg frei.
GRRRMBL
Ansonsten schießen wir die Spitze der Burg ab.
Eins ...
BOOOMM
Wa... Was ist denn mit zwei und drei?!
Mir doch egal.
Ein Mann muss nur bis eins zählen können.

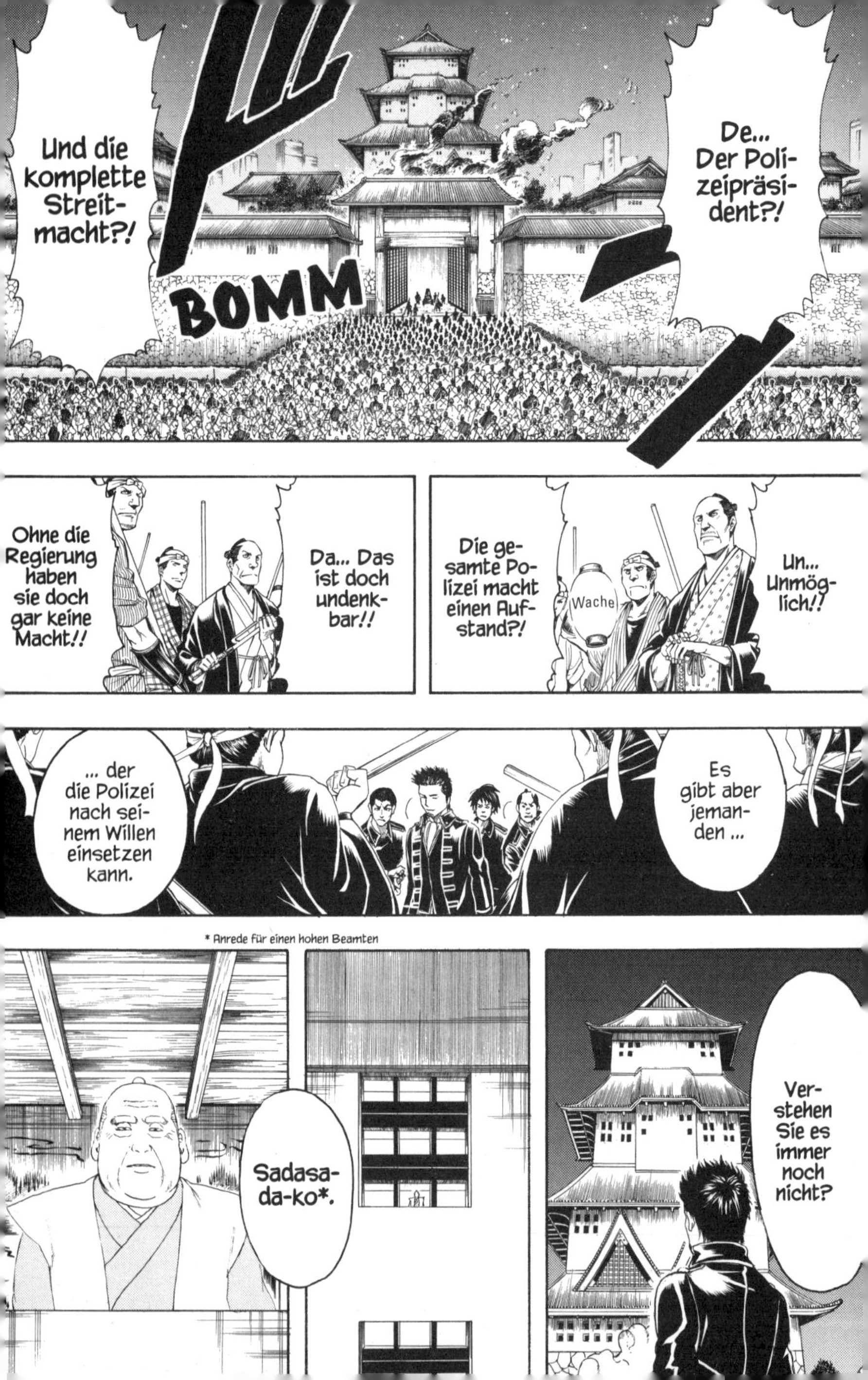

* Anrede für einen hohen Beamten

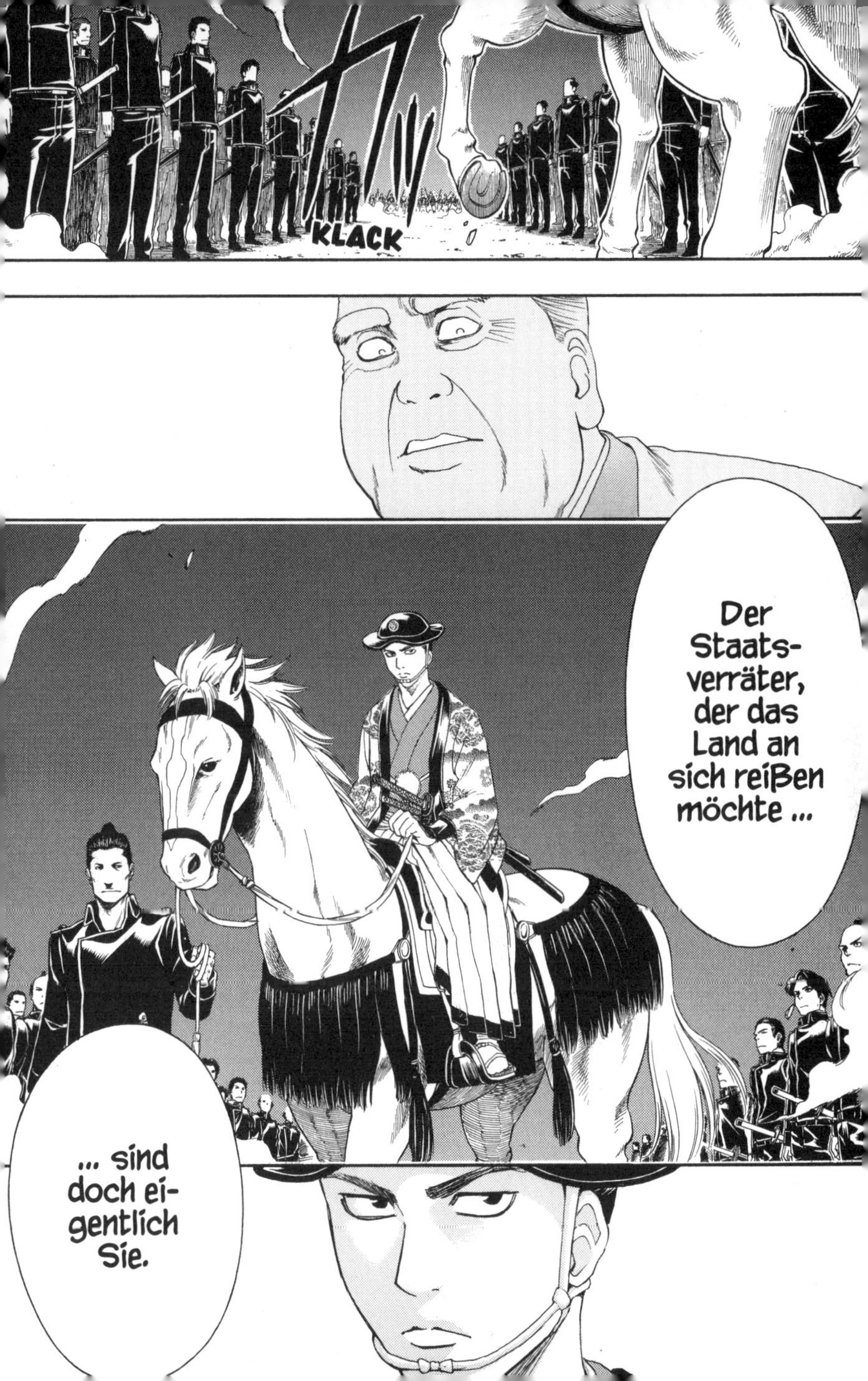
KLACK
Der Staatsverräter, der das Land an sich reißen möchte ...
... sind doch eigentlich Sie.

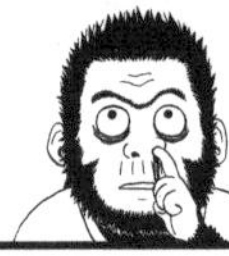

Sorachi auf Leser-Tuchfühlung Fragen-Corner 127

(Frage von Joi-Samurai aus Saitama)

Herr Sorachi, guten Tag. Ich komme gleich zum Thema. Als ich in der siebten Klasse war, bin ich mit einem Freund zur Schule gegangen, aber er hatte auf dem Weg plötzlich Bauchschmerzen und wollte zwischendurch kurz in einem Convenience Store auf Klo gehen. Aber ich meinte: »Die Schule ist doch gleich dort und auf dem Weg zur Schule dürfen wir eigentlich nicht in Convenience Stores gehen ... Halte doch noch kurz durch.« Er sagte: »Es geht auch schon wieder etwas.« Dann rannten wir los zur Schule, aber plötzlich blieb er mit kreideweißem Gesicht stehen. Ich fragte: »Ist es schlimm?« Er antwortete: »Schon gut. Es ist schon draußen.« Seitdem habe ich mir immer Vorwürfe gemacht, dass ich ihn aufgehalten habe, in den Laden zu gehen. Was soll ich jetzt machen, um mein Gewissen zu erleichtern?

(Antwort)

Darum muss man sich keine Gedanken machen. Jeder Erwachsene trägt doch solche Sorgen mit sich. Ich war auch mit einem Freund auf dem Heimweg von der Schule unterwegs, der dann meinte, dass er sich schon erleichtert hätte. Aber da ich auf dem Land aufgewachsen bin, gibt es dort nicht so viele Convenience Stores. Also war er irgendwann allein im Dickicht verschwunden. Nach einer Weile kam er wieder, aber hatte keine Socken mehr. Weil er oft eine Baseball-Pose eingenommen hatte, nannten wir ihn ab diesem Moment häufig Socks. Er hat diesen Umstand also am Ende für sein eigenes Wohl ausgenutzt. In der High-School war er deswegen auch ziemlich beliebt. Jeder tritt doch mal ins eine oder andere Fettnäpfchen. Jeder macht sich doch ein- oder zweimal in die Hose. Wichtig ist nur, wie man danach aufstehen und weitermachen kann. Wichtig ist, wie man sich danach den dreckigen Hintern abwischt. Du hättest ihn also aufgrund dieses Ereignisses nicht belächeln sollen, sondern ihm deine Socken anbieten müssen, damit er sich damit den Hintern abwischen kann. Deine Strümpfe wären für ihn nicht nur Toilettenpapier, sondern auch ein Grund, dass er dir ewig dankbar sein würde. So könnte er danach eine reine Jugend verleben. Selbst wenn ihr einen kotbefleckten Weg gegangen seid, könnt ihr später herzhaft darüber lachen. Zumindest hoffe ich das. Aber ich bin auch nur ein kotverschmierter alter Sack.

(128 auf Seite 124)

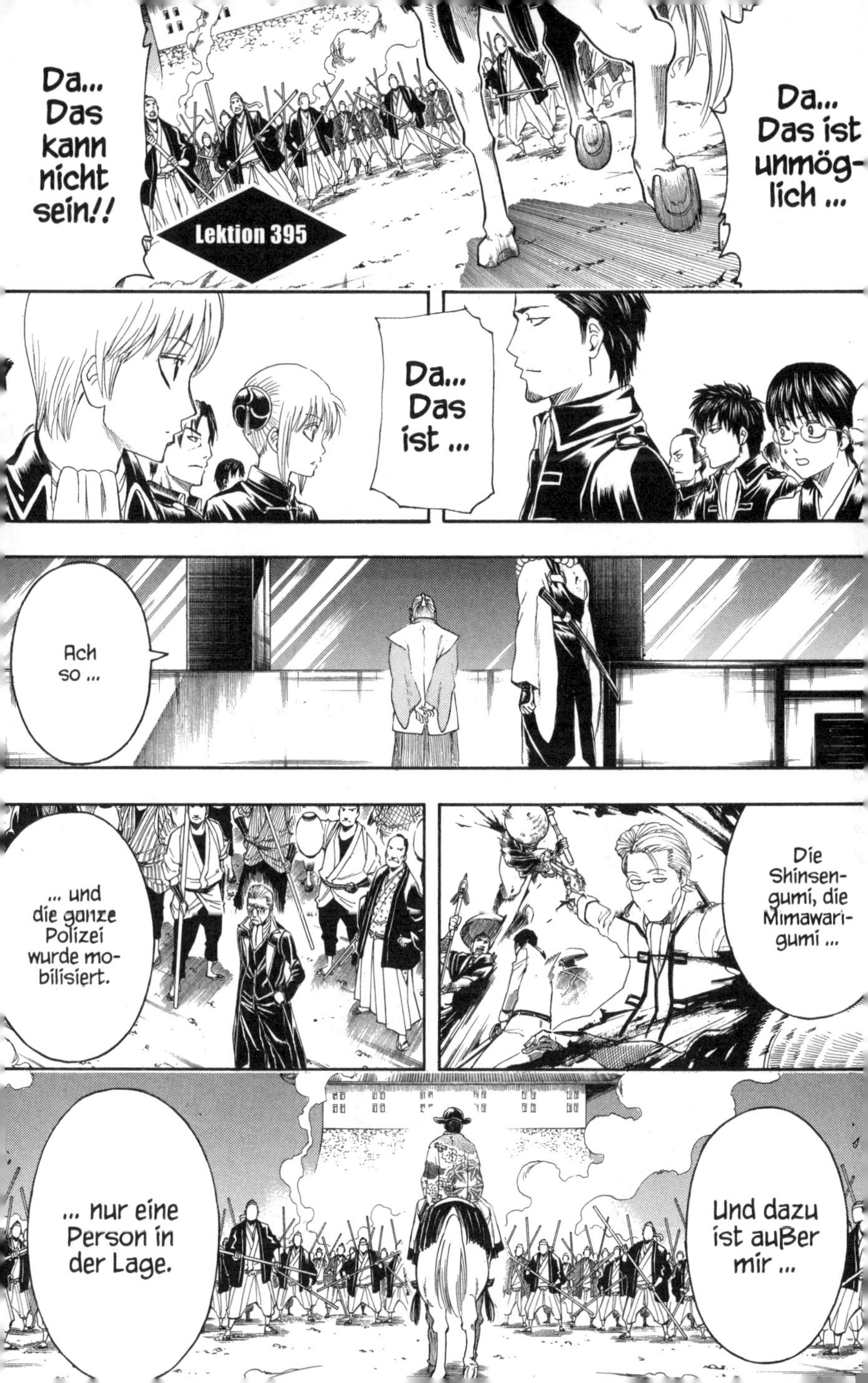

Da... Das ist unmöglich ...
Da... Das kann nicht sein!!
Lektion 395
Da... Das ist ...
Ach so ...
Die Shinsengumi, die Mimawarigumi ...
... und die ganze Polizei wurde mobilisiert.
Und dazu ist außer mir ...
... nur eine Person in der Lage.

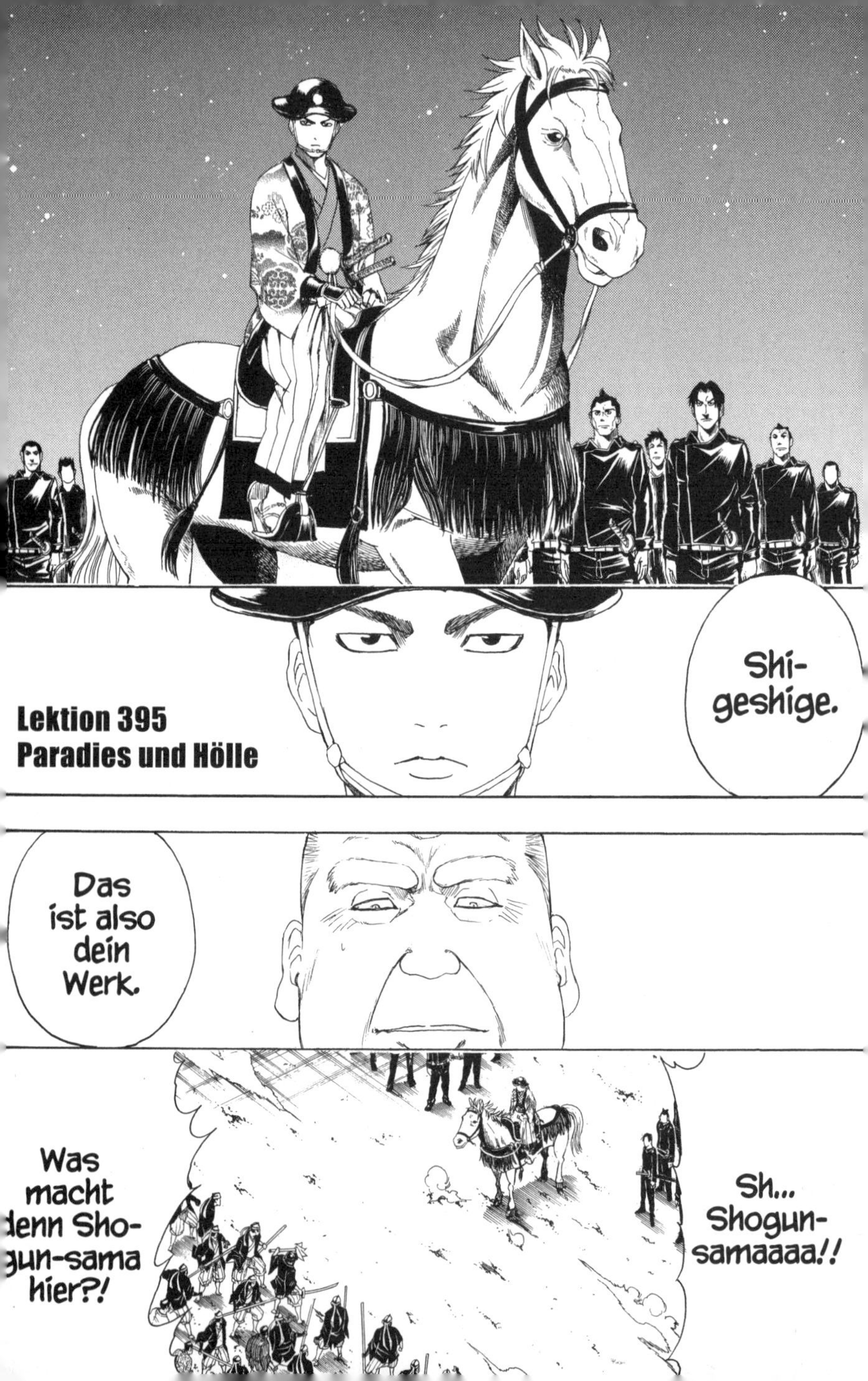
Shi-
geshige.
Lektion 395
Paradies und Hölle
Das
ist also
dein
Werk.
Sh...
Shogun-
samaaaa!!
Was
macht
denn Sho-
gun-sama
hier?!

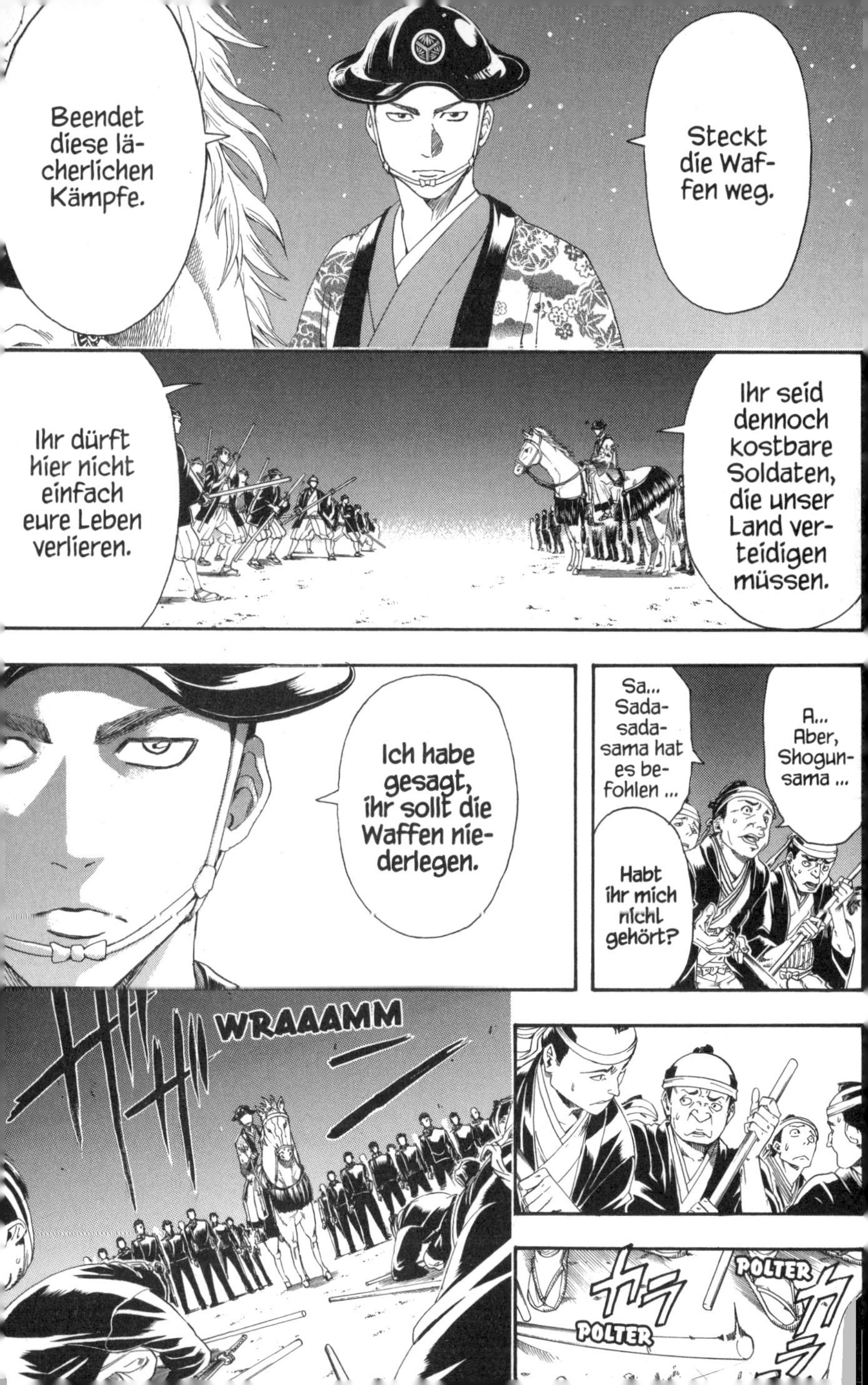

Steckt die Waffen weg.
Beendet diese lächerlichen Kämpfe.
Ihr seid dennoch kostbare Soldaten, die unser Land verteidigen müssen.
Ihr dürft hier nicht einfach eure Leben verlieren.
Ich habe gesagt, ihr sollt die Waffen niederlegen.
A... Aber, Shogun-sama ...
Sa... Sada-sada-sama hat es befohlen ...
Habt ihr mich nicht gehört?
WRAAAMM
POLTER
POLTER

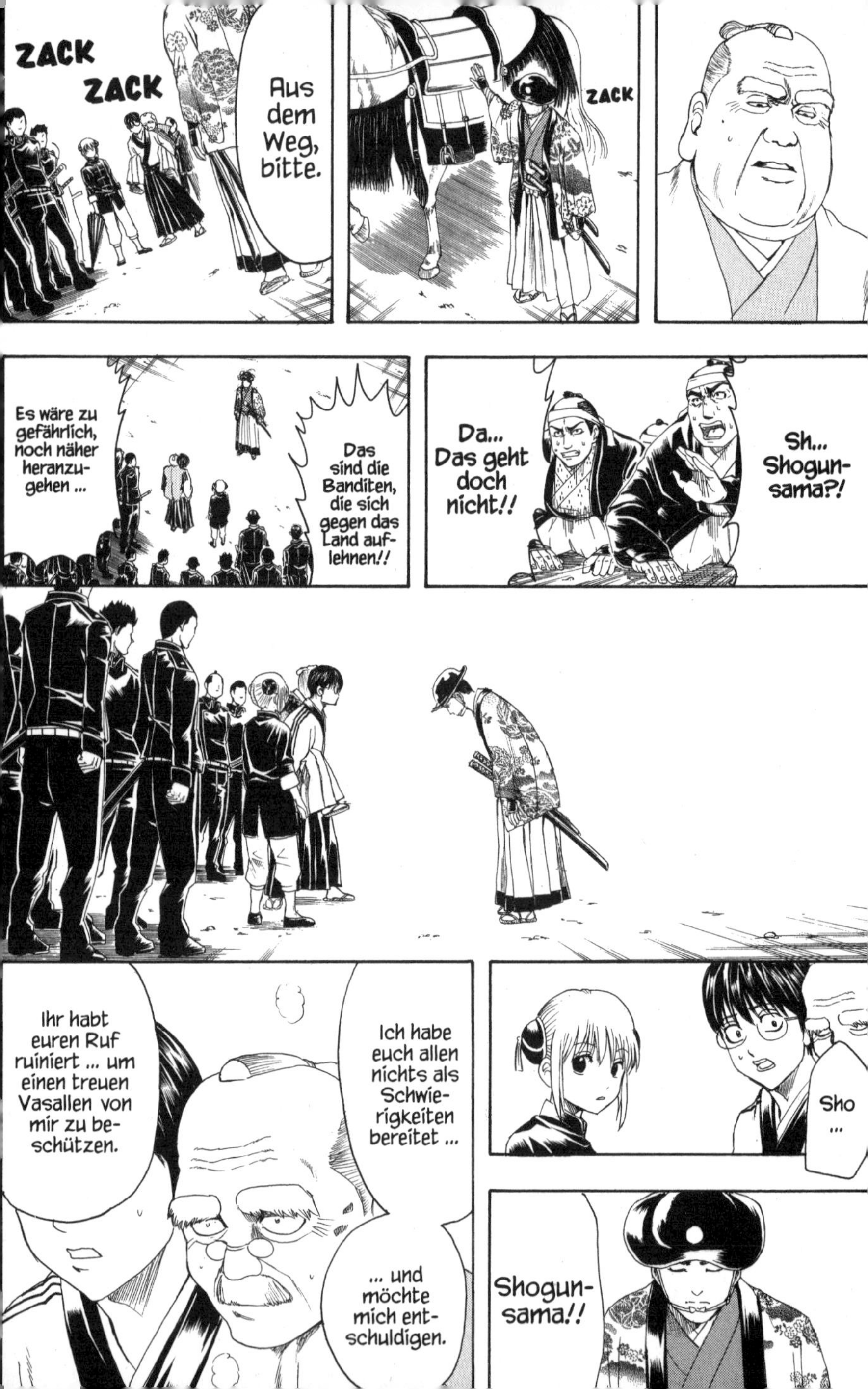
ZACK
ZACK
ZACK
Aus dem Weg, bitte.
Sh... Shogun-sama?!
Da... Das geht doch nicht!!
Das sind die Banditen, die sich gegen das Land auflehnen!!
Es wäre zu gefährlich, noch näher heranzugehen ...
Sho ...
Shogun-sama!!
Ich habe euch allen nichts als Schwierigkeiten bereitet ...
Ihr habt euren Ruf ruiniert ... um einen treuen Vasallen von mir zu beschützen.
... und möchte mich entschuldigen.

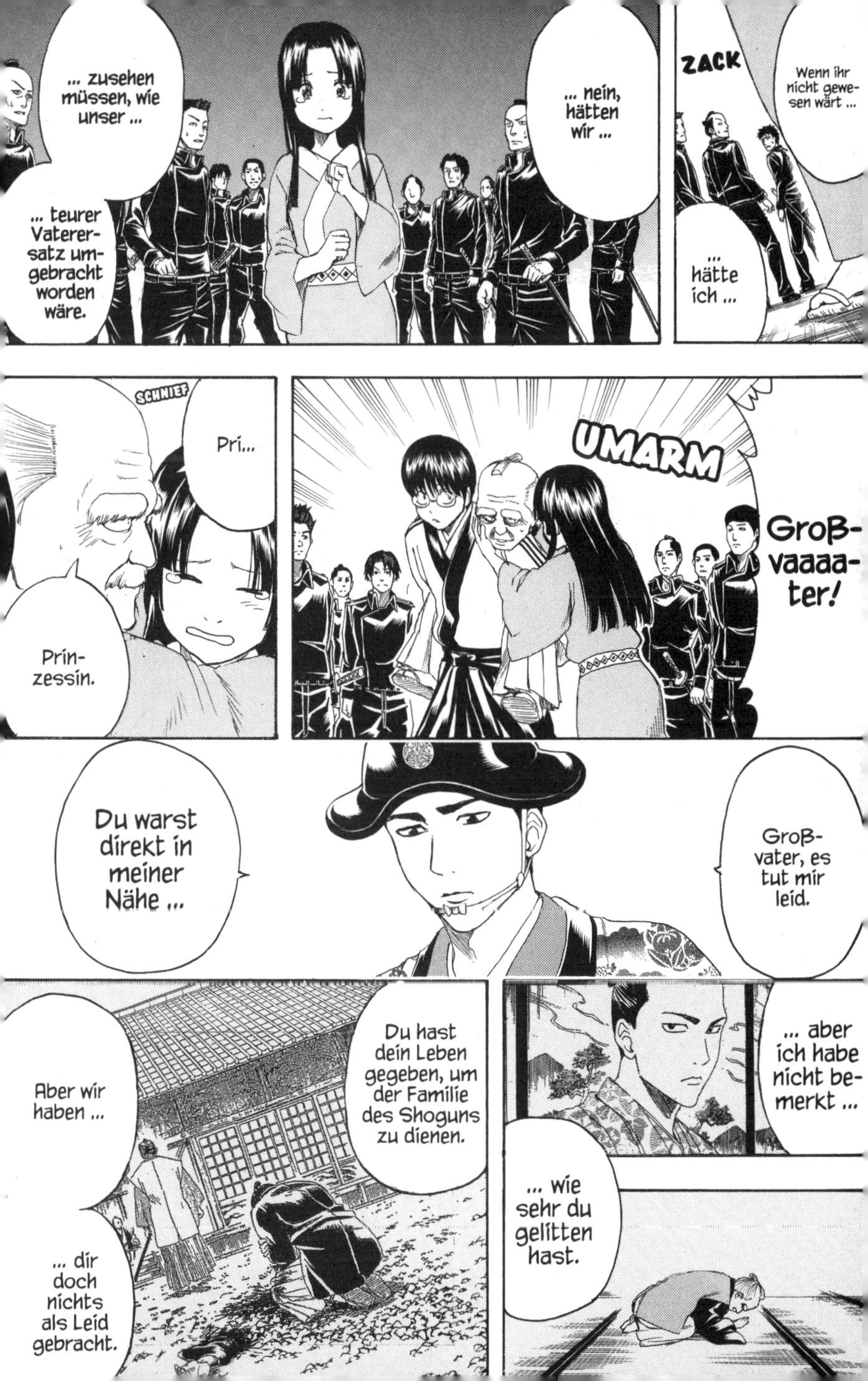

ZACK
Wenn ihr nicht gewesen wärt ...
... hätte ich ...
... nein, hätten wir ...
... zusehen müssen, wie unser ...
... teurer Vaterersatz umgebracht worden wäre.
UMARM
Großvaaaater!
SCHNIEF
Pri...
Prinzessin.
Großvater, es tut mir leid.
Du warst direkt in meiner Nähe ...
... aber ich habe nicht bemerkt ...
... wie sehr du gelitten hast.
Du hast dein Leben gegeben, um der Familie des Shoguns zu dienen.
Aber wir haben ...
... dir doch nichts als Leid gebracht.

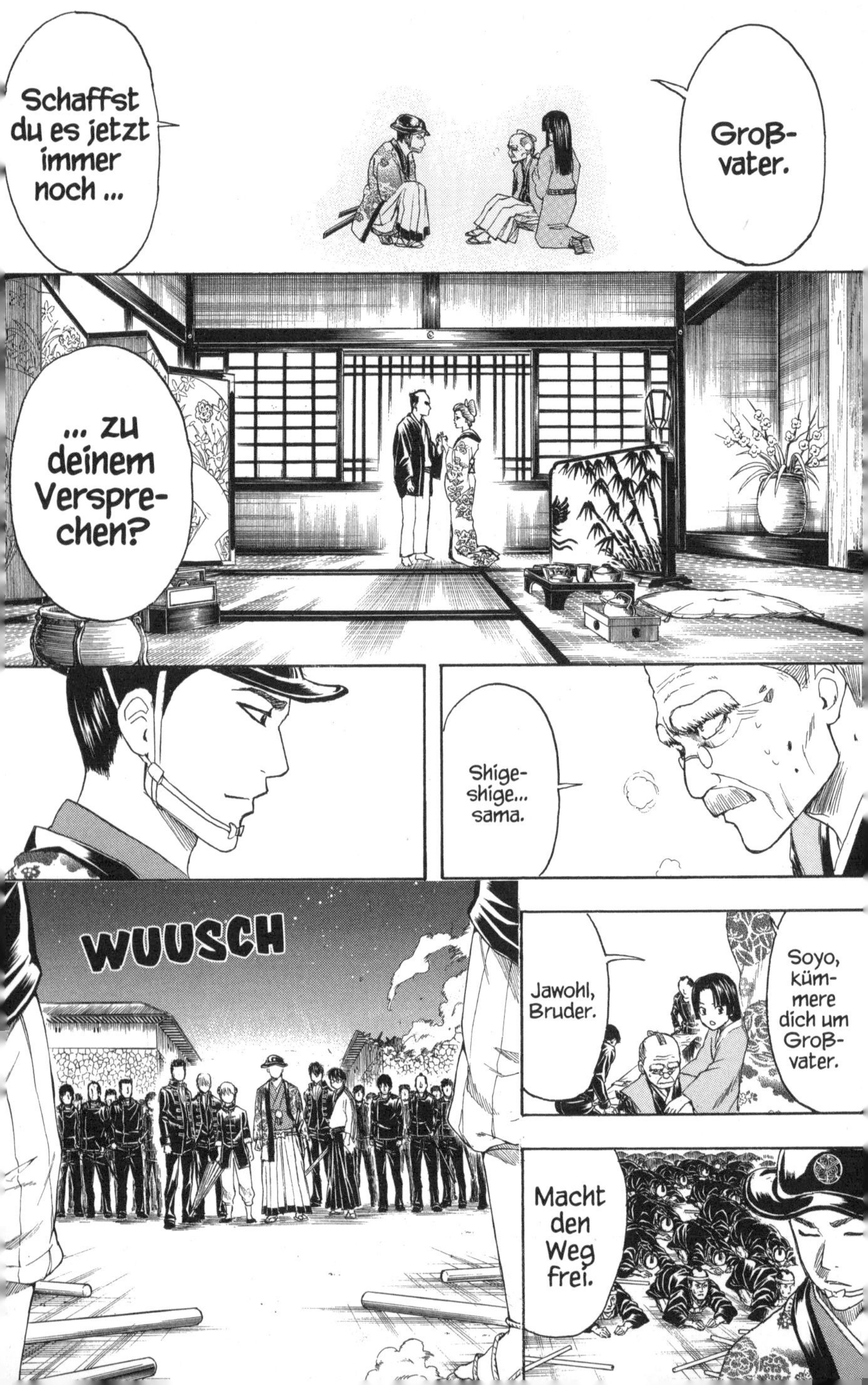
Großvater.
Schaffst du es jetzt immer noch ...
... zu deinem Versprechen?
Shigeshige... sama.
WUUSCH
Soyo, kümmere dich um Großvater.
Jawohl, Bruder.
Macht den Weg frei.

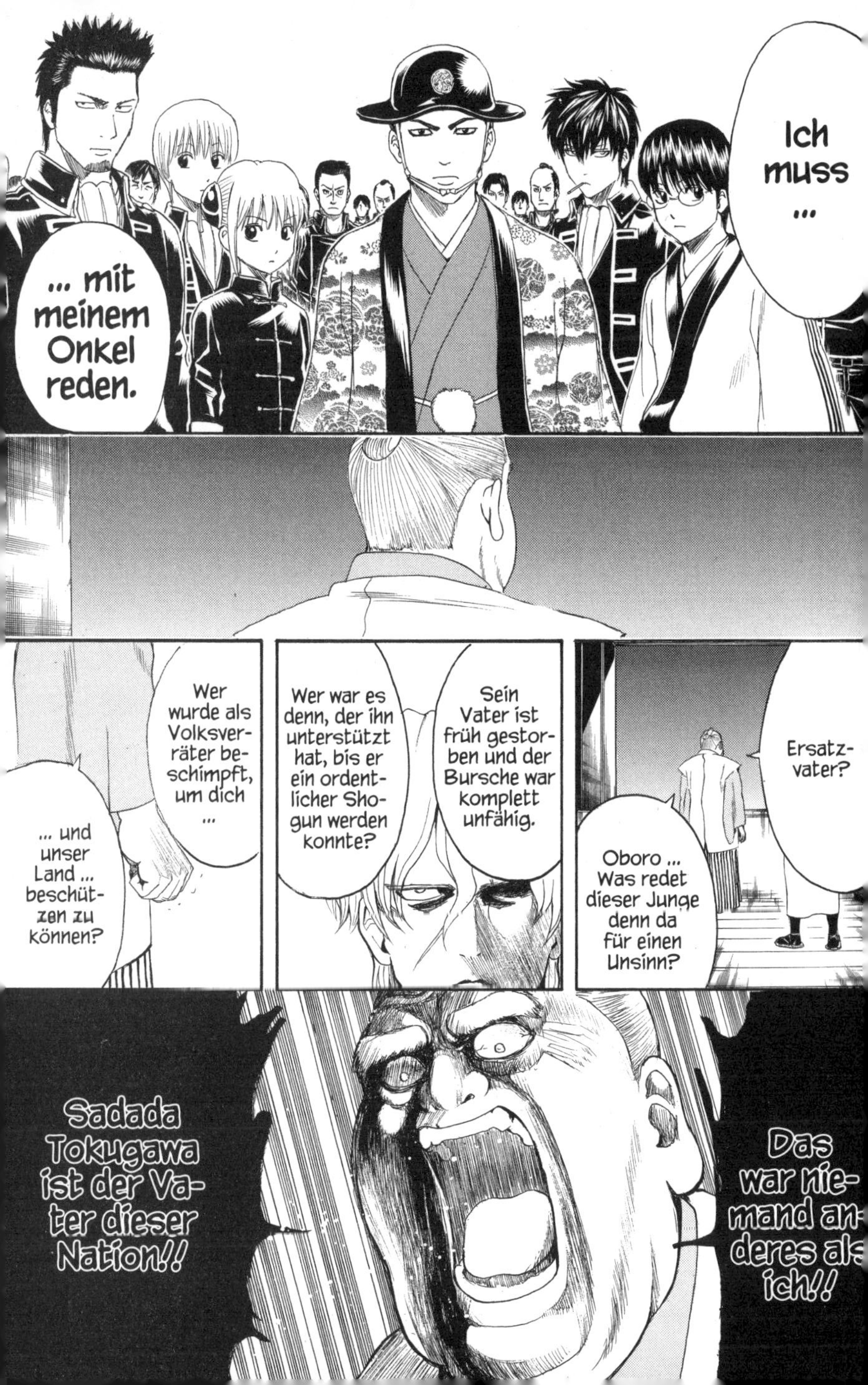
Ich muss ...
... mit meinem Onkel reden.
Ersatzvater?
Oboro ... Was redet dieser Junge denn da für einen Unsinn?
Sein Vater ist früh gestorben und der Bursche war komplett unfähig.
Wer war es denn, der ihn unterstützt hat, bis er ein ordentlicher Shogun werden konnte?
Wer wurde als Volksverräter beschimpft, um dich ...
... und unser Land ... beschützen zu können?
Das war niemand anderes als ich!!
Sadada Tokugawa ist der Vater dieser Nation!!

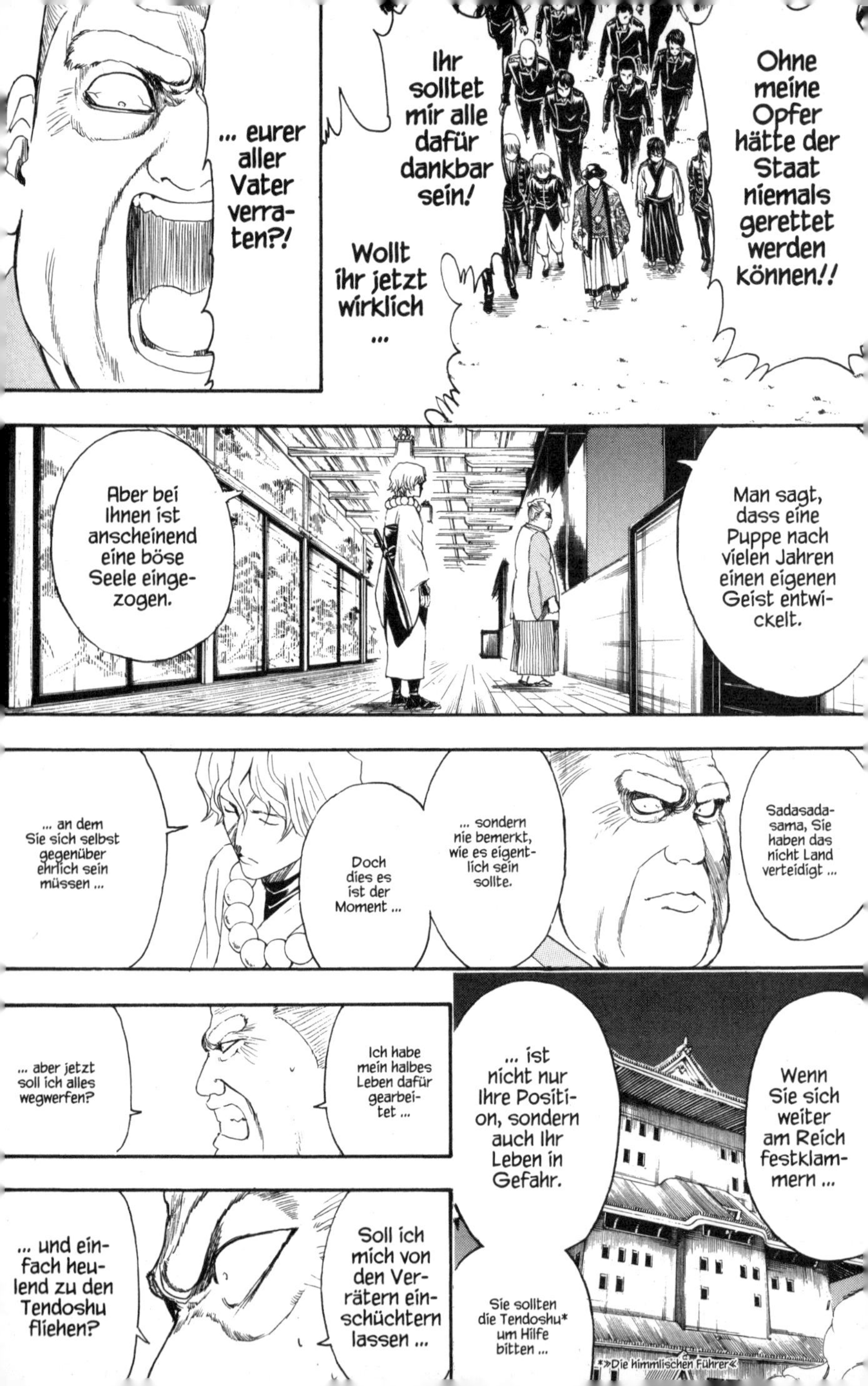

Ohne meine Opfer hätte der Staat niemals gerettet werden können!!
Ihr solltet mir alle dafür dankbar sein!
Wollt ihr jetzt wirklich ...
... eurer aller Vater verraten?!
Man sagt, dass eine Puppe nach vielen Jahren einen eigenen Geist entwickelt.
Aber bei Ihnen ist anscheinend eine böse Seele eingezogen.
Sadasada-sama, Sie haben das nicht Land verteidigt ...
... sondern nie bemerkt, wie es eigentlich sein sollte.
Doch dies es ist der Moment ...
... an dem Sie sich selbst gegenüber ehrlich sein müssen ...
Wenn Sie sich weiter am Reich festklammern ...
... ist nicht nur Ihre Position, sondern auch Ihr Leben in Gefahr.
Sie sollten die Tendoshu* um Hilfe bitten ...
*»Die himmlischen Führer«
Ich habe mein halbes Leben dafür gearbeitet ...
... aber jetzt soll ich alles wegwerfen?
Soll ich mich von den Verrätern einschüchtern lassen ...
... und einfach heulend zu den Tendoshu fliehen?

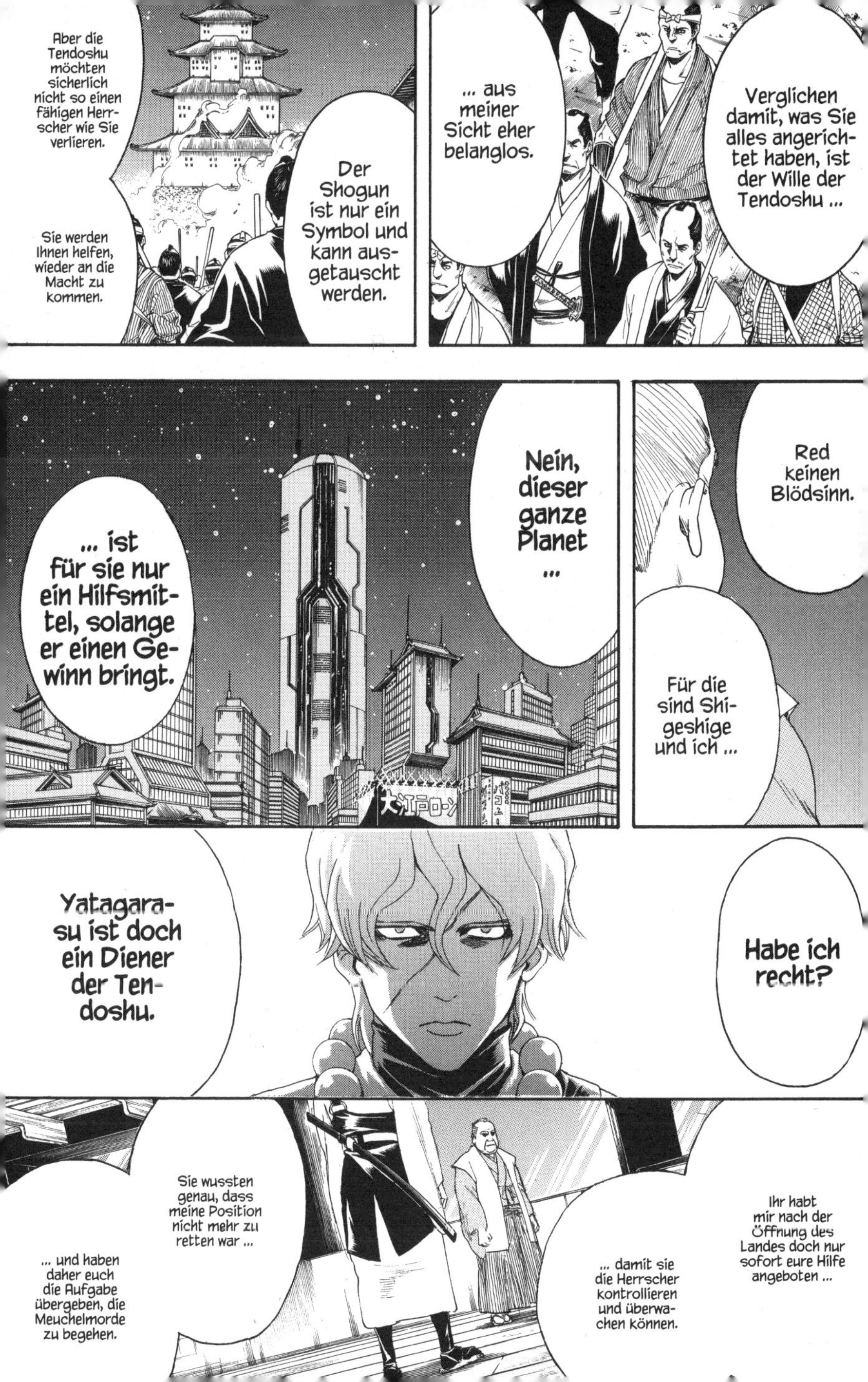

Verglichen damit, was Sie alles angerichtet haben, ist der Wille der Tendoshu ...
... aus meiner Sicht eher belanglos.
Der Shogun ist nur ein Symbol und kann ausgetauscht werden.
Aber die Tendoshu möchten sicherlich nicht so einen fähigen Herrscher wie Sie verlieren.
Sie werden Ihnen helfen, wieder an die Macht zu kommen.
Red keinen Blödsinn.
Für die sind Shigeshige und ich ...
Nein, dieser ganze Planet ...
... ist für sie nur ein Hilfsmittel, solange er einen Gewinn bringt.
大江戸ローン
Habe ich recht?
Yatagarasu ist doch ein Diener der Tendoshu.
Ihr habt mir nach der Öffnung des Landes doch nur sofort eure Hilfe angeboten ...
... damit sie die Herrscher kontrollieren und überwachen können.
Sie wussten genau, dass meine Position nicht mehr zu retten war ...
... und haben daher euch die Aufgabe übergeben, die Meuchelmorde zu begehen.

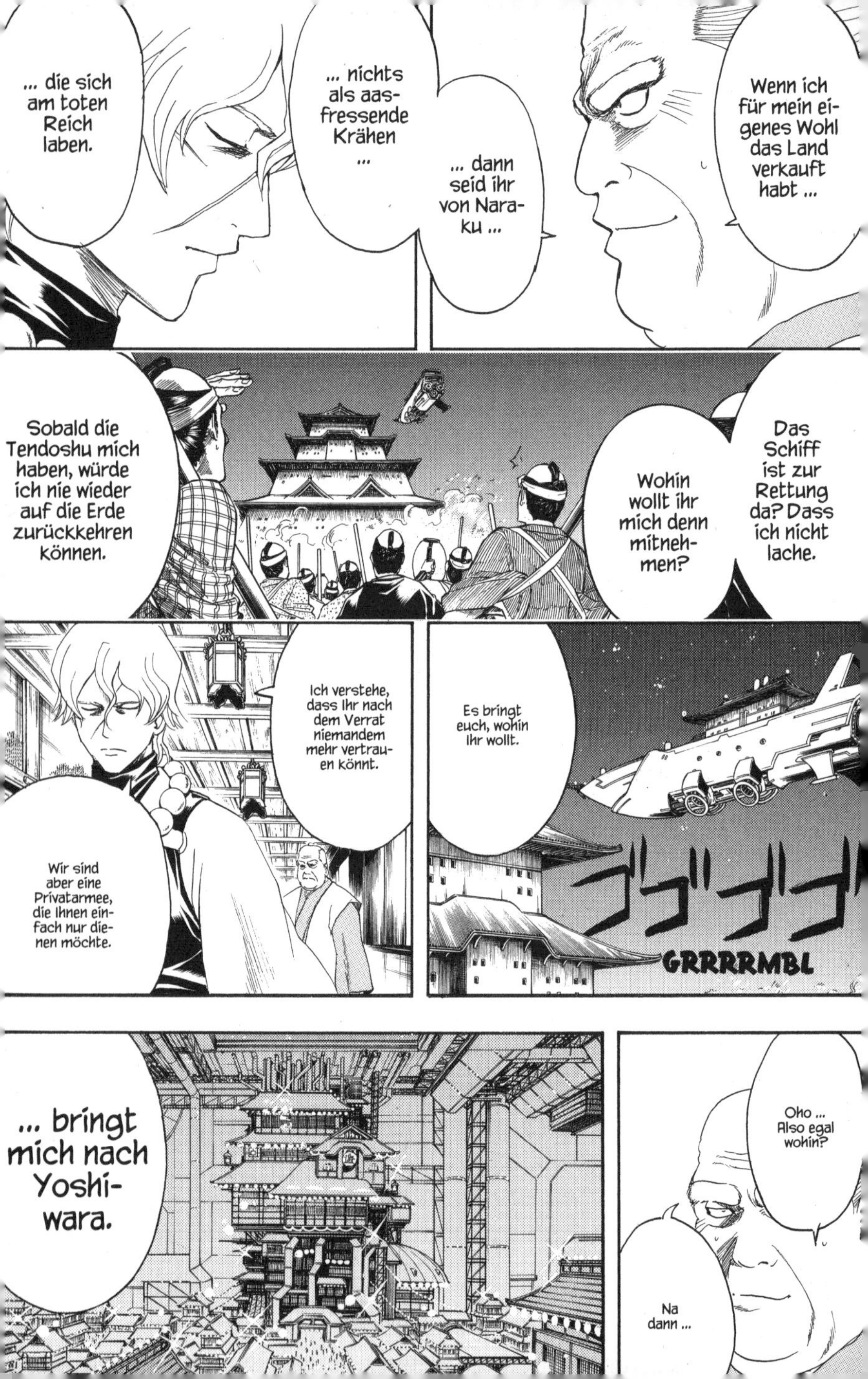
Wenn ich für mein eigenes Wohl das Land verkauft habt ...
... dann seid ihr von Naraku ...
... nichts als aasfressende Krähen ...
... die sich am toten Reich laben.
Das Schiff ist zur Rettung da? Dass ich nicht lache.
Wohin wollt ihr mich denn mitnehmen?
Sobald die Tendoshu mich haben, würde ich nie wieder auf die Erde zurückkehren können.
Es bringt euch, wohin Ihr wollt.
GRRRRMBL
Ich verstehe, dass Ihr nach dem Verrat niemandem mehr vertrauen könnt.
Wir sind aber eine Privatarmee, die Ihnen einfach nur dienen möchte.
Oho ... Also egal wohin?
Na dann ...
... bringt mich nach Yoshiwara.

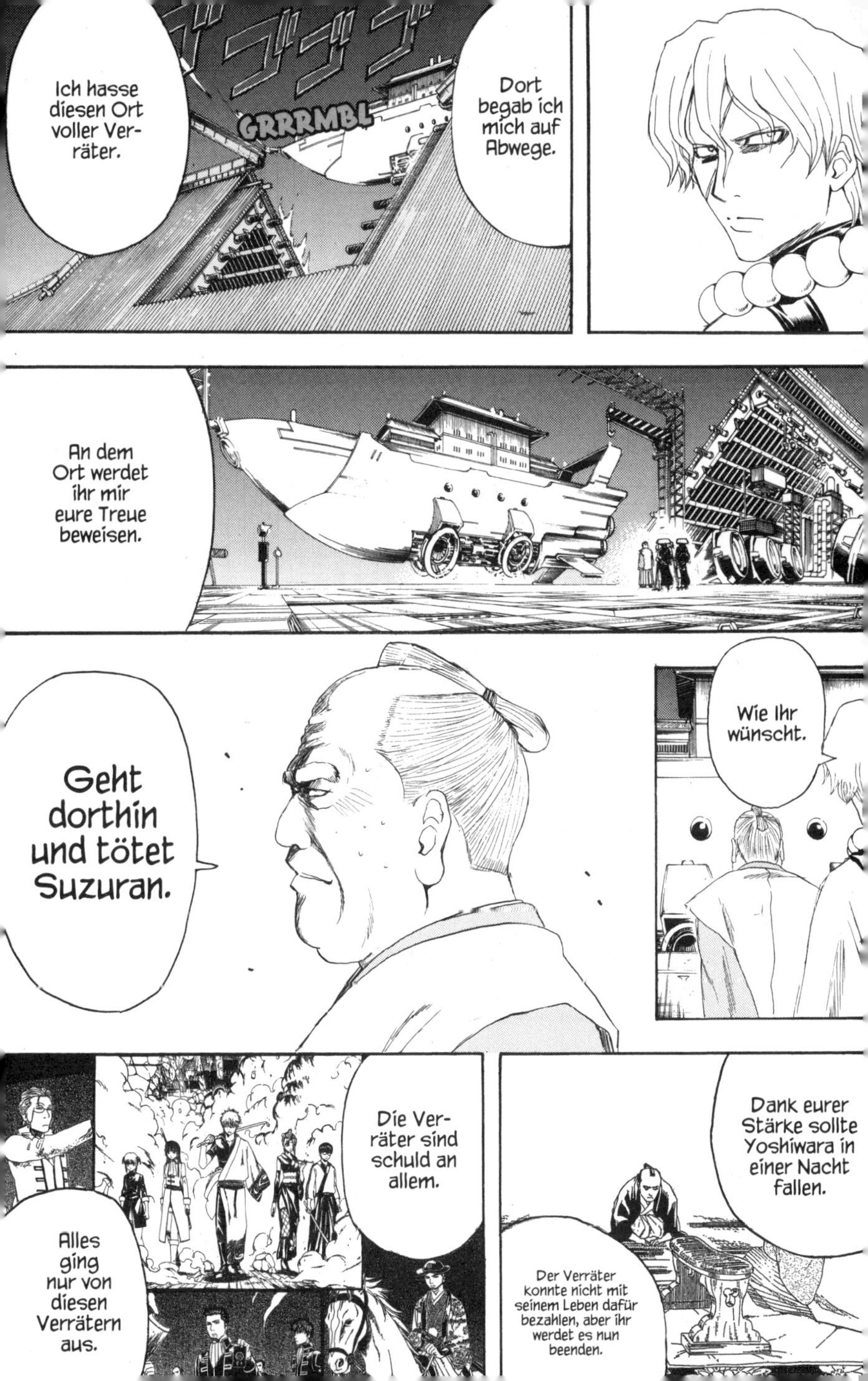

Dort begab ich mich auf Abwege.
Ich hasse diesen Ort voller Verräter.
GRRRMBL
An dem Ort werdet ihr mir eure Treue beweisen.
Wie Ihr wünscht.
Geht dorthin und tötet Suzuran.
Dank eurer Stärke sollte Yoshiwara in einer Nacht fallen.
Der Verräter konnte nicht mit seinem Leben dafür bezahlen, aber ihr werdet es nun beenden.
Die Verräter sind schuld an allem.
Alles ging nur von diesen Verrätern aus.

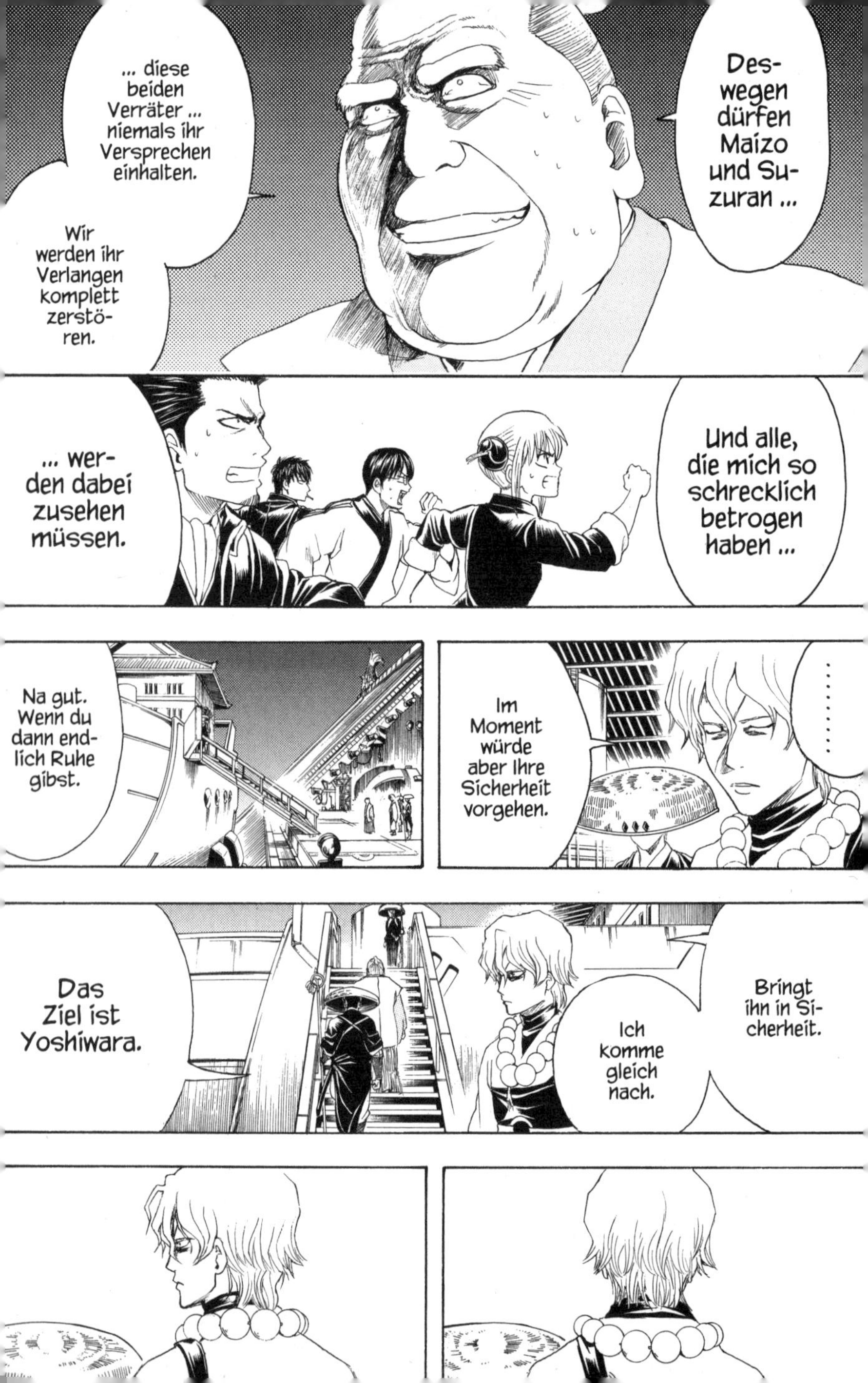
Des- wegen dürfen Maizo und Su- zuran ...
... diese beiden Verräter ... niemals ihr Versprechen einhalten.
Wir werden ihr Verlangen komplett zerstö- ren.
Und alle, die mich so schrecklich betrogen haben ...
... wer- den dabei zusehen müssen.
......
Im Moment würde aber Ihre Sicherheit vorgehen.
Na gut. Wenn du dann end- lich Ruhe gibst.
Bringt ihn in Si- cherheit.
Ich komme gleich nach.
Das Ziel ist Yoshiwara.

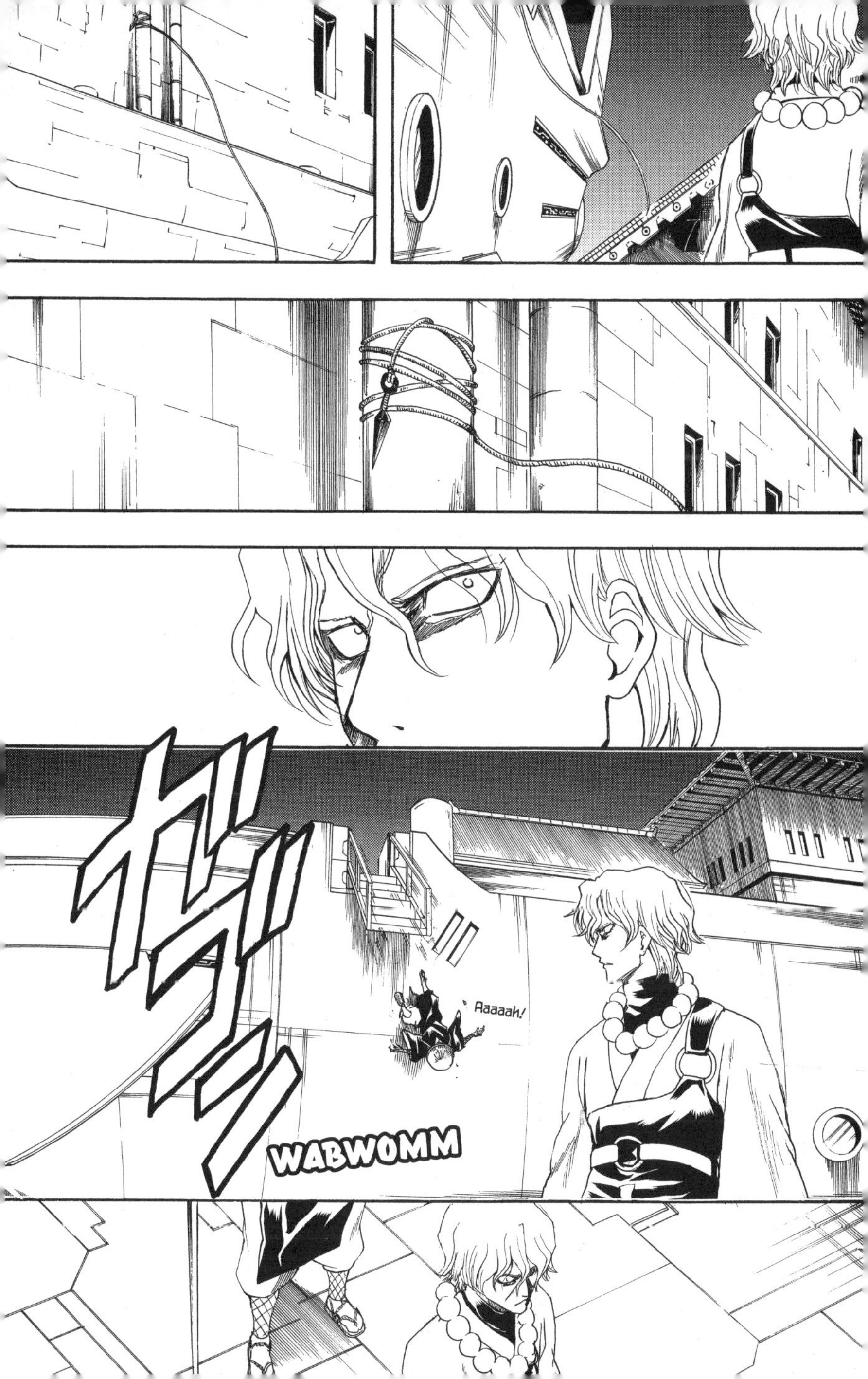
Aaaaah!
WABWOMM

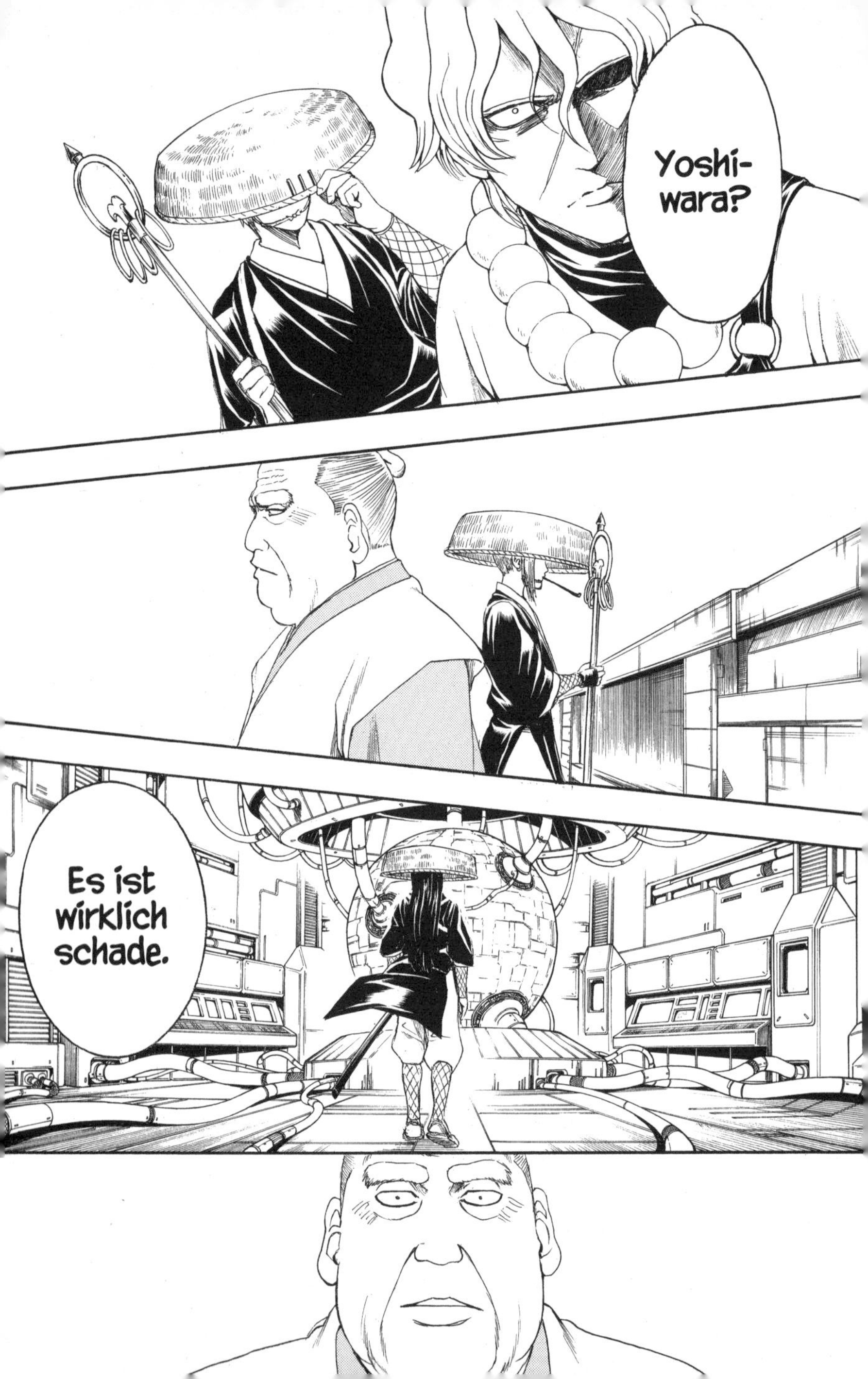
Yoshi-
wara?
Es ist
wirklich
schade.

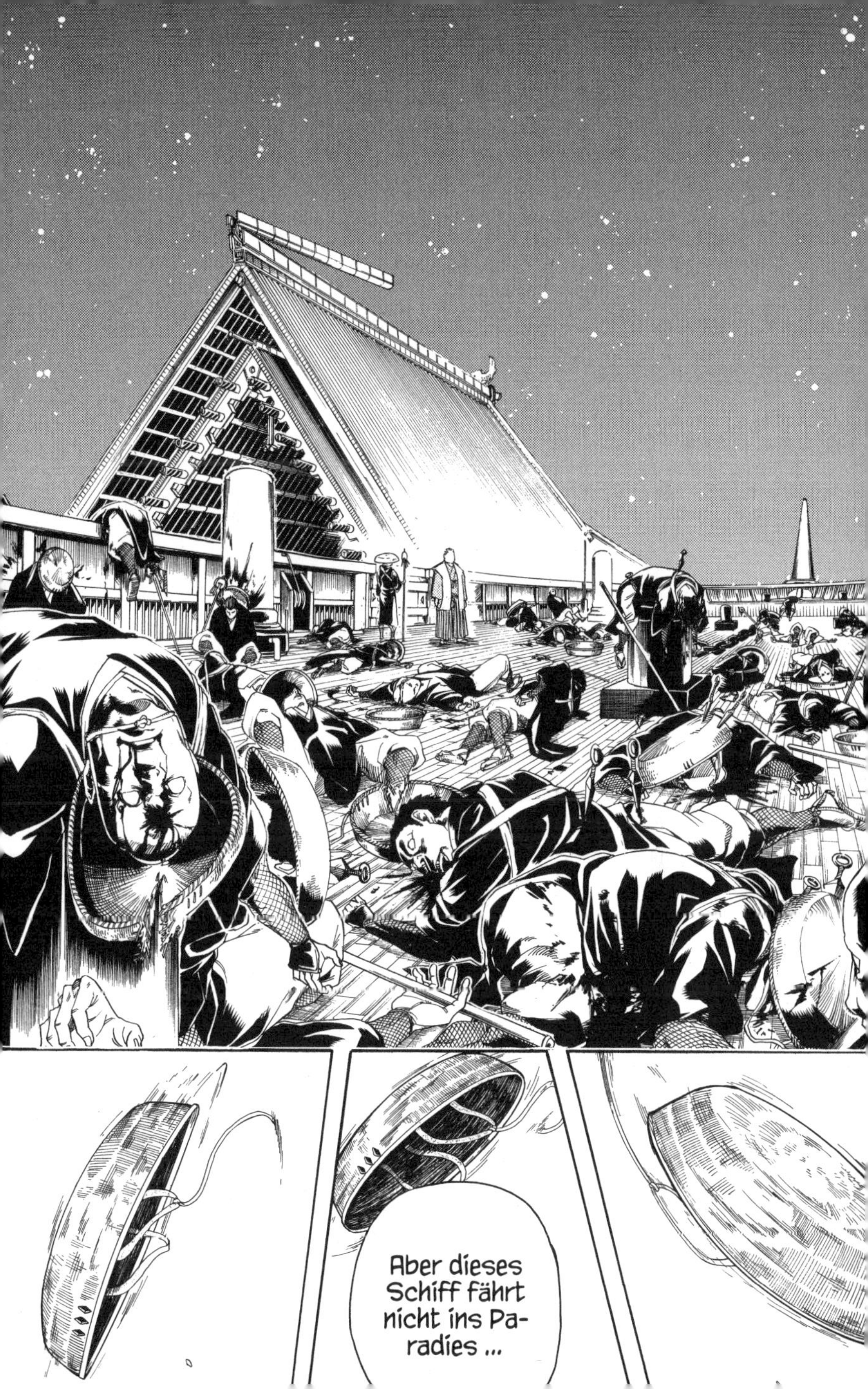
Aber dieses
Schiff fährt
nicht ins Pa-
radies ...

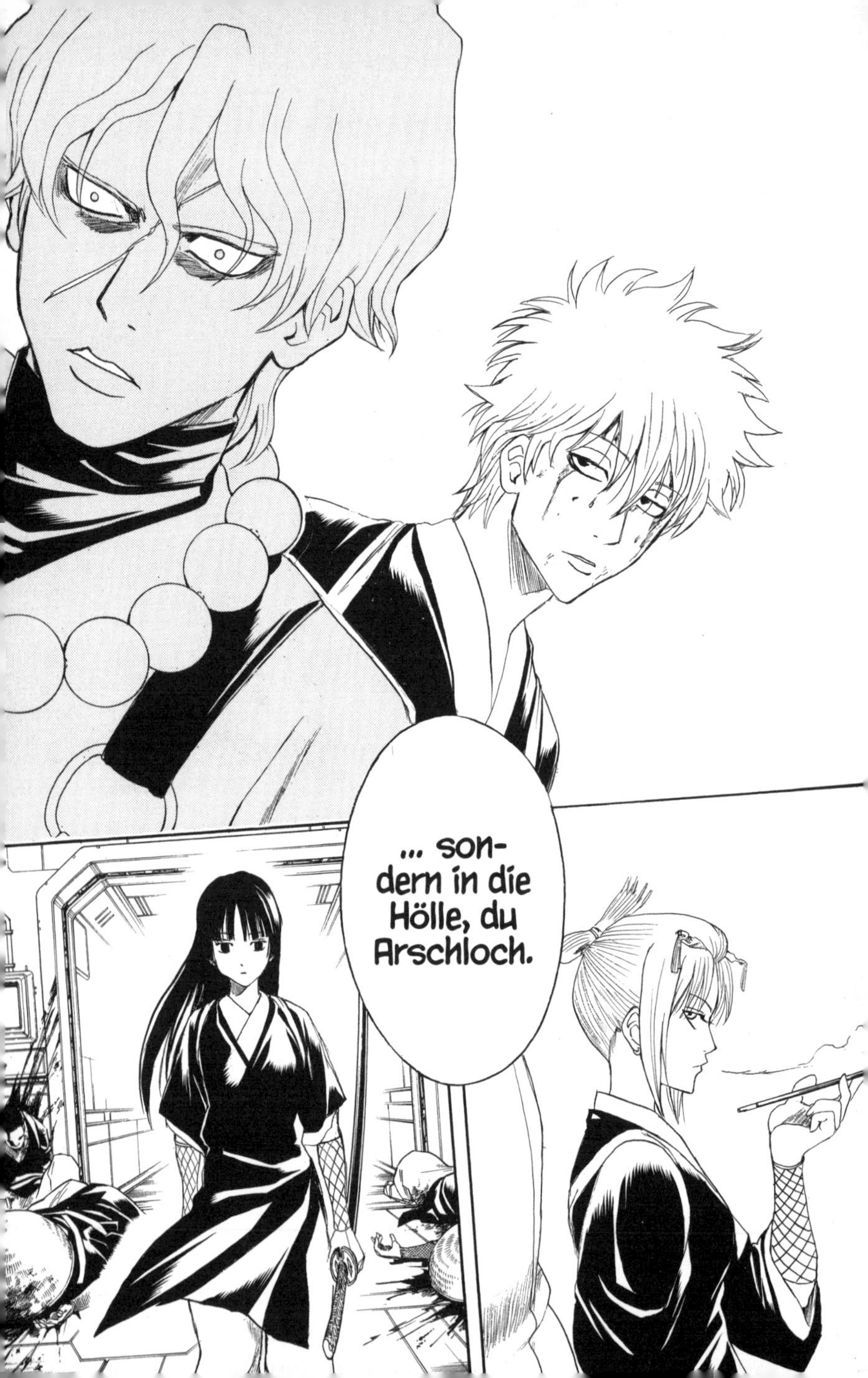
... son-
dern in die
Hölle, du
Arschloch.

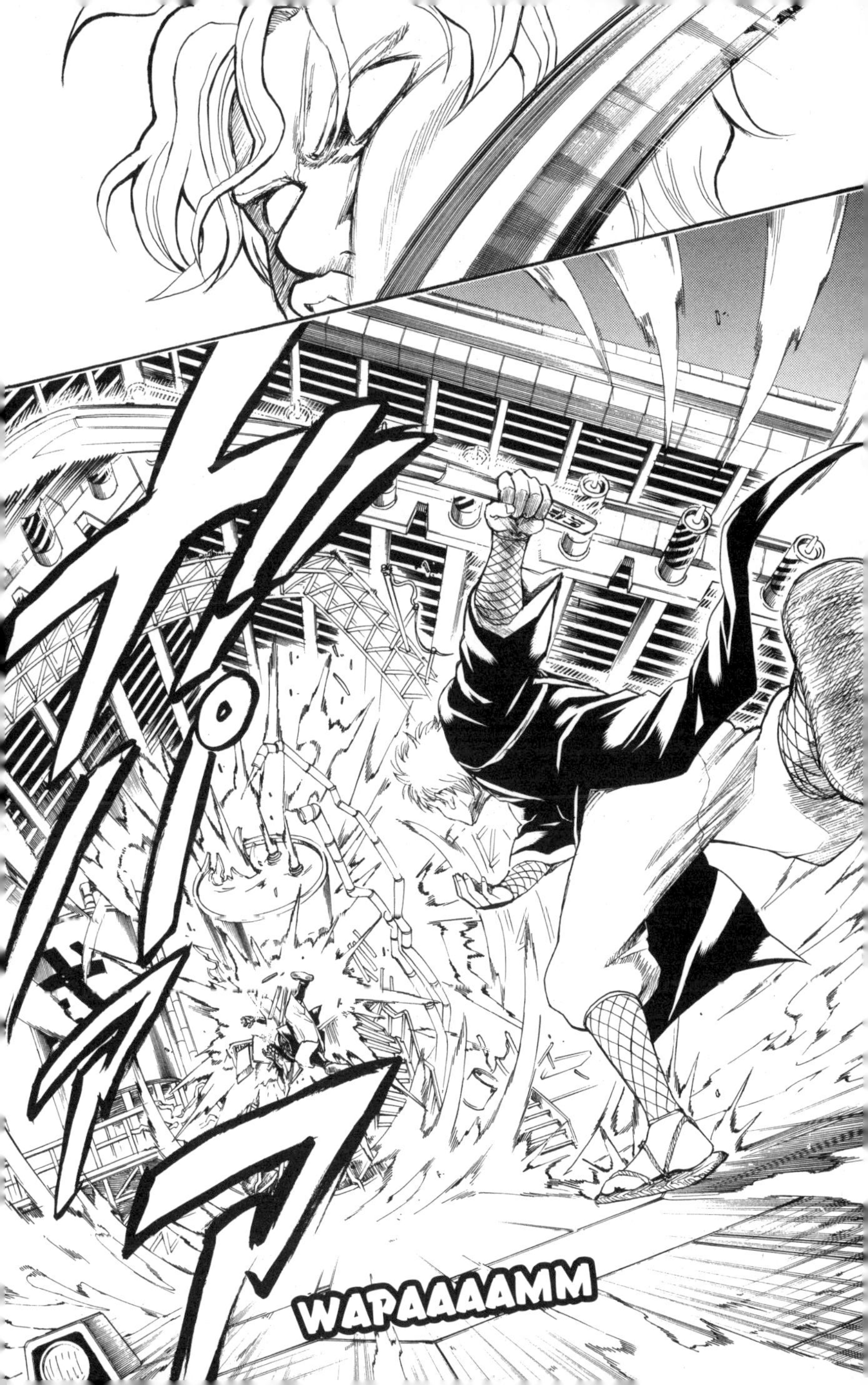
WAPAAAAAMM

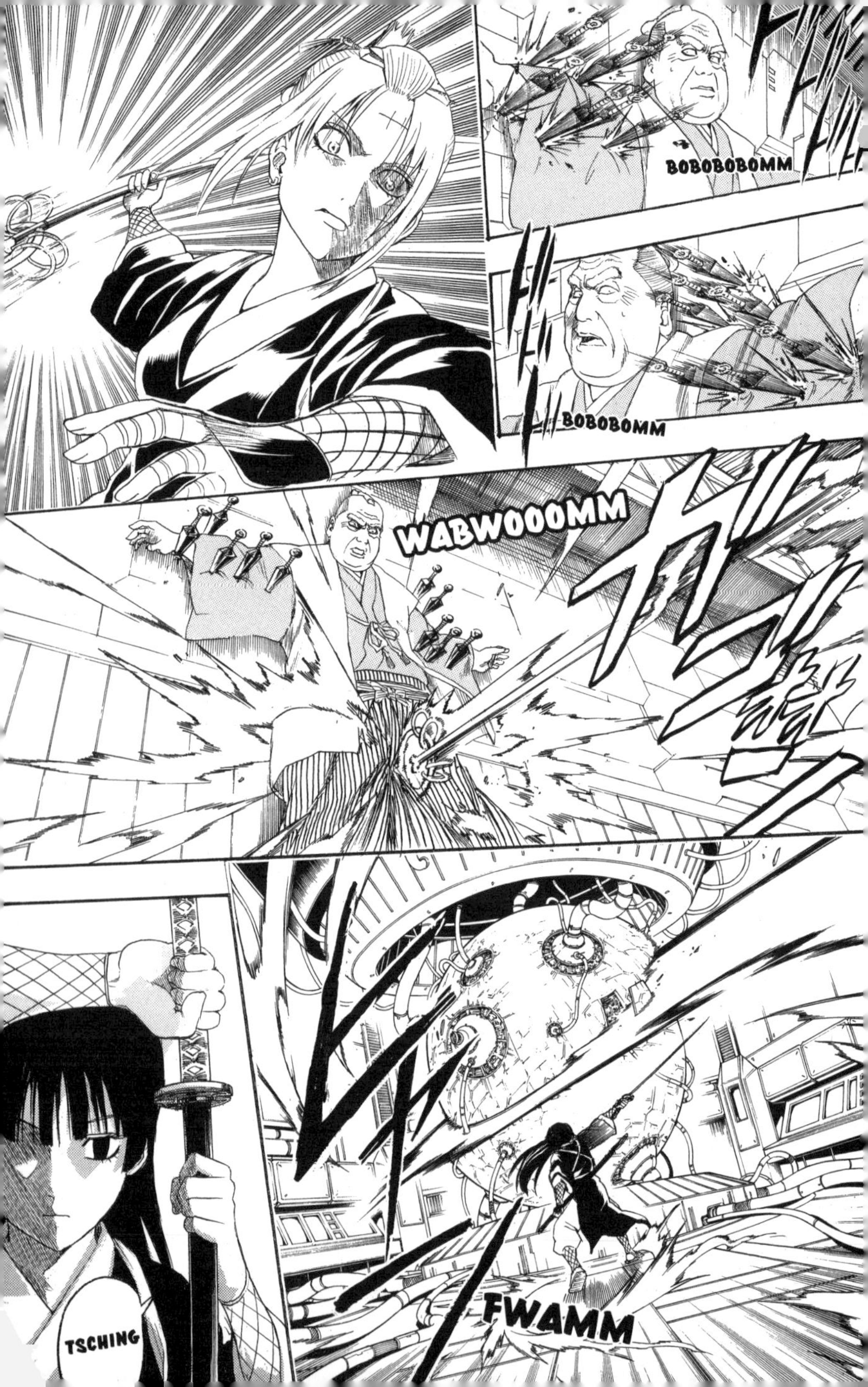
BOBOBOBOMM
BOBOBOMM
WABWOOOMM
FWAMM
TSCHING

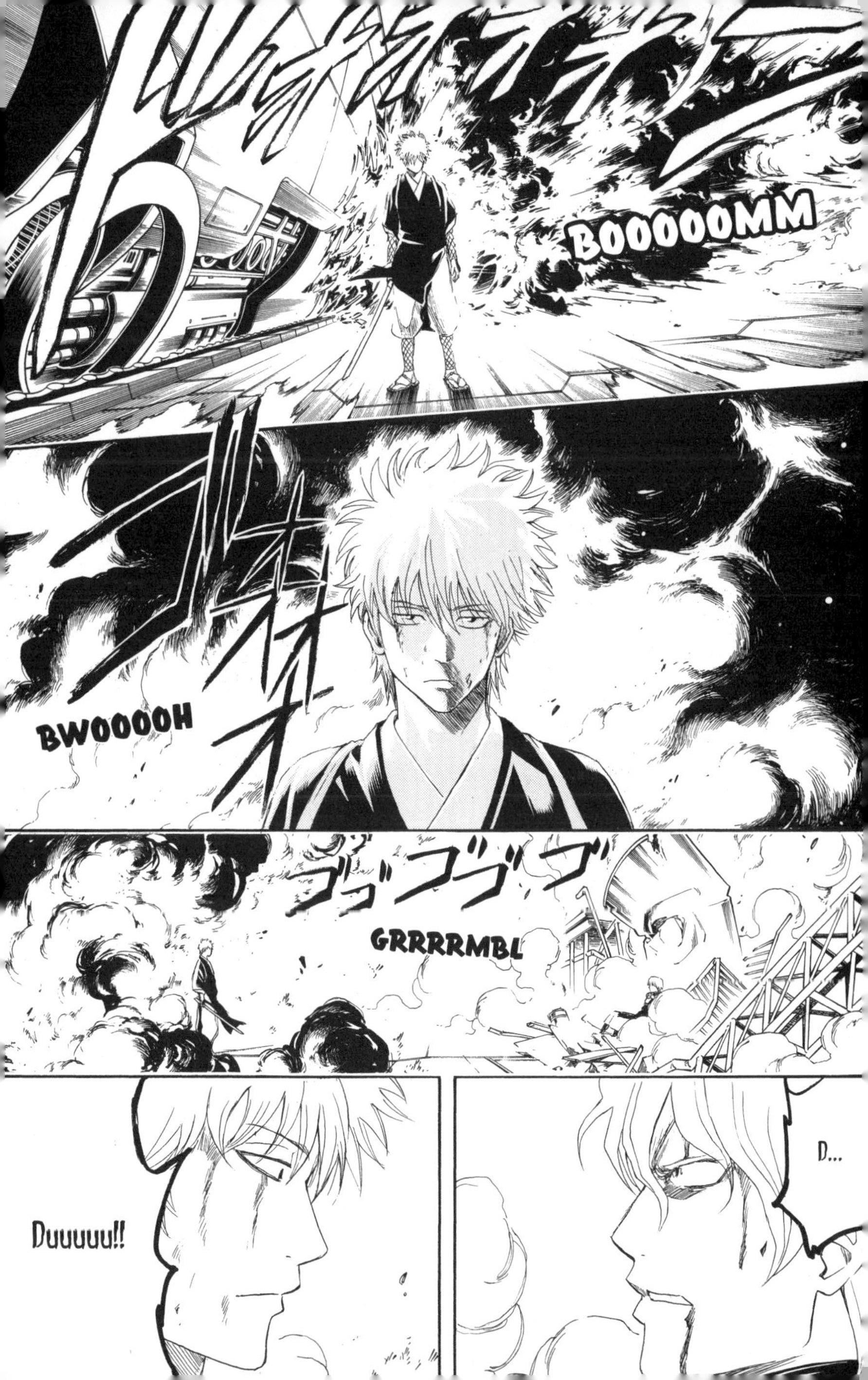

BOOOOOMM
BWOOOOH
ゴゴゴゴゴ
GRRRRMBL
D...
Duuuuu!!

Sorachi auf Leser-Tuchfühlung
Fragen-Corner 128

(Frage von »Als Tochter möchte ich lieber Shinsuke heiraten« aus Okayama)

Herr Sorachi, in meiner Familie passieren gerade fürchterliche Dinge. Aus irgendwelchen Gründen würde meine Mama Sie gerne heiraten. Sie fühlt sich von Ihrem Humor wirklich angezogen. Ihr wäre sogar ein Gorilla recht, solange sie heiraten kann. Ich möchte nicht, dass meine Mama und mein Papa sich trennen oder dass sie etwas Illegales macht. Meine Familie ist in höchster Gefahr. Herr Sorachi, bitte retten Sie uns!!

(Antwort)

Du möchtest nicht, dass sie etwas Illegales macht? Was genau hat deine Mama denn vor? Dein Papa ist in Sicherheit, oder? Dein Papa steckt nicht im Gefrierschrank, oder? Dein Papa will mich nicht in den Gefrierschrank stecken, oder? Ist dein Papa noch ganz in Ordnung? Tatsächlich bin ich bei Ehefrauen gerade sehr beliebt, aber die Mutter einer Leserin wäre dennoch nichts für mich. So viel Verstand hat doch selbst ein blöder Gorilla. Könnte ich eher deine Tochter haben, Papa?

(129 auf Seite 144)

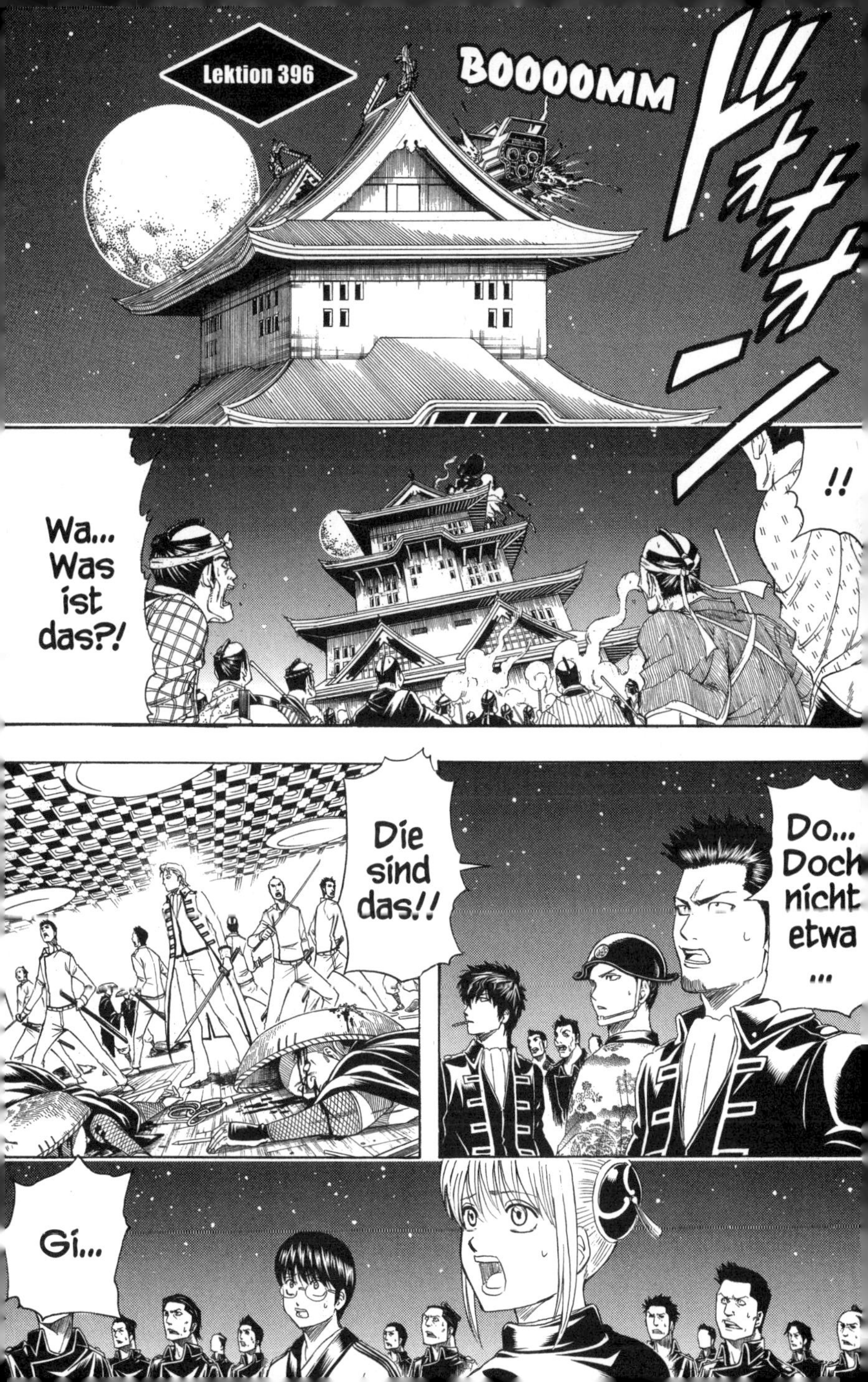
Lektion 396
BOOOOOMM
ドォォォーン
!!
Wa... Was ist das?!
Do... Doch nicht etwa ...
Die sind das!!
Gi...

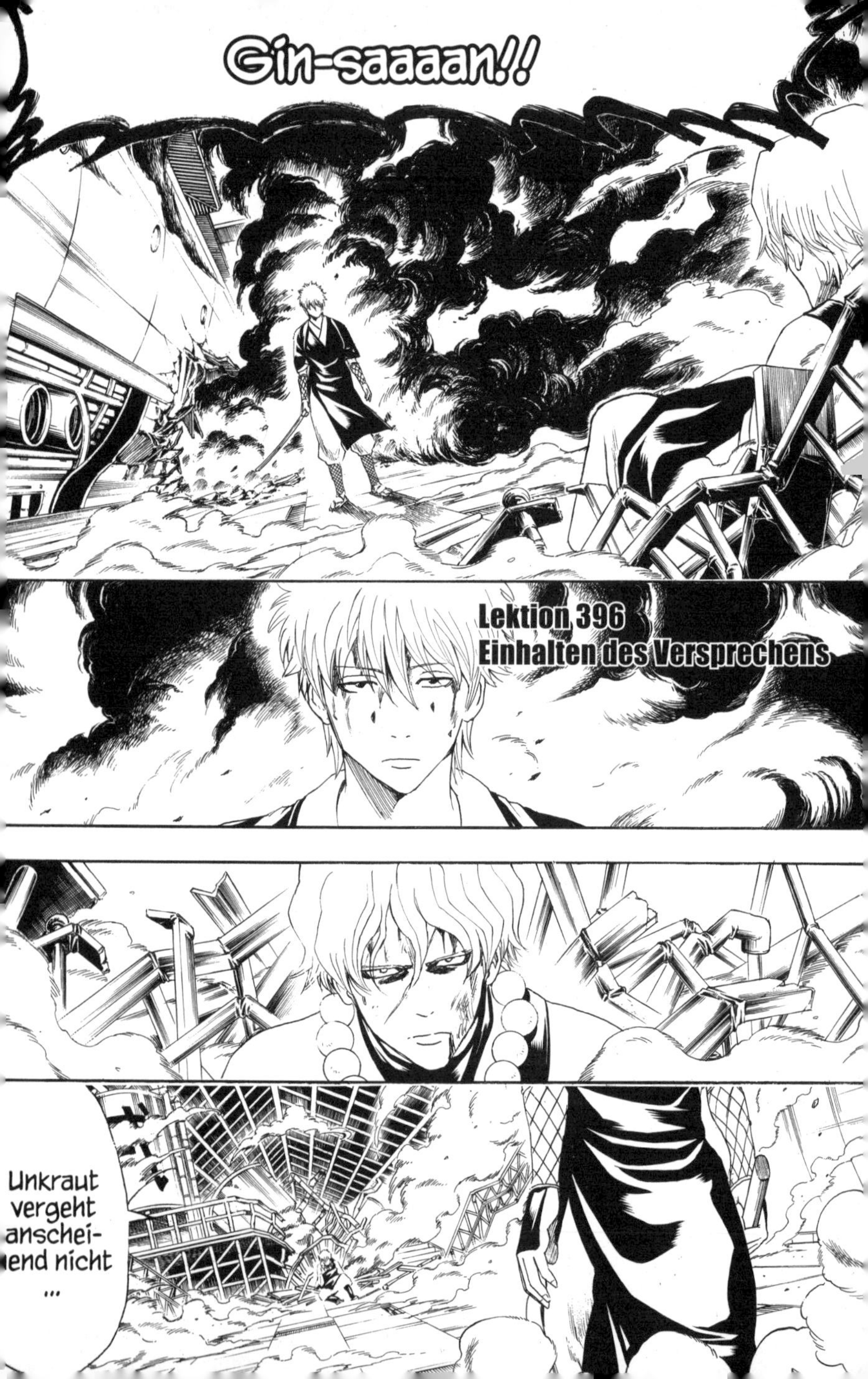
Gin-saaaan!!
Lektion 396
Einhalten des Versprechens
Unkraut vergeht anschei-
end nicht
...

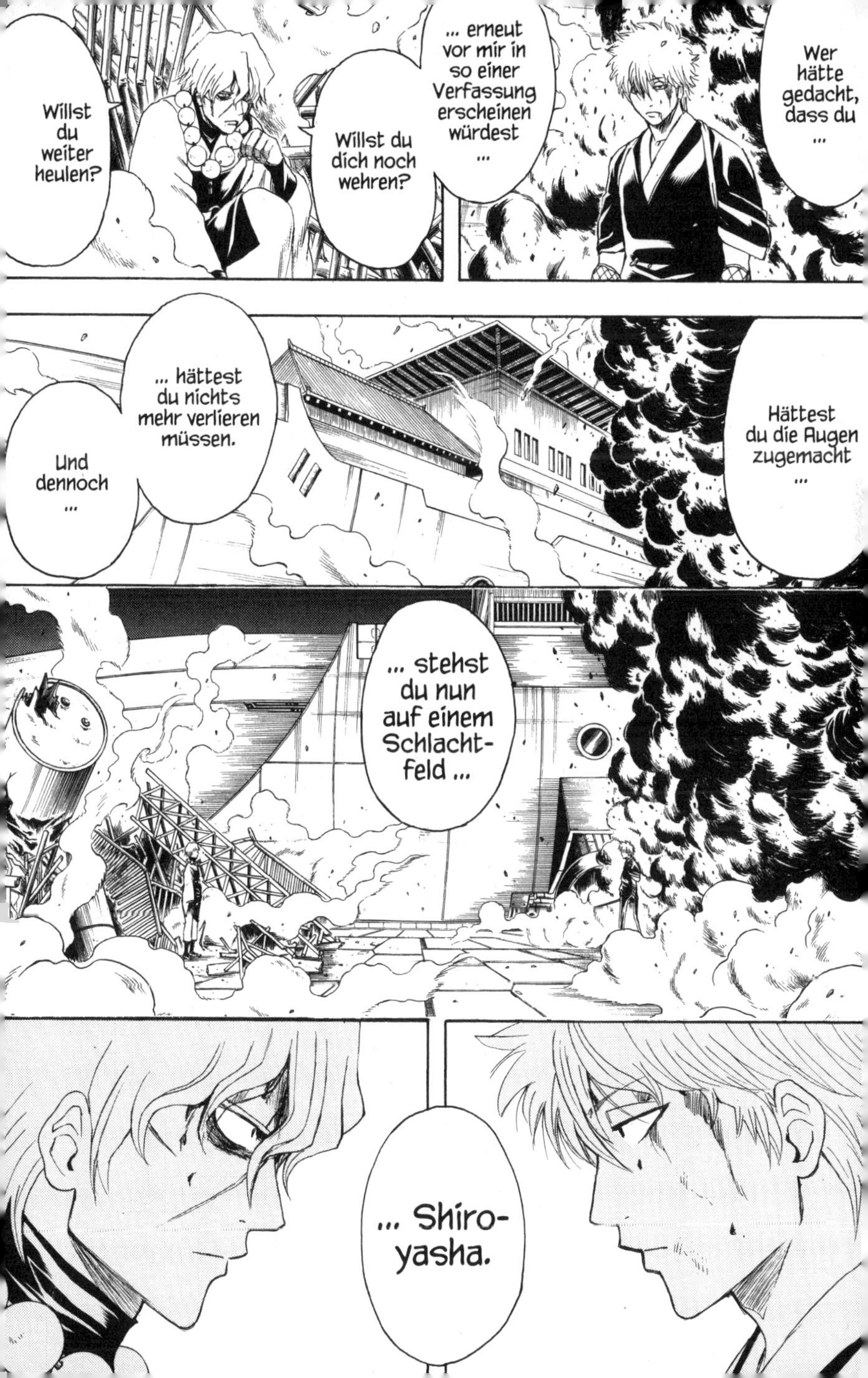
Wer hätte gedacht, dass du ...
... erneut vor mir in so einer Verfassung erscheinen würdest ...
Willst du dich noch wehren?
Willst du weiter heulen?
Hättest du die Augen zugemacht ...
... hättest du nichts mehr verlieren müssen.
Und dennoch ...
... stehst du nun auf einem Schlacht-feld ...
... Shiro-yasha.

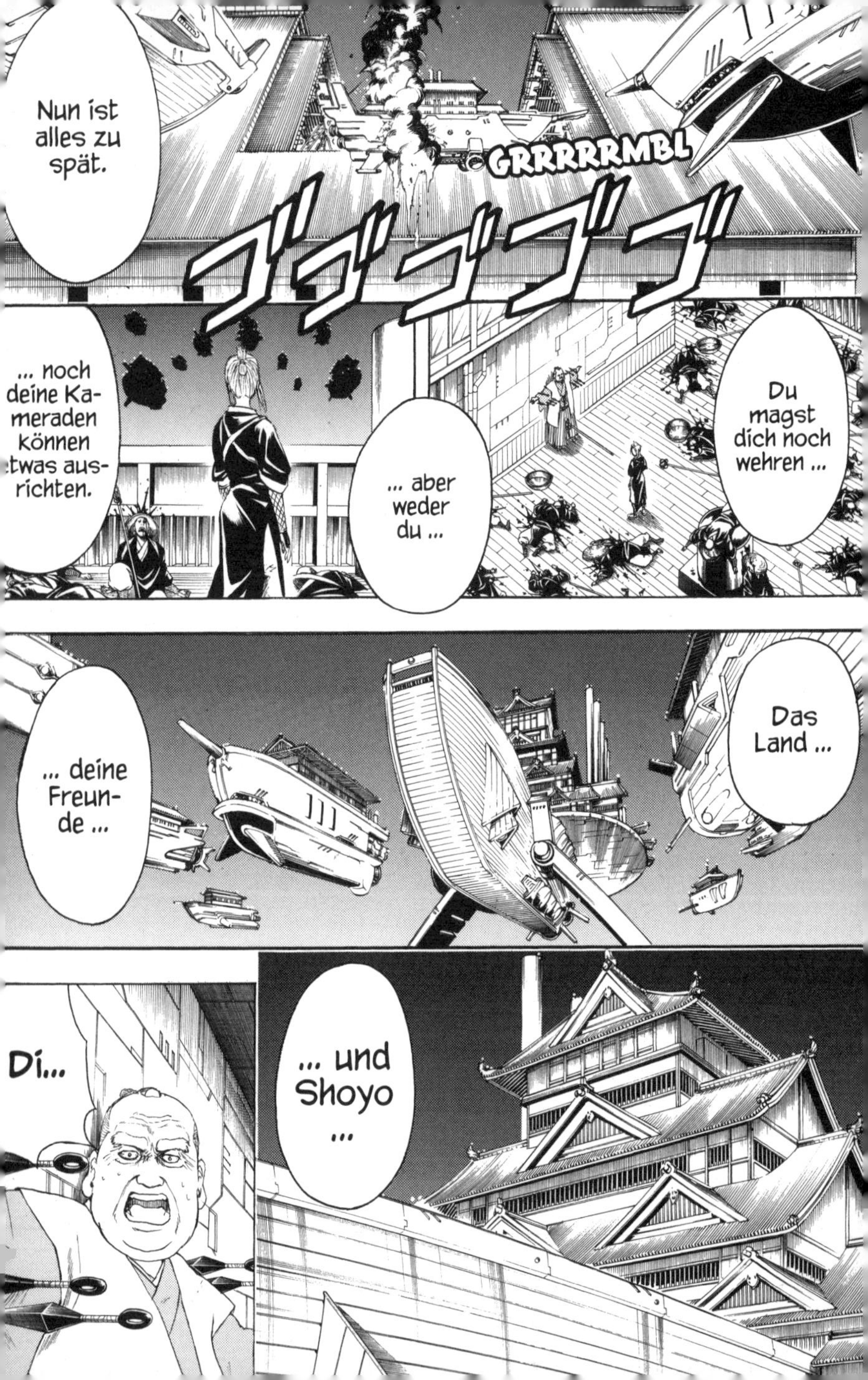
GRRRRRMBL
ゴゴゴゴゴ
Nun ist alles zu spät.
Du magst dich noch wehren ...
... aber weder du ...
... noch deine Kameraden können etwas ausrichten.
Das Land ...
... deine Freunde ...
... und Shoyo ...
Di...

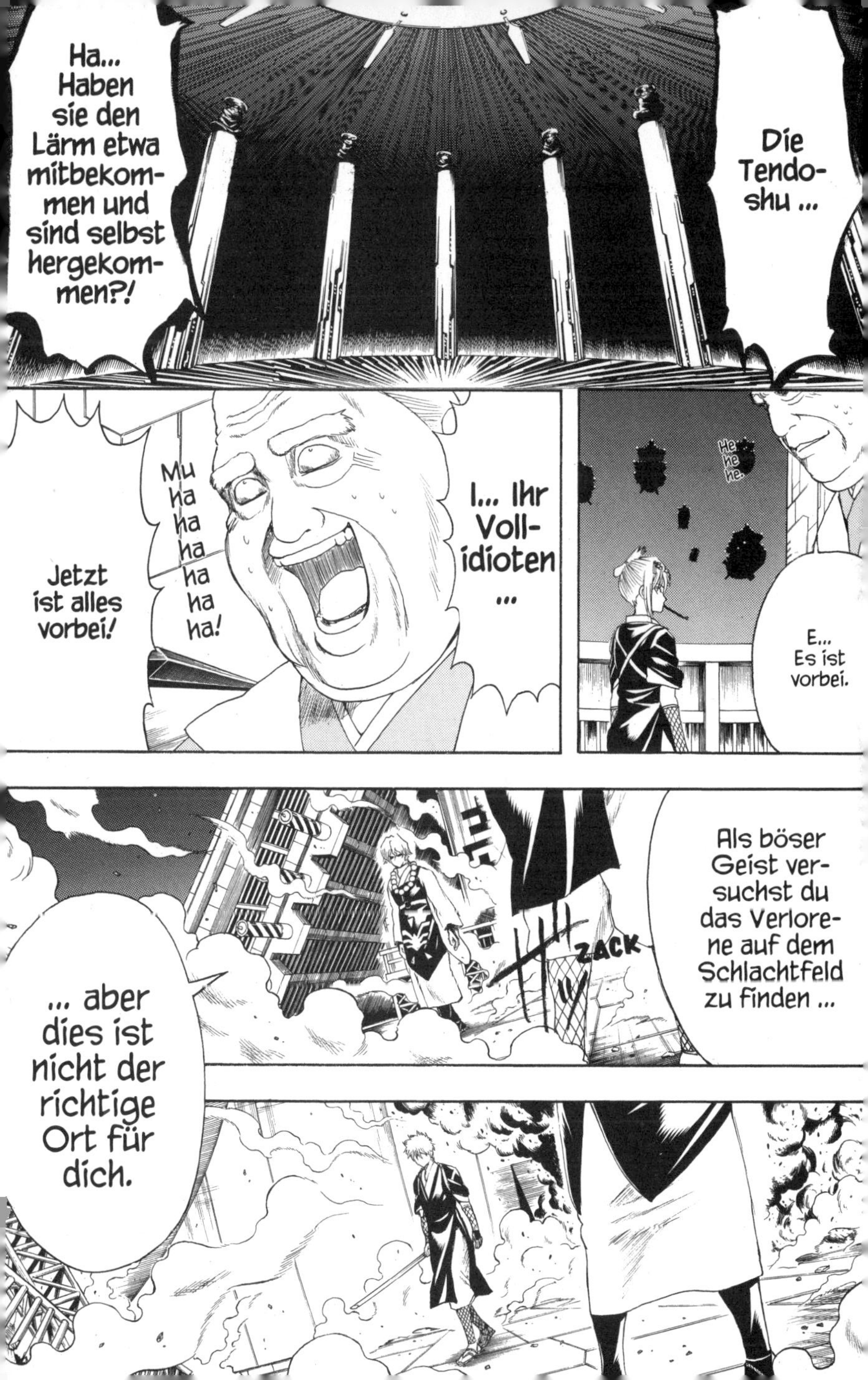

Die Tendo-shu ...
Ha... Haben sie den Lärm etwa mitbekommen und sind selbst hergekommen?!
He he he.
E... Es ist vorbei.
I... Ihr Vollidioten ...
Mu ha ha ha ha ha ha!
Jetzt ist alles vorbei!
Als böser Geist versuchst du das Verlorene auf dem Schlachtfeld zu finden ...
ZACK
... aber dies ist nicht der richtige Ort für dich.

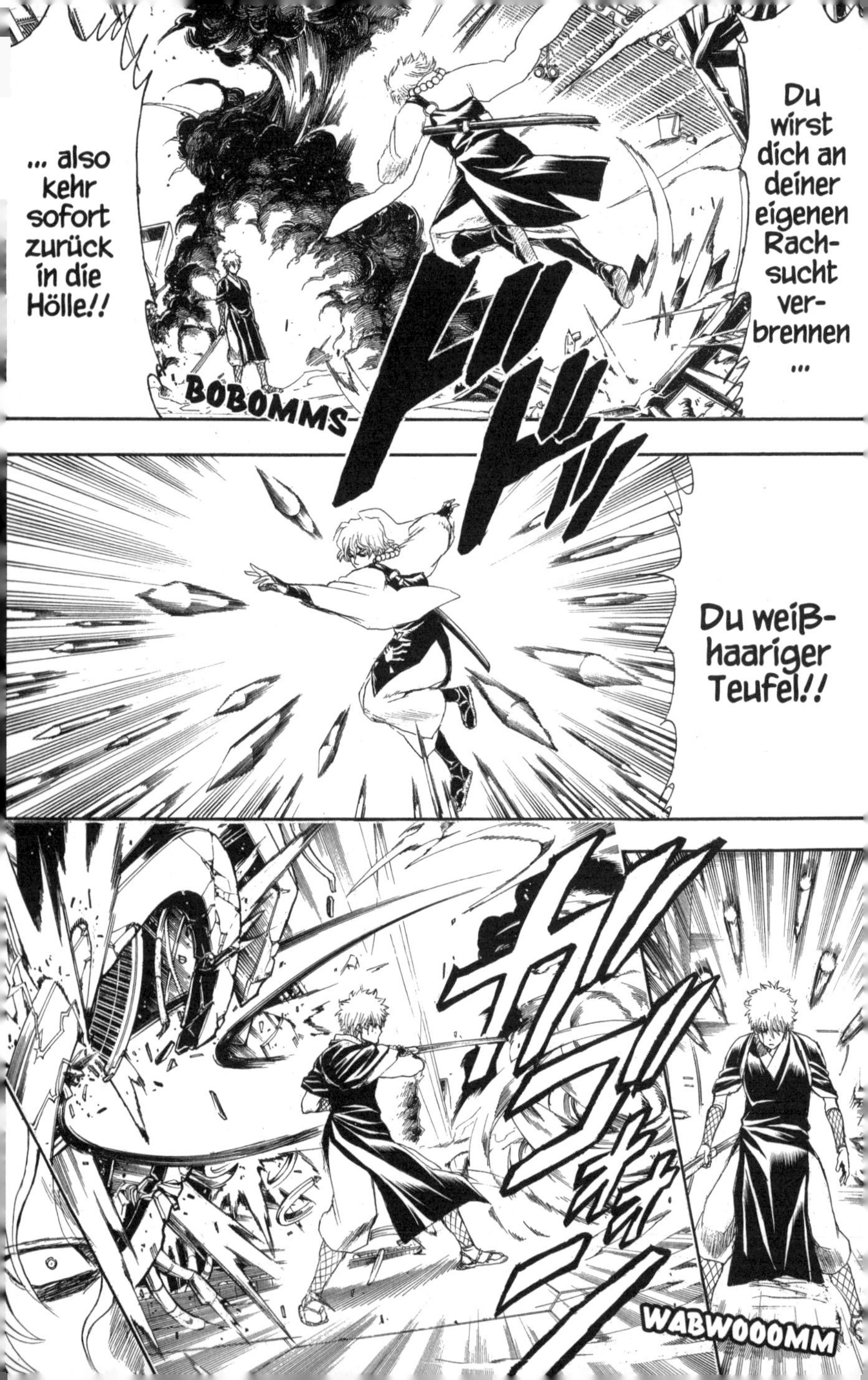
Du wirst dich an deiner eigenen Rach-sucht ver-brennen ...
... also kehr sofort zurück in die Hölle!!
BOBOMMS
Du weiß-haariger Teufel!!
WABWOOOMM

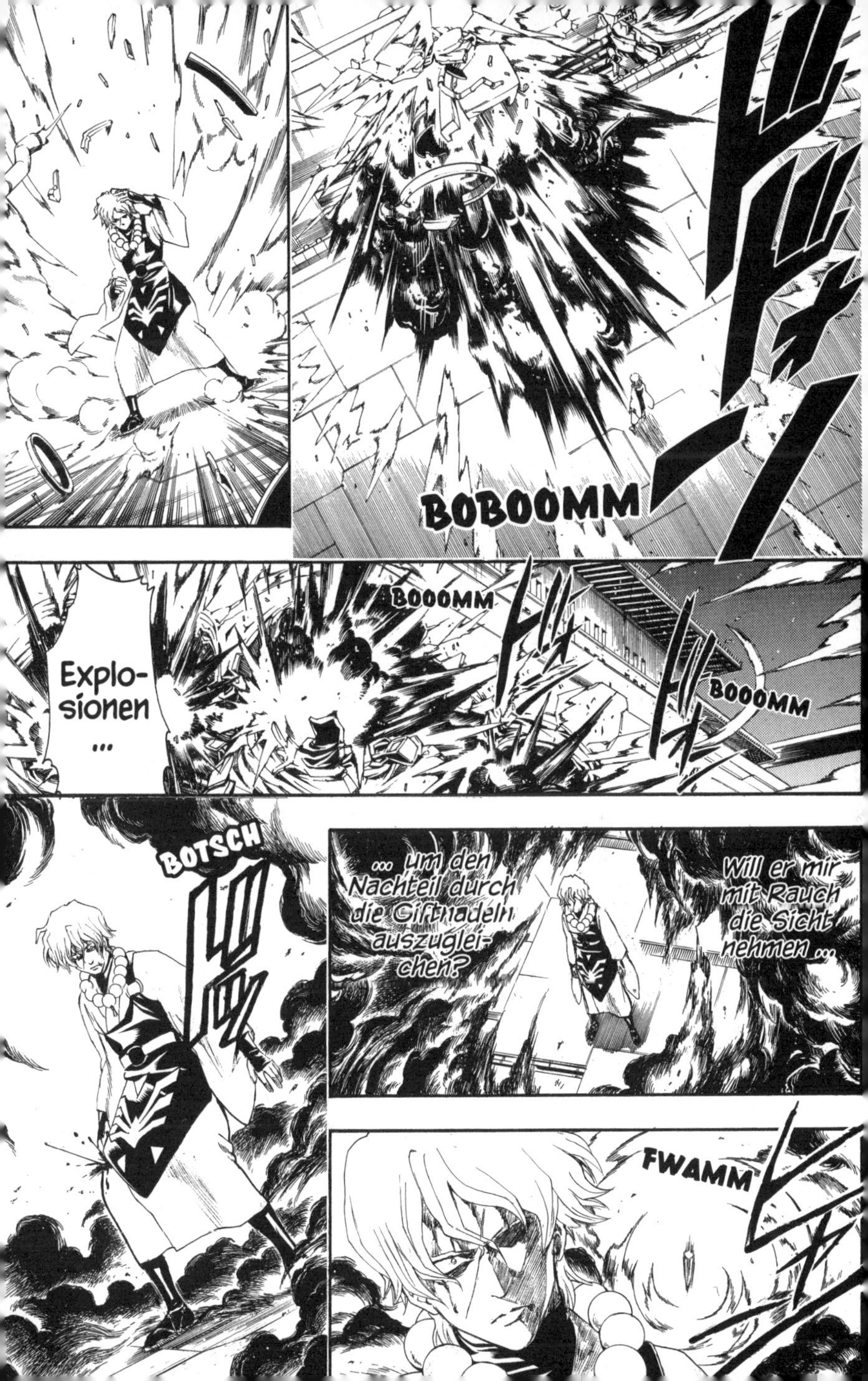
BOBOOMM
BOOOMM
BOOOMM
Explosionen ...
Will er mir mit Rauch die Sicht nehmen ...
... um den Nachteil durch die Giftnadeln auszuglei-chen?
FWAMM
BOTSCH

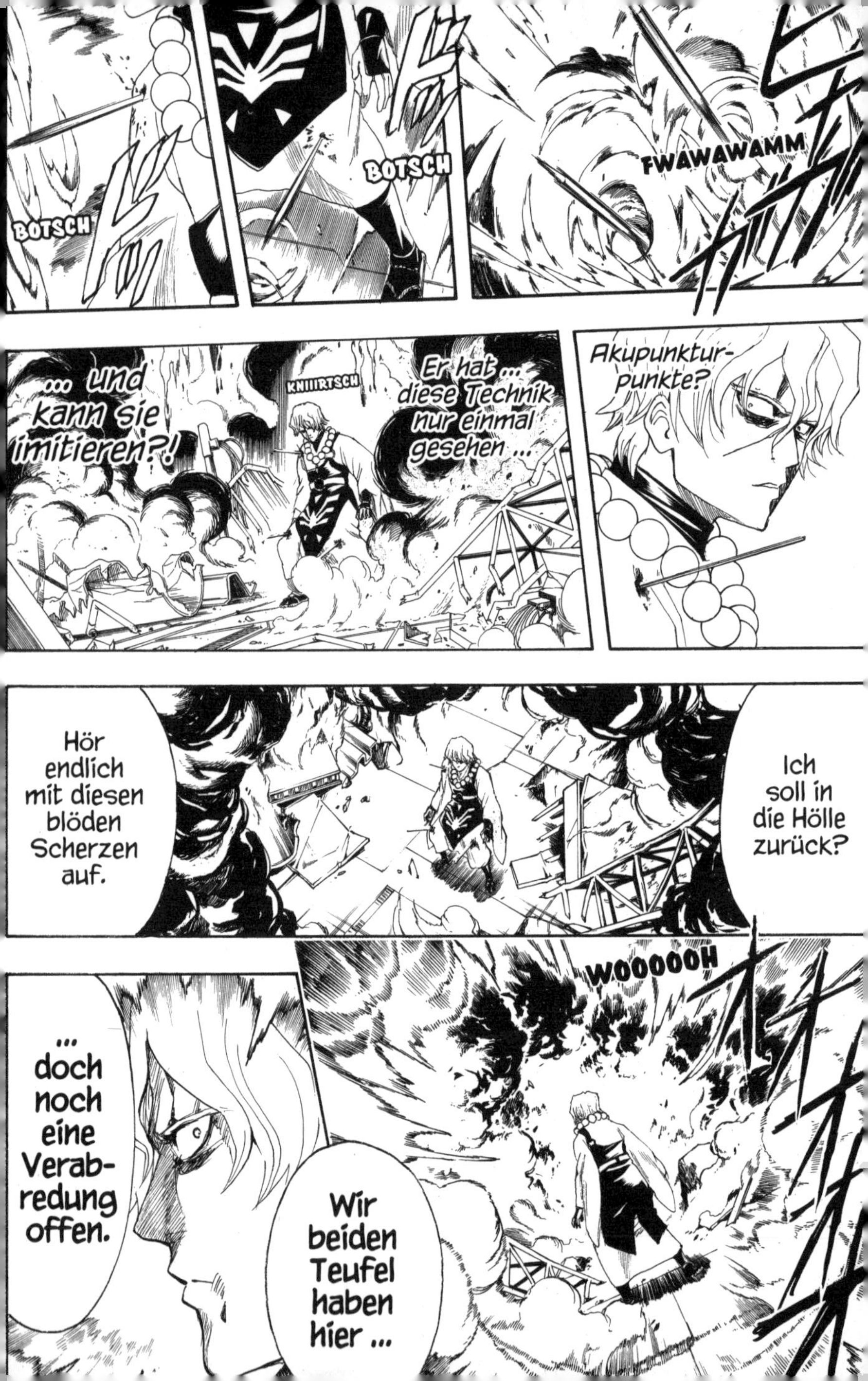

FWAWAWAMM
BOTSCH
BOTSCH
Akupunktur-punkte?
Er hat ... diese Technik nur einmal gesehen ...
KNIIIRTSCH
... und kann sie imitieren?!
Ich soll in die Hölle zurück?
Hör endlich mit diesen blöden Scherzen auf.
WOOOOOH
Wir beiden Teufel haben hier ...
... doch noch eine Verab-redung offen.

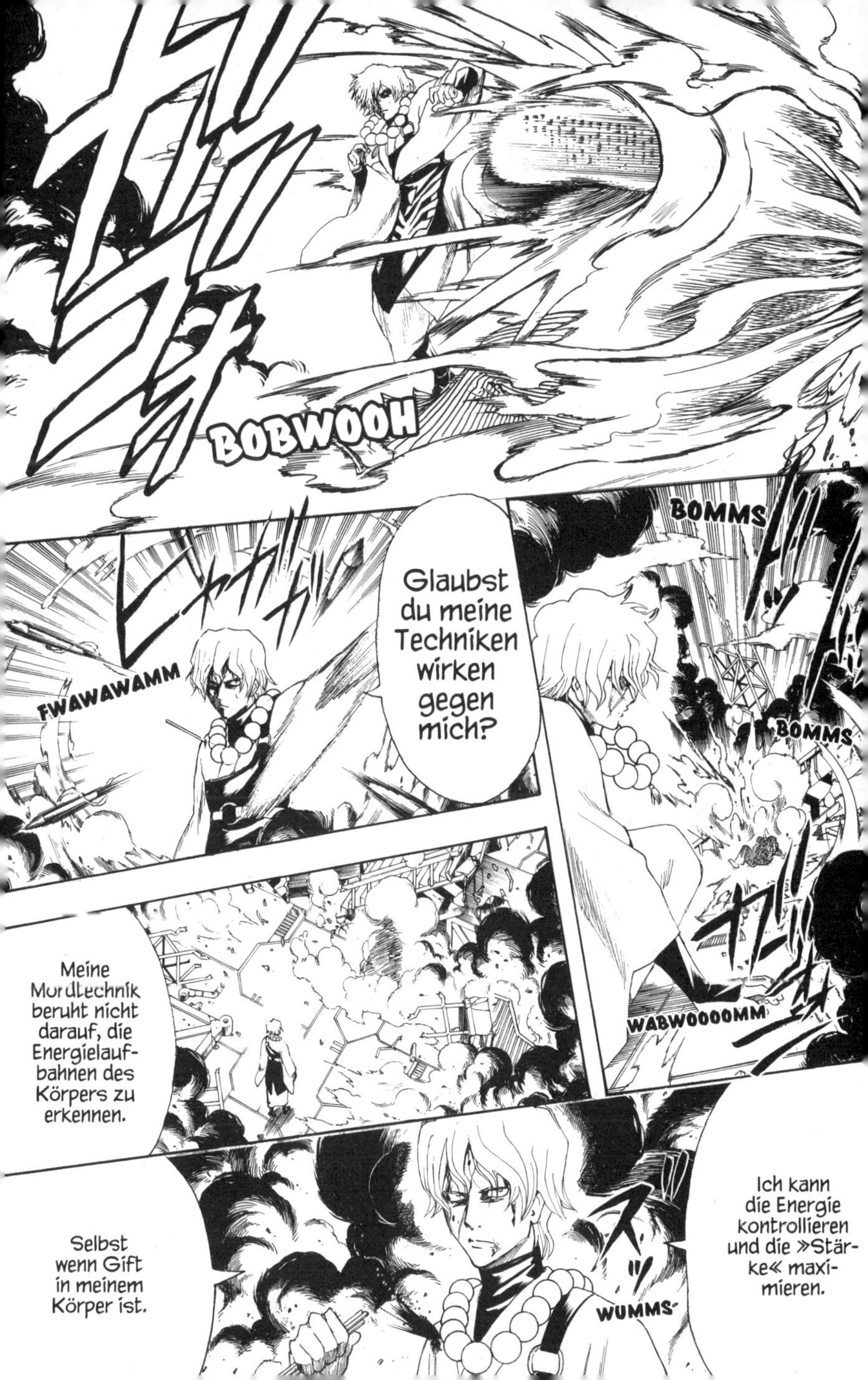
BOBWOOH
BOMMS
BOMMS
WABWOOOOMM
Glaubst du meine Techniken wirken gegen mich?
FWAWAWAMM
Meine Mordtechnik beruht nicht darauf, die Energielaufbahnen des Körpers zu erkennen.
Ich kann die Energie kontrollieren und die »Stärke« maximieren.
Selbst wenn Gift in meinem Körper ist.
WUMMS

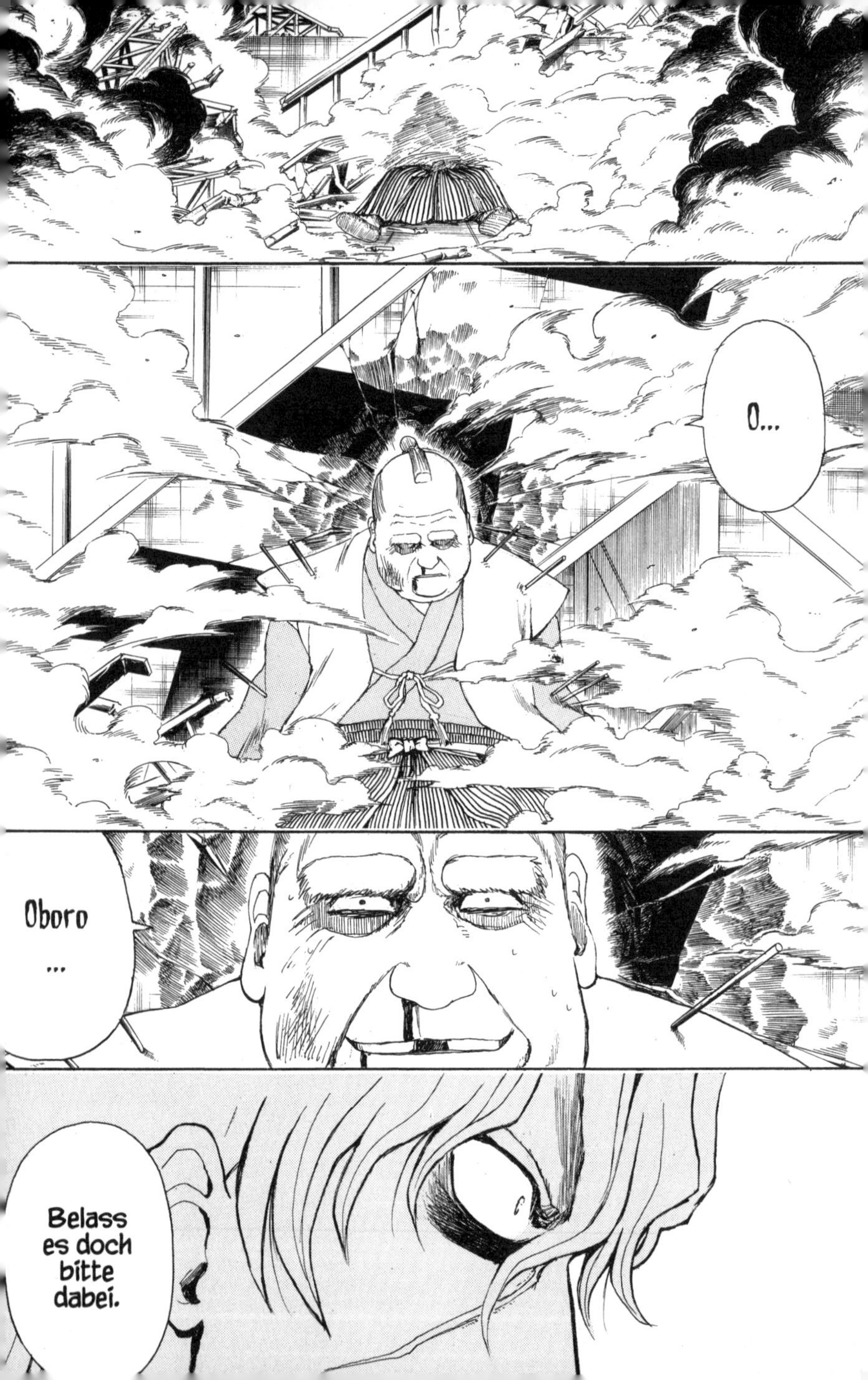
O...
Oboro ...
Belass es doch bitte dabei.

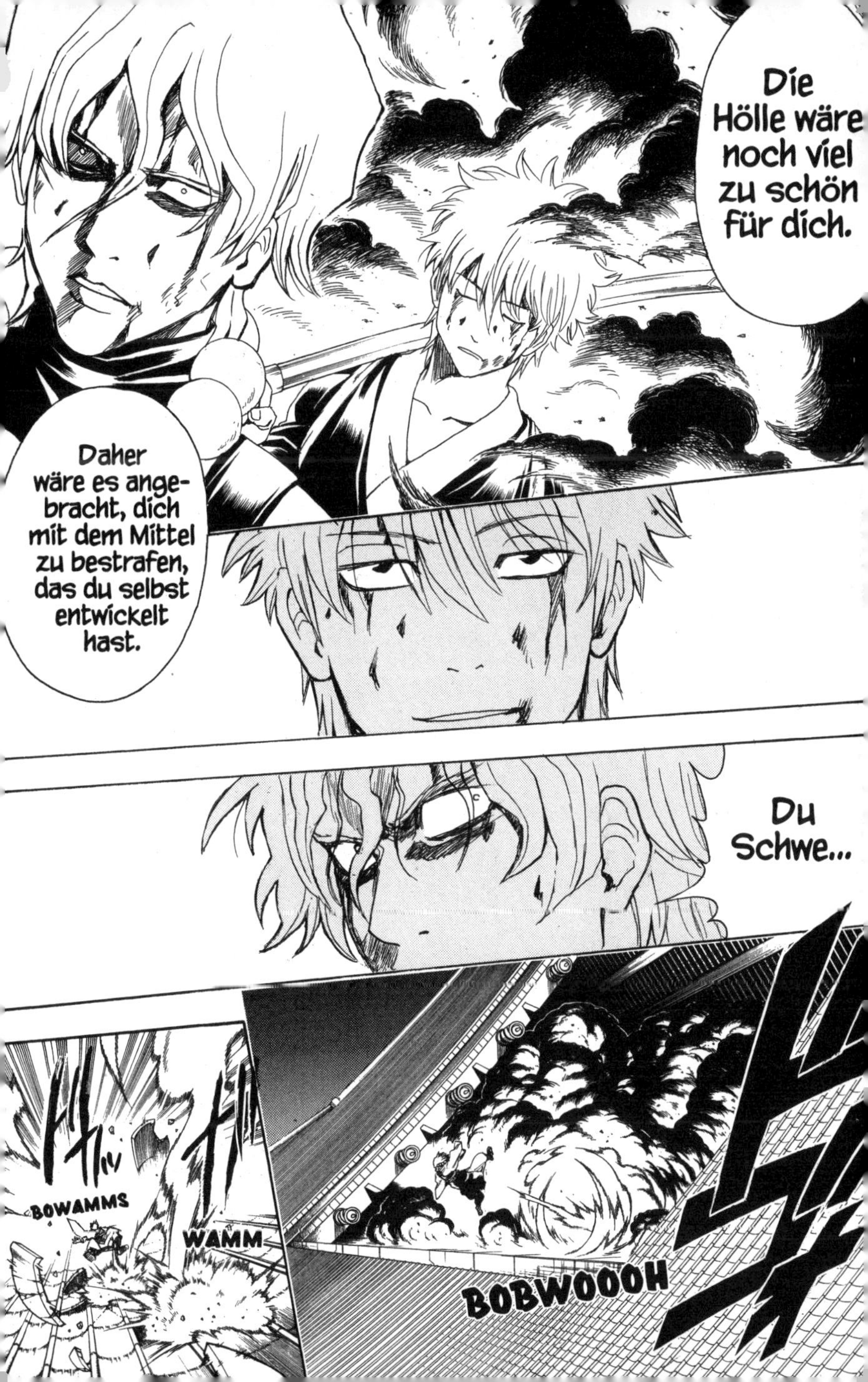
Die Hölle wäre noch viel zu schön für dich.
Daher wäre es ange-bracht, dich mit dem Mittel zu bestrafen, das du selbst entwickelt hast.
Du Schwe...
BOBWOOOH
WAMM
BOWAMMS

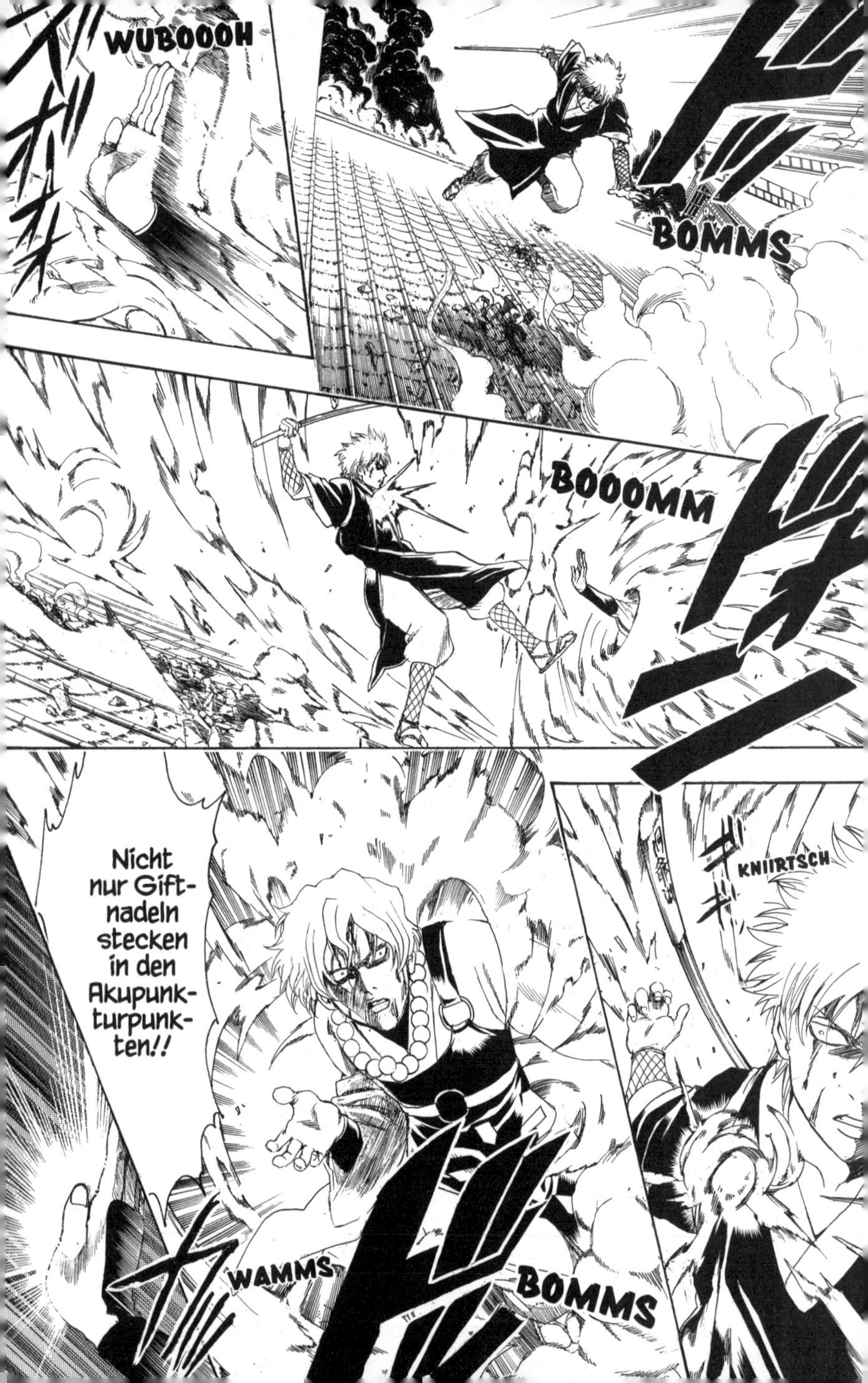
BOMMS
WUBOOOH
BOOOMM
KNIIRTSCH
Nicht nur Giftnadeln stecken in den Akupunkturpunkten!!
BOMMS
WAMMS

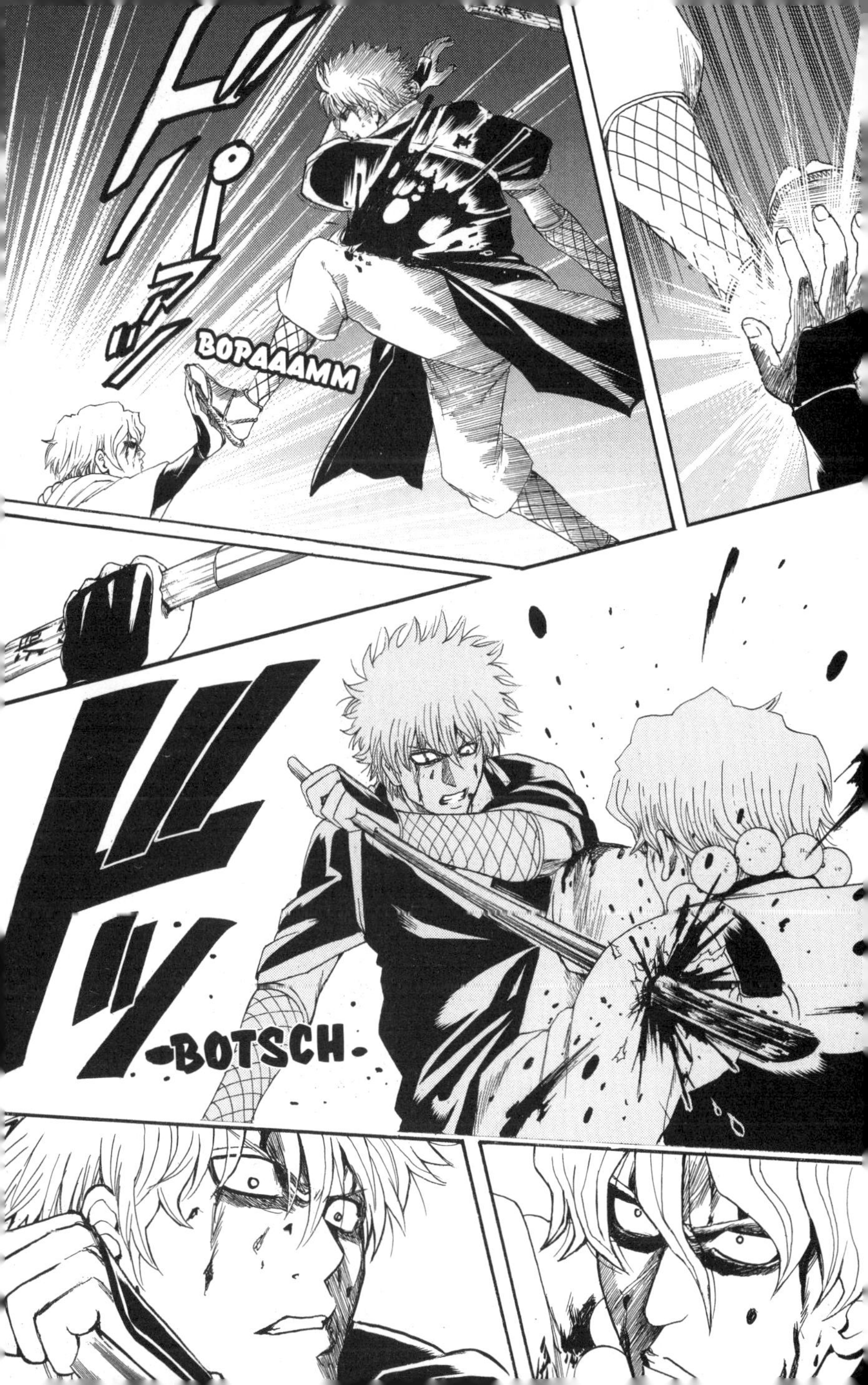
BOPAAAMM
BOTSCH

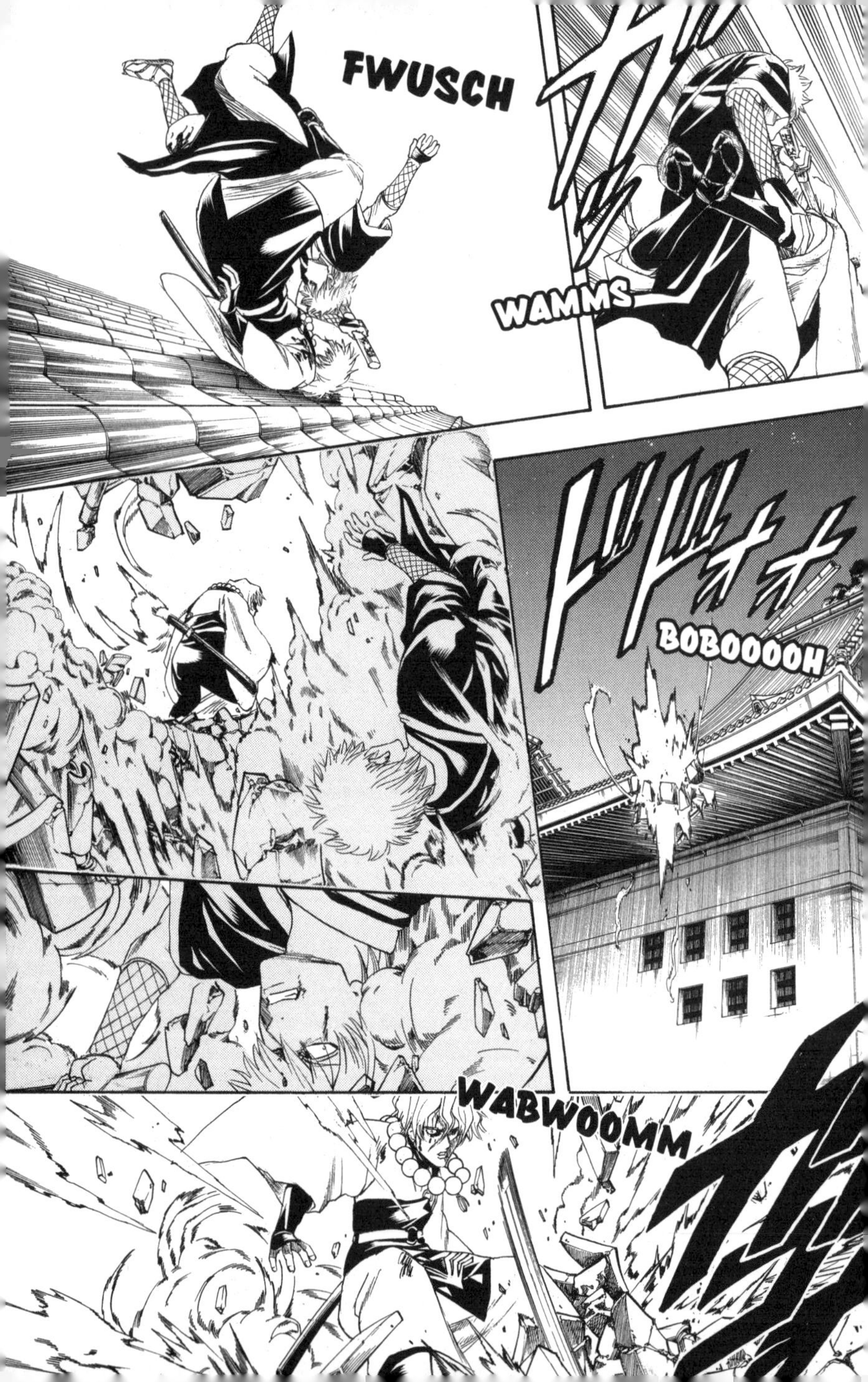
WAMMS
FWUSCH
BOBOOOOH
WABWOOMM

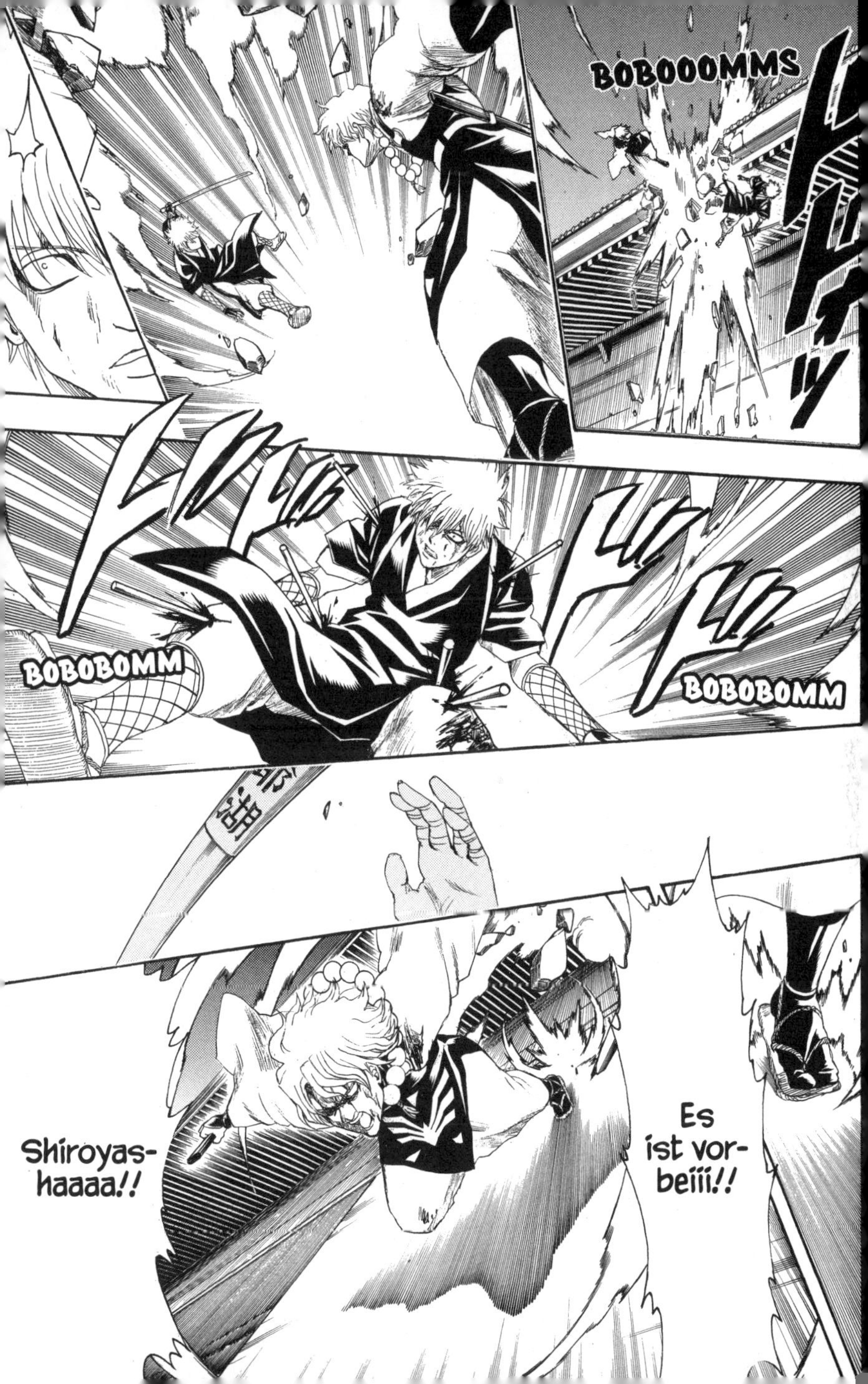
BOBOOOMMS
BOBOBOMM
BOBOBOMM
Es ist vor-beiii!!
Shiroyas-haaaa!!

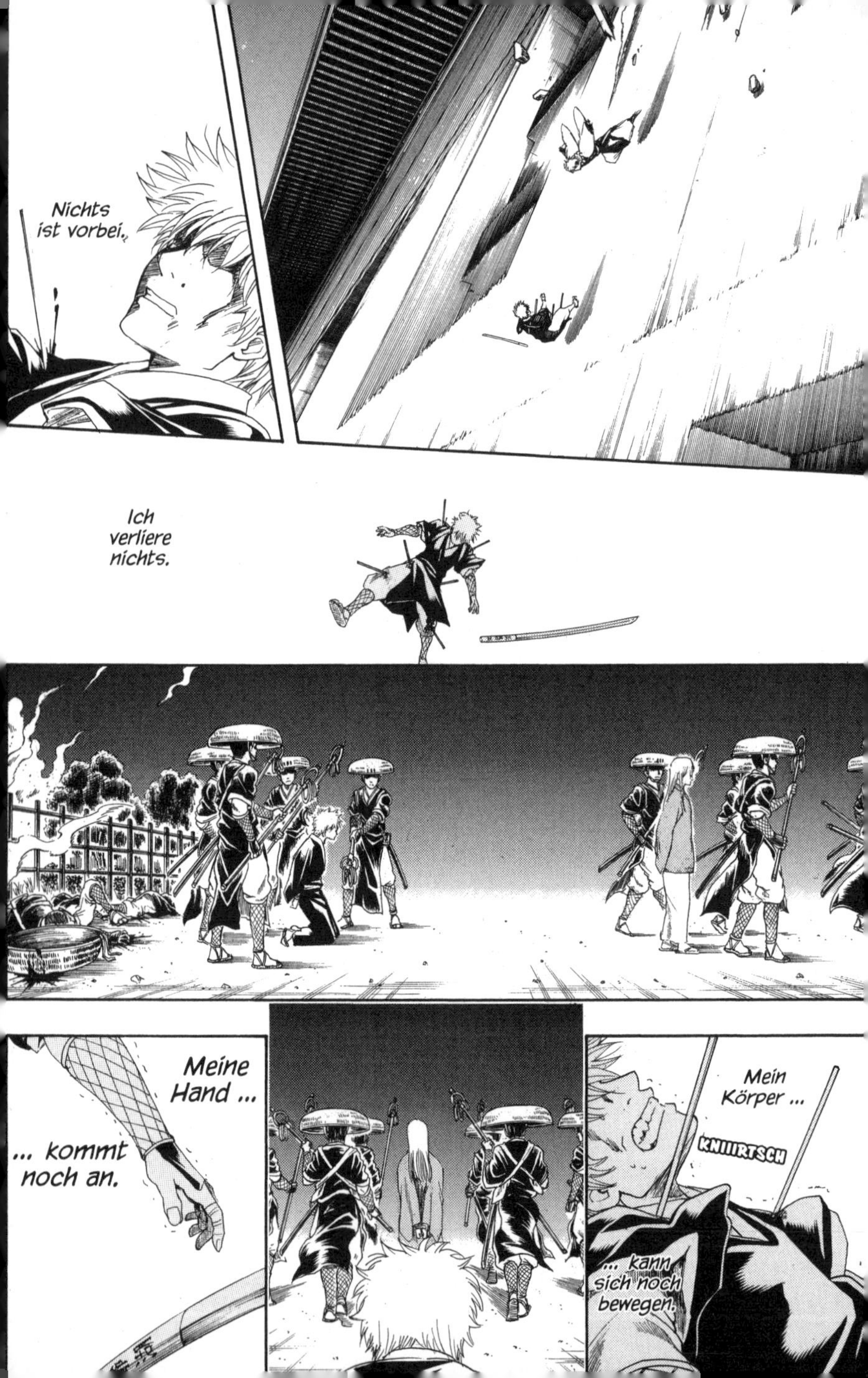

Nichts ist vorbei.
Ich verliere nichts.
Meine Hand ...
... kommt noch an.
Mein Körper ...
KNIIIRTSCH
... kann sich noch bewegen.

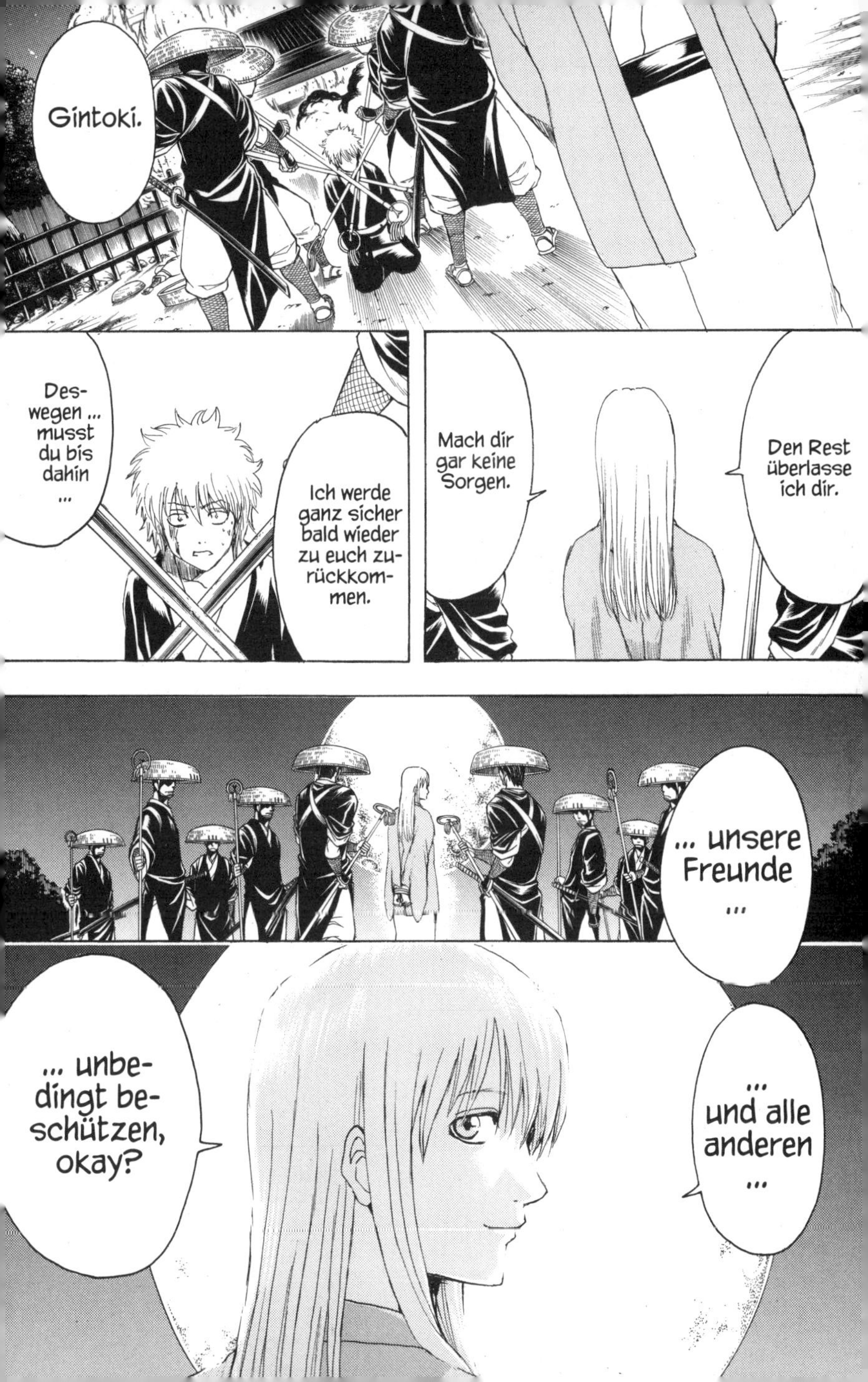
Gintoki.
Den Rest überlasse ich dir.
Mach dir gar keine Sorgen.
Ich werde ganz sicher bald wieder zu euch zurückkommen.
Deswegen ... musst du bis dahin ...
... unsere Freunde ...
... und alle anderen ...
... unbedingt beschützen, okay?

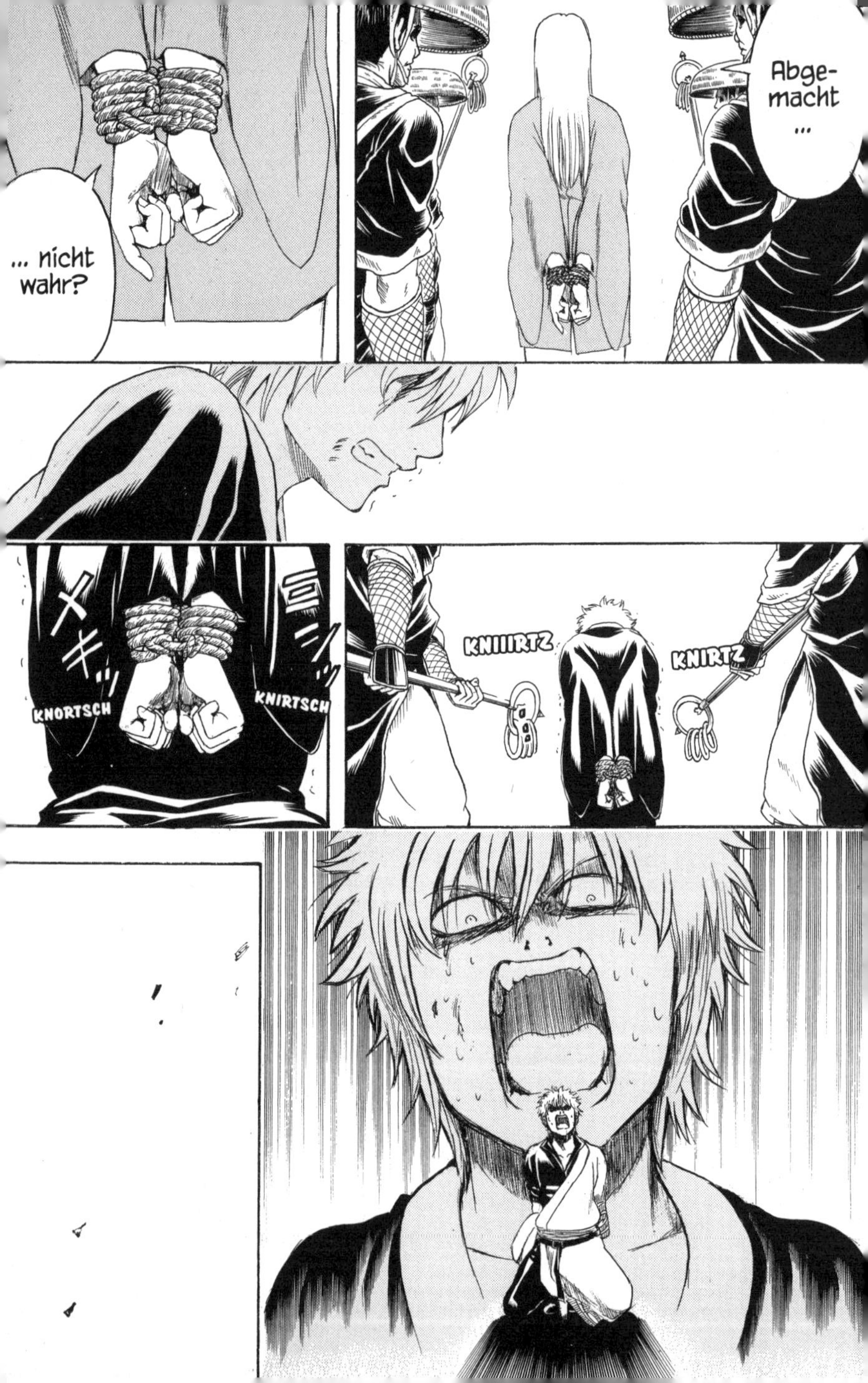

Abge-
macht
...
... nicht
wahr?
KNIIIRTZ
KNIRTZ
KNIRTSCH
KNORTSCH

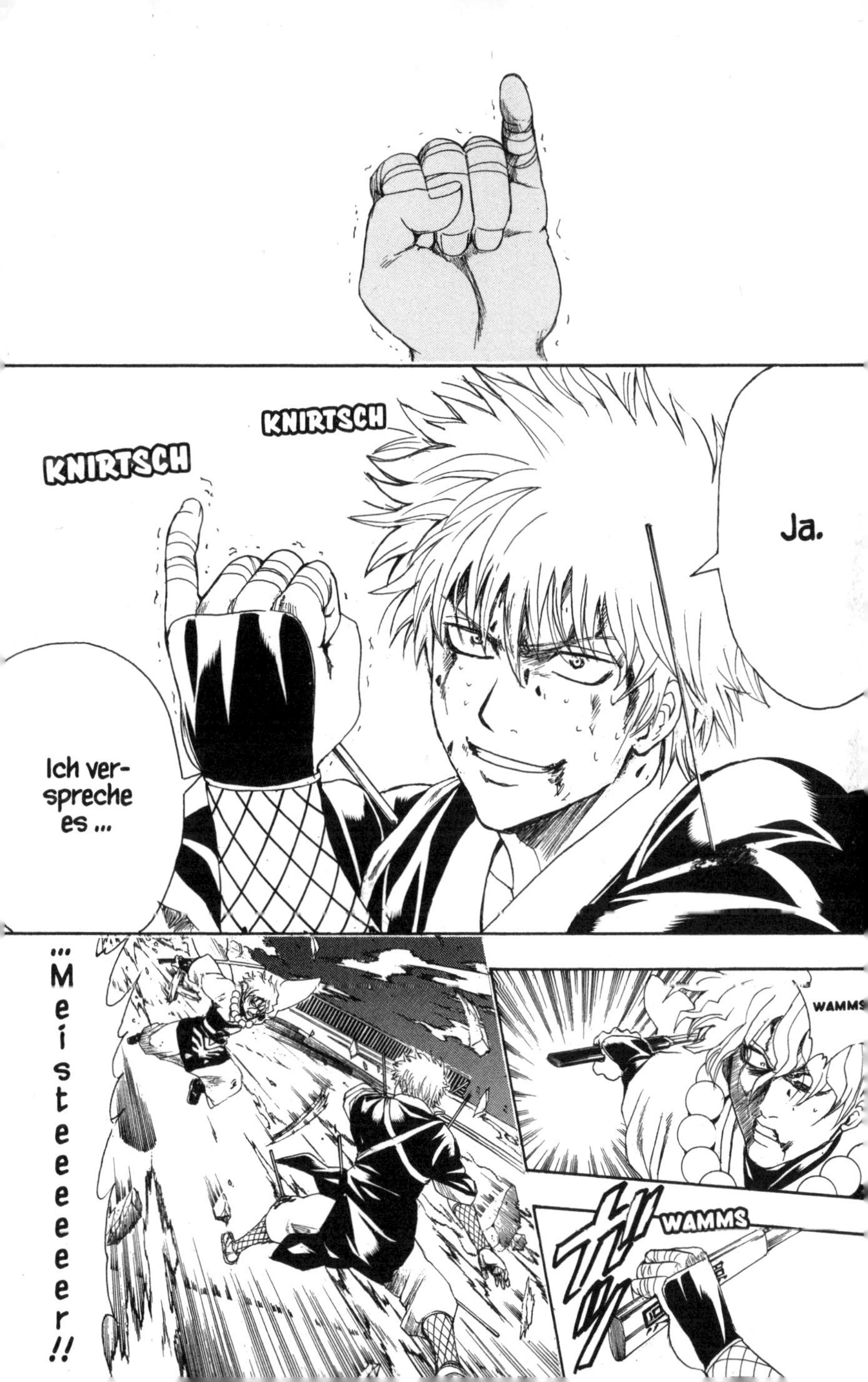
Ja.
KNIRTSCH
KNIRTSCH
Ich ver-
spreche
es ...
WAMMS
WAMMS
... Meisteeeeeeer!!

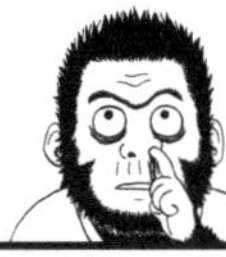

Sorachi auf Leser-Tuchfühlung Fragen-Corner 129

(Frage von »O Yamazakai, Yamazaki, warum bist du Yamazaki?« aus Chiba)

Guten Tag, Herr Sorachi! Ich habe eine Frage. Tama-san spricht alle in ihrem Umfeld immer mit Soundso-sama an. Wie z.B. »Gintoki-sama« oder »Otose-sama«. Aber in Lektion 385 hat sie Yamazaki-san einfach als »Yamazaki-san« angesprochen. Warum hat sie denn nur bei ihm -san angehängt? Bitte verraten Sie mir das.

(Antwort)

Tama ist ein Roboter und daher sind für sie alle Menschen im Grunde ihre Herren. Einen Meister oder einen Herrn spricht man mit dem Suffix »-sama« an. Dann wiederum sind die Shinsengumi und so Feinde der Alles-Agentur. Sie sind für Tama also nichts als Steine am Wegesrand und dennoch verlangt es die Höflichkeit, dass man sie mit »-san« anspricht. Kurz gesagt: Yamazaki ist für Tama kaum mehr als ein Stein am Wegesrand.

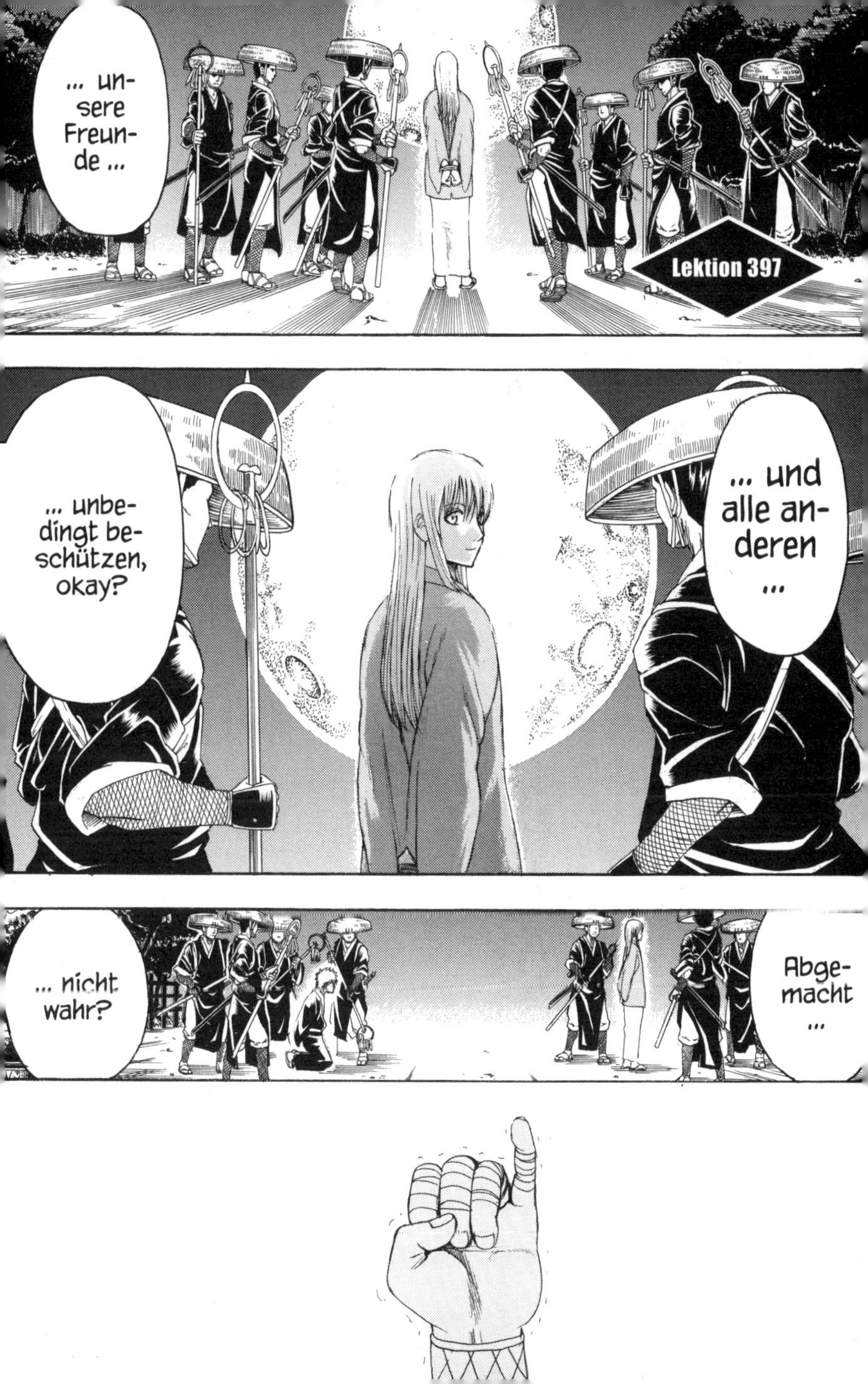
... unsere Freunde ...
Lektion 397
... und alle anderen ...
... unbedingt beschützen, okay?
Abgemacht ...
... nicht wahr?

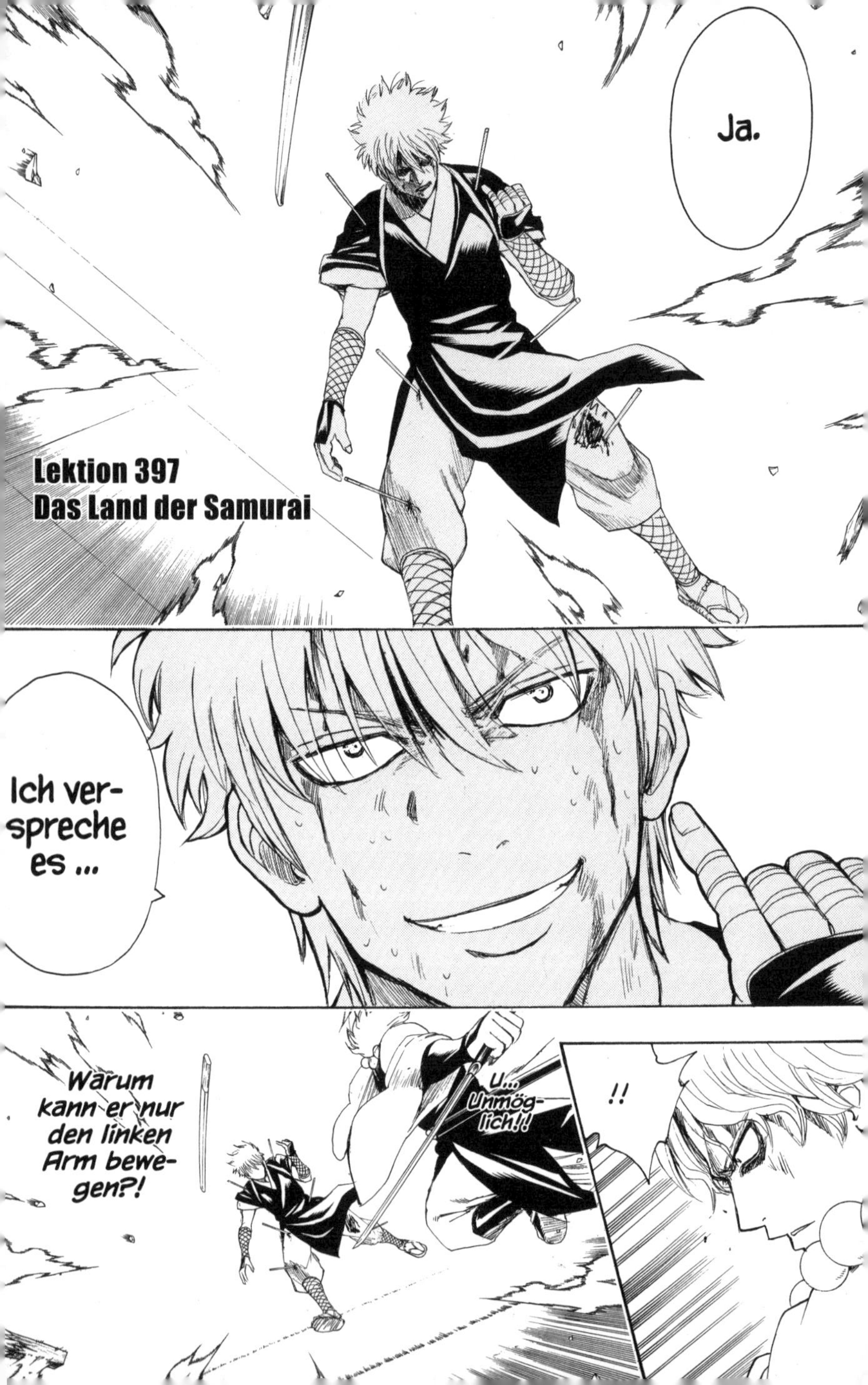
Ja.
Lektion 397
Das Land der Samurai
Ich verspreche es ...
!!
U... Unmöglich!!
Warum kann er nur den linken Arm bewegen?!

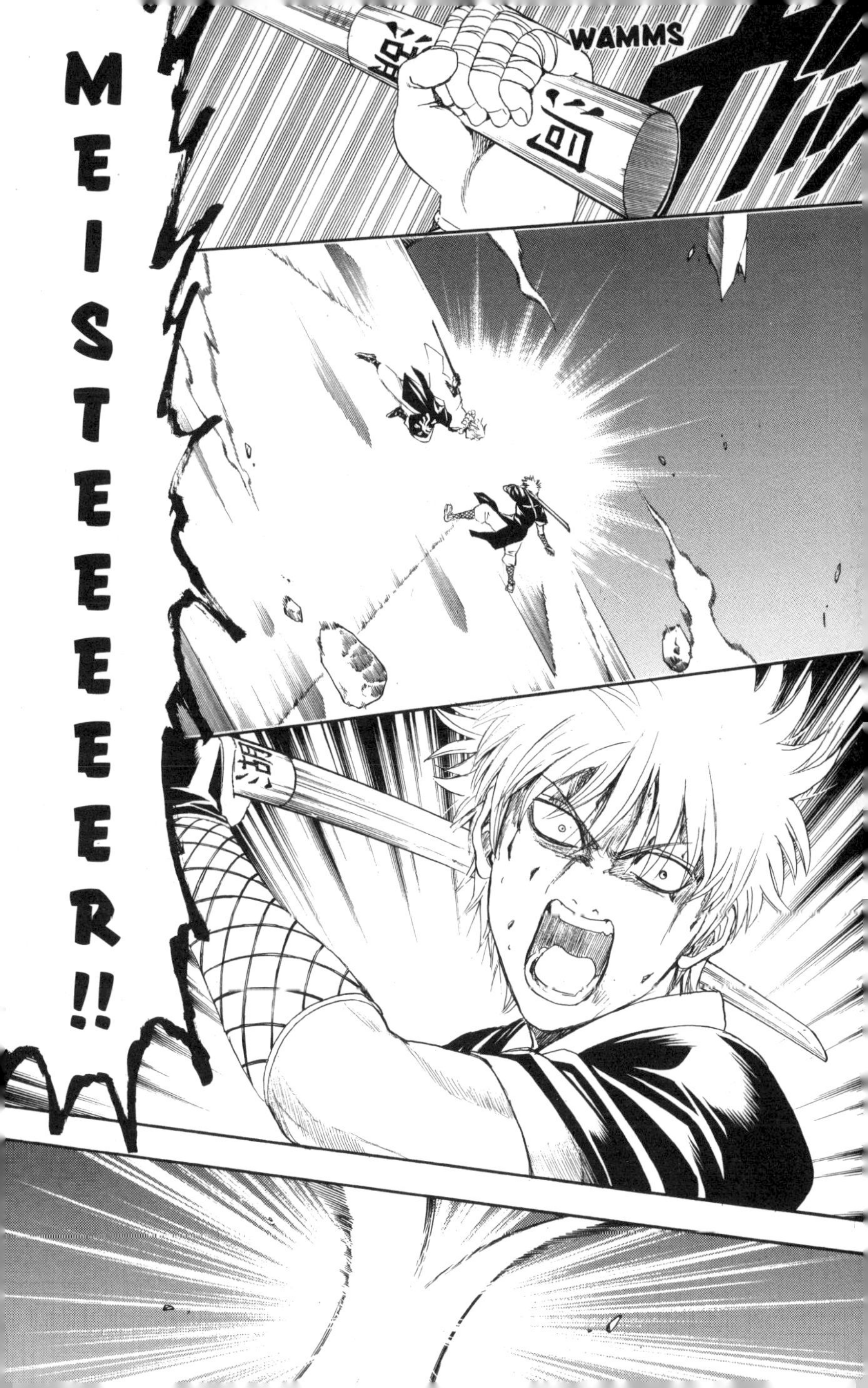
WAMMS
MEISTEEEEER!!

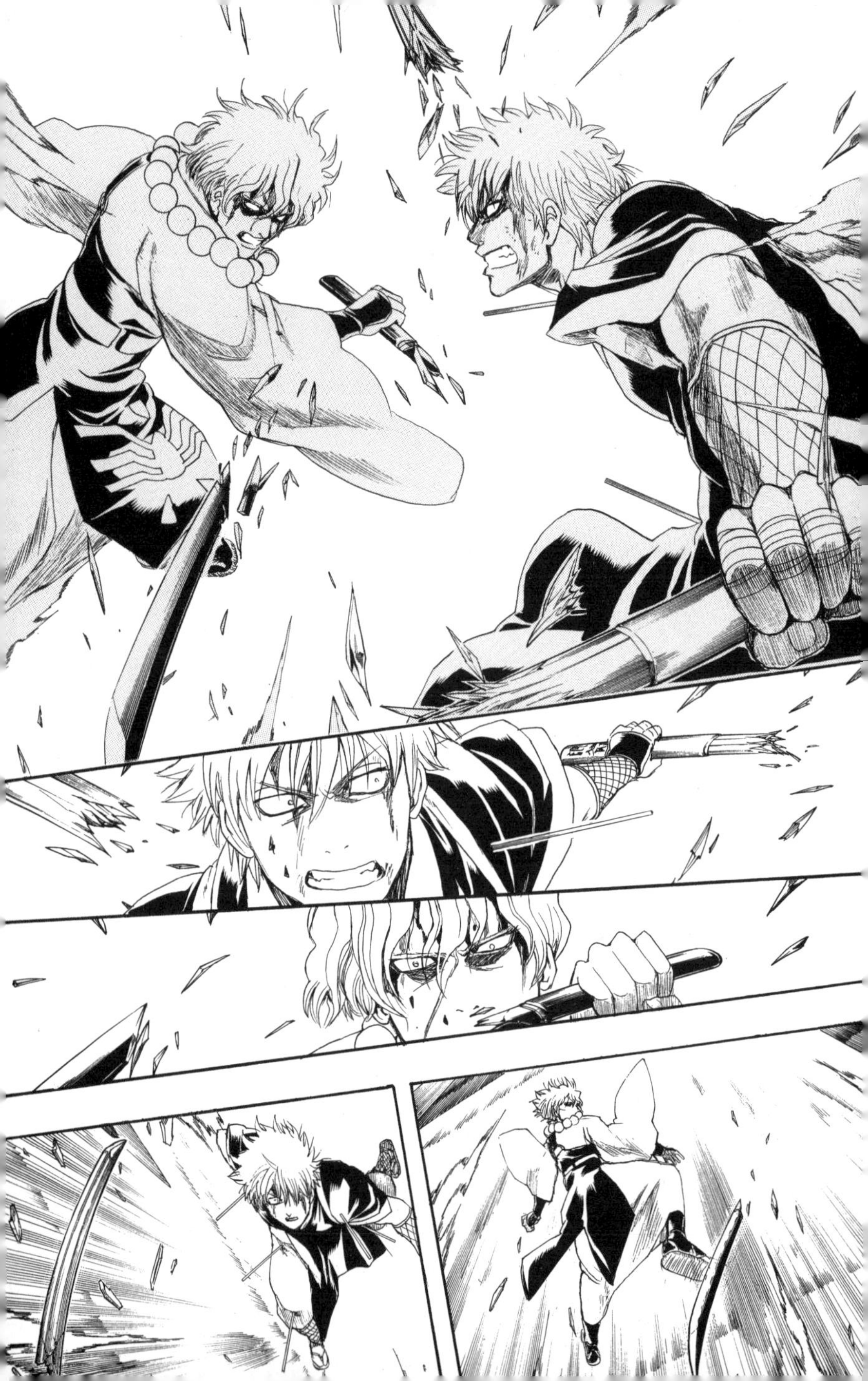

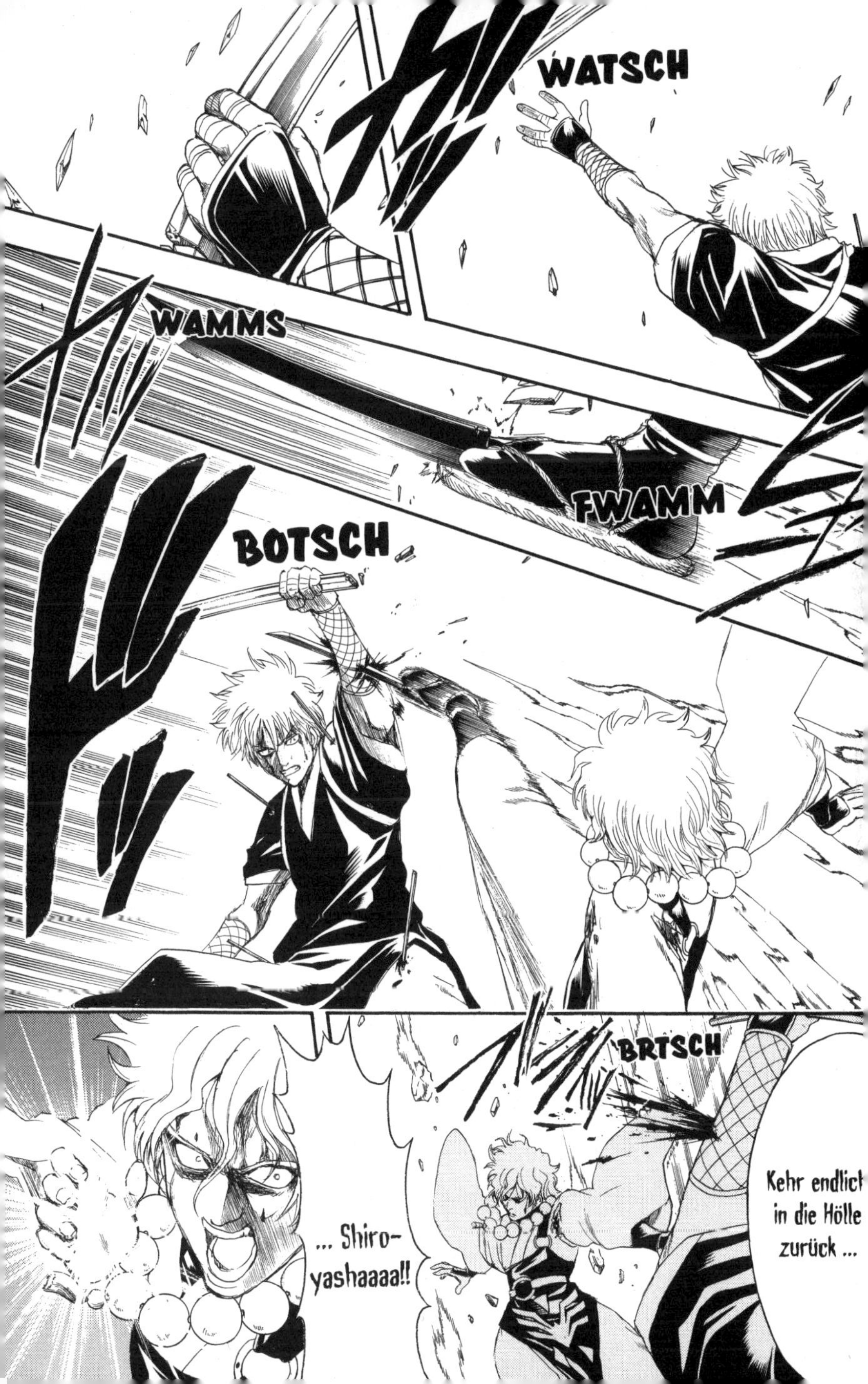
WATSCH
WAMMS
FWAMM
BOTSCH
BRTSCH
Kehr endlich in die Hölle zurück ...
... Shiro-yashaaaa!!

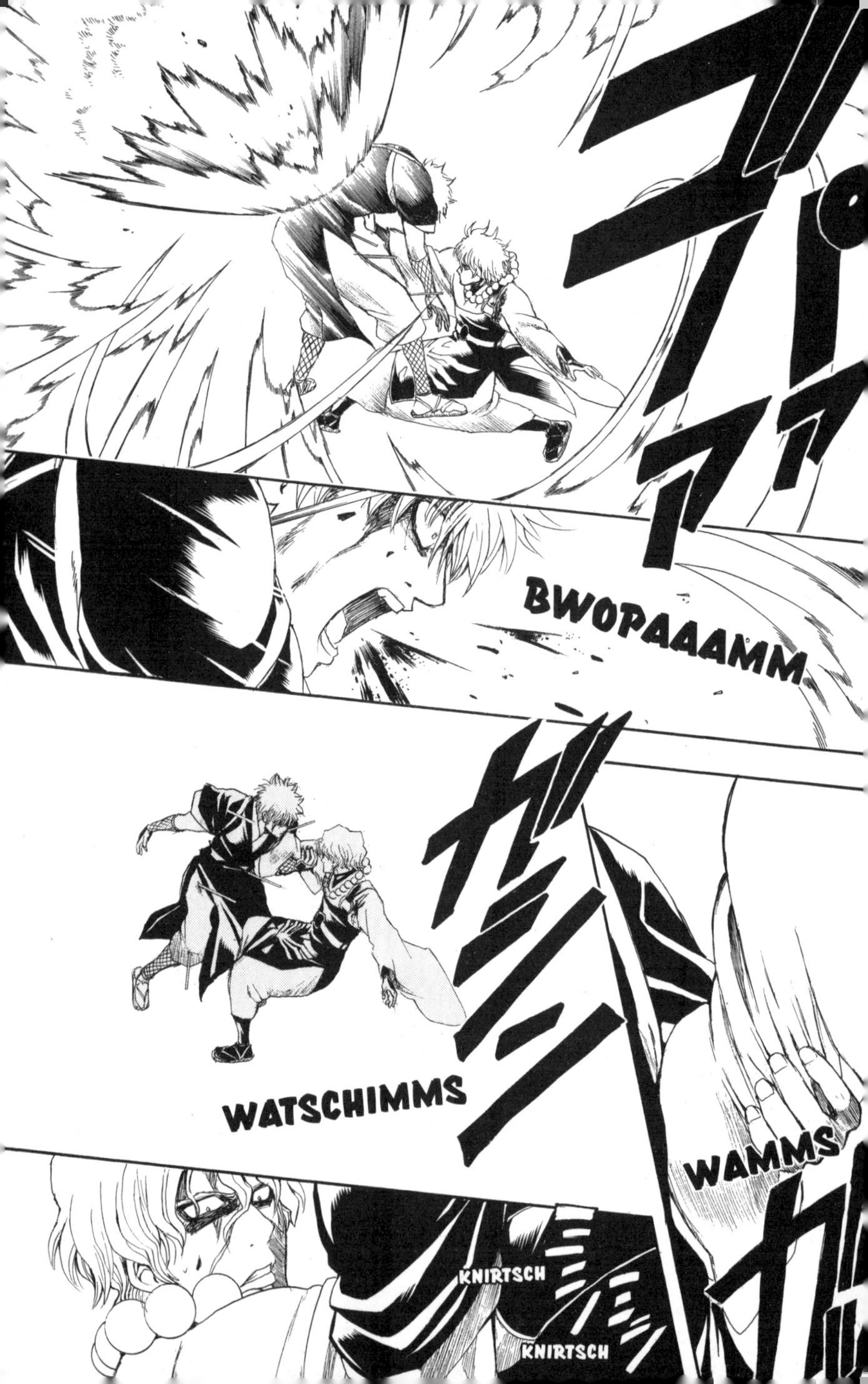
BWOPAAAAMM
WATSCHIMMS
WAMMS
KNIRTSCH
KNIRTSCH

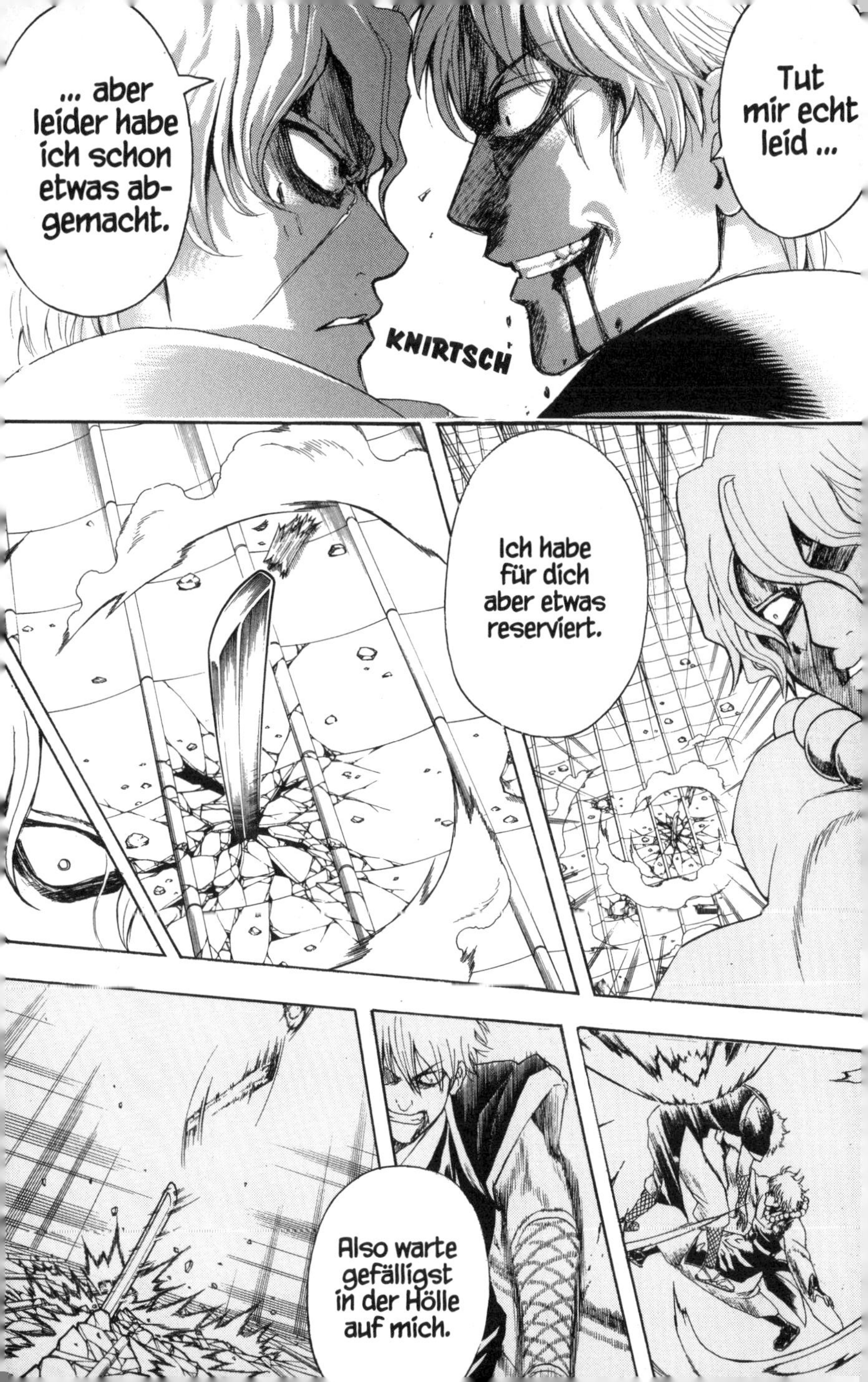
Tut mir echt leid ...
... aber leider habe ich schon etwas abgemacht.
KNIRTSCH
Ich habe für dich aber etwas reserviert.
Also warte gefälligst in der Hölle auf mich.

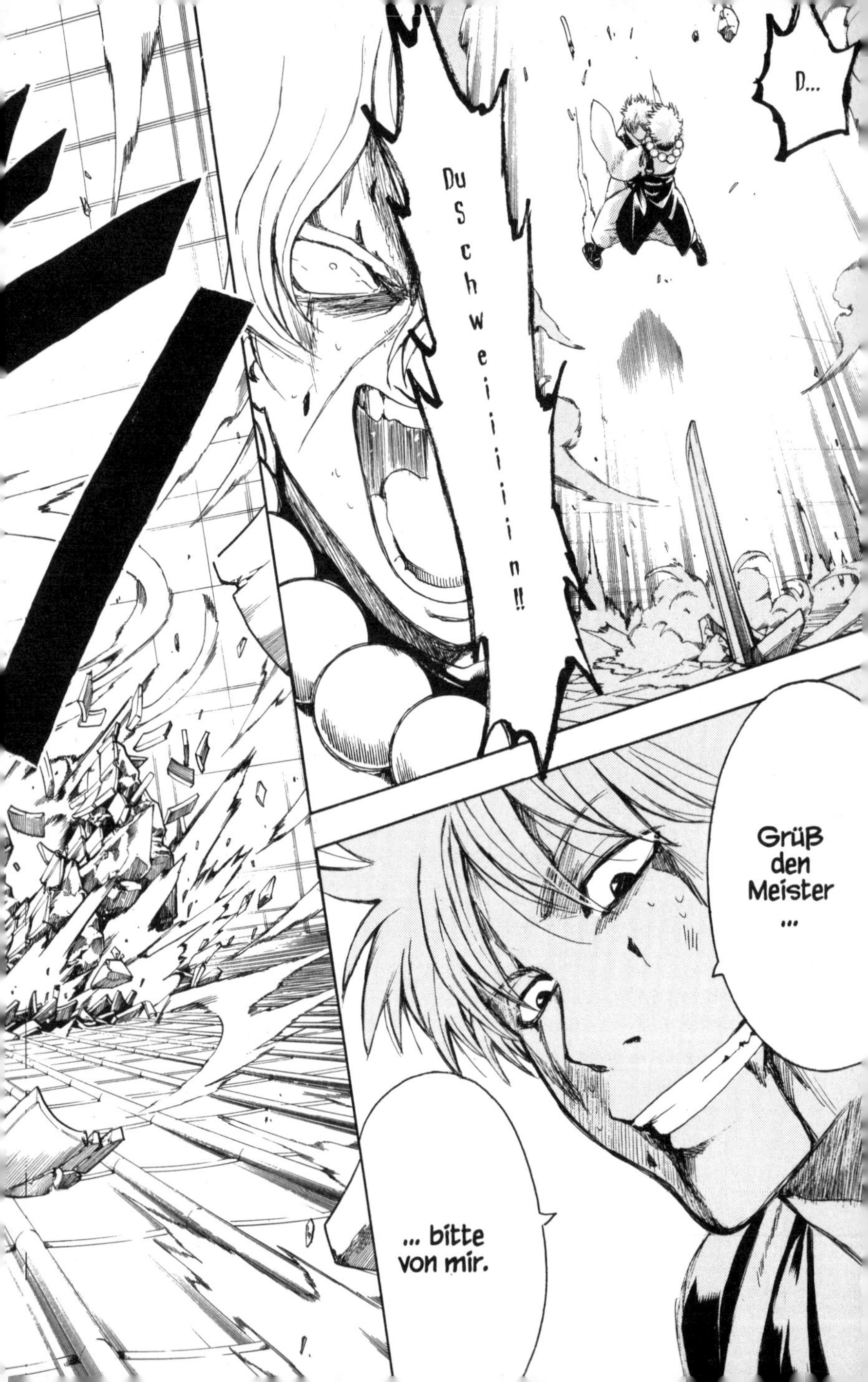
D...
Du Schweiiiiiin!!
Grüß den Meister ...
... bitte von mir.

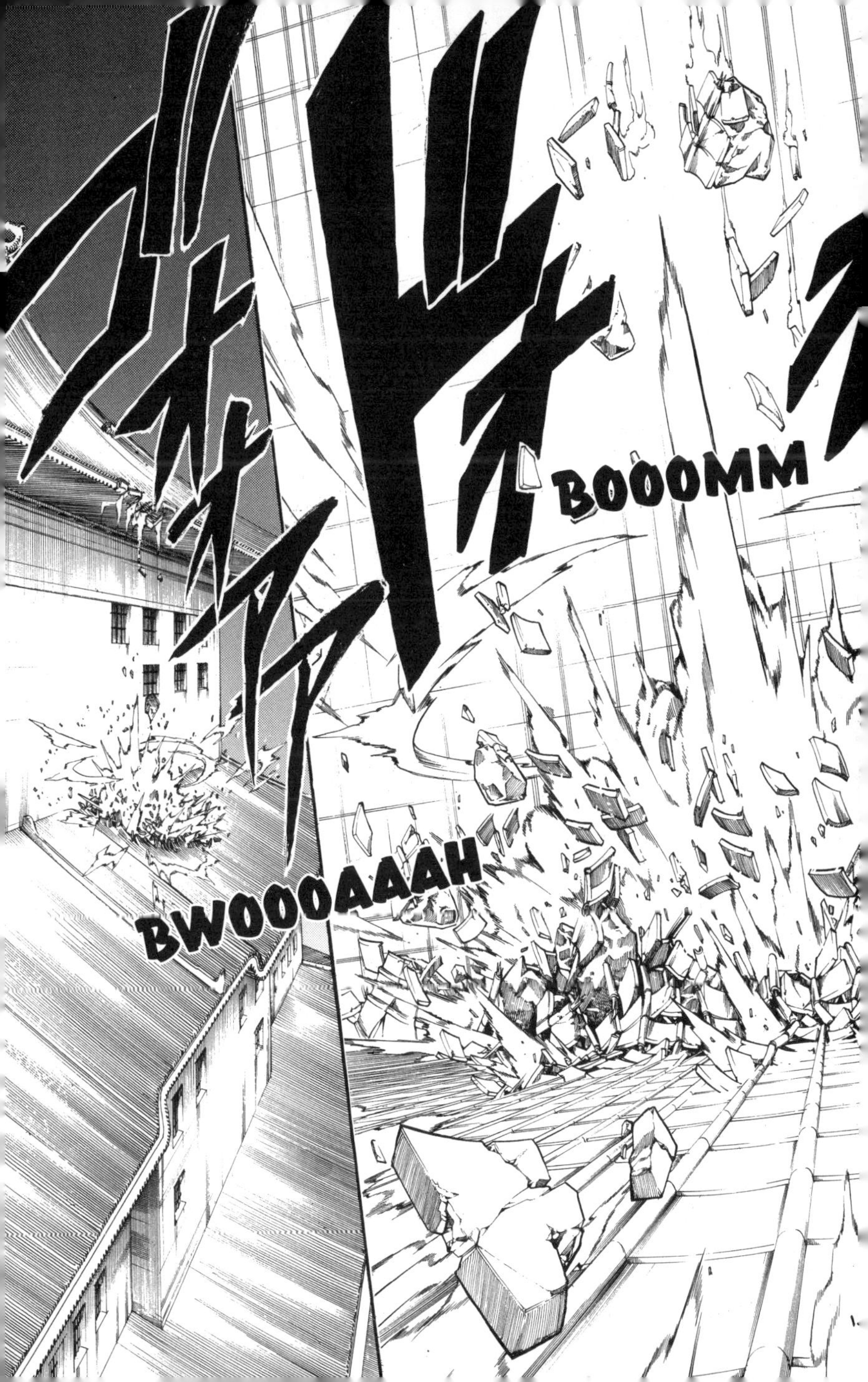
BOOOMM
BWOOOAAAH

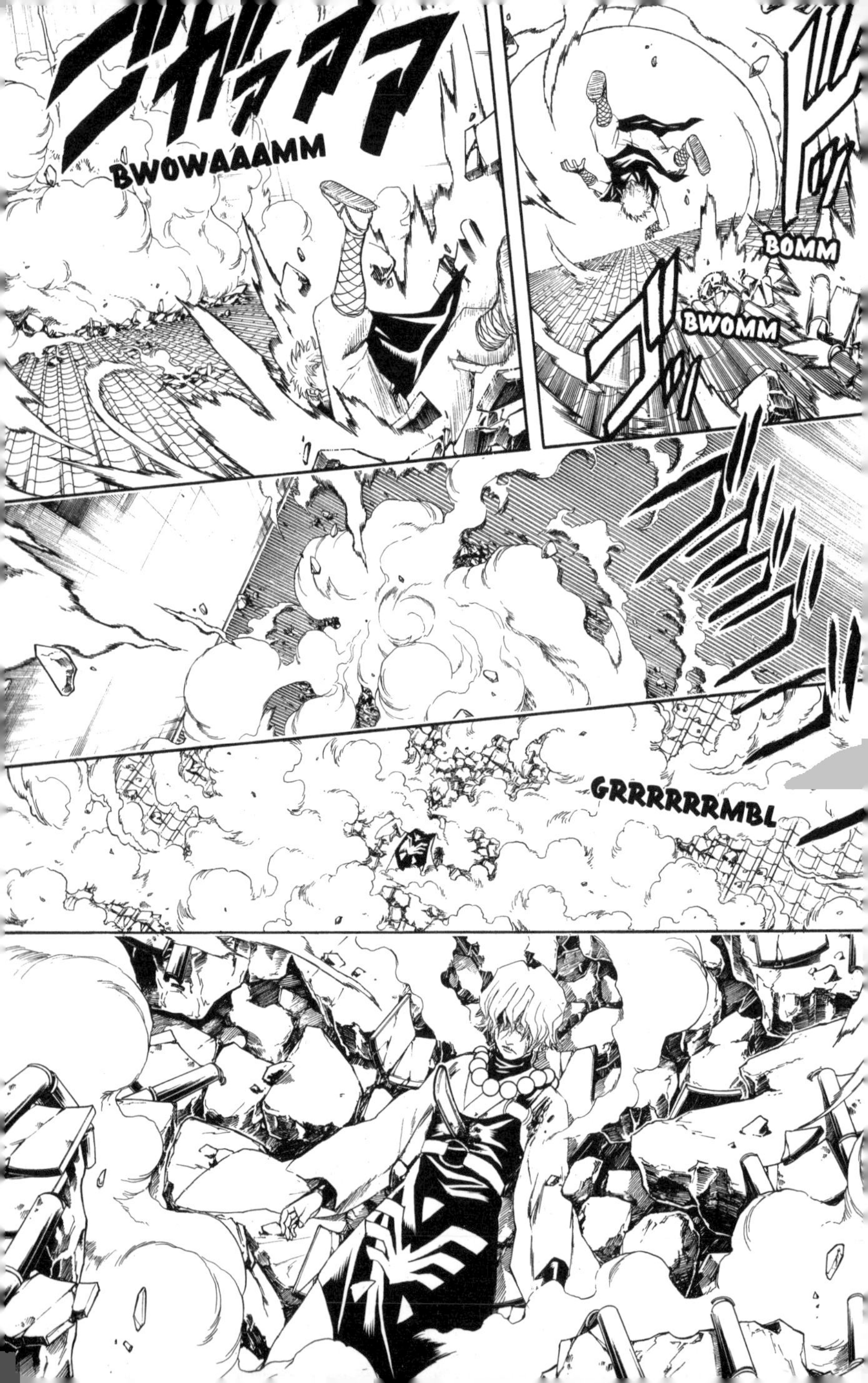
BOMM
BWOMM
BWOWAAAMM
GRRRRRRMBL

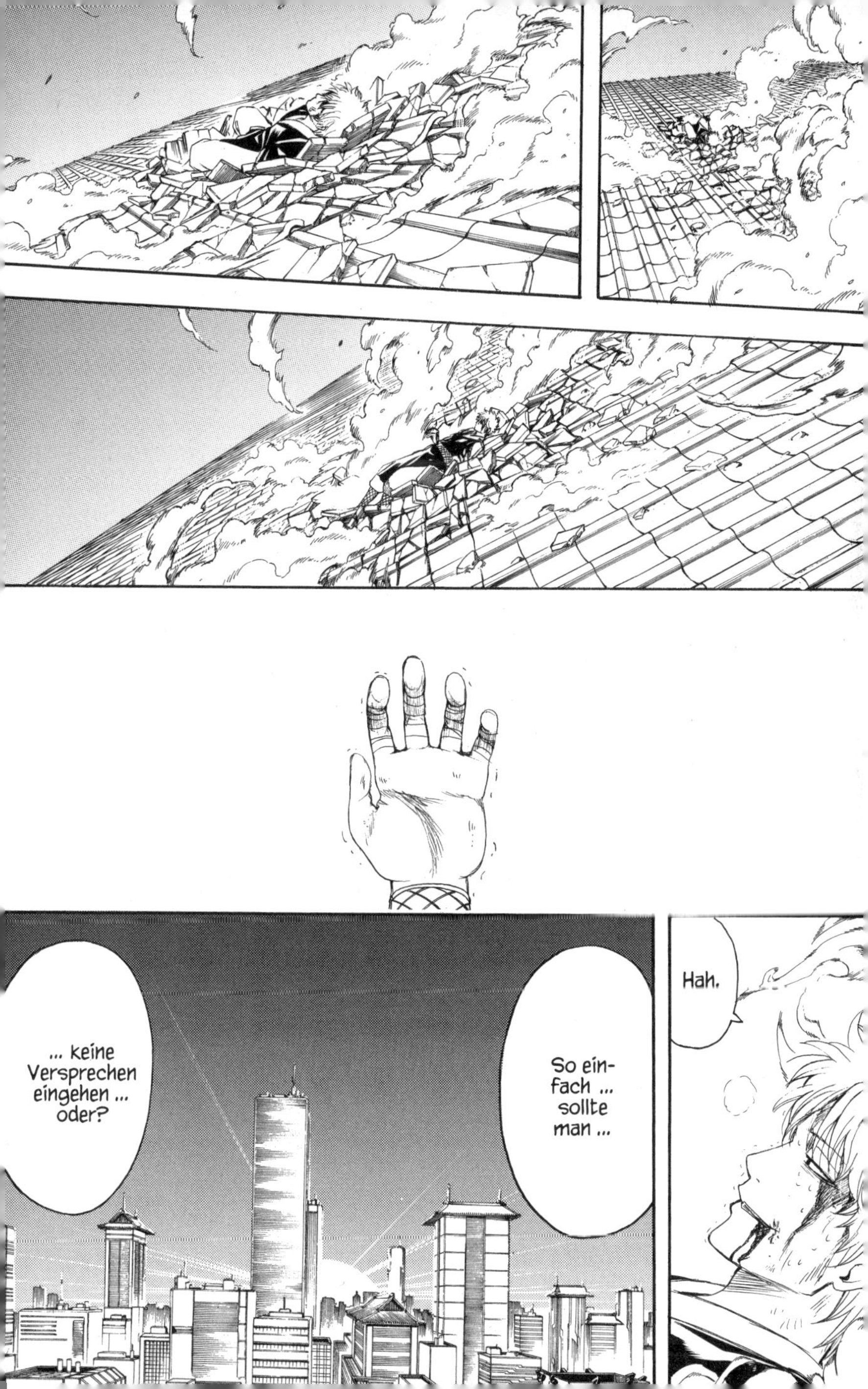
Hah.
So ein-
fach ...
... sollte
man ...
... keine
Versprechen
eingehen ...
oder?

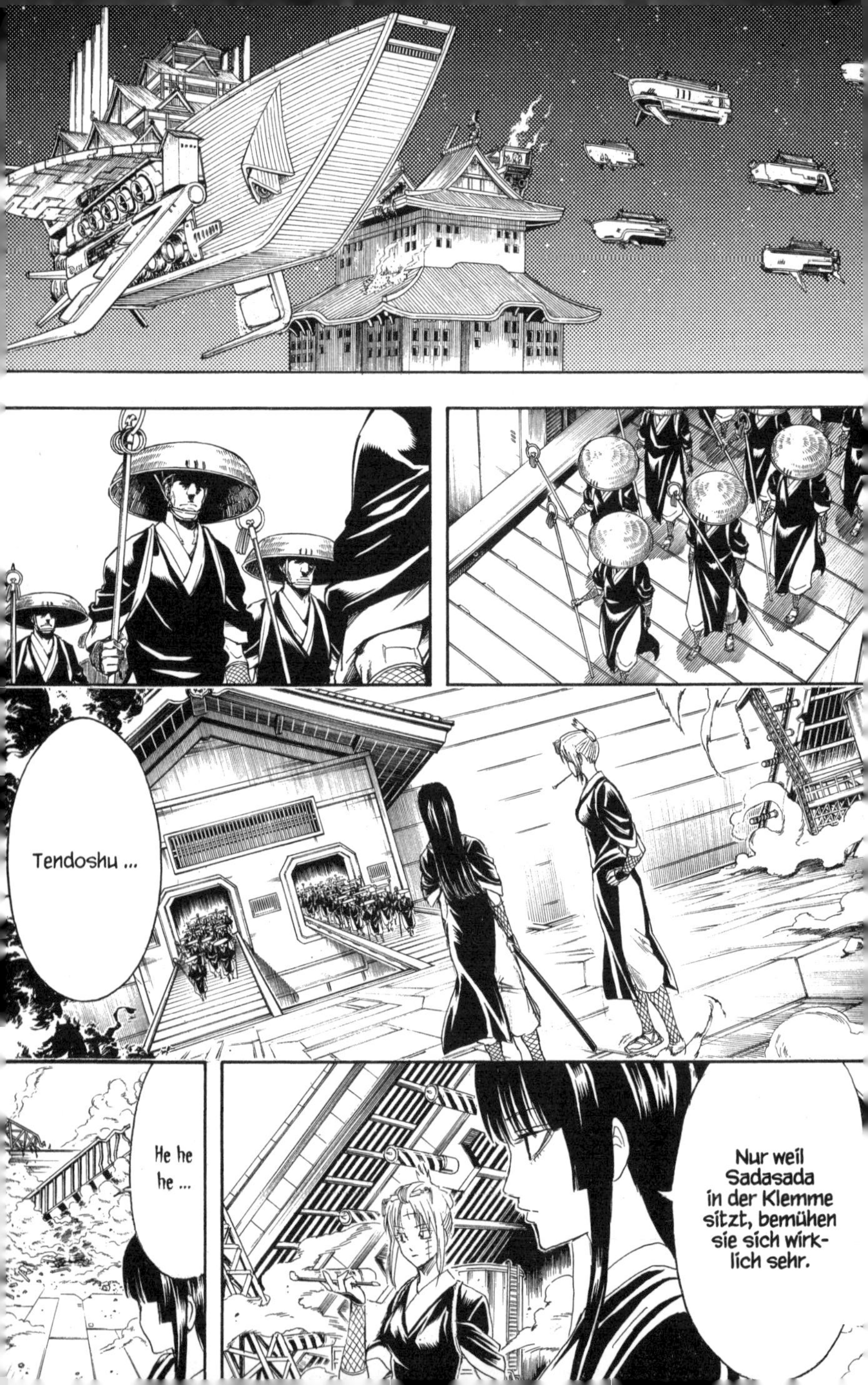
Tendoshu ...
Nur weil Sadasada in der Klemme sitzt, bemühen sie sich wirklich sehr.
He he he ...

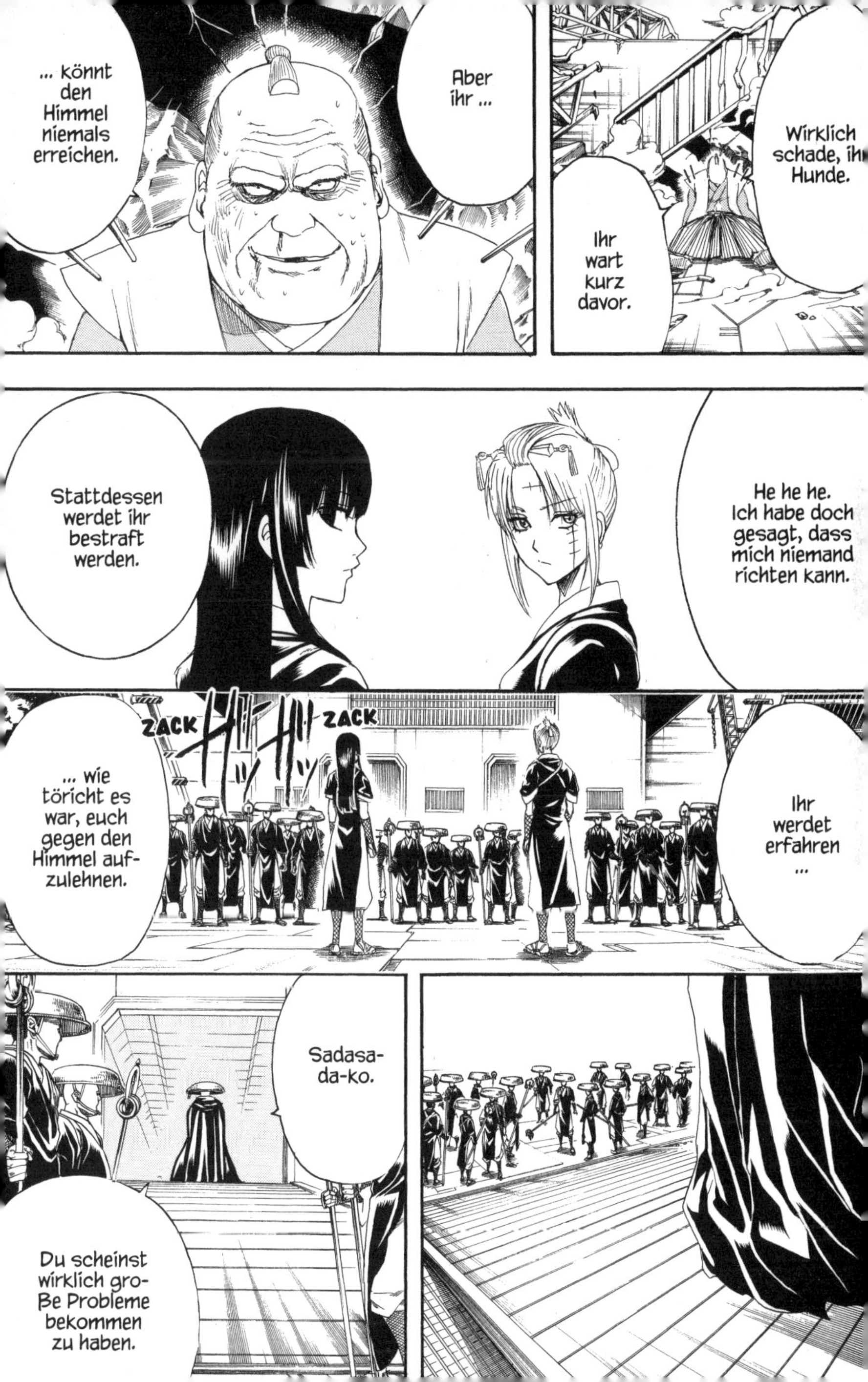
Wirklich schade, ih
Hunde.
Ihr wart kurz davor.
Aber ihr ...
... könnt den Himmel niemals erreichen.
He he he. Ich habe doch gesagt, dass mich niemand richten kann.
Stattdessen werdet ihr bestraft werden.
ZACK
ZACK
Ihr werdet erfahren ...
... wie töricht es war, euch gegen den Himmel auf-zulehnen.
Sadasa-da-ko.
Du scheinst wirklich gro-ße Probleme bekommen zu haben.

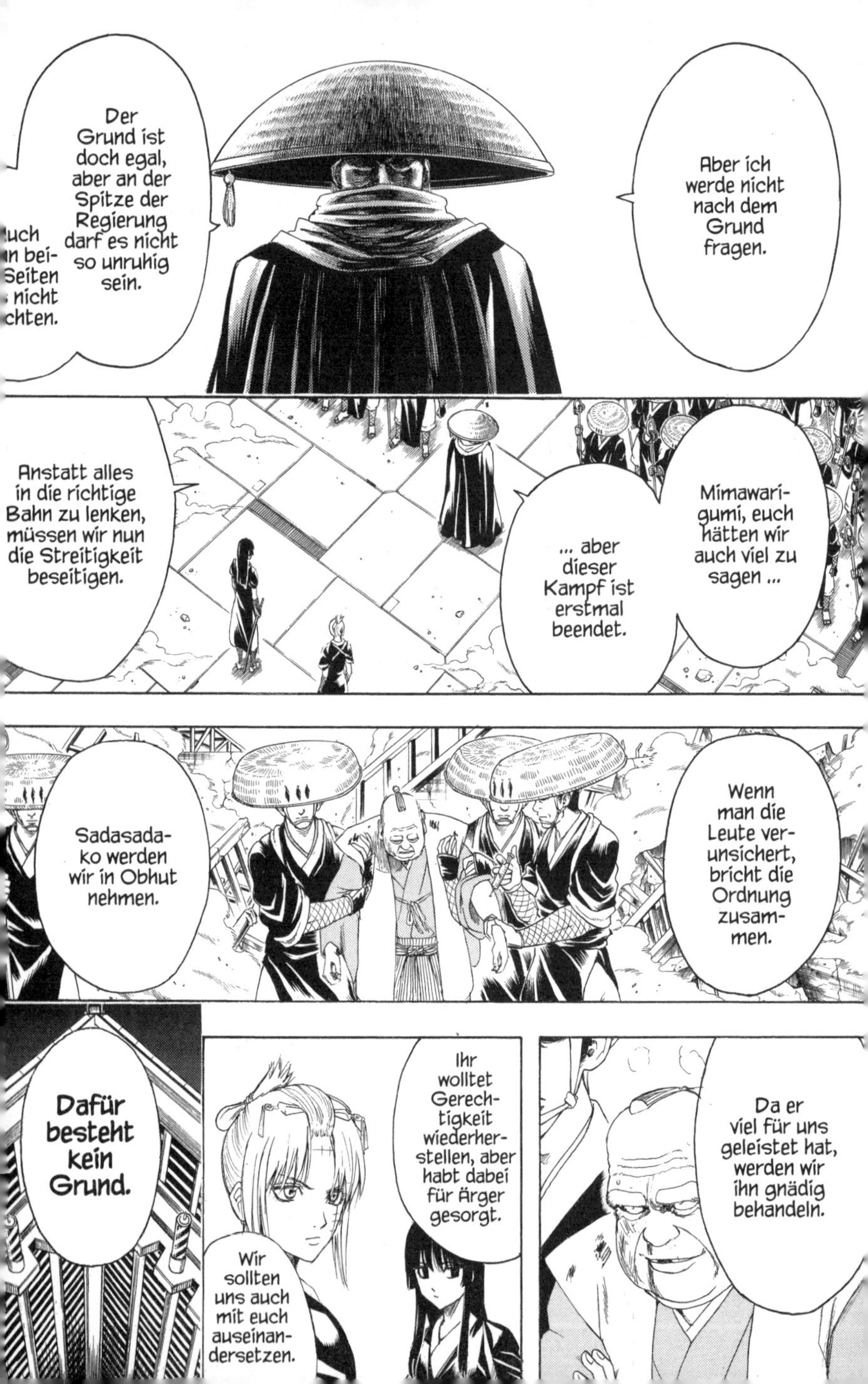

Aber ich werde nicht nach dem Grund fragen.
Der Grund ist doch egal, aber an der Spitze der Regierung darf es nicht so unruhig sein.
Mimawari-gumi, euch hätten wir auch viel zu sagen ...
... aber dieser Kampf ist erstmal beendet.
Anstatt alles in die richtige Bahn zu lenken, müssen wir nun die Streitigkeit beseitigen.
Wenn man die Leute verunsichert, bricht die Ordnung zusammen.
Sadasadako werden wir in Obhut nehmen.
Da er viel für uns geleistet hat, werden wir ihn gnädig behandeln.
Ihr wolltet Gerechtigkeit wiederherstellen, aber habt dabei für Ärger gesorgt.
Wir sollten uns auch mit euch auseinandersetzen.
Dafür besteht kein Grund.

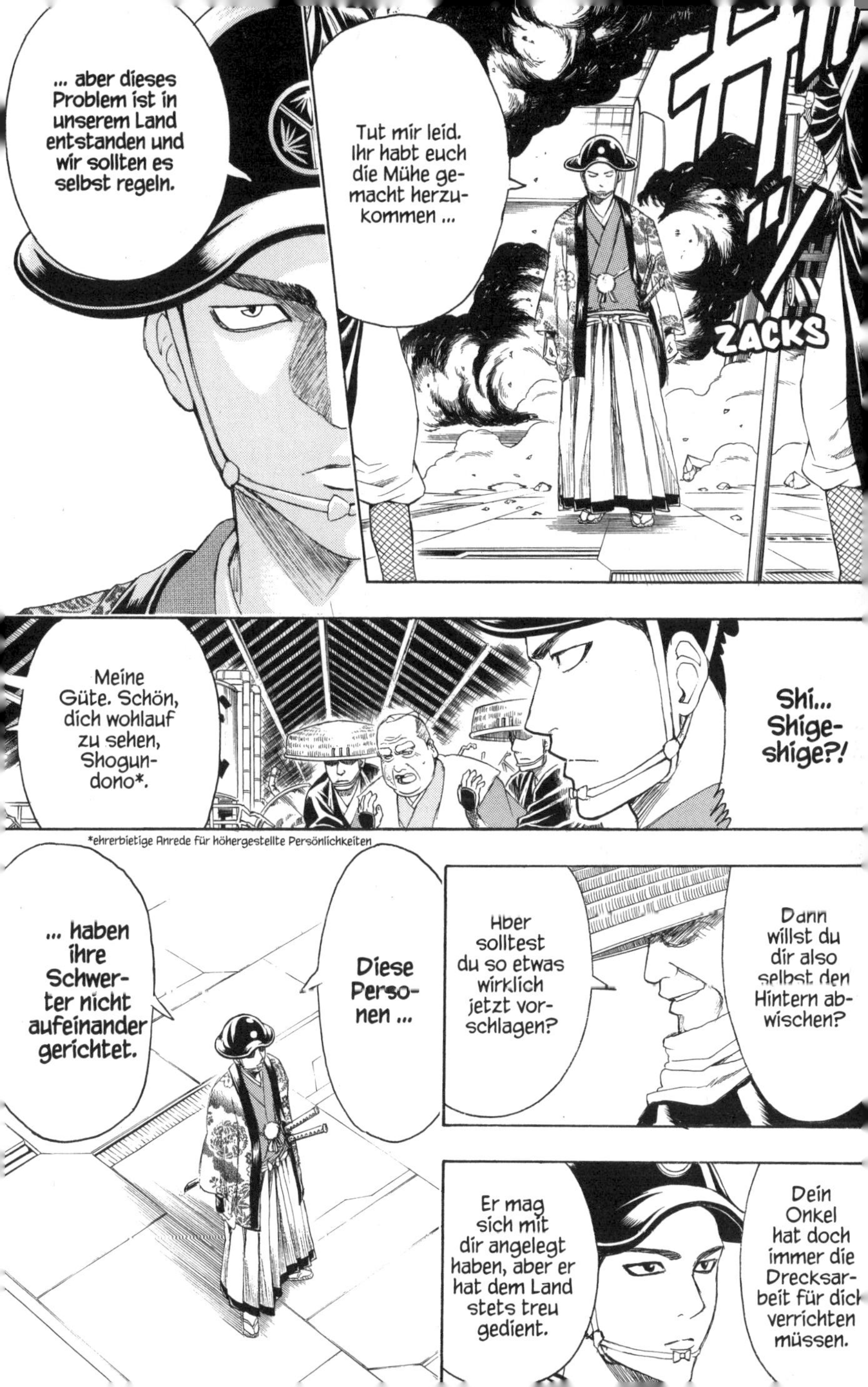

*ehrerbietige Anrede für höhergestellte Persönlichkeiten

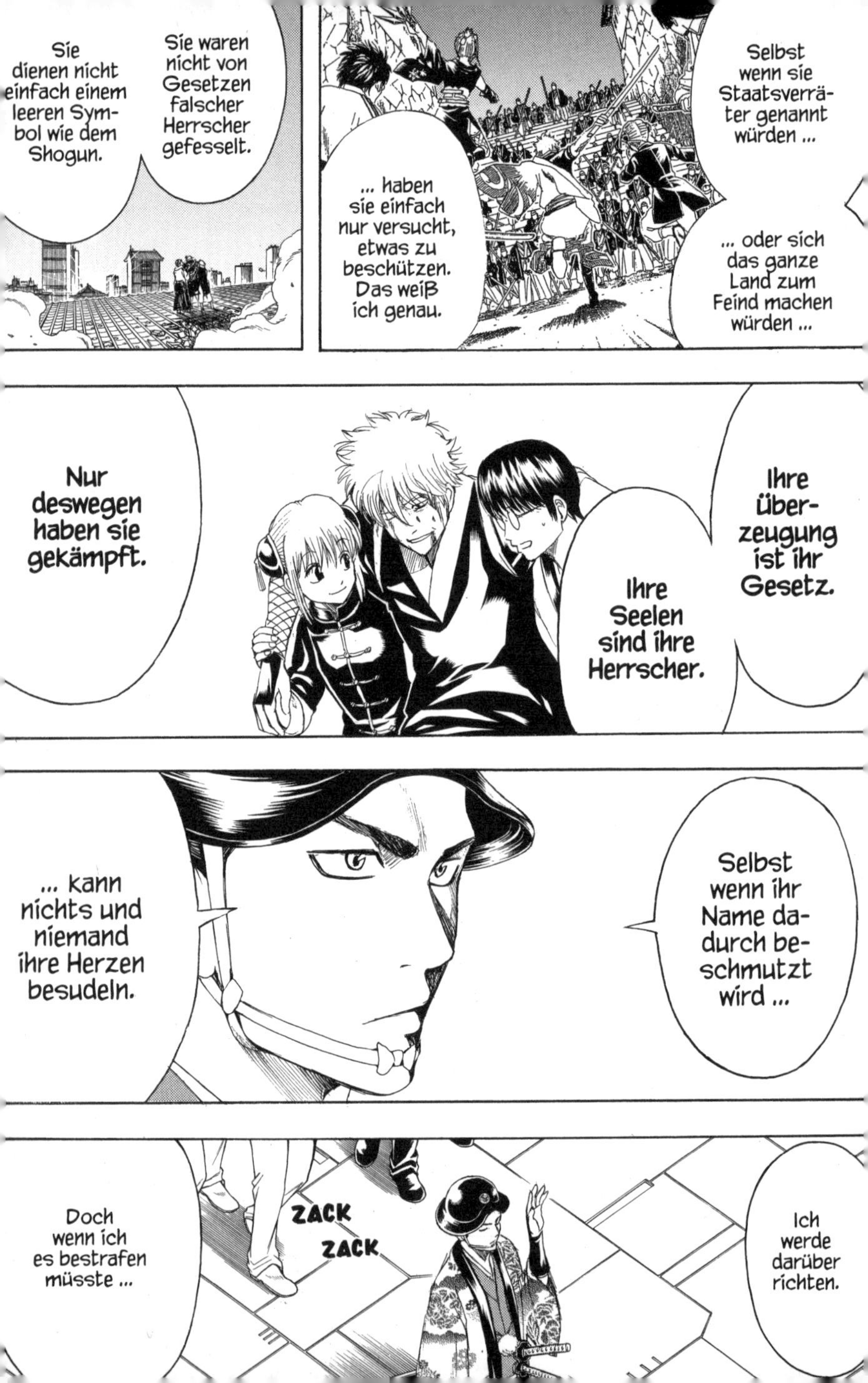
Selbst wenn sie Staatsverräter genannt würden ...
... oder sich das ganze Land zum Feind machen würden ...
... haben sie einfach nur versucht, etwas zu beschützen. Das weiß ich genau.
Sie waren nicht von Gesetzen falscher Herrscher gefesselt.
Sie dienen nicht einfach einem leeren Symbol wie dem Shogun.
Ihre Überzeugung ist ihr Gesetz.
Ihre Seelen sind ihre Herrscher.
Nur deswegen haben sie gekämpft.
Selbst wenn ihr Name dadurch beschmutzt wird ...
... kann nichts und niemand ihre Herzen besudeln.
Ich werde darüber richten.
ZACK
ZACK
Doch wenn ich es bestrafen müsste ...

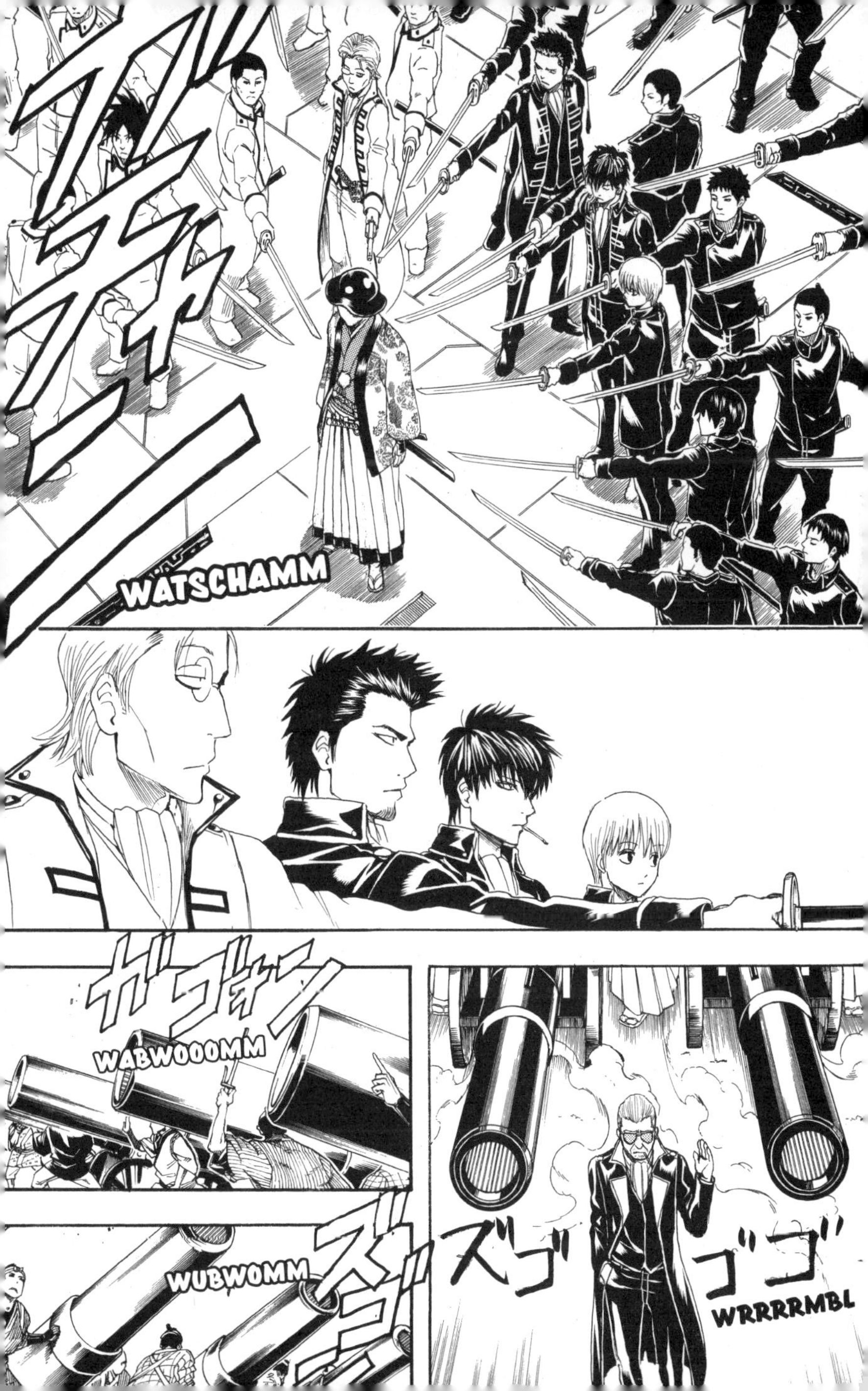
WATSCHAMM
WABWOOOMM
WUBWOMM
WRRRRMBL

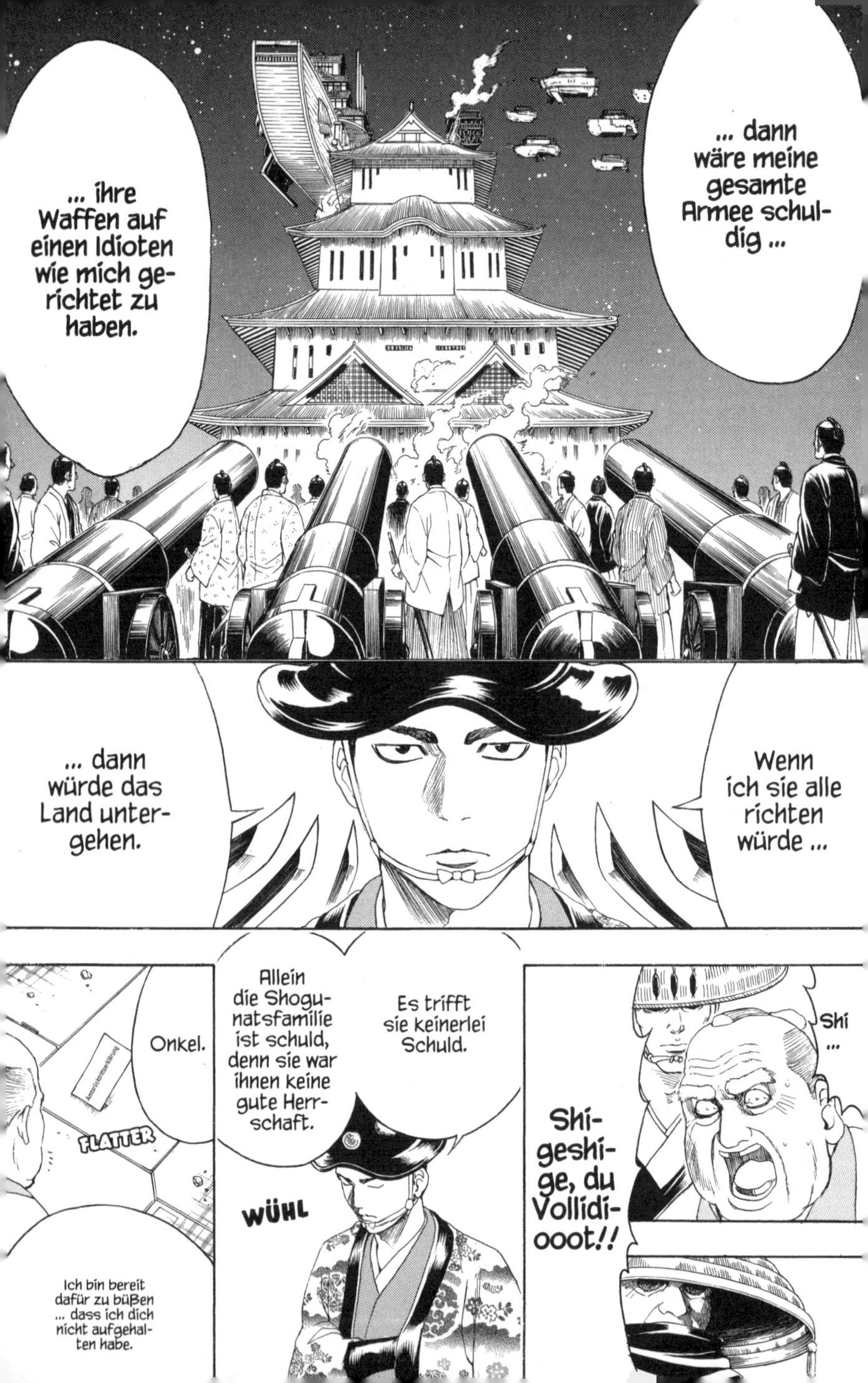
... dann wäre meine gesamte Armee schuldig ...
... ihre Waffen auf einen Idioten wie mich gerichtet zu haben.
Wenn ich sie alle richten würde ...
... dann würde das Land untergehen.
Shi ...
Shigeshige, du Vollidiooot!!
Es trifft sie keinerlei Schuld.
Allein die Shogunatsfamilie ist schuld, denn sie war ihnen keine gute Herrschaft.
WÜHL
Onkel.
FLATTER
Ich bin bereit dafür zu büßen ... dass ich dich nicht aufgehalten habe.

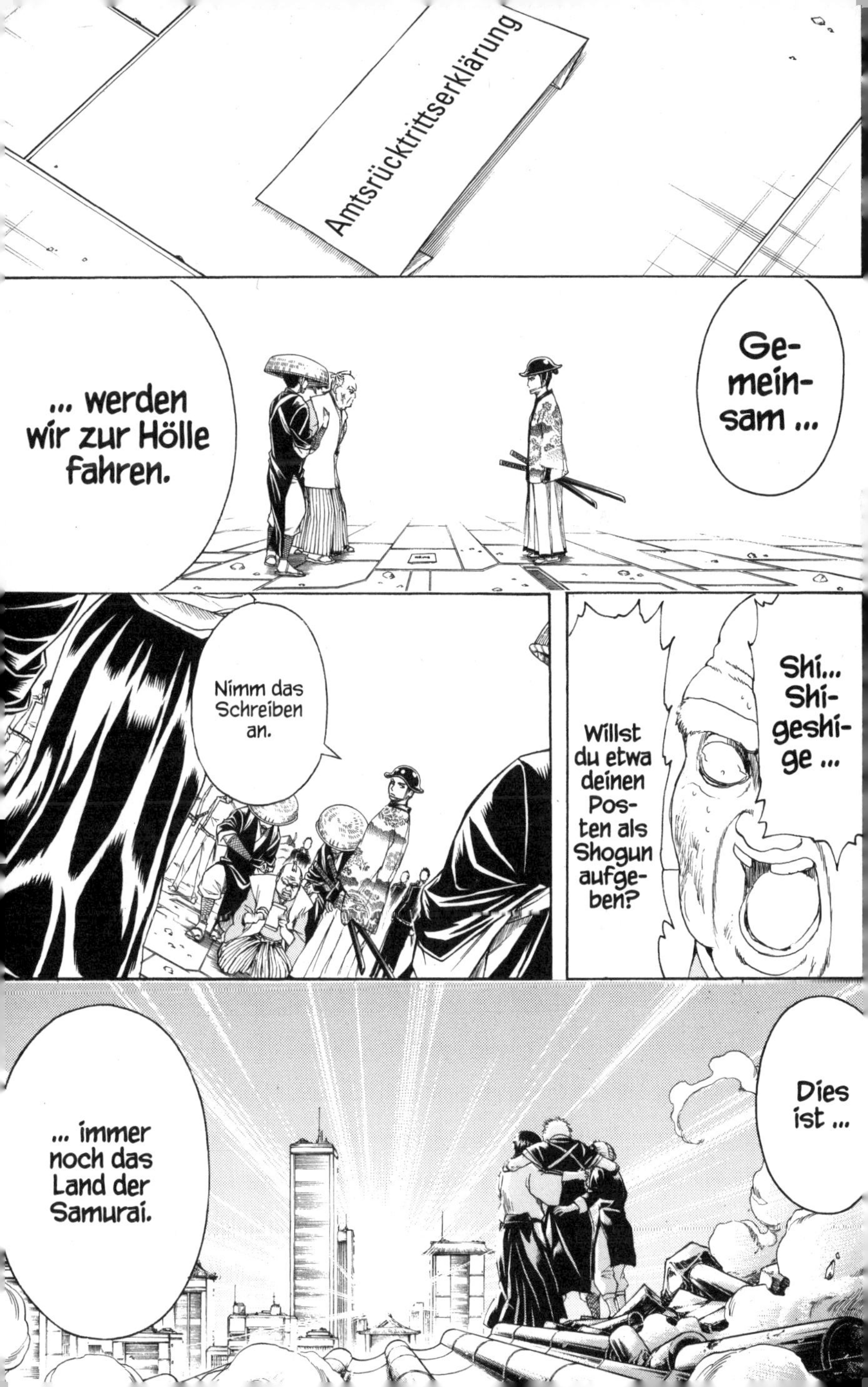
Amtsrücktrittserklärung
Gemeinsam ...
... werden wir zur Hölle fahren.
Shi... Shigeshige ...
Willst du etwa deinen Posten als Shogun aufgeben?
Nimm das Schreiben an.
Dies ist ...
... immer noch das Land der Samurai.

GIN TAMA

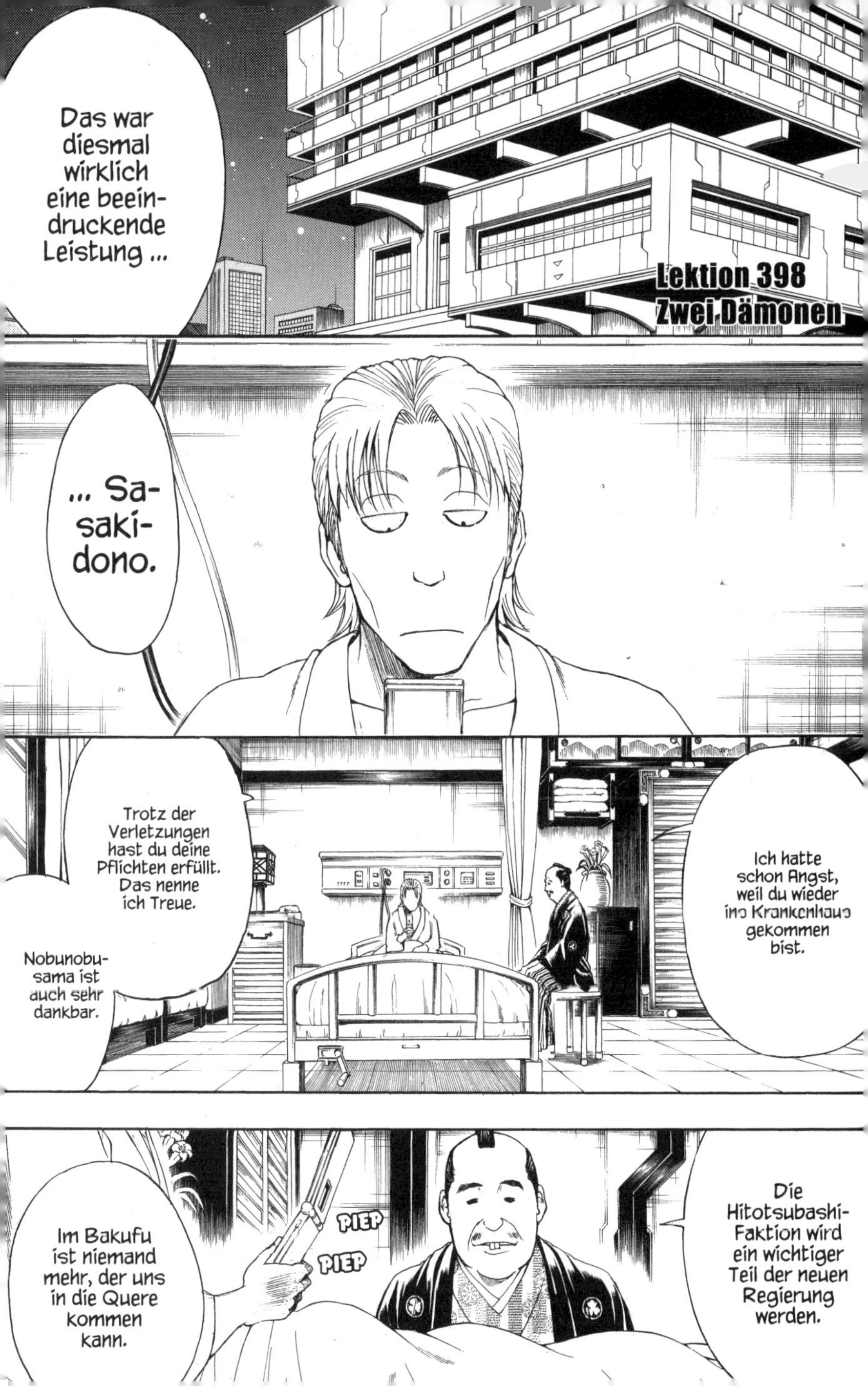
Lektion 398
Zwei Dämonen
Das war diesmal wirklich eine beeindruckende Leistung ...
... Sasaki-dono.
Ich hatte schon Angst, weil du wieder ins Krankenhaus gekommen bist.
Trotz der Verletzungen hast du deine Pflichten erfüllt. Das nenne ich Treue.
Nobunobu-sama ist auch sehr dankbar.
Die Hitotsubashi-Faktion wird ein wichtiger Teil der neuen Regierung werden.
PIEP
PIEP
Im Bakufu ist niemand mehr, der uns in die Quere kommen kann.

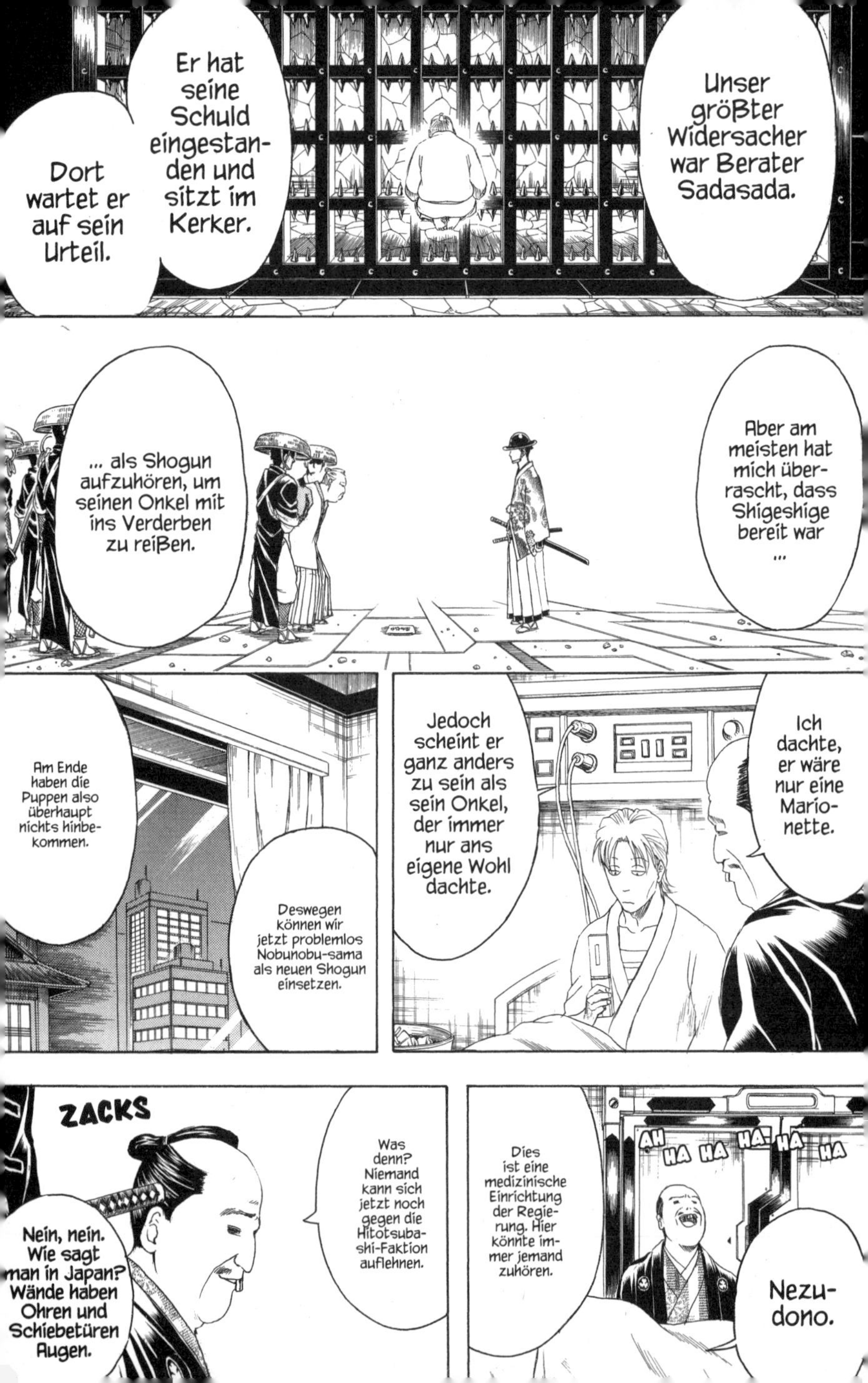
Unser größter Widersacher war Berater Sadasada.
Er hat seine Schuld eingestanden und sitzt im Kerker.
Dort wartet er auf sein Urteil.
Aber am meisten hat mich überrascht, dass Shigeshige bereit war ...
... als Shogun aufzuhören, um seinen Onkel mit ins Verderben zu reißen.
Ich dachte, er wäre nur eine Marionette.
Jedoch scheint er ganz anders zu sein als sein Onkel, der immer nur ans eigene Wohl dachte.
Am Ende haben die Puppen also überhaupt nichts hinbekommen.
Deswegen können wir jetzt problemlos Nobunobu-sama als neuen Shogun einsetzen.
AH HA HA HA HA HA
Nezu-dono.
Dies ist eine medizinische Einrichtung der Regierung. Hier könnte immer jemand zuhören.
Was denn? Niemand kann sich jetzt noch gegen die Hitotsubashi-Faktion auflehnen.
ZACKS
Nein, nein. Wie sagt man in Japan? Wände haben Ohren und Schiebetüren Augen.

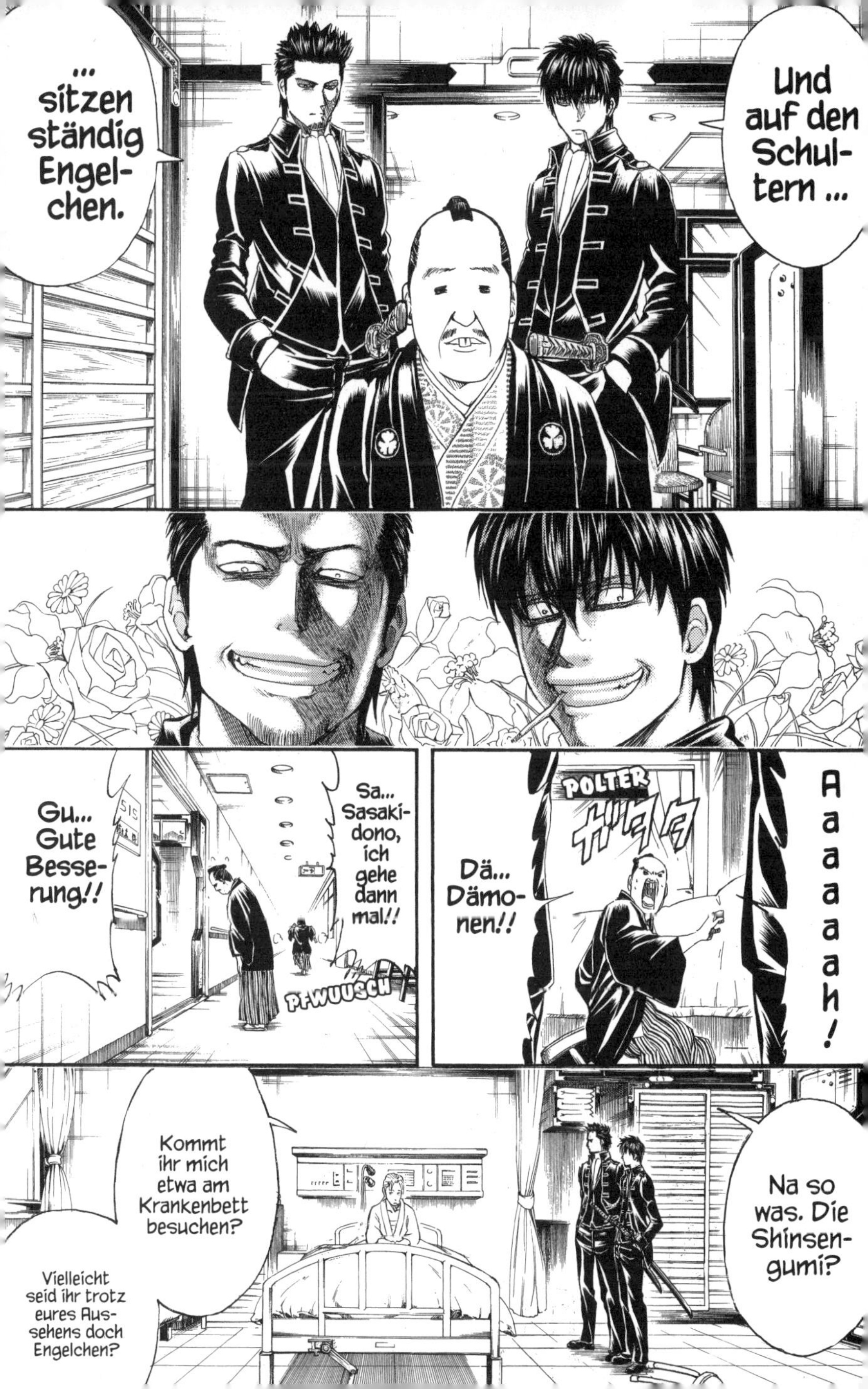
Und auf den Schultern ...
... sitzen ständig Engelchen.
POLTER
Aaaaaaah!
Dä... Dämonen!!
Sa... Sasaki-dono, ich gehe dann mal!!
PFWUUSCH
Gu... Gute Besserung!!
Na so was. Die Shinsengumi?
Kommt ihr mich etwa am Krankenbett besuchen?
Vielleicht seid ihr trotz eures Aussehens doch Engelchen?

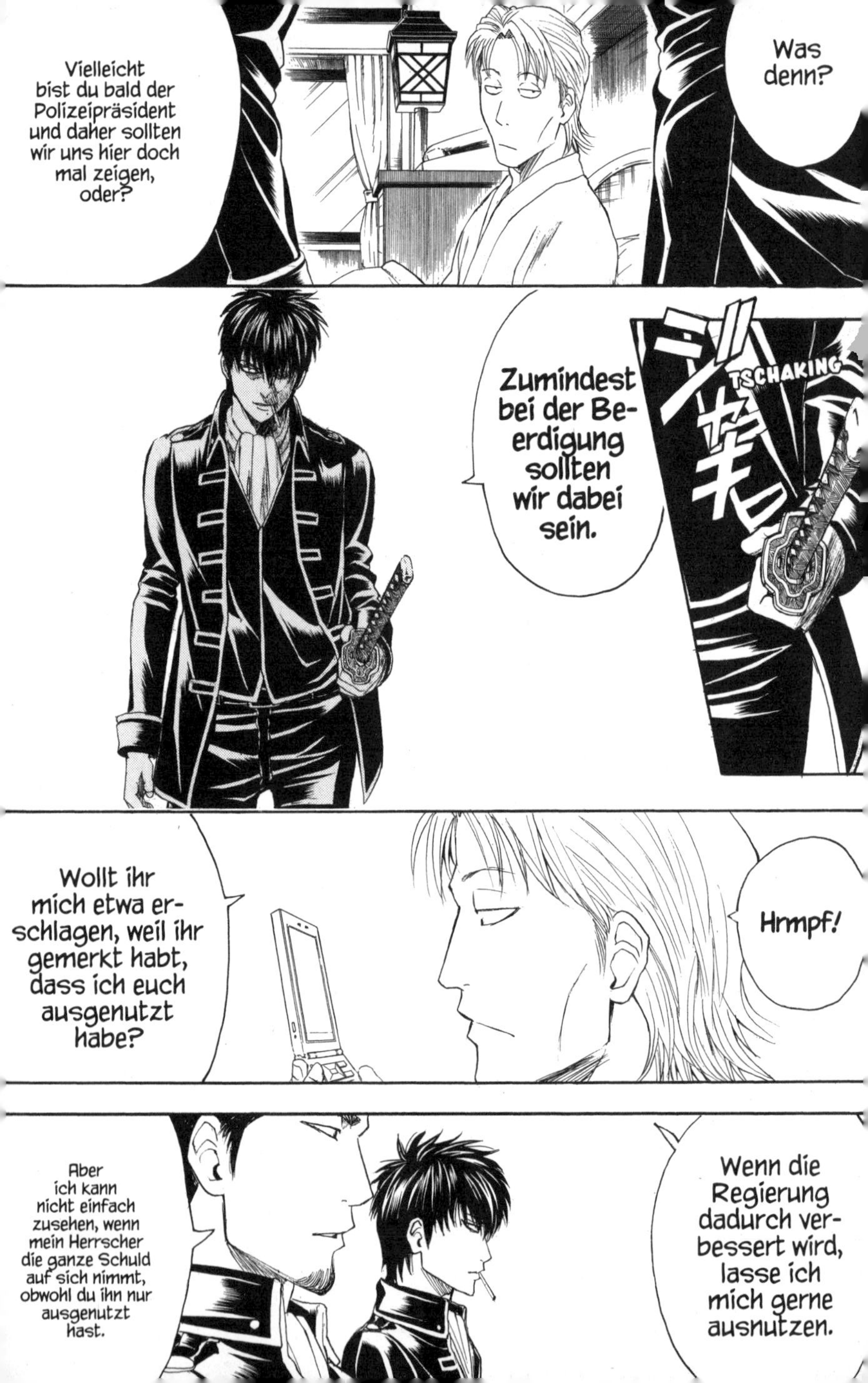

Was denn?
Vielleicht bist du bald der Polizeipräsident und daher sollten wir uns hier doch mal zeigen, oder?
TSCHAKING
Zumindest bei der Be- erdigung sollten wir dabei sein.
Hrmpf!
Wollt ihr mich etwa er- schlagen, weil ihr gemerkt habt, dass ich euch ausgenutzt habe?
Wenn die Regierung dadurch ver- bessert wird, lasse ich mich gerne ausnutzen.
Aber ich kann nicht einfach zusehen, wenn mein Herrscher die ganze Schuld auf sich nimmt, obwohl du ihn nur ausgenutzt hast.

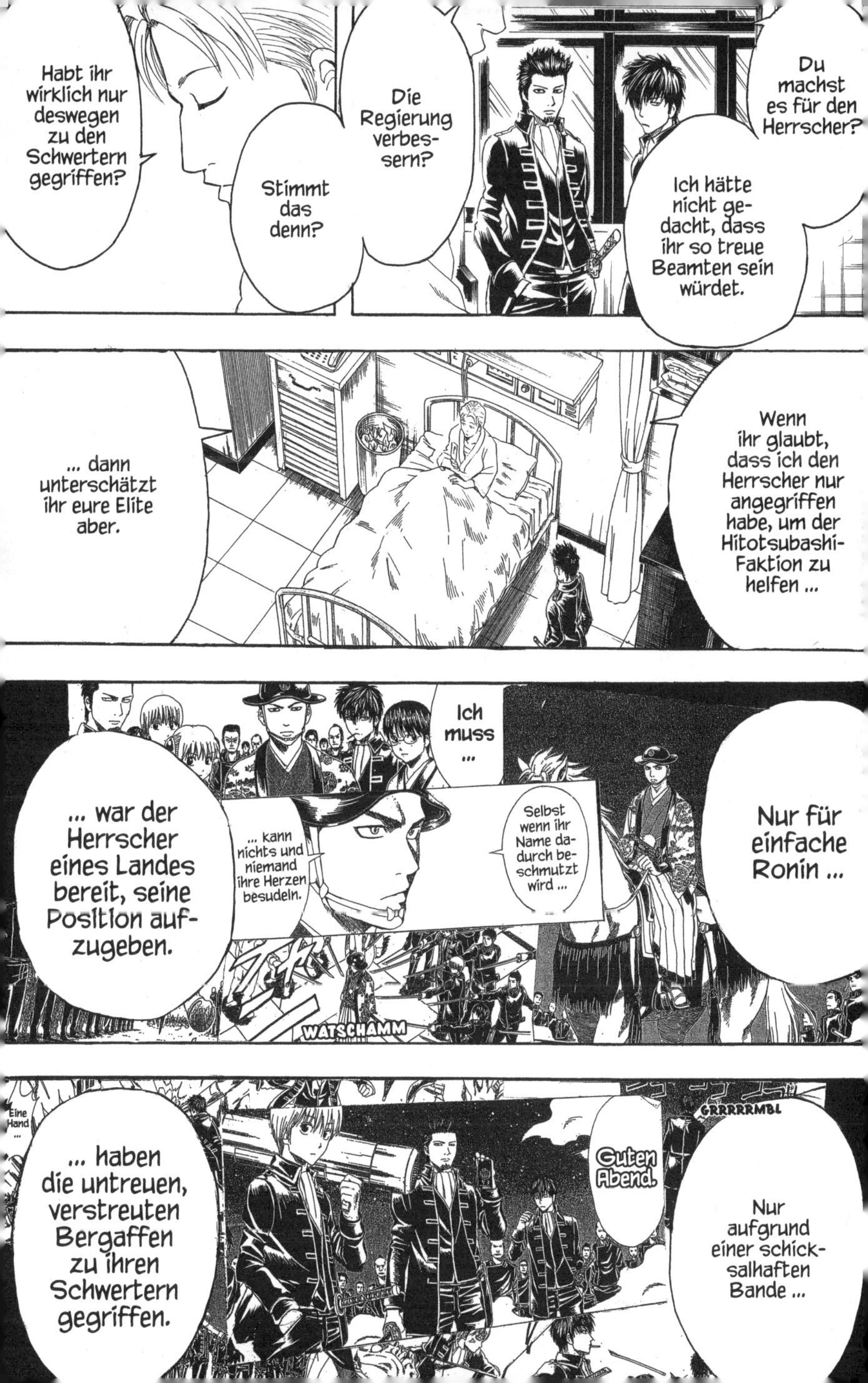
Du machst es für den Herrscher?
Ich hätte nicht gedacht, dass ihr so treue Beamten sein würdet.
Die Regierung verbessern?
Stimmt das denn?
Habt ihr wirklich nur deswegen zu den Schwertern gegriffen?
Wenn ihr glaubt, dass ich den Herrscher nur angegriffen habe, um der Hitotsubashi-Faktion zu helfen ...
... dann unterschätzt ihr eure Elite aber.
Nur für einfache Ronin ...
Ich muss ...
Selbst wenn ihr Name dadurch beschmutzt wird ...
... kann nichts und niemand ihre Herzen besudeln.
... war der Herrscher eines Landes bereit, seine Position aufzugeben.
WATSCHAMM
GRRRRRMBL
Nur aufgrund einer schicksalhaften Bande ...
Guten Abend.
Eine Hand ...
... haben die untreuen, verstreuten Bergaffen zu ihren Schwertern gegriffen.

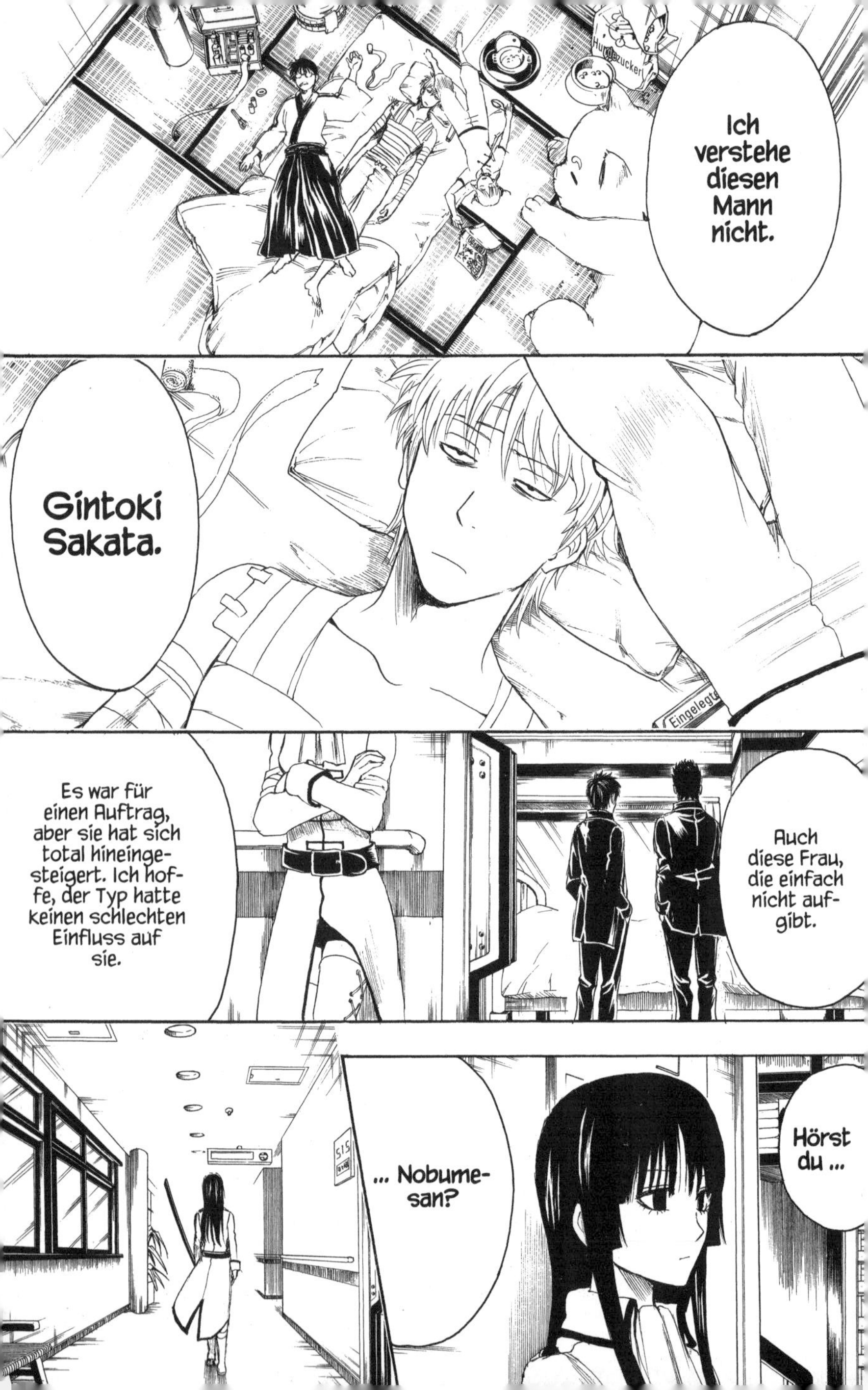
Ich verstehe diesen Mann nicht.
Gintoki Sakata.
Auch diese Frau, die einfach nicht aufgibt.
Es war für einen Auftrag, aber sie hat sich total hineingesteigert. Ich hoffe, der Typ hatte keinen schlechten Einfluss auf sie.
Hörst du ...
... Nobume-san?

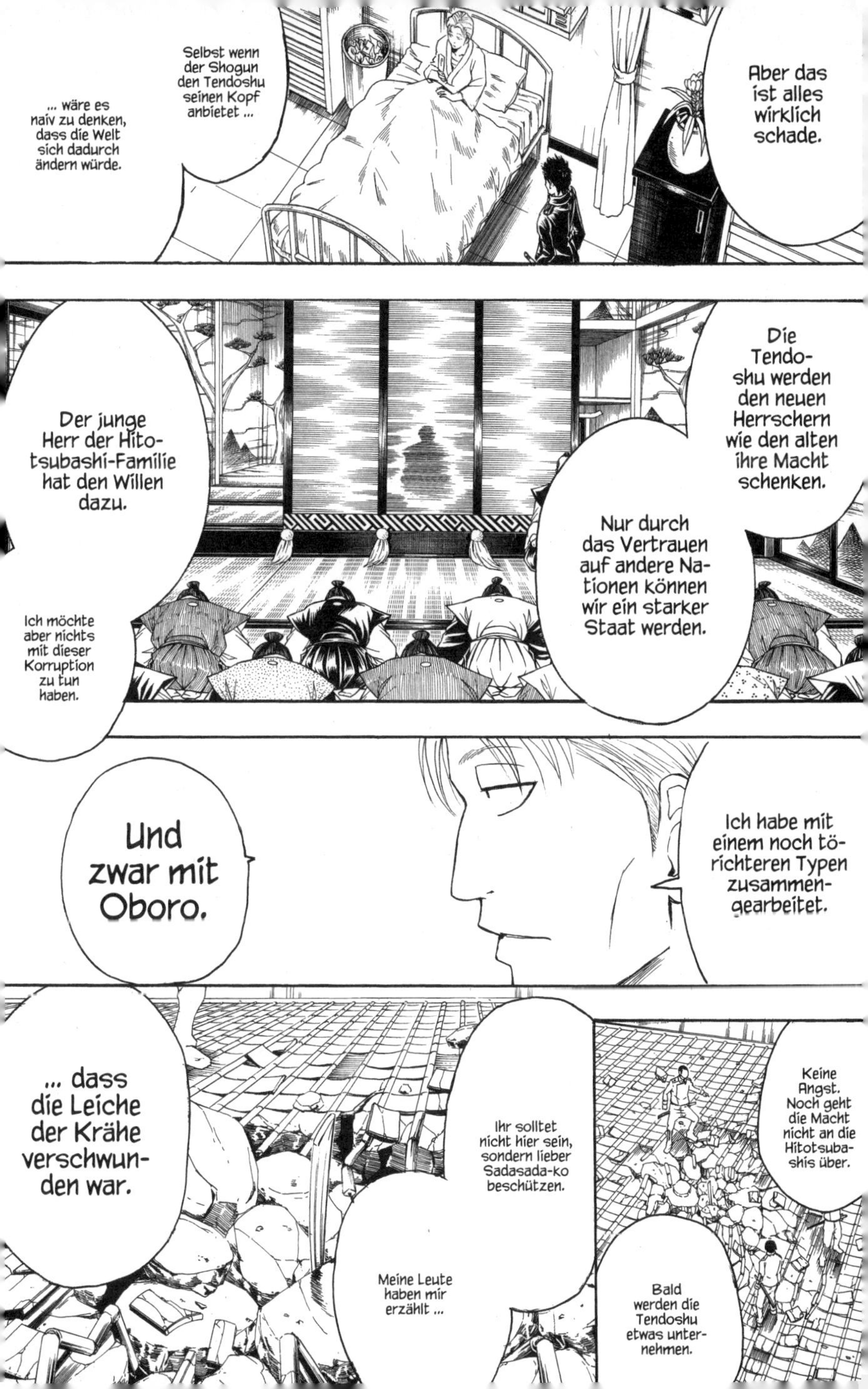

Aber das ist alles wirklich schade.
Selbst wenn der Shogun den Tendoshu seinen Kopf anbietet ...
... wäre es naiv zu denken, dass die Welt sich dadurch ändern würde.
Die Tendoshu werden den neuen Herrschern wie den alten ihre Macht schenken.
Nur durch das Vertrauen auf andere Nationen können wir ein starker Staat werden.
Der junge Herr der Hitotsubashi-Familie hat den Willen dazu.
Ich möchte aber nichts mit dieser Korruption zu tun haben.
Ich habe mit einem noch törichteren Typen zusammengearbeitet.
Und zwar mit Oboro.
Keine Angst. Noch geht die Macht nicht an die Hitotsubashis über.
Bald werden die Tendoshu etwas unternehmen.
Ihr solltet nicht hier sein, sondern lieber Sadasada-ko beschützen.
Meine Leute haben mir erzählt ...
... dass die Leiche der Krähe verschwunden war.

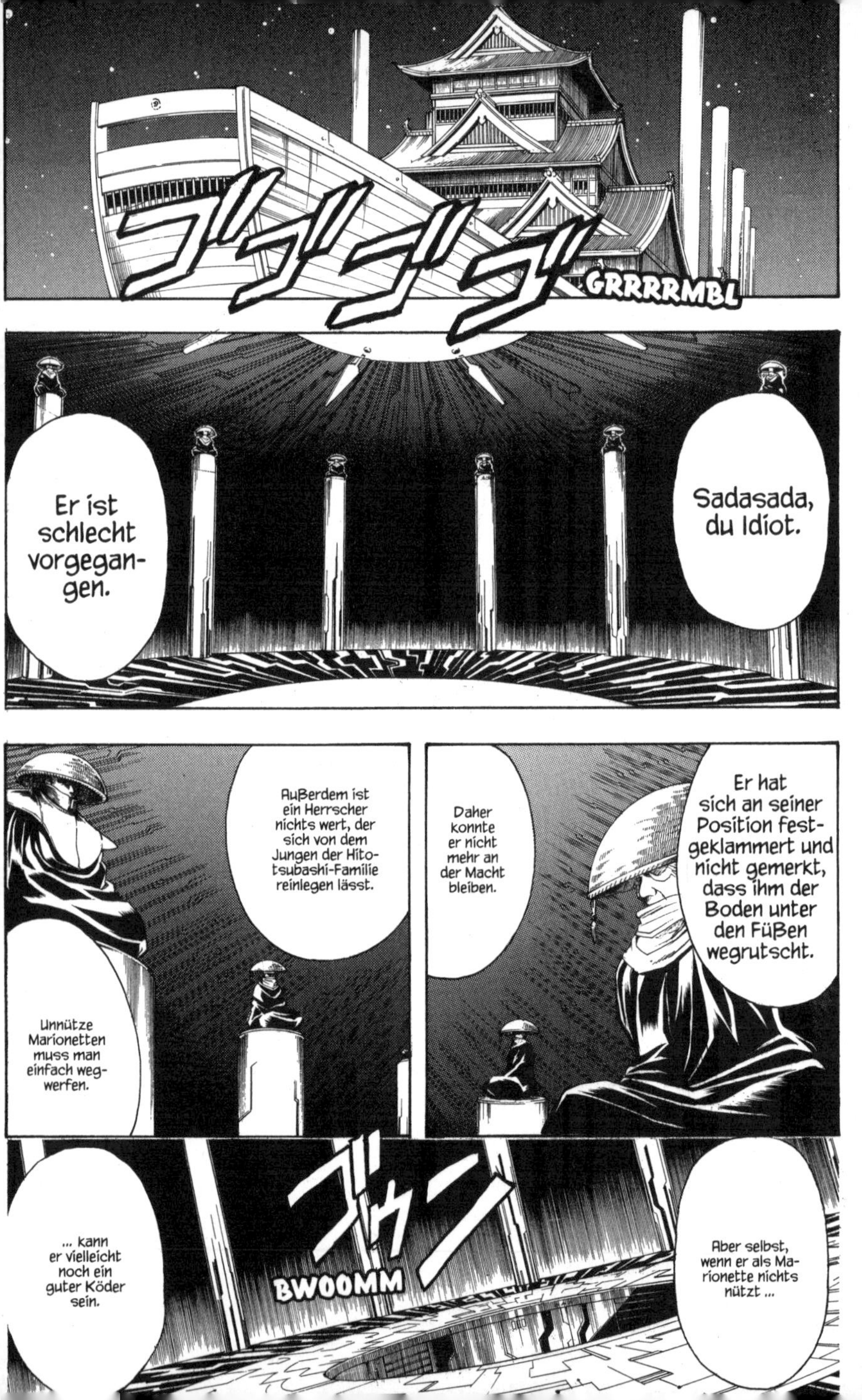
GRRRRMBL
Sadasada, du Idiot.
Er ist schlecht vorgegangen.
Er hat sich an seiner Position festgeklammert und nicht gemerkt, dass ihm der Boden unter den Füßen wegrutscht.
Daher konnte er nicht mehr an der Macht bleiben.
Außerdem ist ein Herrscher nichts wert, der sich von dem Jungen der Hitotsubashi-Familie reinlegen lässt.
Unnütze Marionetten muss man einfach wegwerfen.
Aber selbst, wenn er als Marionette nichts nützt ...
BWOOMM
... kann er vielleicht noch ein guter Köder sein.

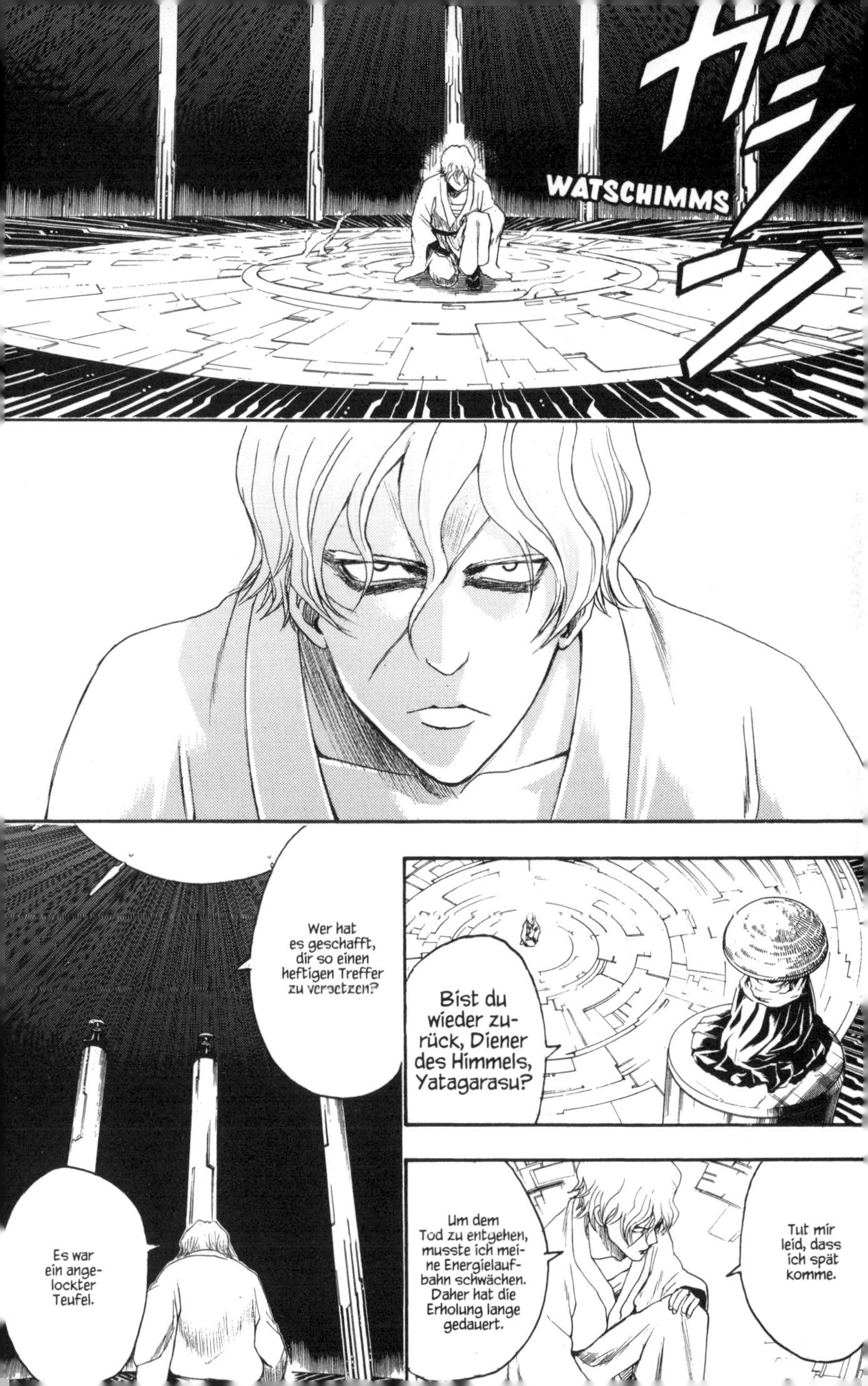
WATSCHIMMS
Bist du wieder zurück, Diener des Himmels, Yatagarasu?
Tut mir leid, dass ich spät komme.
Um dem Tod zu entgehen, musste ich meine Energielaufbahn schwächen. Daher hat die Erholung lange gedauert.
Wer hat es geschafft, dir so einen heftigen Treffer zu versetzen?
Es war ein angelockter Teufel.

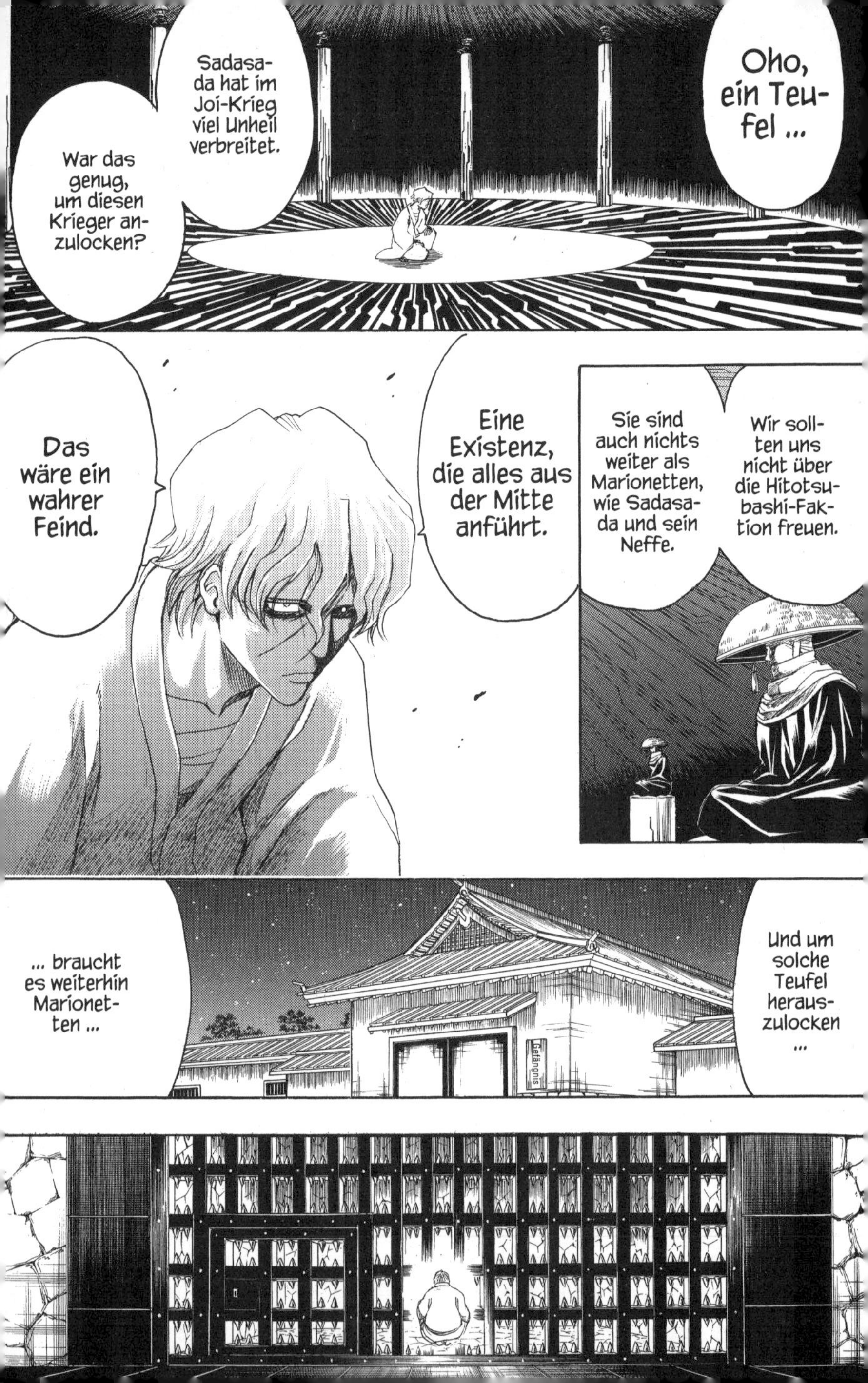
Oho, ein Teufel ...
Sadasada hat im Joi-Krieg viel Unheil verbreitet.
War das genug, um diesen Krieger anzulocken?
Wir sollten uns nicht über die Hitotsubashi-Faktion freuen.
Sie sind auch nichts weiter als Marionetten, wie Sadasada und sein Neffe.
Eine Existenz, die alles aus der Mitte anführt.
Das wäre ein wahrer Feind.
Und um solche Teufel herauszulocken ...
Gefängnis
... braucht es weiterhin Marionetten ...

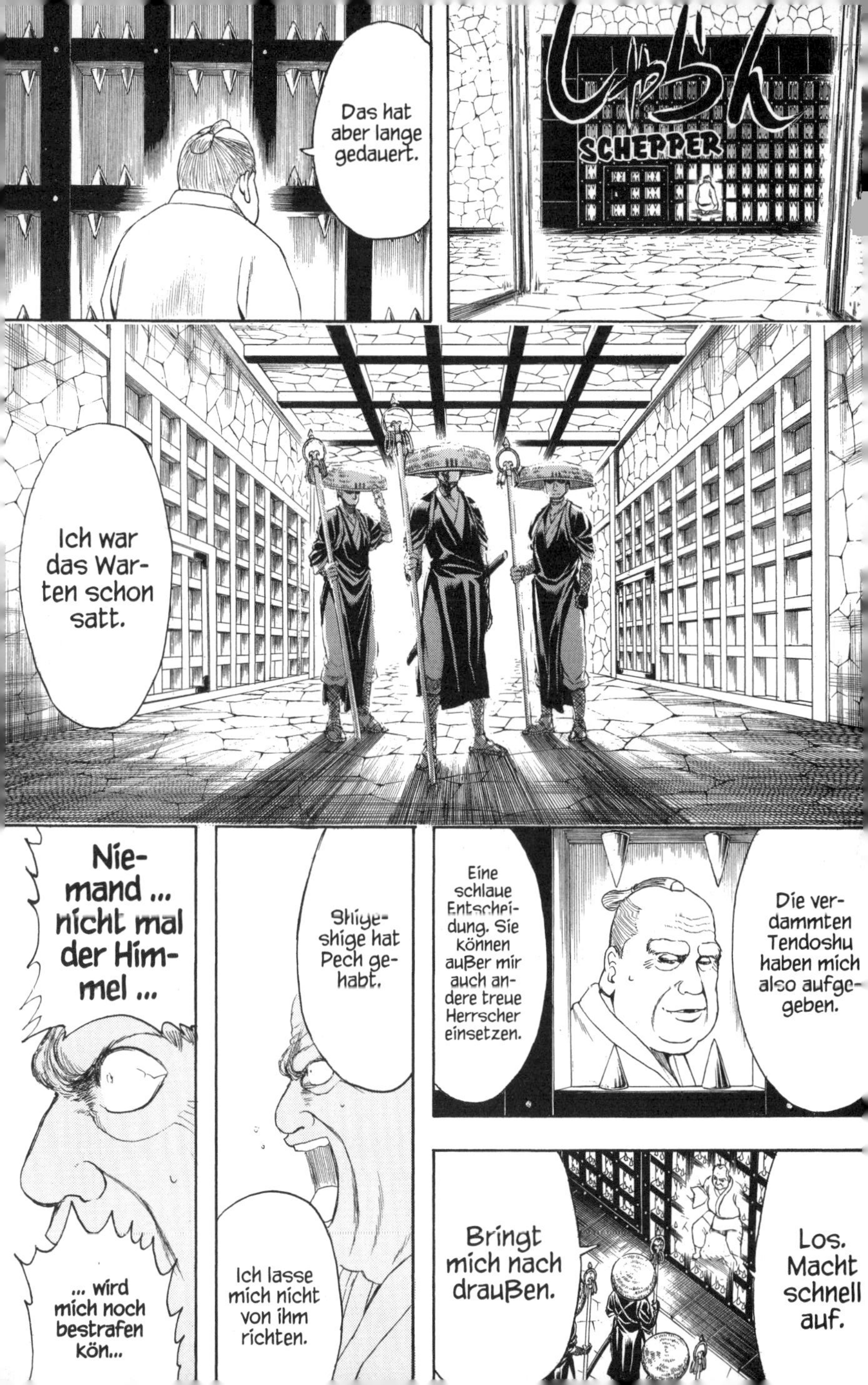
しゃらん
SCHEPPER
Das hat aber lange gedauert.
Ich war das Warten schon satt.
Die verdammten Tendoshu haben mich also aufgegeben.
Eine schlaue Entscheidung. Sie können außer mir auch andere treue Herrscher einsetzen.
Shige-shige hat Pech gehabt.
Niemand ... nicht mal der Himmel ...
Los. Macht schnell auf.
Bringt mich nach draußen.
Ich lasse mich nicht von ihm richten.
... wird mich noch bestrafen kön...

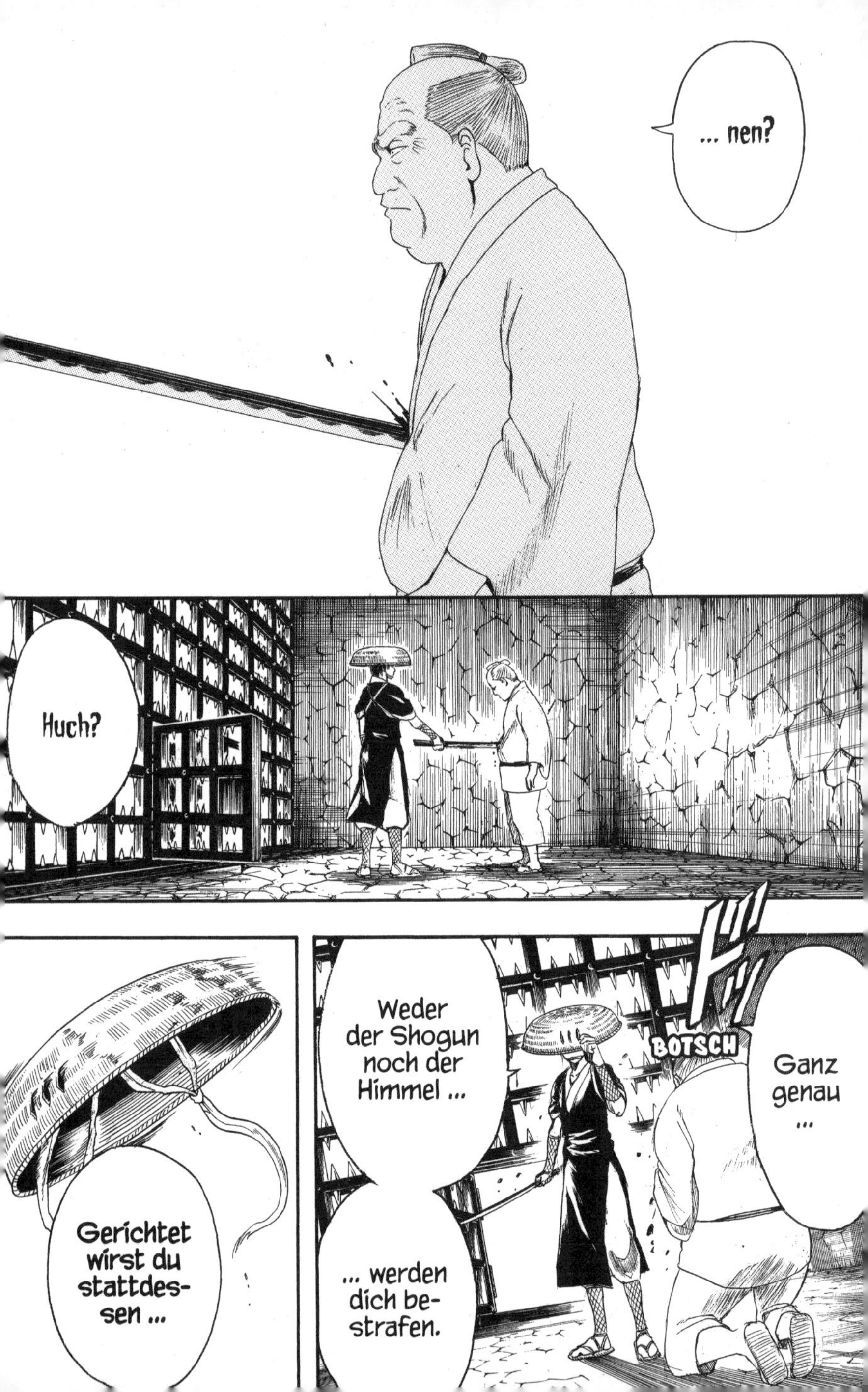
... nen?
Huch?
BOTSCH
Ganz genau ...
Weder der Shogun noch der Himmel ...
... werden dich bestrafen.
Gerichtet wirst du stattdessen ...

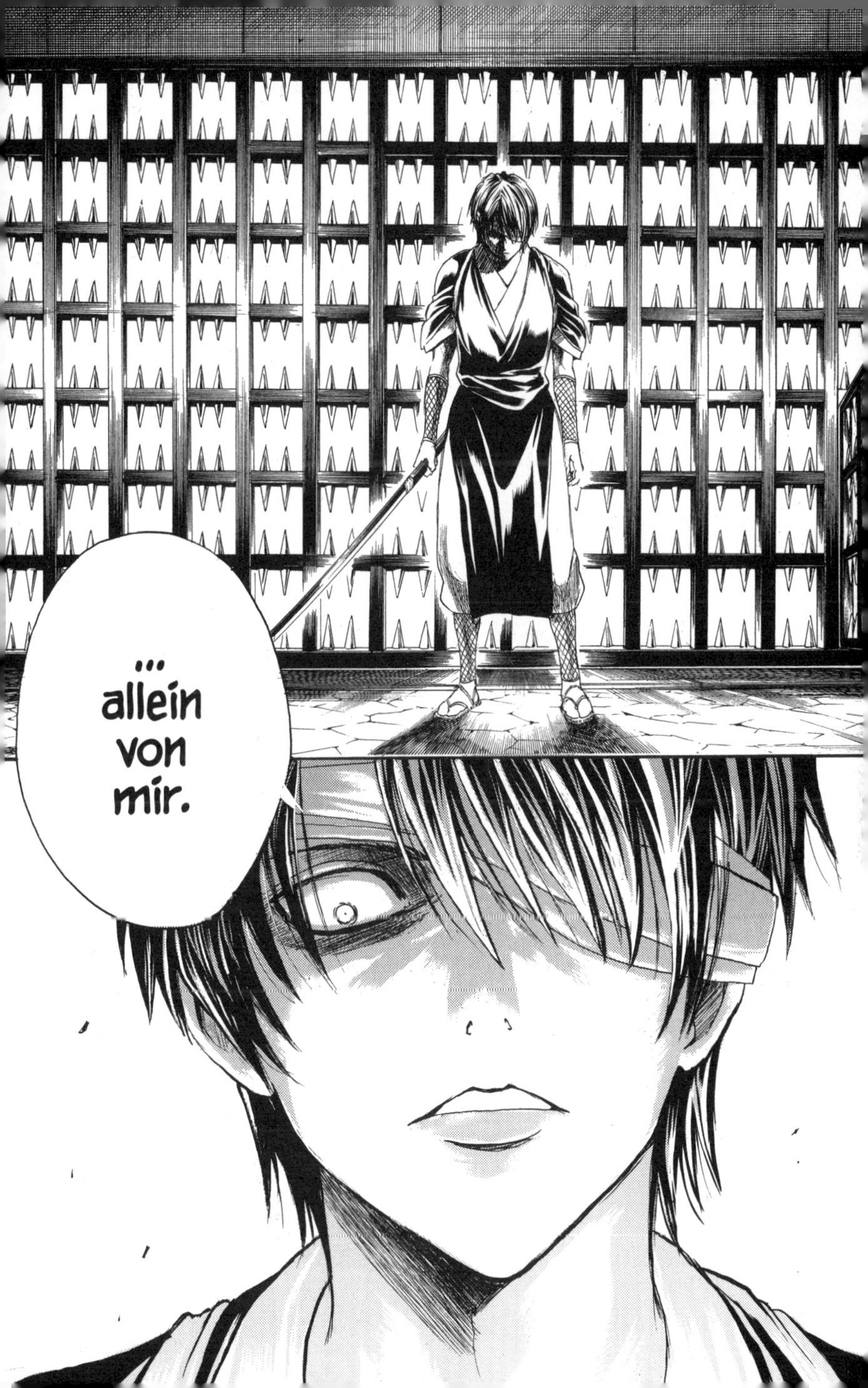
... allein von mir.

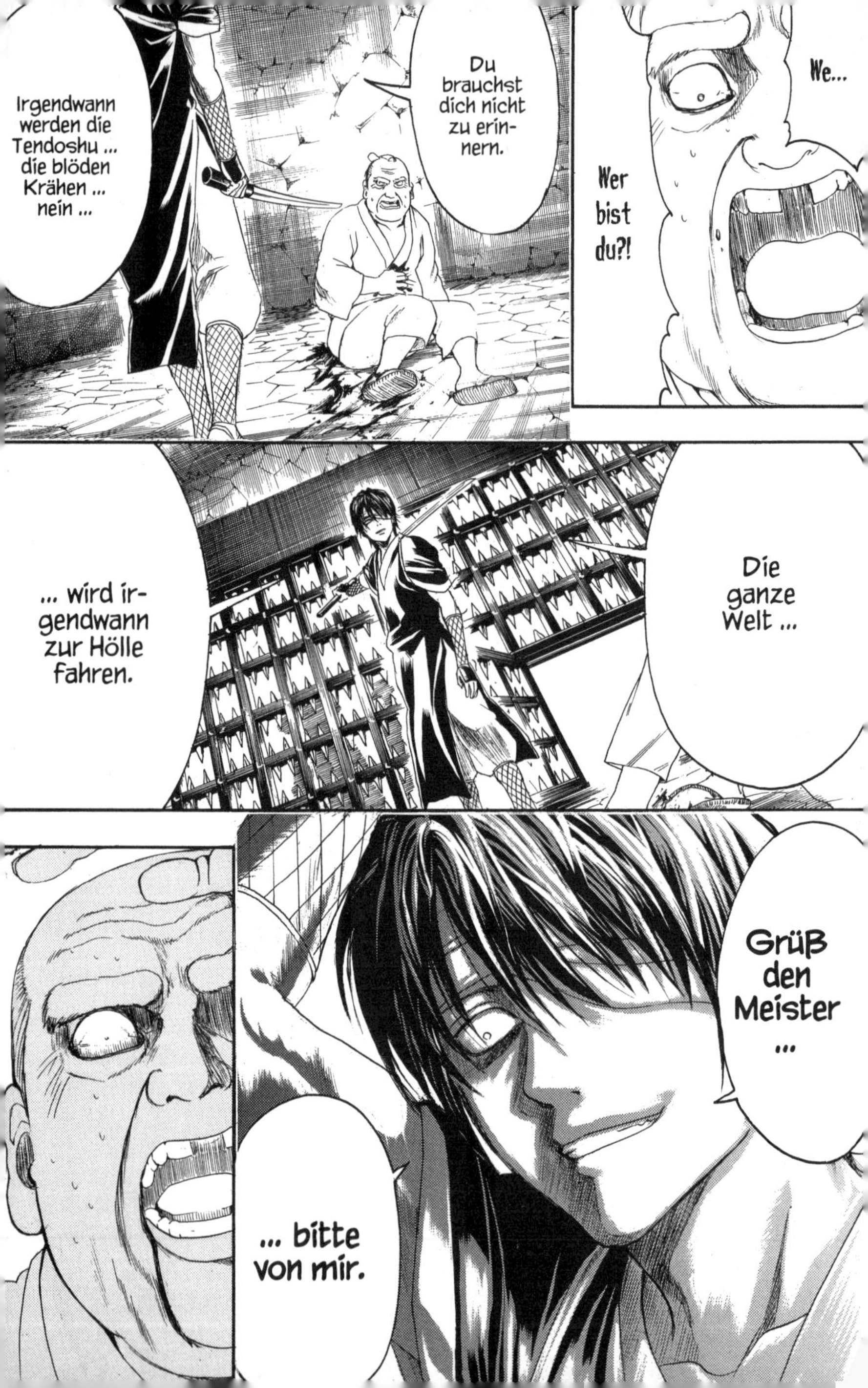
We…
Wer bist du?!
Du brauchst dich nicht zu erinnern.
Irgendwann werden die Tendoshu … die blöden Krähen … nein …
Die ganze Welt …
… wird irgendwann zur Hölle fahren.
Grüß den Meister …
… bitte von mir.

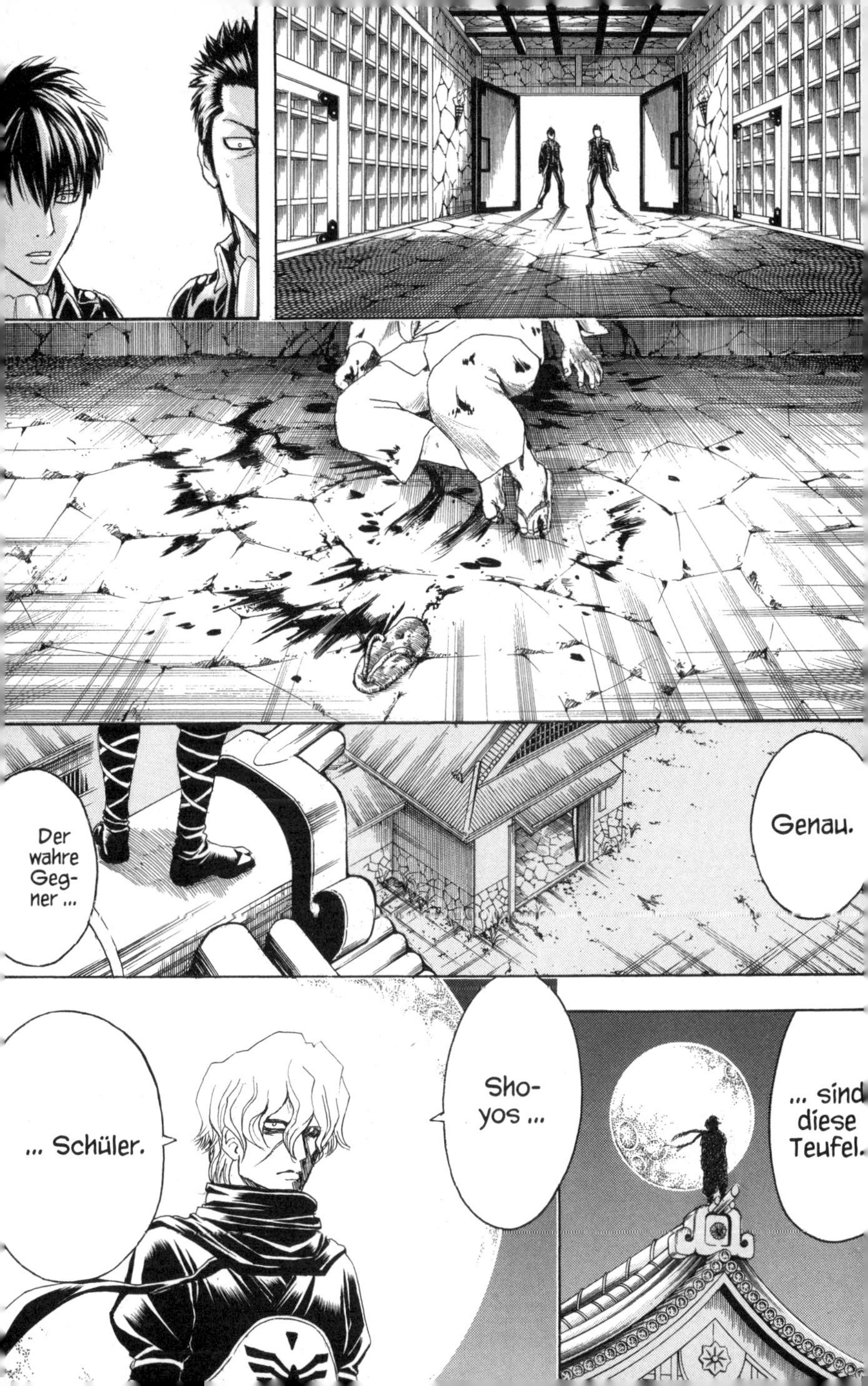
Genau.
Der wahre Geg-ner ...
... sind diese Teufel.
Sho-yos ...
... Schüler.

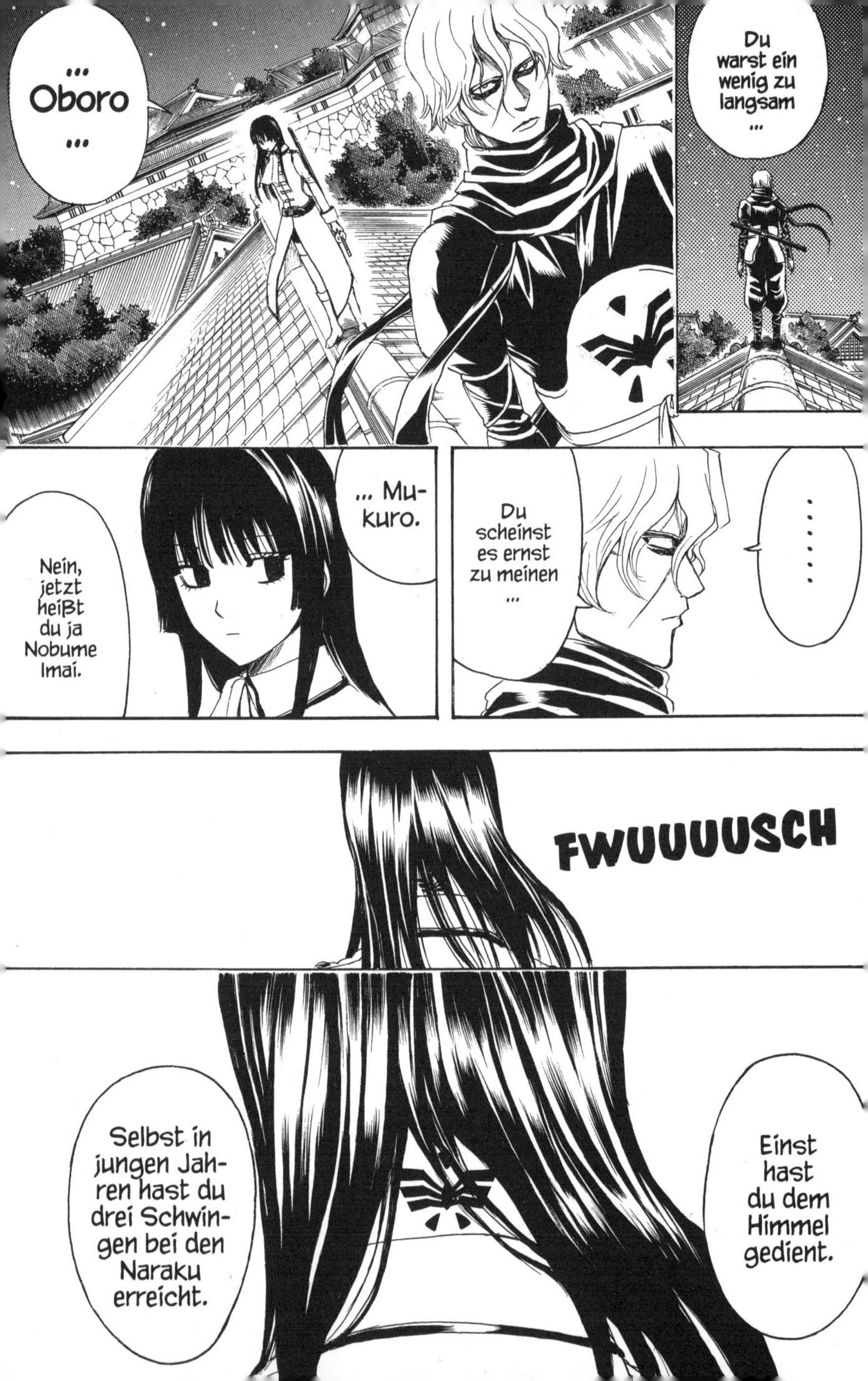
Du warst ein wenig zu langsam ...
... Oboro ...
......
Du scheinst es ernst zu meinen ...
... Mu-kuro.
Nein, jetzt heißt du ja Nobume Imai.
FWUUUUSCH
Einst hast du dem Himmel gedient.
Selbst in jungen Jahren hast du drei Schwingen bei den Naraku erreicht.

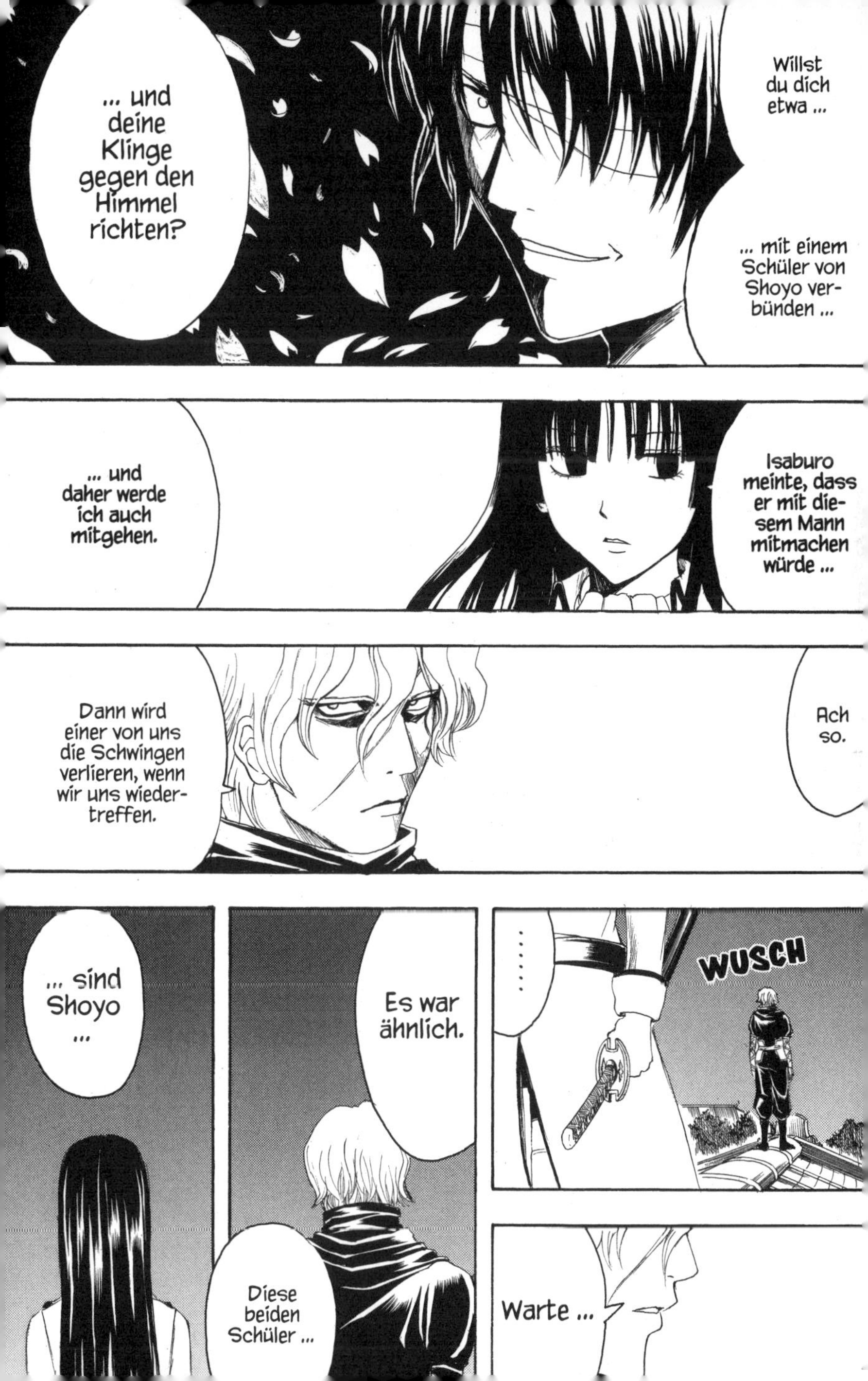
Willst du dich etwa ...
... mit einem Schüler von Shoyo verbünden ...
... und deine Klinge gegen den Himmel richten?
Isaburo meinte, dass er mit diesem Mann mitmachen würde ...
... und daher werde ich auch mitgehen.
Ach so.
Dann wird einer von uns die Schwingen verlieren, wenn wir uns wiedertreffen.
WUSCH
......
Warte ...
Es war ähnlich.
Diese beiden Schüler ...
... sind Shoyo ...

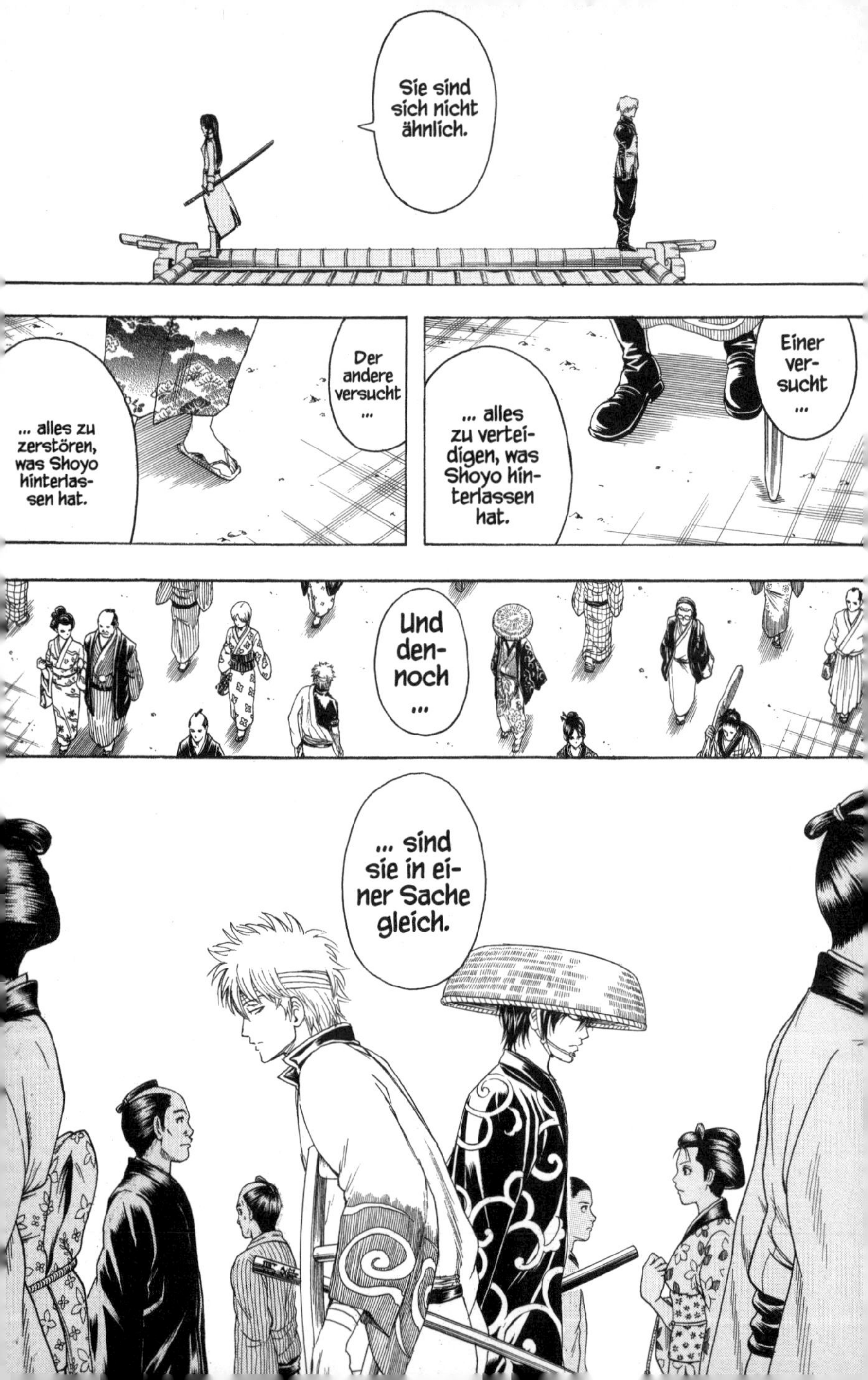
Sie sind sich nicht ähnlich.
Einer versucht ...
... alles zu verteidigen, was Shoyo hinterlassen hat.
Der andere versucht ...
... alles zu zerstören, was Shoyo hinterlassen hat.
Und dennoch ...
... sind sie in einer Sache gleich.

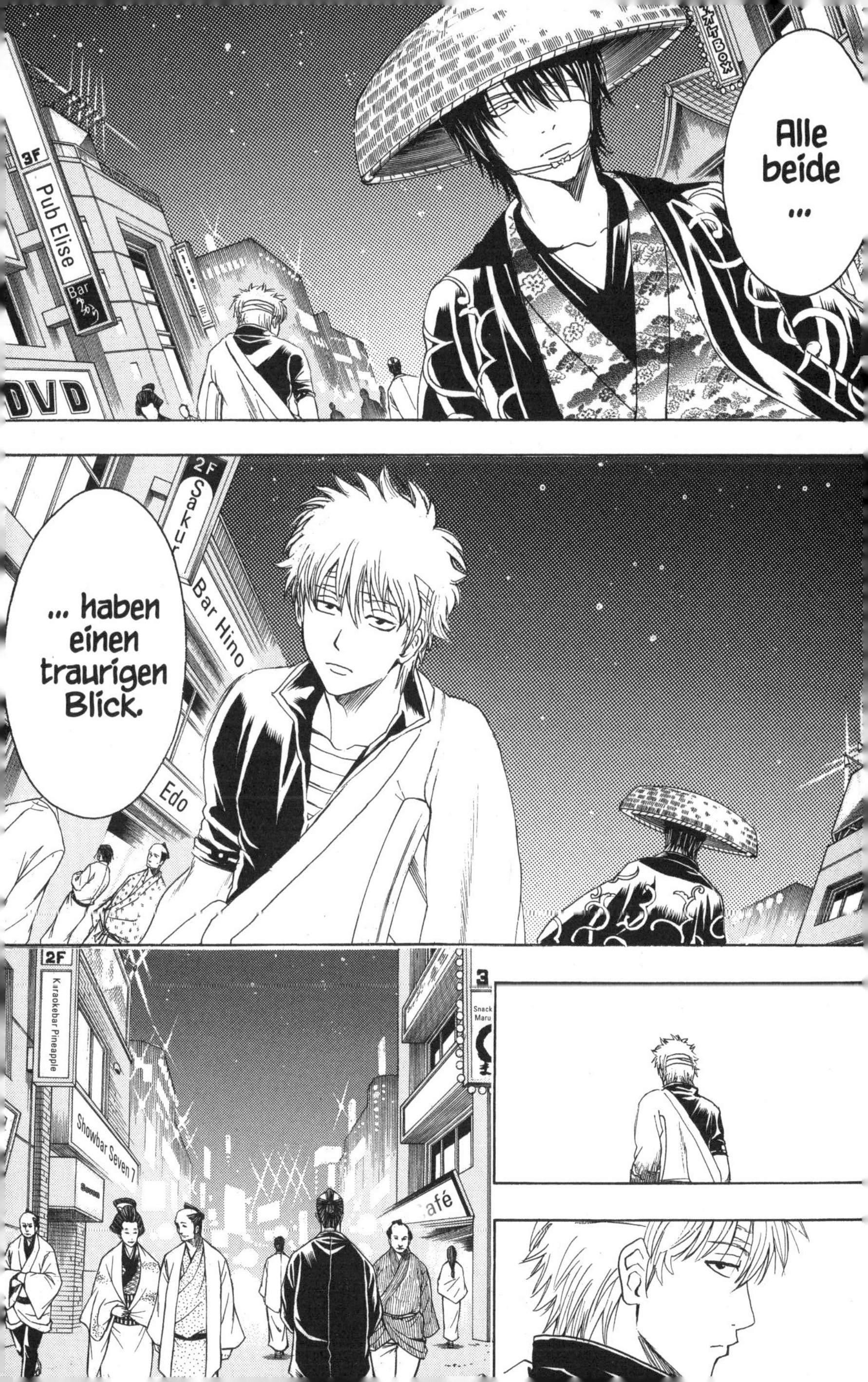
Alle beide ...
... haben einen traurigen Blick.
3F
Pub Elise
Bar
DVD
2F
Bar Hino
Edo
2F
Karaokebar Pineapple
Showbar Seven 7
Snack Maru
Café

In diesem Sinne ist hiermit in Band 45 diese Geschichte über die kleine Bratreisportion vorbei. Ich habe jetzt eine Menge für dieses Buch geschrieben, aber eigentlich bin ich nur ein fetter Kerl, der in einem Ramenladen eine Portion Ramen und eine ganze Portion Bratreis verdrückt hat. Wenn jemand sich davon angewidert fühlt, möchte ich mich dafür entschuldigen. Bitte sucht mich nicht, um mich zu verprügeln. Im nächsten Band werde ich bestimmt wieder über neue Arbeit und andere Dinge zu erzählen haben. Freut euch also darauf. Tschüss bis zum nächsten Mal.

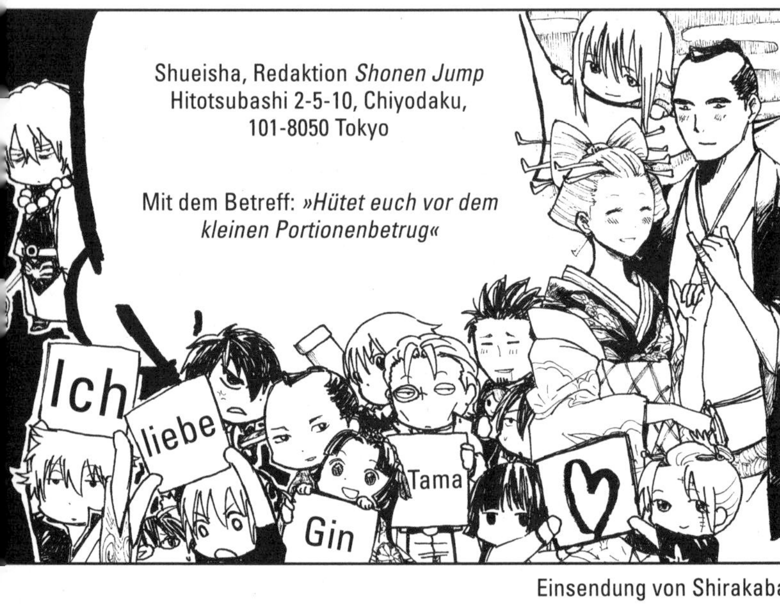

Einsendung von Shirakaba

Und schickt mir weiterhin eure Fragen, Illustrationen, Charas und was ihr mir sonst noch so schicken wollt.

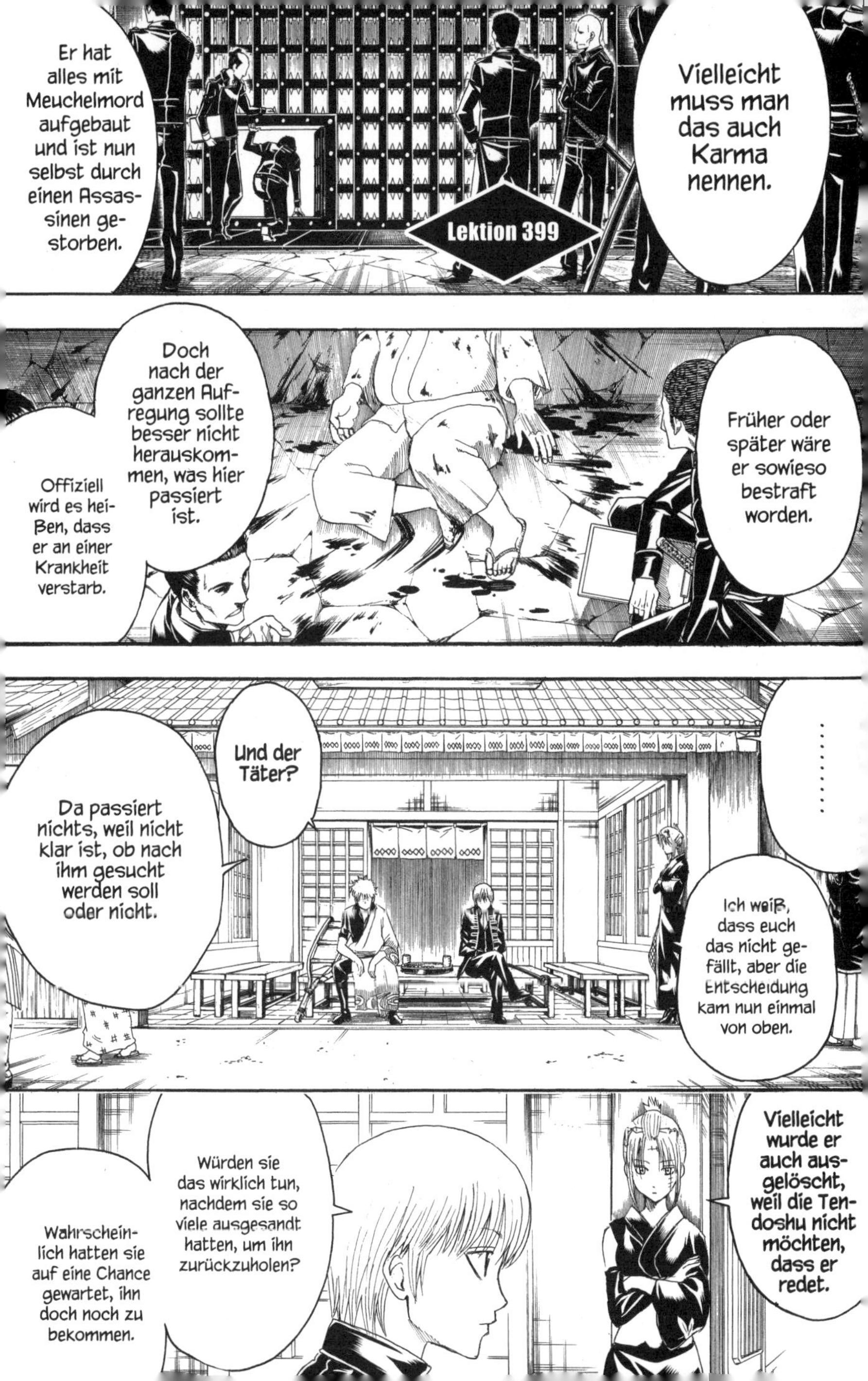
Vielleicht muss man das auch Karma nennen.
Lektion 399
Er hat alles mit Meuchelmord aufgebaut und ist nun selbst durch einen Assassinen gestorben.
Früher oder später wäre er sowieso bestraft worden.
Doch nach der ganzen Aufregung sollte besser nicht herauskommen, was hier passiert ist.
Offiziell wird es heißen, dass er an einer Krankheit verstarb.
……
Ich weiß, dass euch das nicht gefällt, aber die Entscheidung kam nun einmal von oben.
Und der Täter?
Da passiert nichts, weil nicht klar ist, ob nach ihm gesucht werden soll oder nicht.
Vielleicht wurde er auch ausgelöscht, weil die Tendoshu nicht möchten, dass er redet.
Würden sie das wirklich tun, nachdem sie so viele ausgesandt hatten, um ihn zurückzuholen?
Wahrscheinlich hatten sie auf eine Chance gewartet, ihn doch noch zu bekommen.

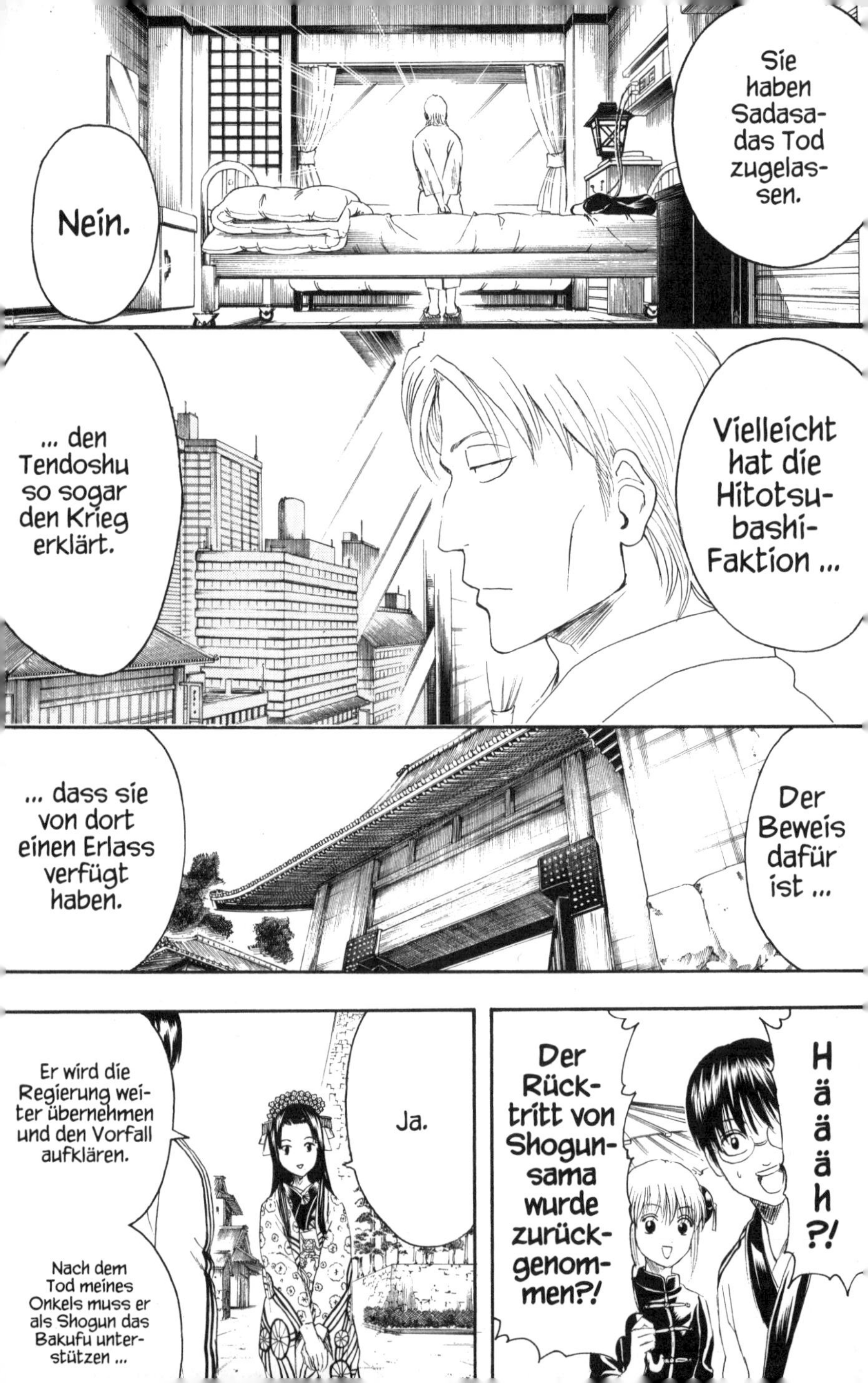

Sie haben Sadasadas Tod zugelassen.
Nein.
Vielleicht hat die Hitotsubashi-Faktion ...
... den Tendoshu so sogar den Krieg erklärt.
Der Beweis dafür ist ...
... dass sie von dort einen Erlass verfügt haben.
Häääh?!
Der Rücktritt von Shogun-sama wurde zurückgenommen?!
Ja.
Er wird die Regierung weiter übernehmen und den Vorfall aufklären.
Nach dem Tod meines Onkels muss er als Shogun das Bakufu unterstützen ...

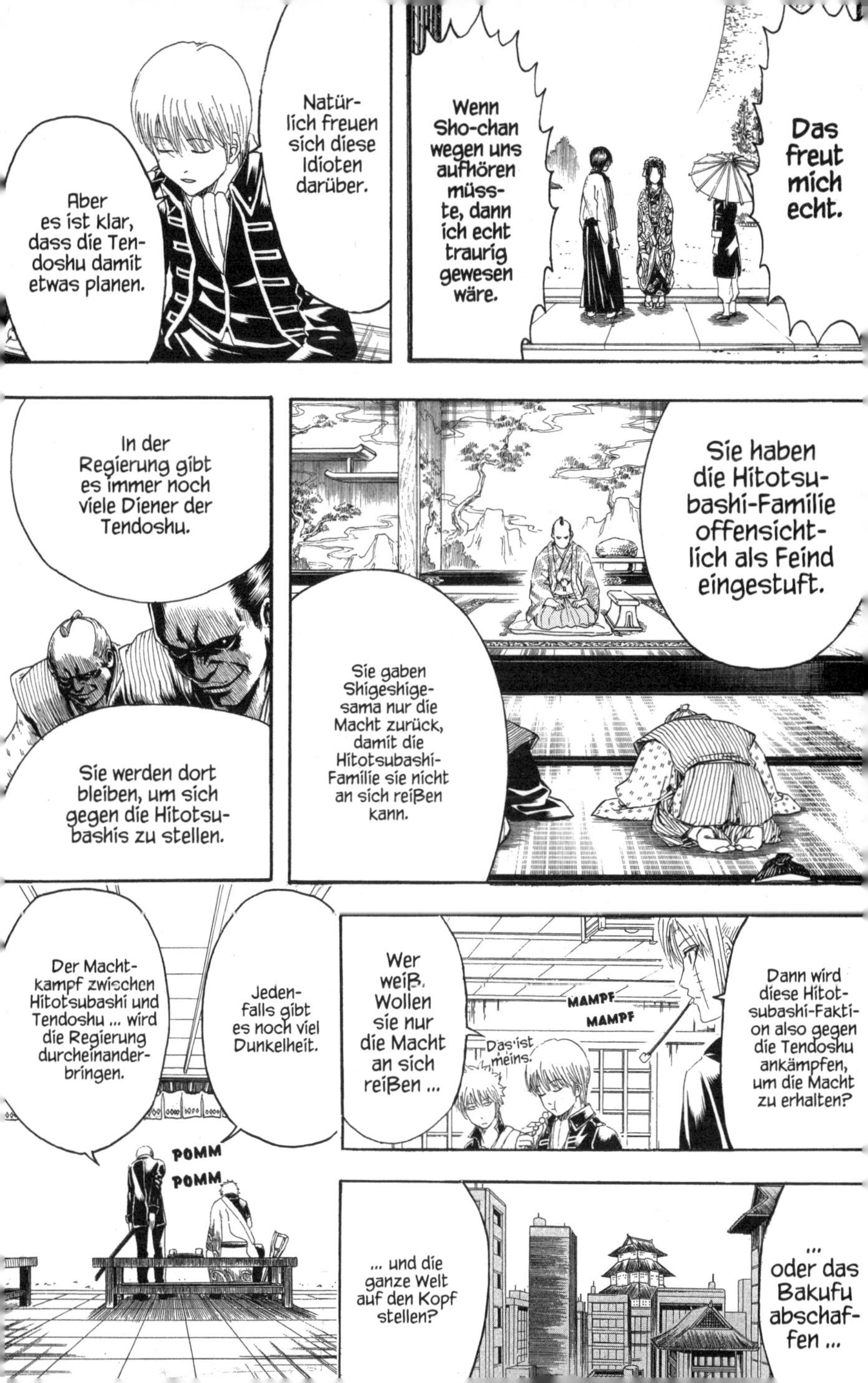

Das freut mich echt.
Wenn Sho-chan wegen uns aufhören müsste, dann ich echt traurig gewesen wäre.
Natürlich freuen sich diese Idioten darüber.
Aber es ist klar, dass die Tendoshu damit etwas planen.
Sie haben die Hitotsubashi-Familie offensichtlich als Feind eingestuft.
Sie gaben Shigeshige-sama nur die Macht zurück, damit die Hitotsubashi-Familie sie nicht an sich reißen kann.
In der Regierung gibt es immer noch viele Diener der Tendoshu.
Sie werden dort bleiben, um sich gegen die Hitotsubashis zu stellen.
Dann wird diese Hitotsubashi-Faktion also gegen die Tendoshu ankämpfen, um die Macht zu erhalten?
MAMPF
MAMPF
Das ist meins.
Wer weiß. Wollen sie nur die Macht an sich reißen ...
... oder das Bakufu abschaffen ...
... und die ganze Welt auf den Kopf stellen?
Jedenfalls gibt es noch viel Dunkelheit.
Der Machtkampf zwischen Hitotsubashi und Tendoshu ... wird die Regierung durcheinanderbringen.
POMM
POMM

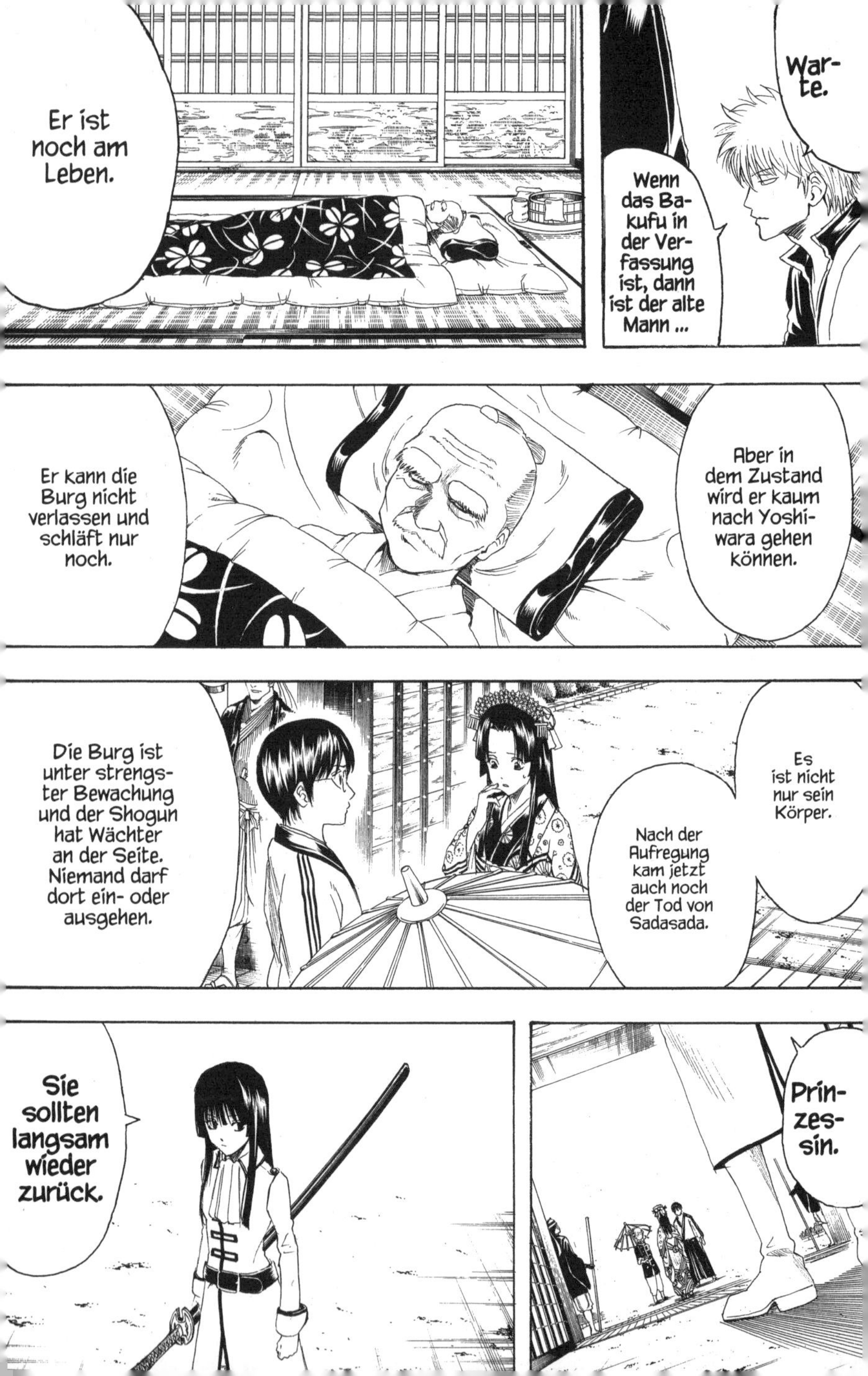
Warte.
Wenn das Bakufu in der Verfassung ist, dann ist der alte Mann ...
Er ist noch am Leben.
Aber in dem Zustand wird er kaum nach Yoshiwara gehen können.
Er kann die Burg nicht verlassen und schläft nur noch.
Es ist nicht nur sein Körper.
Nach der Aufregung kam jetzt auch noch der Tod von Sadasada.
Die Burg ist unter strengster Bewachung und der Shogun hat Wächter an der Seite. Niemand darf dort ein- oder ausgehen.
Prinzessin.
Sie sollten langsam wieder zurück.

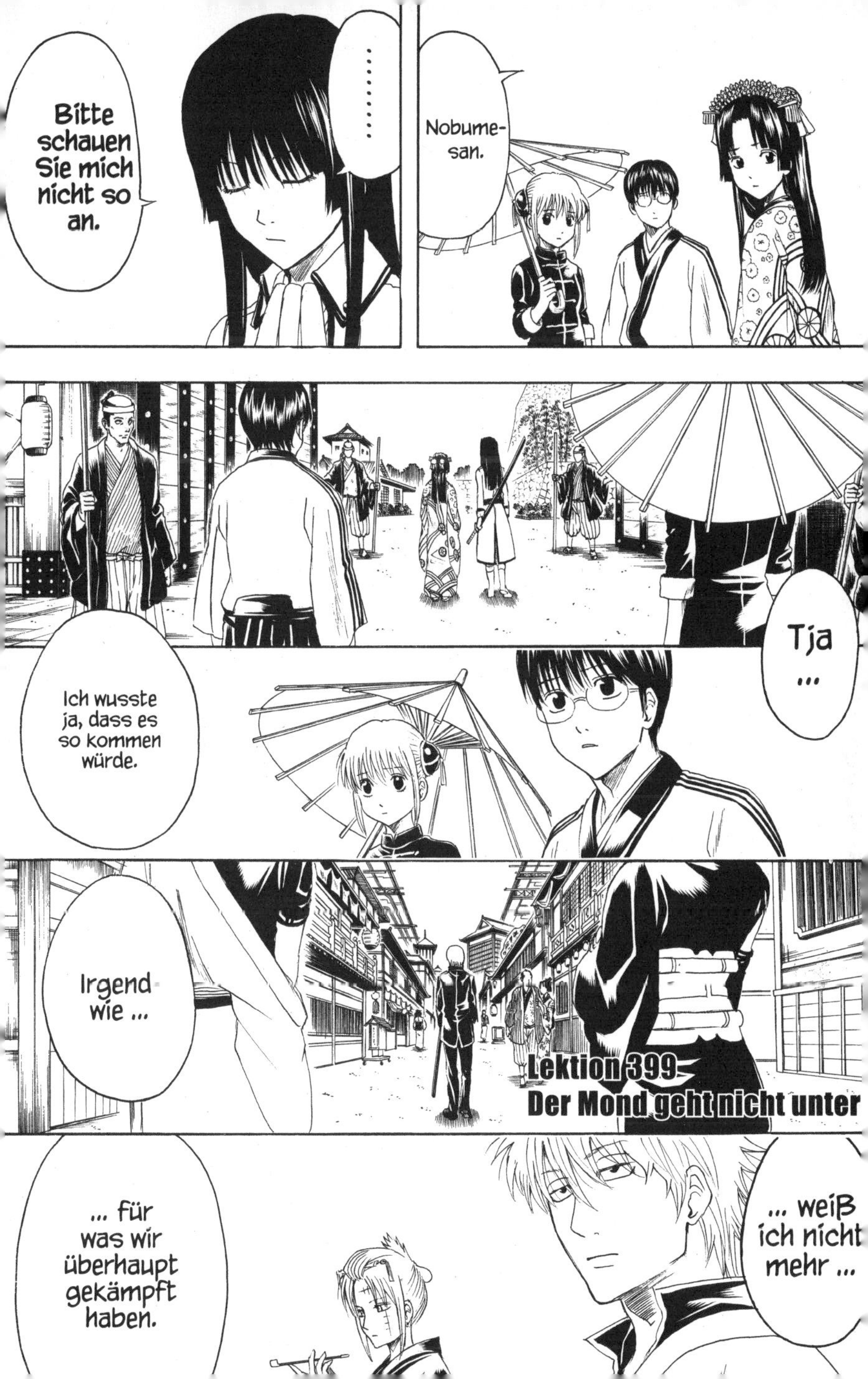
Nobume-san.
……
Bitte schauen Sie mich nicht so an.
Tja …
Ich wusste ja, dass es so kommen würde.
Lektion 399 Der Mond geht nicht unter
Irgend wie …
… weiß ich nicht mehr …
… für was wir überhaupt gekämpft haben.

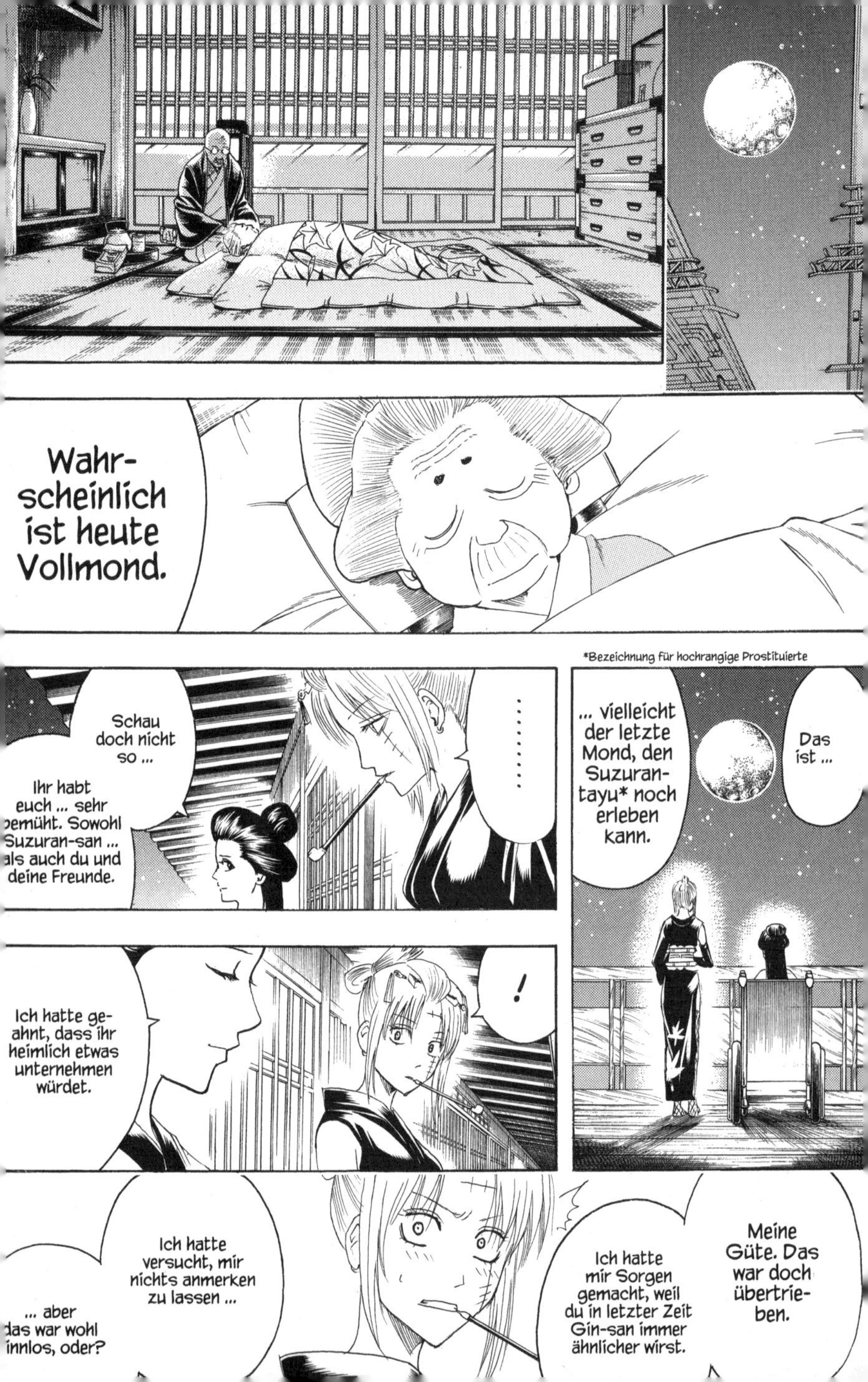

*Bezeichnung für hochrangige Prostituierte

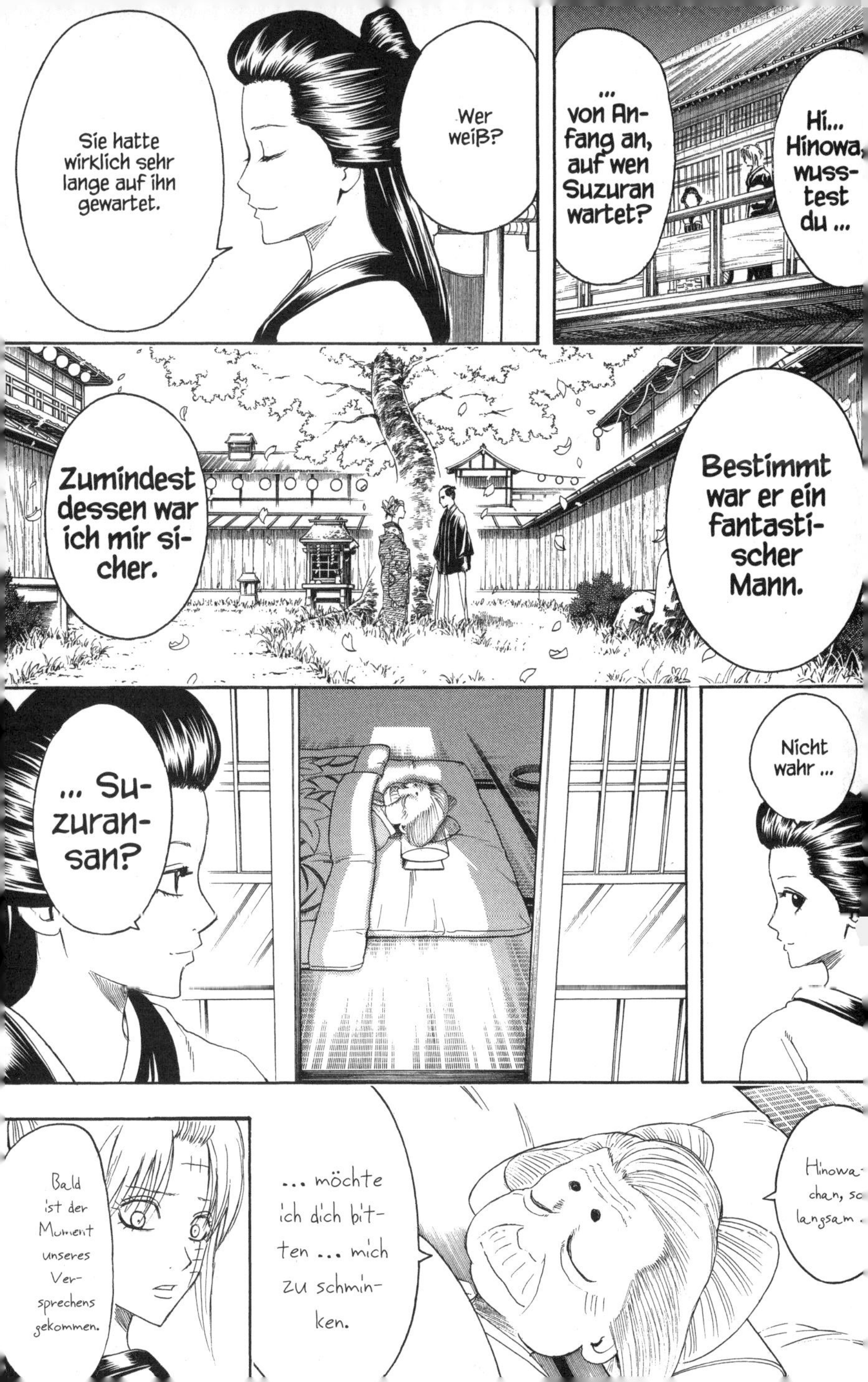
Hi... Hinowa, wusstest du ...
... von Anfang an, auf wen Suzuran wartet?
Wer weiß?
Sie hatte wirklich sehr lange auf ihn gewartet.
Bestimmt war er ein fantastischer Mann.
Zumindest dessen war ich mir sicher.
Nicht wahr ...
... Suzuran-san?
Hinowa-chan, so langsam ...
... möchte ich dich bitten ... mich zu schminken.
Bald ist der Moment unseres Versprechens gekommen.

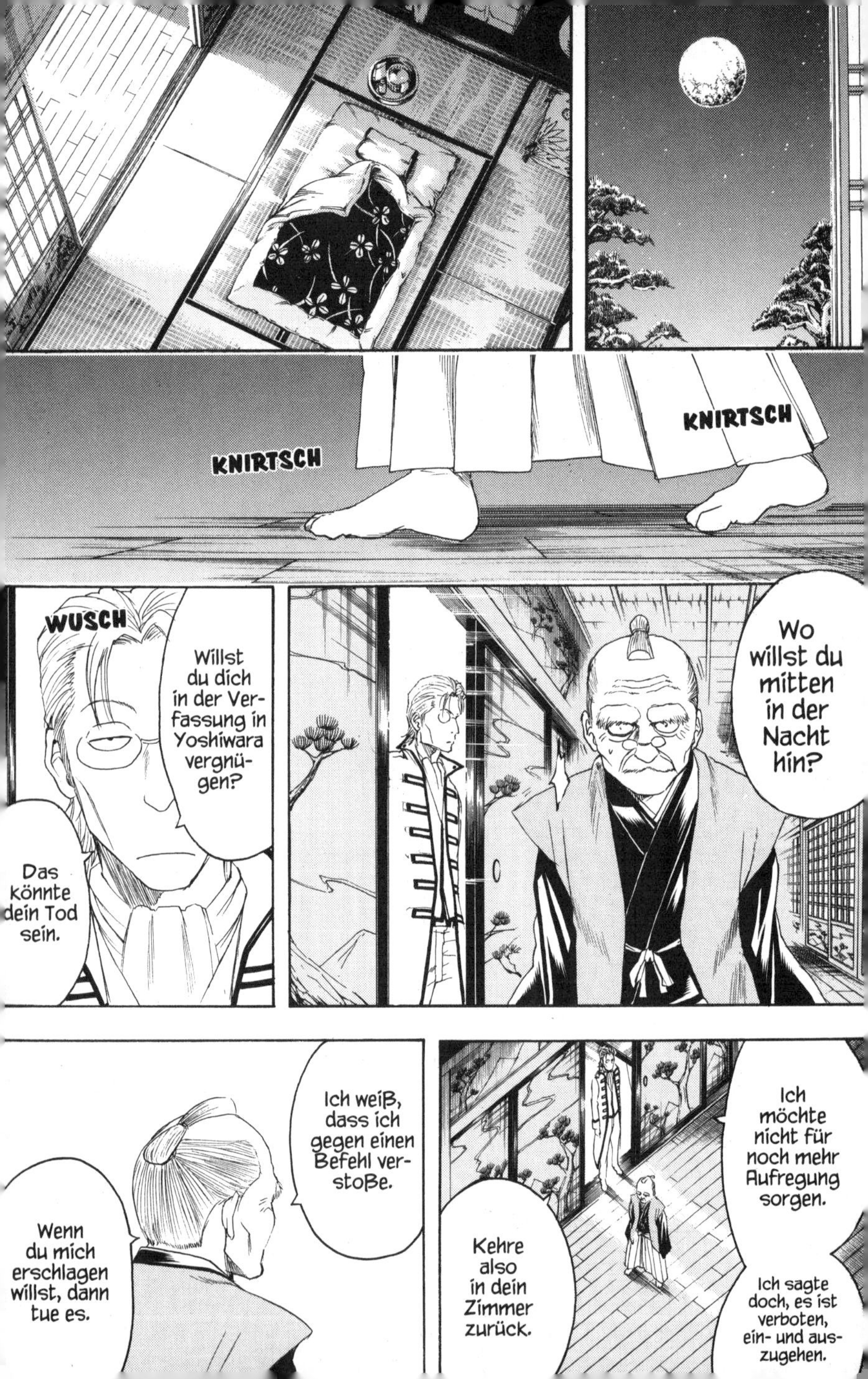
KNIRTSCH
KNIRTSCH
Wo willst du mitten in der Nacht hin?
WUSCH
Willst du dich in der Verfassung in Yoshiwara vergnügen?
Das könnte dein Tod sein.
Ich möchte nicht für noch mehr Aufregung sorgen.
Ich sagte doch, es ist verboten, ein- und auszugehen.
Kehre also in dein Zimmer zurück.
Ich weiß, dass ich gegen einen Befehl verstoße.
Wenn du mich erschlagen willst, dann tue es.

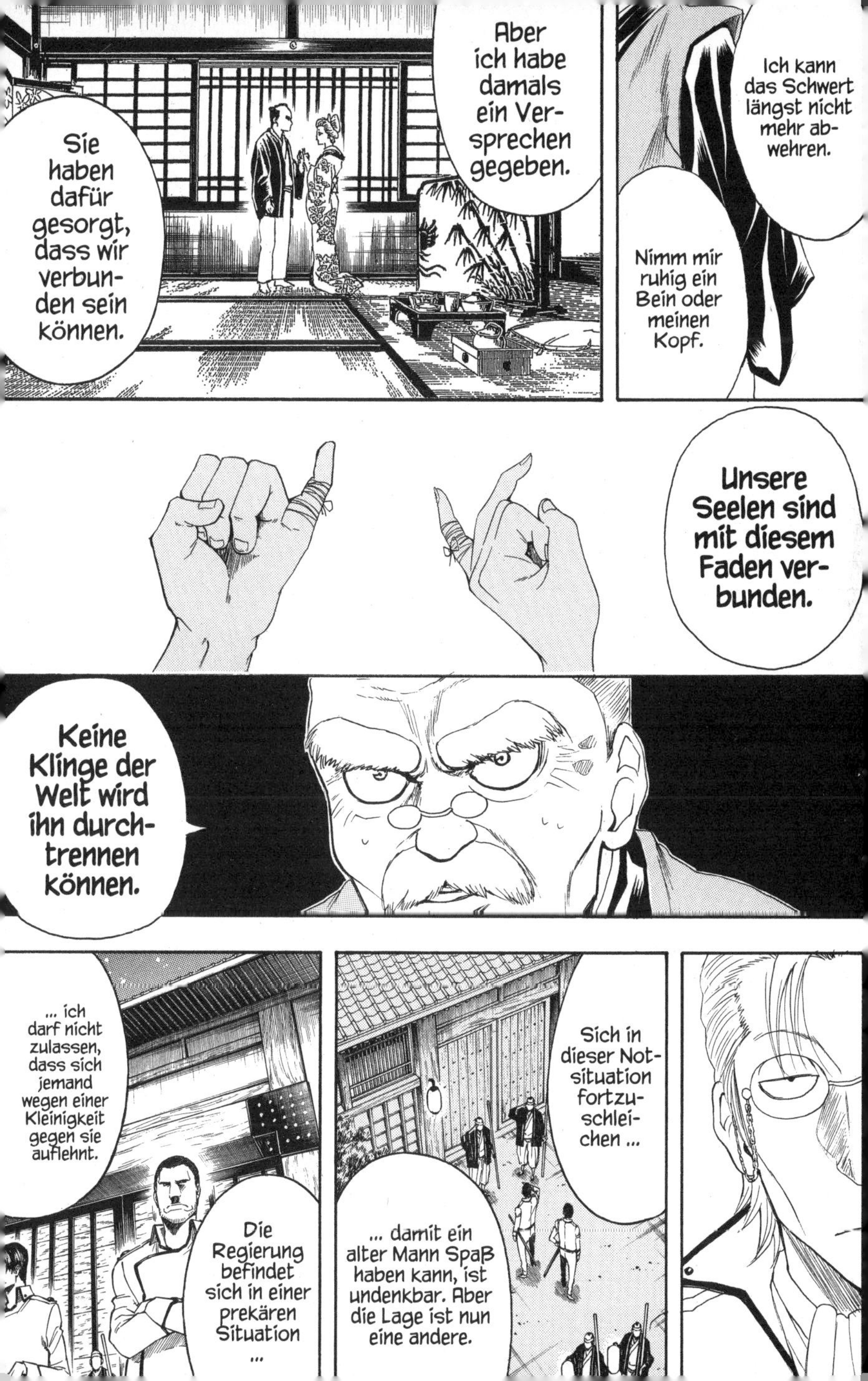
Ich kann das Schwert längst nicht mehr abwehren.
Nimm mir ruhig ein Bein oder meinen Kopf.
Aber ich habe damals ein Versprechen gegeben.
Sie haben dafür gesorgt, dass wir verbunden sein können.
Unsere Seelen sind mit diesem Faden verbunden.
Keine Klinge der Welt wird ihn durchtrennen können.
Sich in dieser Notsituation fortzuschleichen ...
... damit ein alter Mann Spaß haben kann, ist undenkbar. Aber die Lage ist nun eine andere.
Die Regierung befindet sich in einer prekären Situation ...
... ich darf nicht zulassen, dass sich jemand wegen einer Kleinigkeit gegen sie auflehnt.

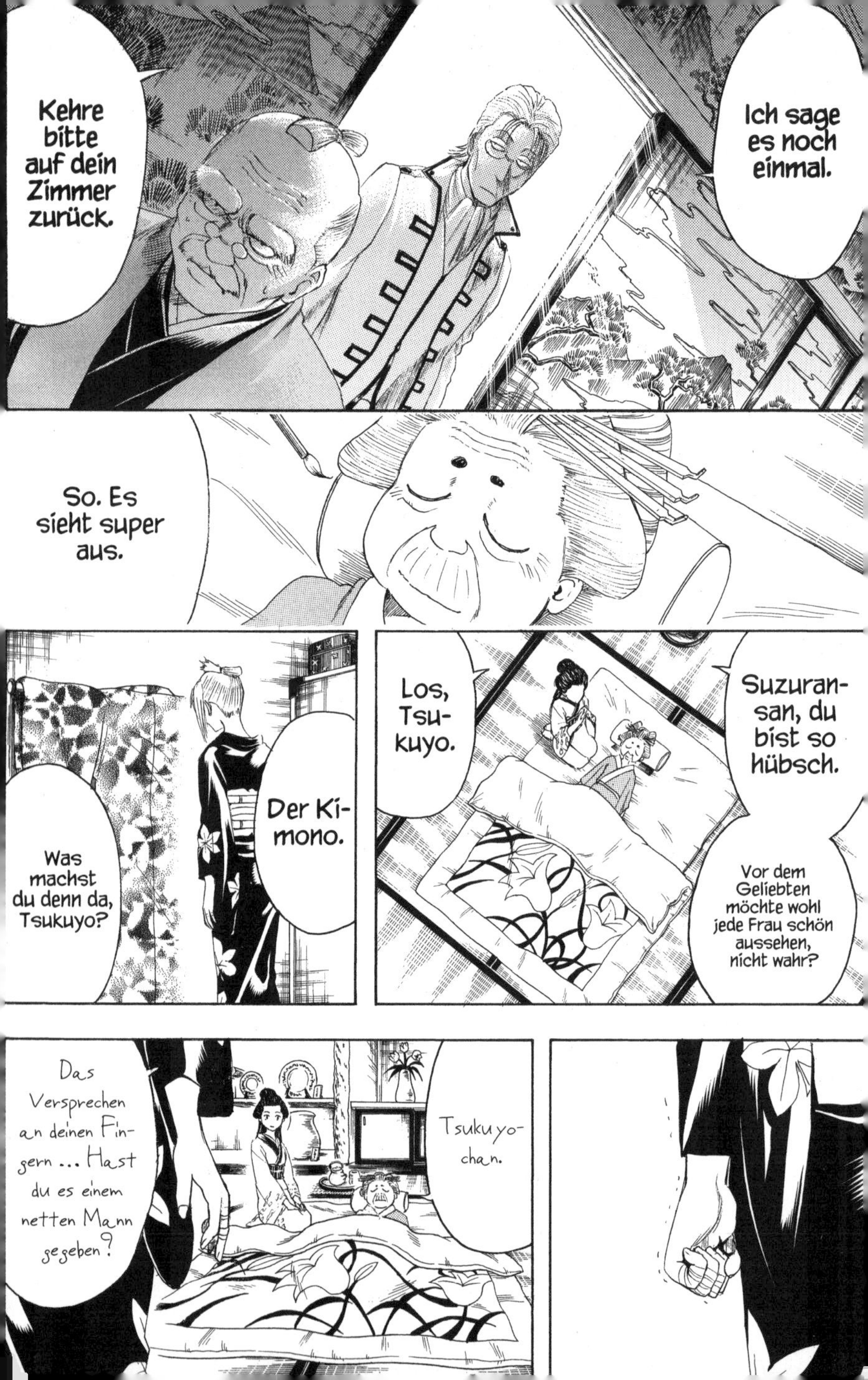
Ich sage es noch einmal.
Kehre bitte auf dein Zimmer zurück.
So. Es sieht super aus.
Suzuran-san, du bist so hübsch.
Los, Tsukuyo.
Vor dem Geliebten möchte wohl jede Frau schön aussehen, nicht wahr?
Der Kimono.
Was machst du denn da, Tsukuyo?
Tsukuyo-chan.
Das Versprechen an deinen Fingern ... Hast du es einem netten Mann gegeben?

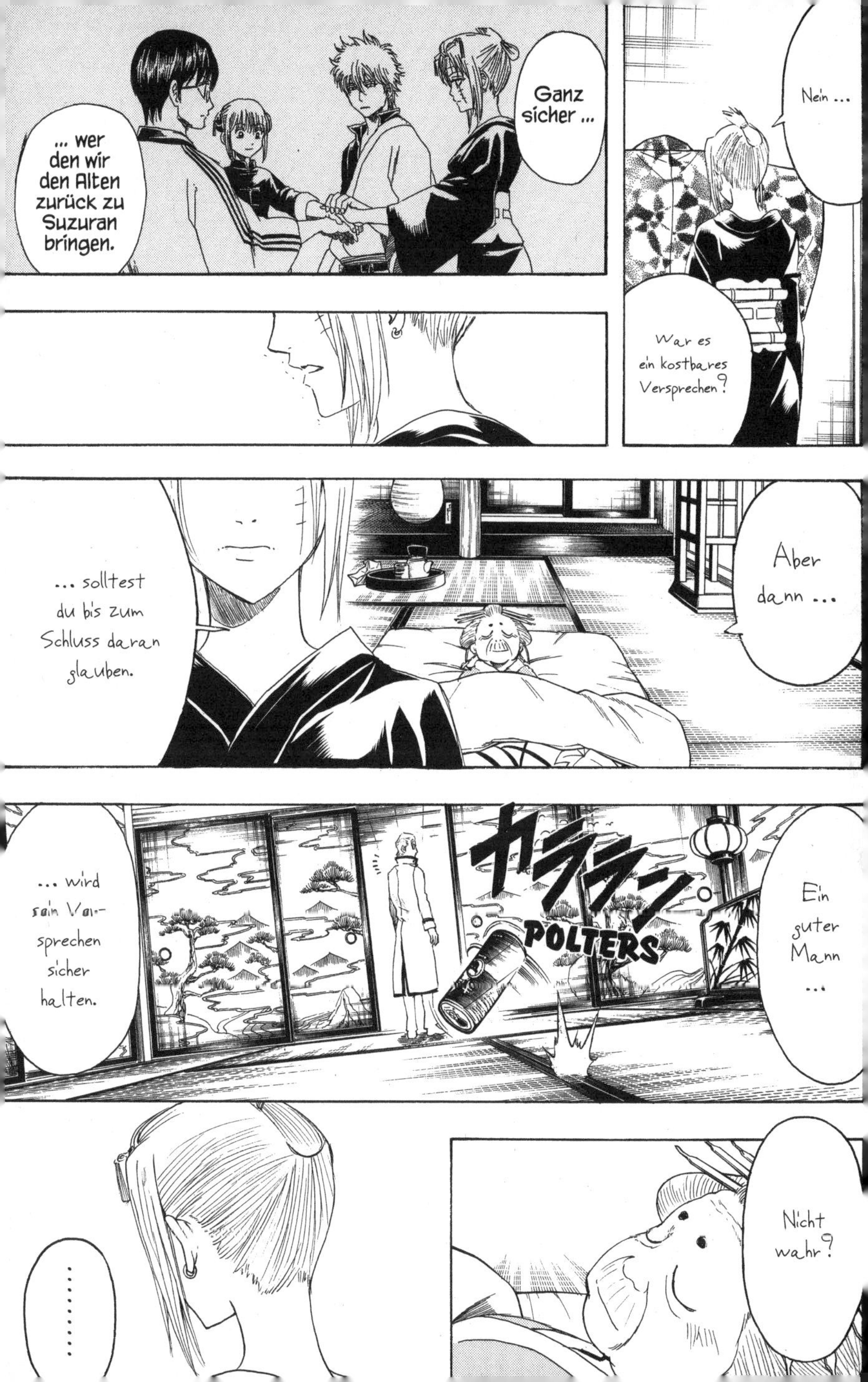
Ganz sicher ...
... wer den wir den Alten zurück zu Suzuran bringen.
Nein ...
War es ein kostbares Versprechen?
Aber dann ...
... solltest du bis zum Schluss daran glauben.
Ein guter Mann ...
... wird sein Versprechen sicher halten.
カラーン
POLTERS
Nicht wahr?
......

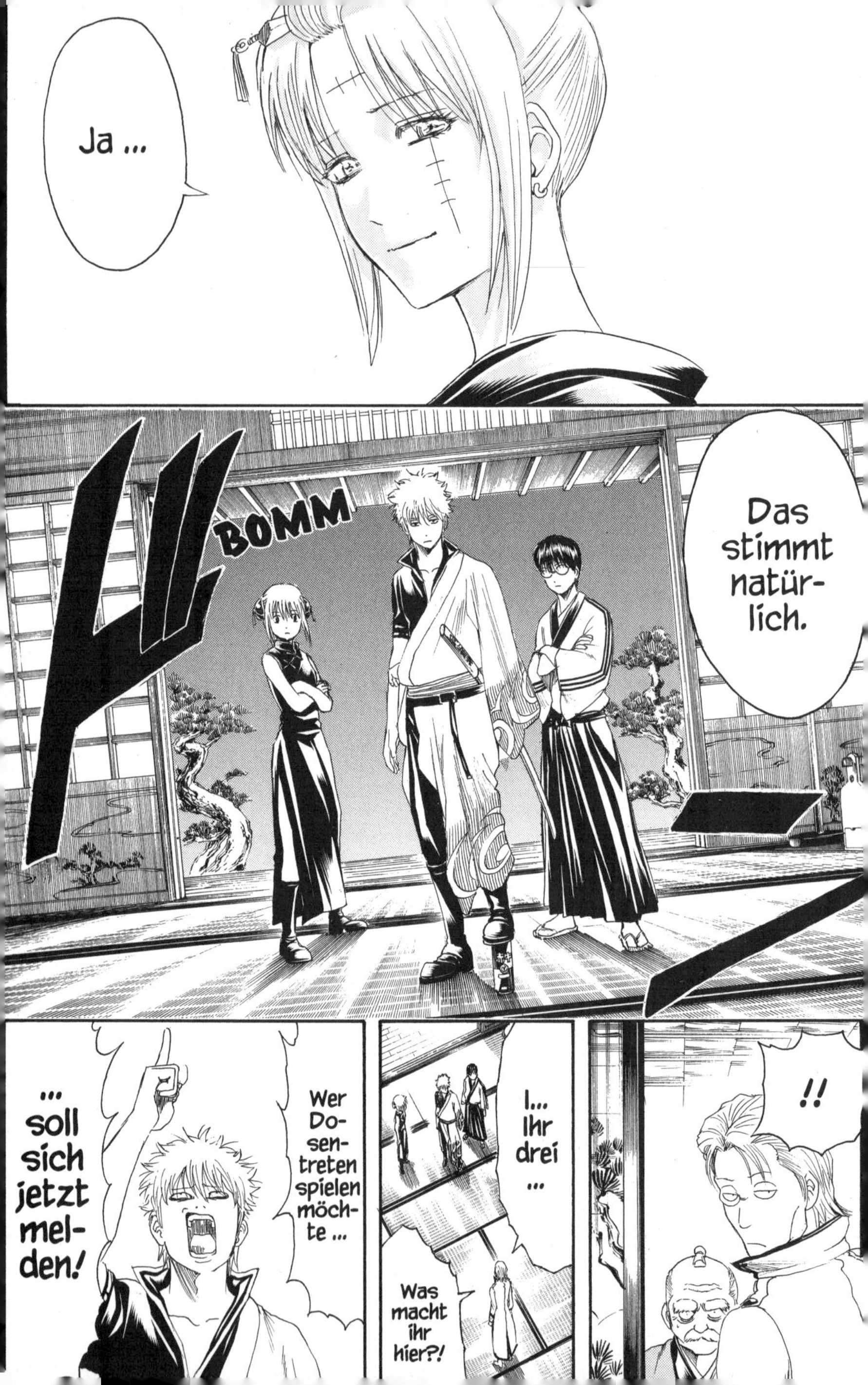
Ja ...
Das stimmt natürlich.
BOMM
!!
I... Ihr drei ...
Was macht ihr hier?!
Wer Dosentreten spielen möchte ...
... soll sich jetzt melden!

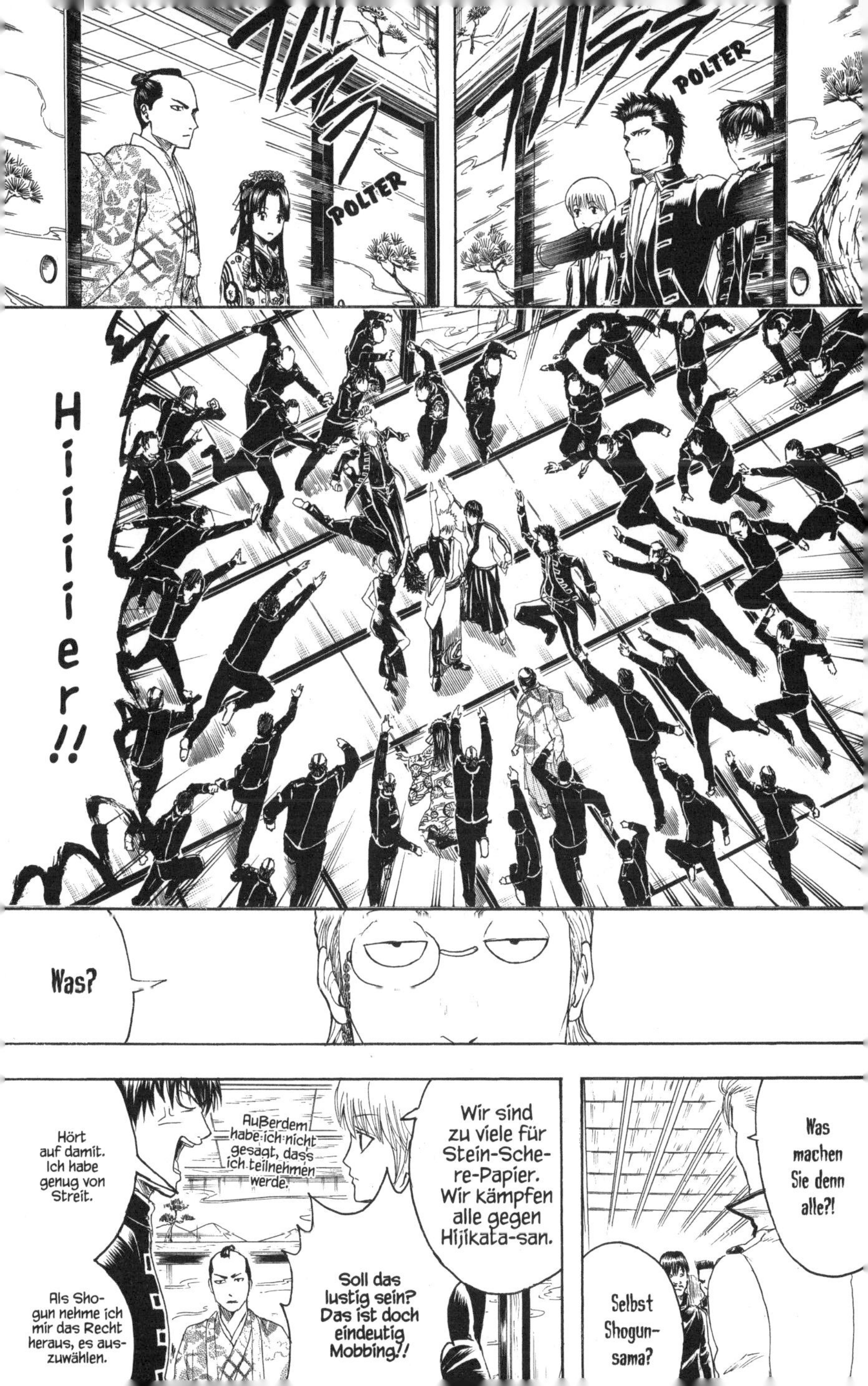
POLTER
POLTER
Hiiiiier!!
Was?
Was machen Sie denn alle?!
Selbst Shogun-sama?
Wir sind zu viele für Stein-Sche-re-Papier. Wir kämpfen alle gegen Hijikata-san.
Soll das lustig sein? Das ist doch eindeutig Mobbing!!
Außerdem habe ich nicht gesagt, dass ich teilnehmen werde.
Hört auf damit. Ich habe genug von Streit.
Als Sho-gun nehme ich mir das Recht heraus, es aus-zuwählen.

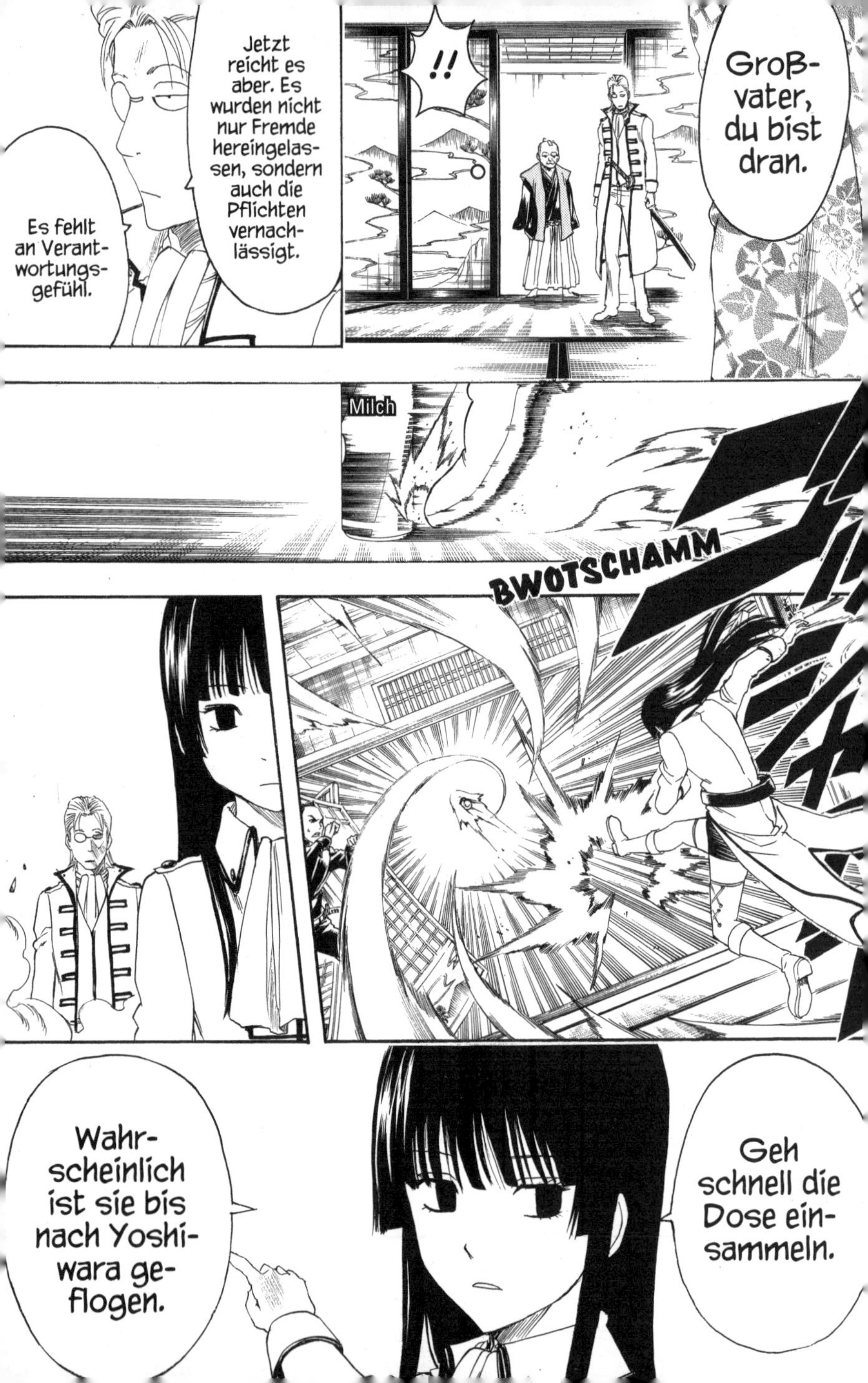
Großvater, du bist dran.
!!
Jetzt reicht es aber. Es wurden nicht nur Fremde hereingelassen, sondern auch die Pflichten vernachlässigt.
Es fehlt an Verantwortungsgefühl.
Milch
BWOTSCHAMM
Geh schnell die Dose einsammeln.
Wahrscheinlich ist sie bis nach Yoshiwara geflogen.

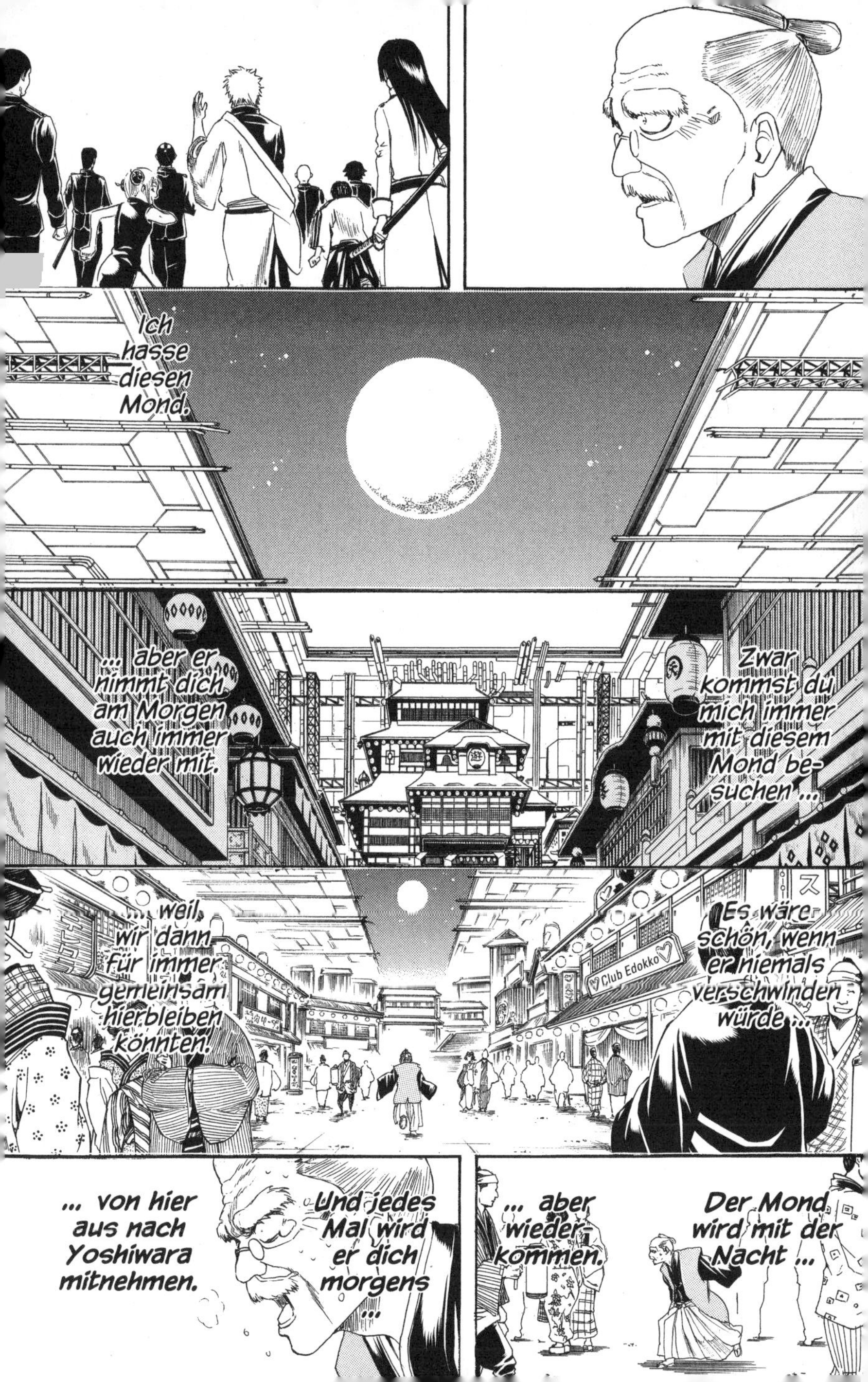
Ich hasse diesen Mond.
Zwar kommst du mich immer mit diesem Mond be-suchen ...
... aber er nimmt dich am Morgen auch immer wieder mit.
Es wäre schön, wenn er niemals verschwinden würde ...
Club Edokko
... weil wir dann für immer gemeinsam hierbleiben könnten!
Der Mond wird mit der Nacht ...
... aber wieder-kommen.
Und jedes Mal wird er dich morgens ...
... von hier aus nach Yoshiwara mitnehmen.

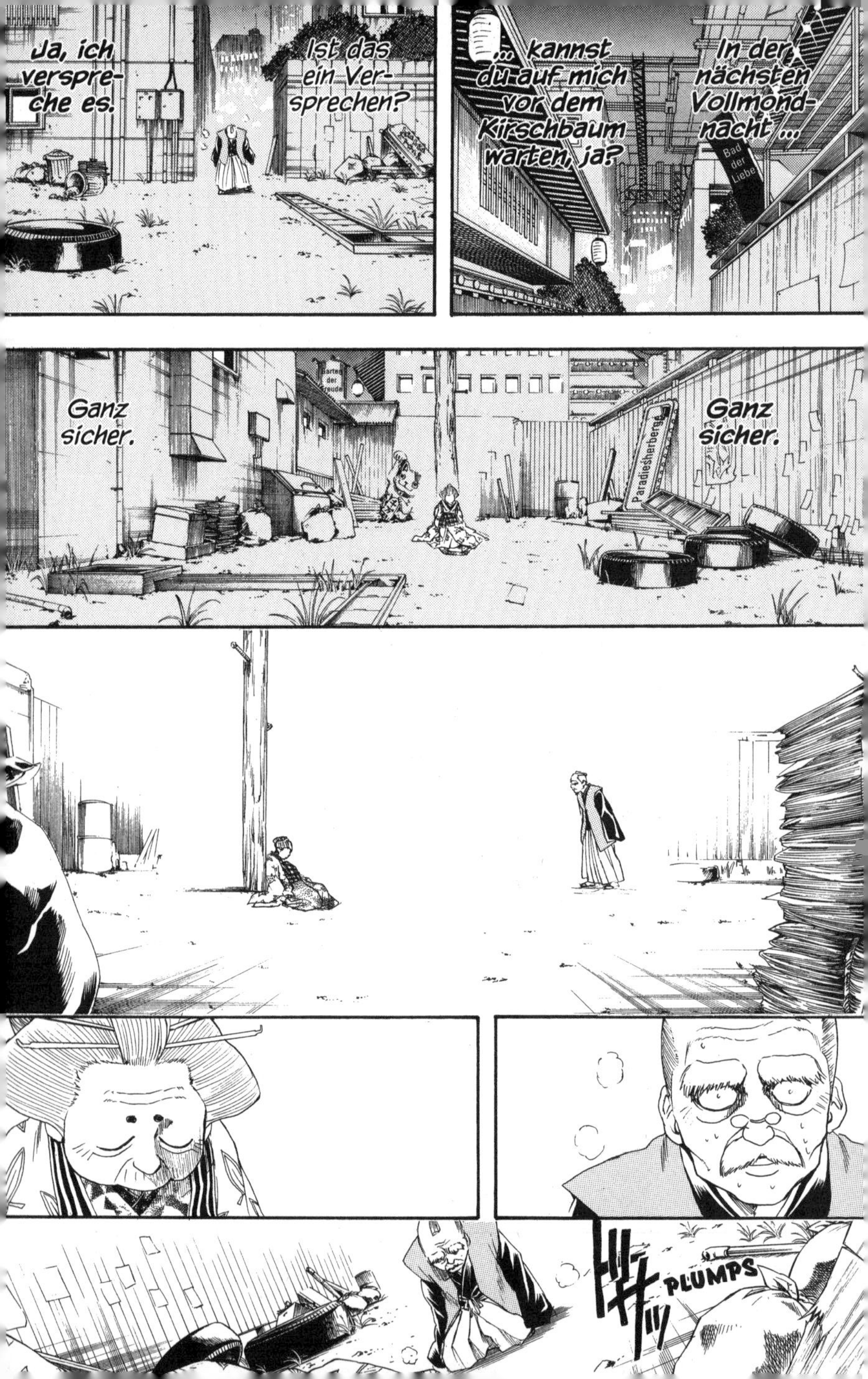
In der nächsten Vollmondnacht ...
Bad der Liebe
... kannst du auf mich vor dem Kirschbaum warten, ja?
Ist das ein Versprechen?
Ja, ich verspreche es.
Ganz sicher.
Paradiesherberge
Ganz sicher.
PLUMPS

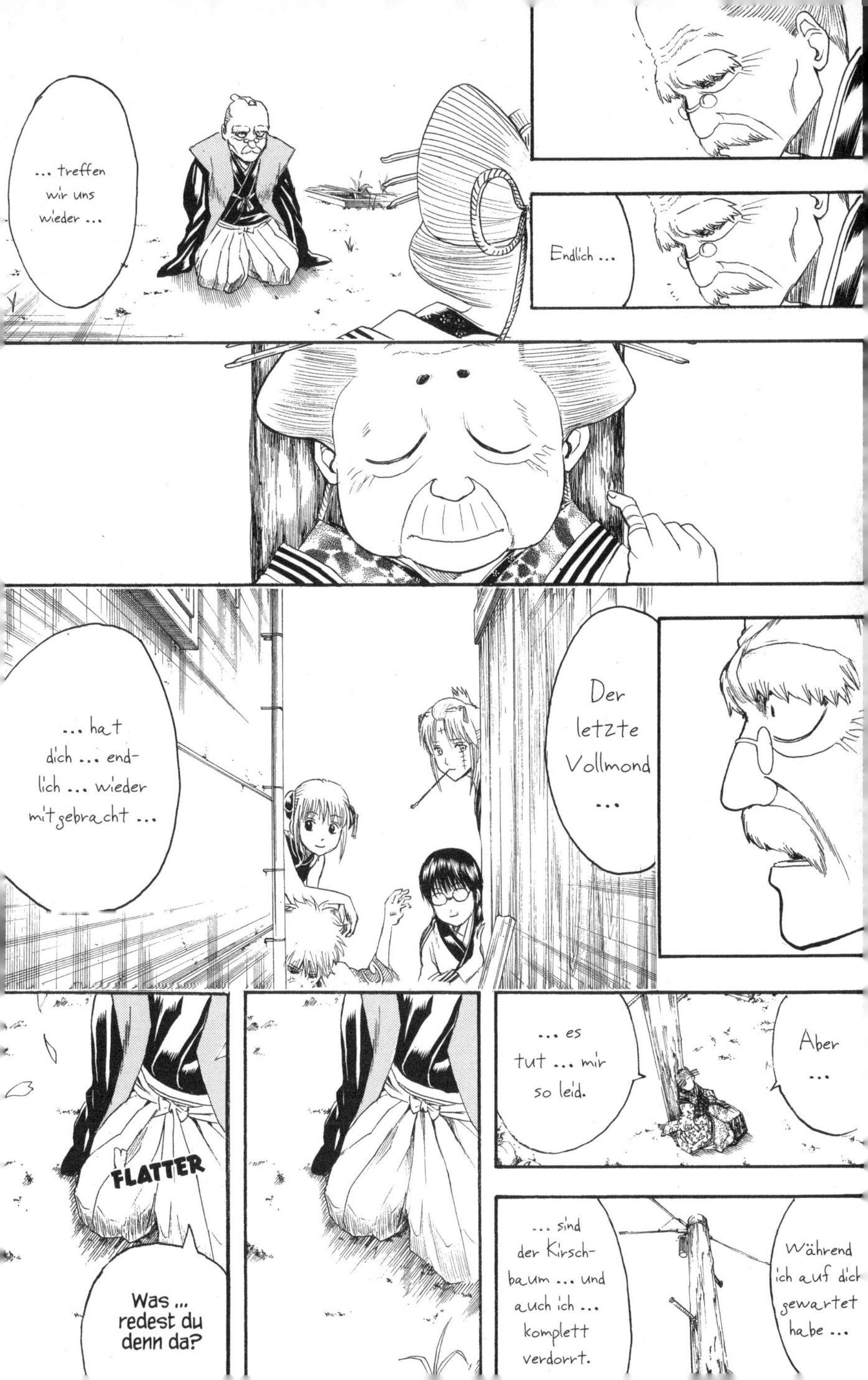
Endlich ...
... treffen wir uns wieder ...
Der letzte Vollmond ...
... hat dich ... endlich ... wieder mitgebracht ...
Aber ...
... es tut ... mir so leid.
Während ich auf dich gewartet habe ...
... sind der Kirschbaum ... und auch ich ... komplett verdorrt.
FLATTER
Was ... redest du denn da?

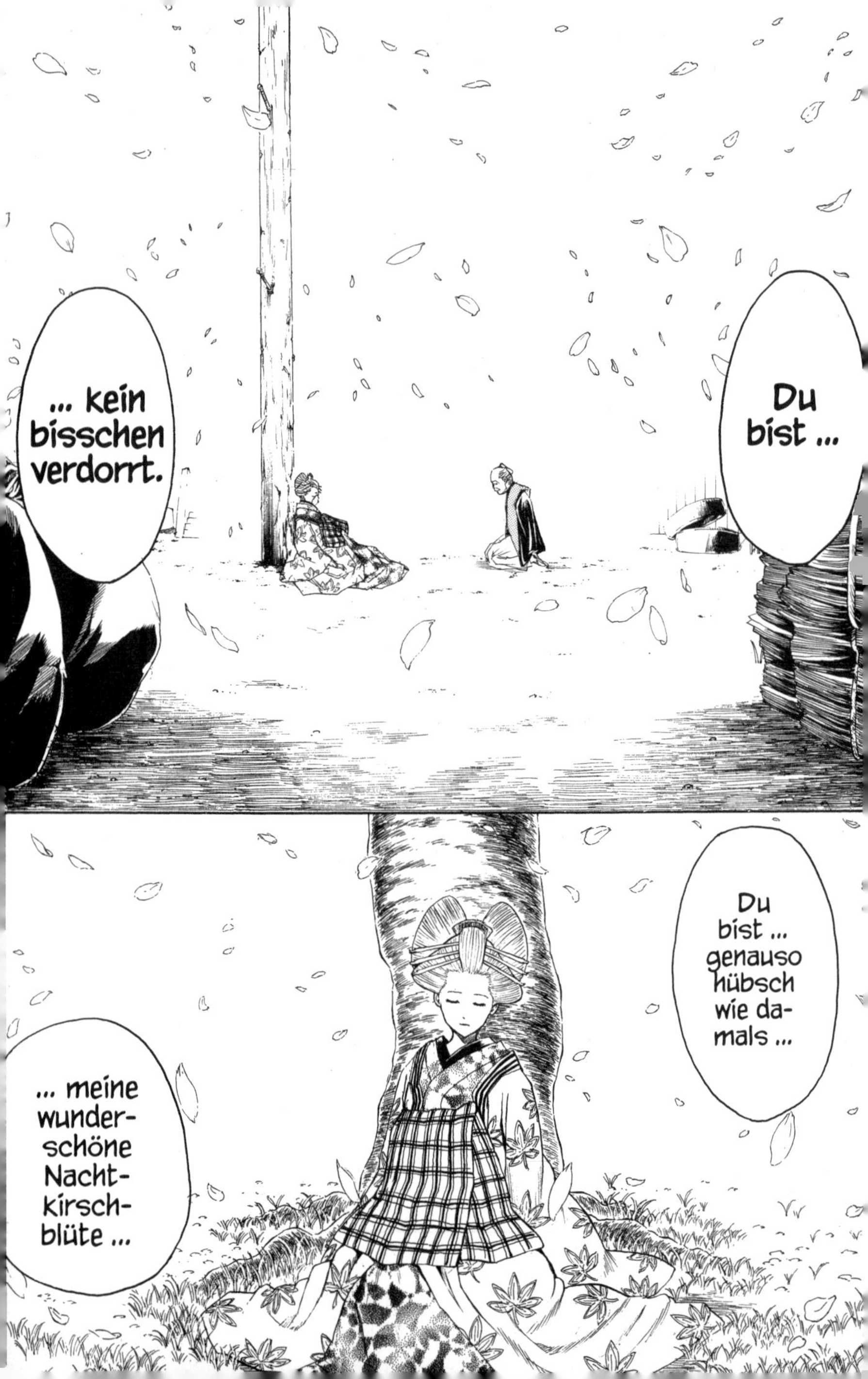
Du bist ...
... kein bisschen verdorrt.
Du bist ... genauso hübsch wie damals ...
... meine wunderschöne Nachtkirschblüte ...

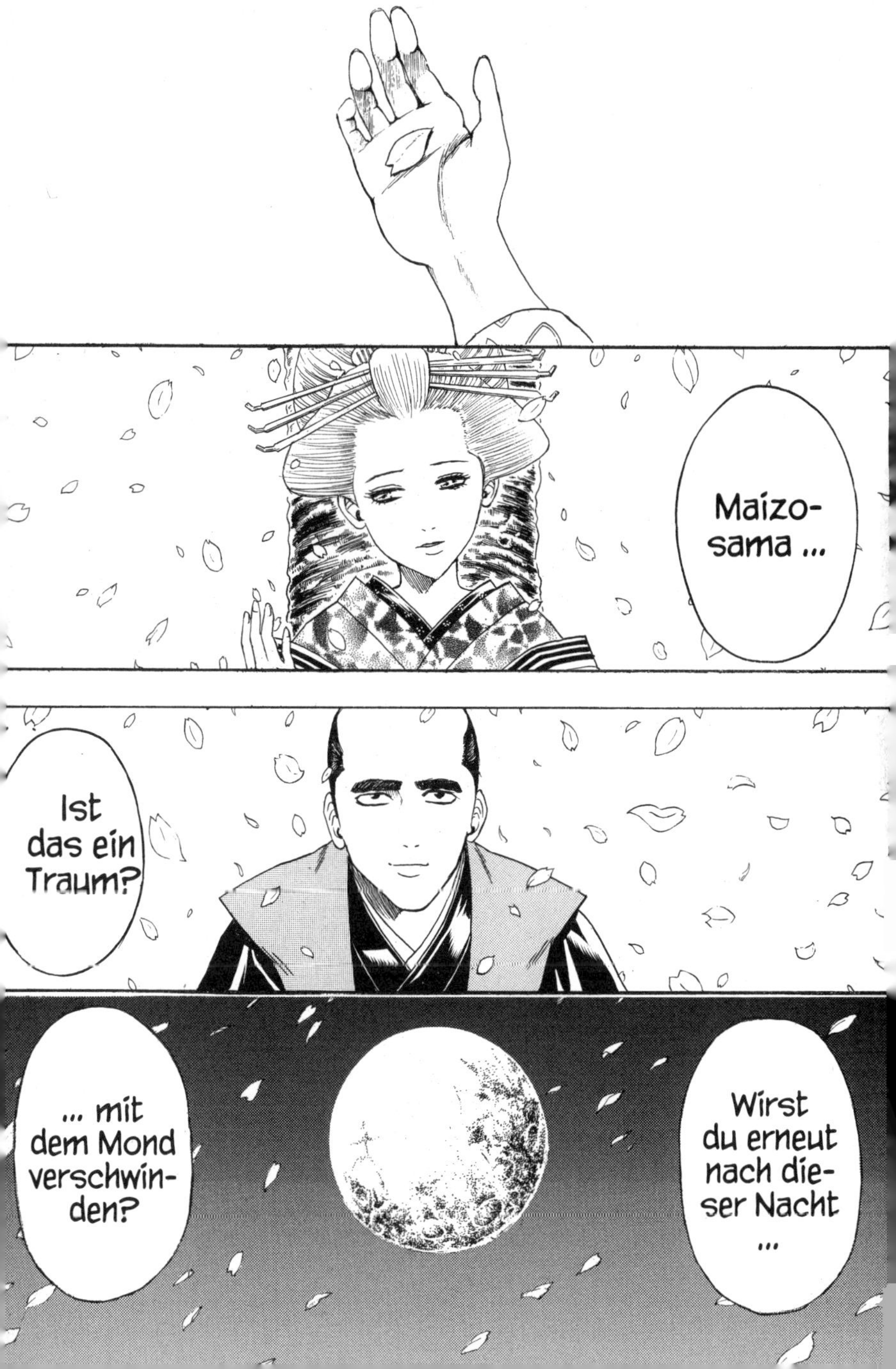
Maizo-sama ...
Ist das ein Traum?
Wirst du erneut nach dieser Nacht ...
... mit dem Mond verschwinden?

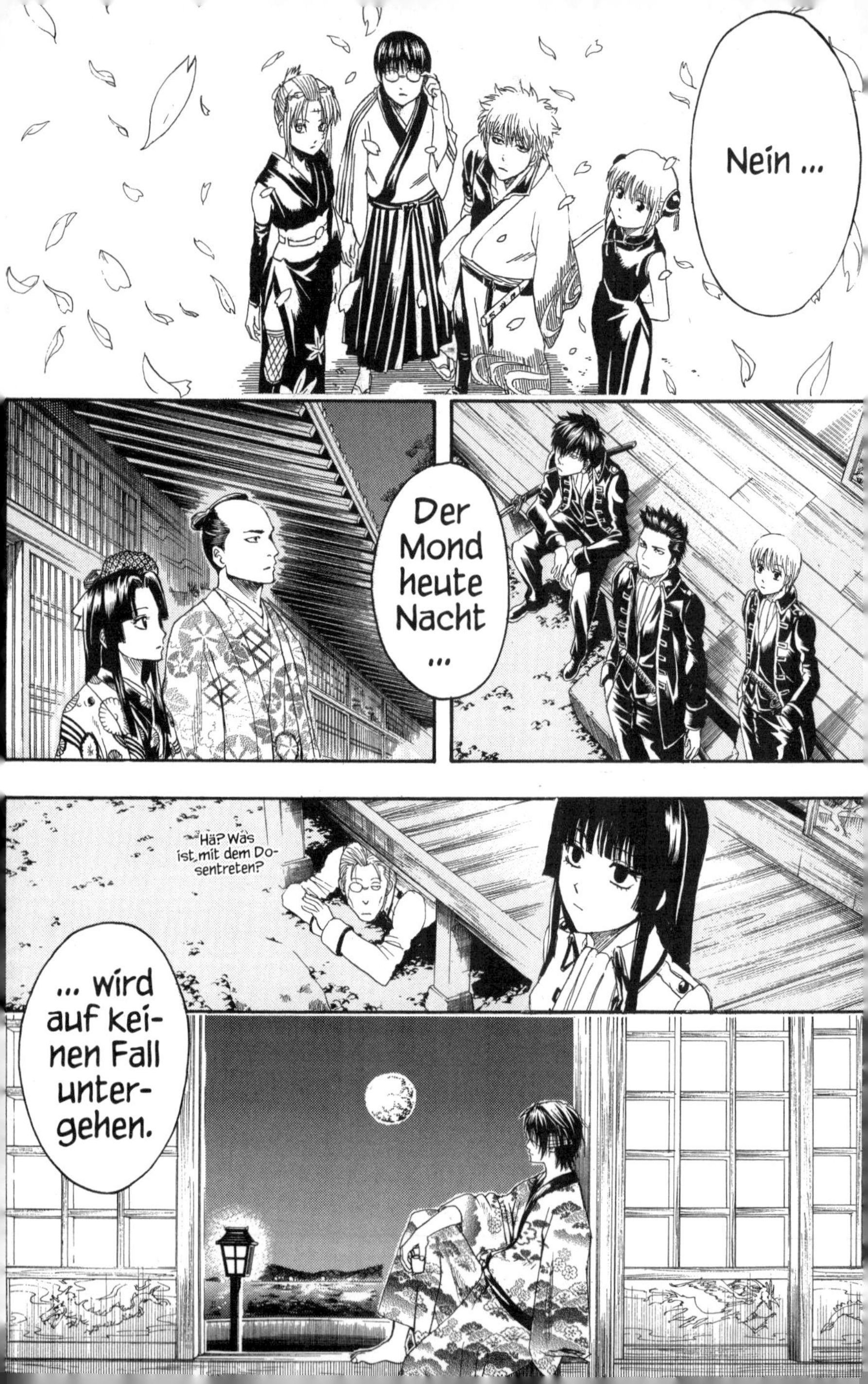
Nein ...
Der Mond heute Nacht ...
Hä? Was ist mit dem Dosentreten?
... wird auf kei- nen Fall unter- gehen.

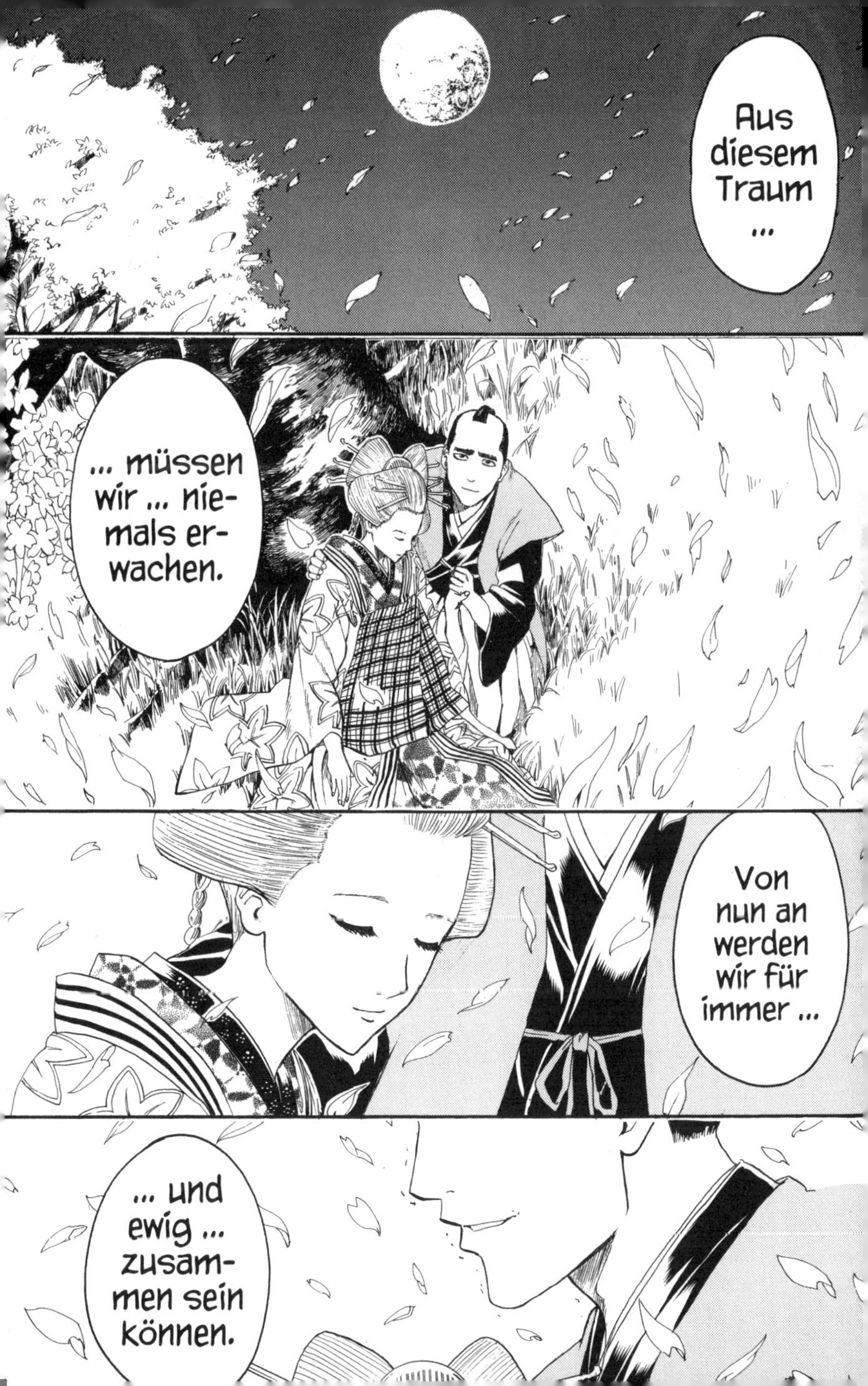
Aus diesem Traum ...
... müssen wir ... nie-mals er-wachen.
Von nun an werden wir für immer ...
... und ewig ... zusam-men sein können.

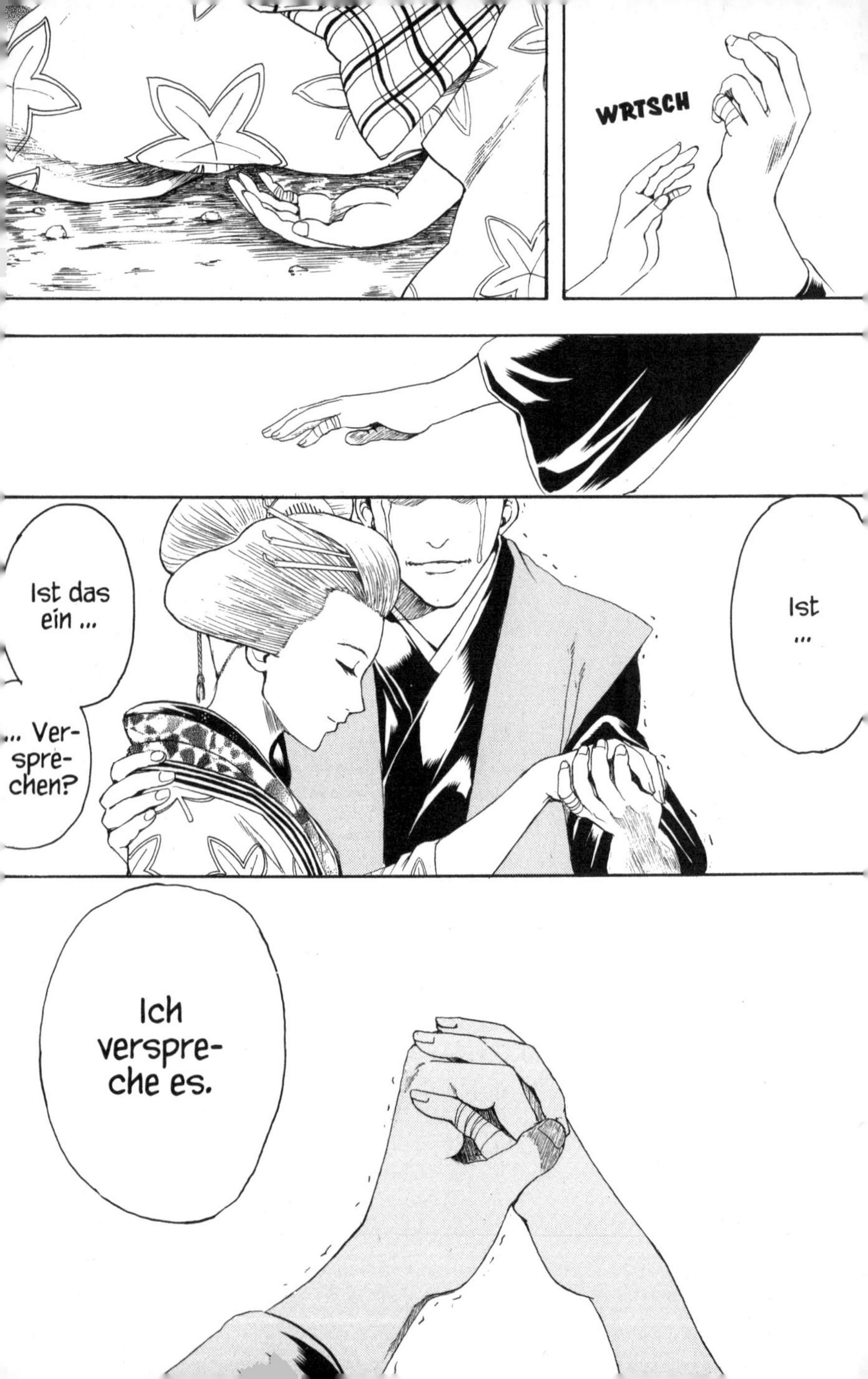
WRTSCH
Ist …
Ist das ein …
… Versprechen?
Ich verspreche es.

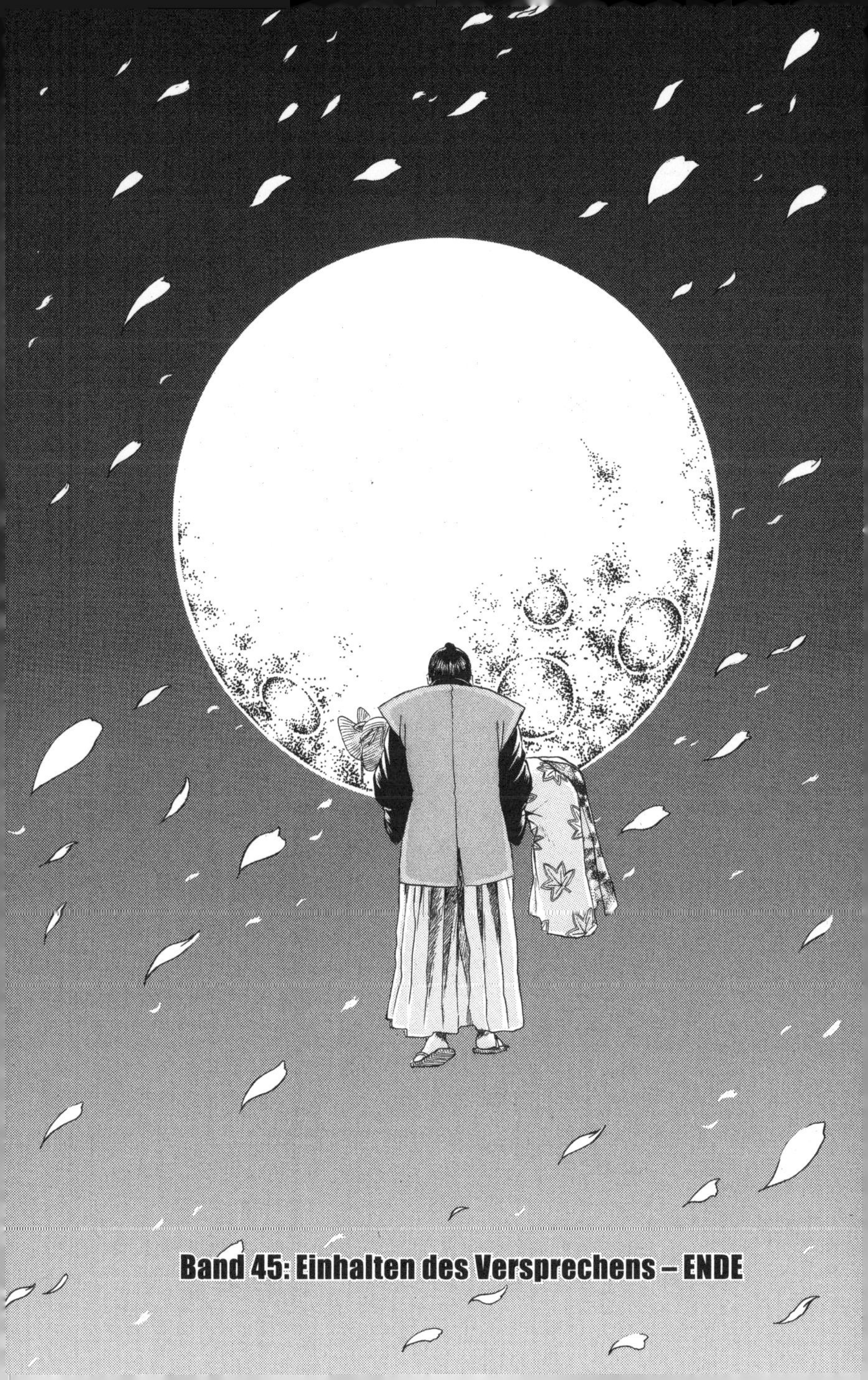
Band 45: Einhalten des Versprechens – ENDE

STOPP!

**Dies ist die letzte Seite des Buches!
Du willst dir doch nicht den Spaß verderben
und das Ende zuerst lesen, oder?**

Um die Geschichte unverfälscht und originalgetreu mitverfolgen zu können, musst du es wie die Japaner machen und von rechts nach links lesen. Deshalb schnell das Buch umdrehen und loslegen!

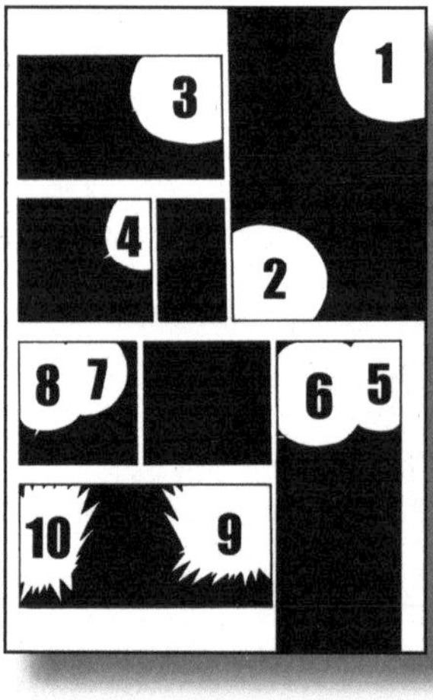

So geht's:

Wenn dies das erste Mal sein sollte, dass du einen Manga in den Händen hältst, kann dir die Grafik helfen, dich zurechtzufinden: Fang einfach oben rechts an zu lesen und arbeite dich nach unten links vor. Viel Spaß dabei wünscht dir TOKYOPOP®!